新闻与传播教育丛书

主编 田中阳

副主编 肖燕雄

出版学概论

CHUBANXUE GAILUN

易图强 ◎ 编著

湖南师范大学出版社

图书在版编目（CIP）数据

出版学概论／易图强编著．—长沙：湖南师范大学出版社，2008．3（2019．9 修订重印）

ISBN 978－7－81081－867－4

Ⅰ．出…　Ⅱ．易…　Ⅲ．出版工作—概论　Ⅳ．G230

中国版本图书馆 CIP 数据核字（2008）第 053478 号

出版学概论

Chubanxue Gailun

易图强　编著

◇修订组稿：李　阳
◇责任编辑：李　阳
◇责任校对：李永芳
◇出版发行：湖南师范大学出版社
地址／长沙市岳麓山　邮编／410081
电话／0731－88873070　88873071　传真／0731－88872636
网址／http：／／press. hunnu. edu. cn
◇经销：湖南省新华书店
◇印刷：长沙雅佳印刷有限公司
◇开本：730×960　1／16
◇印张：24．5
◇字数：400 千字
◇版次：2008 年 3 月第 1 版　2019 年 9 月第 1 次修订
◇印次：2024 年 5 月第 6 次印刷
◇书号：ISBN 978－7－81081－867－4
◇定价：59．00 元

修订说明

拙著自2008年3月出版以来，不仅用作自己所在学校的编辑出版学专业教材，也逐渐得到外省市一些学校编辑出版学专业师生的认可。2016年底，在中国传媒大学参加编辑出版学学术会议时，安徽一所学校的老师对我说，他也担任“编辑出版学概论”的教学，用过拙著，也用过其他好几个版本的同类教材，最后还是觉得湖南师范大学出版社出版的鄙人的版本更合适些。闻之，我感到欣慰，并表示：一定抽时间修订再版。

拙著出版已过11年，5年前我就有修订之意，但苦于教研压头，一直未能启动。这次加印前，责任编辑主动询问我是否可以修订，我没有理由不积极响应。但加印在即，时间紧迫，手头又正好有重要论文要写，故也只能小修小改，大改只能待一两年后再版时再说。

本次修订1000余处，归纳起来，有以下8种情况：

第一，更正个别知识错误。如将“宁都起义发生在1930年，朱德上井冈山是在1928年，那么两年后得到的毛毯能在两年前带上井冈山吗?”（第七章）改为“宁都起义发生在1931年12月，朱德上井冈山是在1928年4月，那么三年后得到的毛毯能在三年前带上井冈山吗?”将“20世纪后期”（第一章）改为“20世纪90年代后期”。将书名《易中天品三国》改为《品三国》。

第二，调整了某些观点或说法。如将“最主要的出版物——图书”（第五章）中的“最主要”改为“最重要”，将11年前写作时对手机媒体和手机出版的预测改成既成事实的表述（第十四章）。第四章中关于《永乐大典》损毁的原因也作了更加符合历史事实的修改。

第三，更新数据。数据与案例的更新是这本11年前出版的书在修订时需要解决的最大问题，本次修改作了一定的更新，主要是更新了第十四章中有关网民、手机用户的数据，并将此章中的3G改为4G，第十五章中出版发行企业上市的数据与事例也更新了，第二章中关于出版学研究的具有统计学意义的各个时间换算成了迄今为止的时间，第十三章关于中国图书版权进出口的比例也换成了目前所知最新的2017年的数据，第十二章第279页的《1978—2006年我国图书出版品种与印数统计表》及其说明文字也增补了2007年以来的相应数据。

第四，改正了个别错别字，润色了不少字词，删除了一些词句。如增补了3处的脱字，对调了多处的字词，将三处提到的人名“几米”改为“幾米”，将第十三章中的“常和出版社”改为“长河出版社”。

第五，按照笔者的著述惯例，对书中提到的已经去世的人物在第一次出现时标注生卒年份。

第六，修正了相关注释中的差错。如第九章第199页注释2中的文章《图书出版业改革中的制衡战略》不是出自《中国改革报》，而是出自《文学报》，第十三章第322页注释中的论文《我国图书版权贸易的现状及思考》不是发表在第10期，而是刊发在第5期。另将两个二次文献（第86页，第149页）换成原始文献。

第七，更改了一些标点符号。如该用引号的加上了引号。

第八，更改了个别引文中的差错。如第十二章第296页引录金丽红关于图书宣传做法的长段引文中有遗漏，现在予以修正。

由于本次修订只是小改，考虑到出版社改版的方便，所有改动都以不改动版面为原则，因而本次修改不可能是彻底的。

易图强

2019年8月21日于长沙市富兴嘉城

目录

Part 1　学科概貌篇

Part 2　学理篇

第四章　出版功能 / 75

第五章　出版物 / 96

第六章　出版资源 / 111

第七章　出版人员 / 129

第八章　出版关系 / 157

Part 4　前景展望篇

1

Part 1

学科概貌篇

第一章

出版学概说

主要观点：

1．比较而言，西方国家在解释“出版”时，强调向公众传播，而我国强调编辑加工和印刷，甚至认为出版活动就是指出版物的印刷工作，在20世纪90年代以前更是如此。

2．将出版物公之于众，即广泛地向受众（读者）传播，可以说是“出版”内涵中最关键的内容。在市场经济时代，将出版物广泛地向社会传播，实现利润最大化，更是“出版”内涵中的应有之义。

3．出版学的学科体系（学科框架）包括四大部分：出版学学科概貌、出版学学理、出版业务和出版前景展望。

4．作为一门学科，编辑学中的“编辑”是指一种独立的职业活动——为作者和读者提供中介劳动的职业活动，这种职业活动显然是随着出版活动的产生而产生的。出版活动产生以前和产生以后，收集材料、整理成书这一“编辑”工作属于作者著述活动的范畴。

5．出版学的基础学科有传播学、文化学、经济学、管理学、社会学、历史学和心理学；出版学的交叉学科有新闻学、图书馆学、文献学和法学；出版学的工具和方法学科有语言文字学、逻辑学、计算机科学、信息学、数学、统计学、美学和策划学。这些学科中的大多数与出版学嫁接，形成了11门边缘学科：出版传播学、出版文化学、出版经济学、出版社会学、出版管理学、出版策划学、出版史学、出版心理学、出版美学、出版信息学、出版教育学。

第一节 出版的涵义与特征

一、关于"出版"的代表性定义

（一）西方国家关于"出版"的代表性定义

1971年出版的《世界版权公约》第六条给"出版"下的定义："作品以有形形式复制，并把复制件向公众发行，使作品能供阅读或观赏。"①

美国1976年出版的《世界图书百科全书》的解释："出版就是把由富有想象力的人们创作的、经过编辑选择加工的，并由印刷厂印刷的文字和图片公之于众。"

英国1989年出版的《牛津英语大词典》的解释："出版是指发行或向公众提供用抄写、印刷或其他方法复制的书籍、地图、版画、照片、歌篇或其他作品。"

日本学者认为："采用印刷术及其他机械的或化学的方法，对文稿、图画、照片等著作品进行复制，将其整理成各种出版物的形态，向大众颁布的一系列行为，统称为出版。"②

韩国学者认为：出版是"以散布或发售为目的把文稿、文书或图画、乐谱之类印刷出来，使问世、刊行"。③

（二）20世纪90年代后期以前我国关于"出版"的代表性定义

阙道隆（1928—2009）主编的《实用编辑学》（中国书籍出版社，1986年10月）说："出版是指出版机构根据一定的方针和计划，选择、整理人类的思维成果和资料，通过出版生产赋予它们一定的物质形态，然后向社会传播。"

赵晓恩主编的《出版词典》（中国书籍出版社，1991年3月）说："凡将文字、图画或其他符号印刷到纸上，或把它们印成为图书报刊的

---

① 林穗芳．关于《世界版权公约》"出版"定义的译法问题［J］．出版参考，2002（7）．

② 边春光．编辑实用百科全书［M］．北京：中国书籍出版社，1994：150．

③ 林穗芳．明确"出版"概念 加强出版学研究［J］．出版发行研究，1990（6）．

工作，都称为出版。”

1991 年 5 月 30 日颁布的《中华人民共和国著作权法实施条例》的解释：出版是“指将作品编辑加工后经过复制向公众发行”。

《编辑实用百科全书》（中国书籍出版社，1994 年 7 月）认为：出版即“社会上各种作品，包括文稿、图片、信息、音响、录像制品等原件，汇集到出版机构以后，经过审定、选择、编辑和加工，使用一定的物质载体，复制成各种形式的出版物，通过流通渠道传播到全社会”。

（三）中外“出版”定义的区别

比较而言，西方国家在解释“出版”时，强调向公众传播，而我国强调编辑加工和印刷，甚至认为出版活动就是指出版物的印刷工作（如赵晓恩主编的《出版词典》对“出版”的解释），在 20 世纪 90 年代以前更是如此。

从词源来看，中外对“出版”理解的差异是有历史渊源的。

在西方国家，法语中表示“出版”这一概念的词是 publier，英语中表示这一概念的词是 publish，它们均源自拉丁语 Pūblicāre。拉丁语 Pūblicāre 的本义是“公之于众”。换言之，在西方国家，“出版”一词的本义是“公之于众”。

在我国，虽然很早就有出版活动，但“出版”这个词直到近代才出现。在我国古代，出版活动被称为“梓行”“刊行”“刊刻”“雕印”“雕版”“版印”和“板印”等。“这些词语的含义，一般只反映印刷这个内容，有时候可以包括一点发行的意思。”① 我国最早使用“出版”这个词的是黄遵宪（1848—1905）。1879 年，他在同日本学者龟谷省轩的“笔谈”中使用了这个词。在中国公开出版的书刊上最早出现“出版”的是黄遵宪的著作《日本国志》，这本书出版的时间是 1890 年或 1895 年。② 中国的出版活动源远流长，但直到清末引进“出版”一词之前甚至引进“出版”一词之后一段时间里，始终未形成近现代意义上的“出版”概念，而在观念上基本上把出版看作是图书的印刷。未形成近现代意义上的“出版”概念，就不会有“版权”“出版社”“出

① 全国出版专业职业资格考试办公室．出版专业理论与实务（中级）[M]．上海：上海辞书出版社，2002：1.

② 王益．“出版”再探源 [J]．出版发行研究，1999（6）.

版法”等概念，出版也就不会真正成为独立的活动。

1906年，清政府颁布《大清印刷物专律》，在解释“记载物件”时说：“所谓记载物件者，或定期出版或不定期出版，即新闻丛录等，依本律名目谓之记载物件”，这是我国的法律文件中第一次提到“出版”这个词。1930年，国民政府公布《出版法》。中华人民共和国成立后，特别是20世纪80年代以来，出现了许多关于“出版”的释义。1991年5月30日颁布的《中华人民共和国著作权法实施条例》，自新中国成立以来第一次用法律文件的形式解释了“出版”这个概念。

20世纪90年代后期以来，我国对“出版”的解释已与国际接轨。例如，1980年版的《辞海》（缩印本）这样解释“出版”：“把著作物编印成为图书报刊的工作”，但1999年版的《辞海》这样解释：“将作品编辑加工后，经过复制向公众发行。”罗紫初的《出版发行学基础》（山西经济出版社，2000年9月）认为：“所谓出版，就是将知识信息产品经过加工后，以商品生产的形式大量复制在一定的物质载体上，并使其广泛传播的过程。”

二、“出版”的定义及其特征

（一）笔者关于“出版”的定义

吸取西方国家关于出版内涵的认识，结合我国关于出版的传统看法，参考他人的研究成果，本着与时俱进的观念，笔者试着给“出版”下一个比较完整的定义：

所谓出版，是指有关的专门机构、专业人士对已有的原始作品（可以是文字、图像、声音等），进行创意、选择、加工达到优化之后，通过印刷或非印刷的方式，大量复制在一定的物质载体上，向公众广泛传播的社会活动。当今出版是传播知识与信息的活动，是保存文化遗产的活动，是发展文化产业的活动。

笔者认为，一项完整的出版活动依次由以下四个阶段组成：

1. 创意。具体内容包括采集信息、策划选题与组稿。创意的目的在于获得适合出版的作者的稿件（书稿或文稿，可称为原始作品）。显然，获得原始作品是出版活动得以进行的前提，没有稿件，出版活动就是“无米之炊”。

2. 优化。具体内容包括审读稿件、加工稿件、设计封面与版式、发稿、校对等。

3. 复制。《中华人民共和国著作权法实施条例》上说："复制，指以印刷、复印、临摹、拓印、录音、录像、翻录、翻拍等方式将作品制作成一份或者多份的行为。"也就是说，印刷虽然是最常见的复制方式，但只是复制方式之一。

4. 发行。发行是指为满足公众的合理需求，通过出售、出租、赠与等方式向公众提供一定数量的作品复制件。

必须指出，我国许多出版社的机构设置中都有一个部门叫"出版科"，它的主要职责是承担图书印刷前的装帧设计、准备、管理等工作。西方国家出版社把这样的部门称为"生产科"。"编辑出版"把"编辑"与"出版"并列，此"出版"是指狭义的"出版"。狭义"出版"的说法是我国的习惯说法，但并不是科学的概念。

（二）出版活动的特征

从上述"出版"的定义可知，出版活动具有以下特征：

1. 对已有的原始作品进行二次开发。出版不是对原始信息进行开发，而是对原始作品进行再一次的开发。原始作品的形成过程属于作者的创作过程，不属于出版。

2. 对原始作品进行选择、加工、优化，使其内容适合读者阅读。原始作品必须经过编辑人员的第二次创作，才能形成适合读者阅读的知识信息内容。我国出版业意识形态性很强，因而特别强调编辑工作的重要性。

3. 对优化之后的作品大量复制，使其具有能供读者阅读与购买的一定物质载体形式。档案工作也需要对原作品（文件）进行编纂、整理，但不是出版，因为没有大量复制的过程。

4. 将出版物公之于众，即广泛地向受众（读者）传播。这是出版活动的目的，也可以说是"出版"内涵中最关键的内容。罗紫初先生认为："在赋予出版的众多涵义中，'公之于众'的涵义更有着特殊的地位。"①在市场经济时代，将出版物广泛地向社会传播，实现利润最大化，更是出版的题中应有之义。

① 罗紫初．出版学理论研究述评［J］．出版科学（增刊），2002.

第二节 出版学的学科性质、研究对象与学科体系

一、出版学的学科性质

出版学究竟是一门什么性质的学科？有三种代表性意见：

1. 是一门交叉学科。叶再生认为："编辑出版学是一门社会科学与自然科学相互渗透、相互结合的交叉科学。"①

2. 是一门综合性的社会科学。林穗芳（1929—2009）说："笔者倾向于把狭义的出版学（以书刊为主体，不包括报纸）看作思想、科学、文化传播领域的自成体系的综合性社会科学。"②

3. 是一门综合性学科。彭建炎指出："出版学是一门既属于社会科学范围，又属于技术科学和应用科学范围的学科，是社会科学、技术科学和应用科学相互渗透、相互交叉、整体结合而成的一门综合性学科。"③

出版学在学科分类上属于社会科学范畴，这已基本上没有争议。笔者认为，出版学是一门应用性强的社会科学学科。可从两个层面理解这一点：

1. 出版学属于社会科学的范畴而不属于自然科学或技术科学的范畴。从历史上看，出版活动是应人类社会的需要而产生的。随着人类社会的发展，产生了文字，出现了书籍，出版活动得以产生；同时，随着社会的不断发展，人们对出版物的需求也不断变化，从而推动出版活动不断进步。出版活动与人类社会的政治、经济、文化的发展状况紧密相关。

2. 出版学属于应用科学而不属于理论科学的范畴。整体而言，出版学是行业之学，是领域之学，直接服务于出版实践，有很强的实践性。出版学也有自己的理论基础和理论原理，但它们属于应用理论的范围。在出版学的学科建设中，要正确处理理论与实践的关系。"已有的学科建设经验表明，满足于实务的概括，无法搞清出版学的理论原理；不顾出版实践，盲目追求玄虚的理论体系，无法指导出版业的发展。两

---

① 叶再生．编辑出版学概论［M］．武汉：湖北人民出版社，1988：5.

② 林穗芳．明确"出版"概念　加强出版学研究［J］．出版发行研究，1990（6）.

③ 彭建炎．出版学概论［M］．长春：吉林大学出版社，1992：82.

种倾向都不利于出版学的学科建设。”①

二、出版学的研究对象及定义

关于出版学的研究对象，主要有以下五种看法：

1. 规律说。许力以认为：“出版学是研究出版规律的科学，是研究出版的历史、社会作用的科学。”②孙树松、林人主编的《中国现代编辑学辞典》说：“出版学是研究出版工作及其发展规律的科学。”③

2. 矛盾说。试图从科学对象所具有的特殊矛盾来确定出版学的研究对象，但什么是出版领域的特殊矛盾，却有不同的理解。彭建炎认为：“出版物的生产和流通的矛盾是出版领域特有的矛盾，是出版学的研究对象。”④ 林岳生认为：“出版发行领域的特有矛盾，是出版发行活动的社会效益与经济效益的矛盾。”⑤罗紫初认为：“出版学的研究对象应是出版物的商品供求矛盾。”⑥ 师曾志认为：“出版学的研究对象指的是社会信息的复制与传播之间的矛盾。”⑦

3. 文化现象说。认为出版学的研究不应局限于出版领域，而应将社会文化现象作为出版学的研究对象。日本学者清水英夫说：“出版学，简单地说，就是把‘出版’作为社会现象，给予科学的研究并使之系统化，成为一门独立的学科。”⑧边春光主编的《出版词典》（上海辞书出版社，1992 年）也认为，出版学是“把出版作为一种社会文化现象进行研究的学科”。

4. 出版要素及其关系说。认为出版活动是由各种具体要素构成的，要掌握出版活动的规律，就要对各种出版要素及其相互关系进行研究。

---

① 全国出版专业职业资格考试办公室．出版专业理论与实务（中级）[M]．上海：上海辞书出版社，2002：39.

② 许力以．出版和出版学//中国大百科全书．新闻出版 [M]．北京：中国大百科全书出版社，1990：14.

③ 孙树松，林人．中国现代编辑学辞典 [M]．哈尔滨：黑龙江人民出版社，1991：2.

④ 彭建炎．出版学概论 [M]．长春：吉林大学出版社，1992：68.

⑤ 林岳生．图书发行学研究对象的研究 [J]．图书发行研究，1992（3）.

⑥ 罗紫初．出版学理论研究述评 [J]．出版科学（增刊），2002.

⑦ 师曾志．现代出版学 [M]．北京：北京大学出版社，2006：37.

⑧ 清水英夫．现代出版学 [M]．沈洵澧，乐惟清，译．北京：中国书籍出版社，1991：20.

叶再生指出："出版学的研究对象是书刊出版的技术、经济、版式工艺，以及书刊出版过程中各环节、各工序间相互关系的内在联系和规律。"①1999年修订版《辞海》这样解释"出版学"："研究出版工作的规律及其社会作用、发展历史的科学。它以各类出版物和出版业为研究对象，探讨出版的性质、任务、功能、效益和经营管理等问题，把实际经验系统化、理论化。"②余敏主编的《出版学》认为，出版学的研究对象"主要有以下几方面：出版物、读者和受众、出版过程、出版队伍、出版物市场、出版组织管理体系"。③

5. 出版活动说。认为出版学的研究对象是具体的出版活动，包括出版活动的历史、组织及其对社会的影响等。边春光主编的《编辑实用百科全书》说："出版学是一个新开拓的学术领域，它的研究对象，除了实体（图书）的出版活动之外，还涉及数千年之久的图书出版发行历程，图书出版形态在各种不同条件下的演变，以及出版作为一种规模性的事业对全社会产生的影响。"④

以上五种看法尽管有分歧，但包含着一些共性的内容：都认为出版学以出版工作、出版物、出版业等为基本研究对象，都认为研究出版学的目的是为了探讨出版活动的规律。除了上述五种看法外，个别学者提出了独特的看法。张涵和苗遂奇认为："现代出版学是对现代出版传播活动的整体属性、功能和规律进行综合研究的一门学科。现代出版的整体属性主要表现在四个方面：一是文化属性，二是产业属性，三是工程属性，四是科技属性。而它的功能则表现为存储文化、传播文化、创新文化等诸多方面。它的规律则遵循文化创造与传播规律、产业运作与市场规律、科技创新与审美规律等。"⑤

综合各家的观点，并根据出版活动的实际情况，笔者给"出版学"下个定义：出版学是一门研究出版活动的形成、发展及其各要素之间的关系与规律的应用性社会科学。出版学的基本研究对象有出版业、出版

---

① 叶再生．编辑出版学概论［M］．武汉：湖北人民出版社，1988：1.
② 《辞海》编辑委员会．辞海（彩图本）［M］．上海：上海辞书出版社，1999：2956.
③ 余敏．出版学［M］．北京：中国书籍出版社，2002：25－26.
④ 边春光．编辑实用百科全书［M］．北京：中国书籍出版社，1994：161.
⑤ 张涵，苗遂奇．建立一门较为成熟的现代出版学［J］．中国出版，2002（12）.

物、出版人员、出版活动的要素及其相互关系。

三、出版学的学科体系（学科框架）

关于出版学的学科体系（学科框架），有以下六种观点：

（一）三层次说或三类学科说

宋原放（1923—2005）将出版学的理论体系划分为三个大的层次：第一个层次是基础理论和基本出版知识，包括出版学概论、出版管理学、中外出版史等；第二个层次是应用理论和部门出版知识，包括编辑学、印刷学、图书发行学、装帧艺术、编辑印刷发行史、版本学、目录学、读者学等；第三个层次是应用出版业务和技术知识，包括书刊编辑业务、校对业务、版式设计、印刷技术、出版业经营管理、信息资料业务等。①彭建炎将出版学的学科体系分为三类学科：一是理论出版学，包括出版学概论、出版比较学、出版史等；二是业务、技术出版学，包括出版编辑学、出版物发行学、读者学、出版评论学、出版经济学、出版管理学、出版法学、出版社会学、出版现代化等；三是应用出版学，包括书籍出版学、报纸出版学、音像出版学、缩微出版学、软件出版学、盲文出版学、民族出版学等。②

无论是三层次说，还是三类学科说，都是把出版学的研究内容划分为理论、应用、技术三大部分，并按三大部分构建分支学科，但在各门分支学科的具体归属上有着较大差异。

（二）三部分说

余敏主编的《出版学》（中国书籍出版社，2002 年 5 月）认为出版学包括三个部分：理论出版学、应用出版学、出版史学和出版技术学，并认为编辑学和出版物营销学属于应用出版学。张志强也说："出版学的理论体系应该包括理论出版学、应用出版学和出版史学三大部分。"③

（三）三大块说

张立认为，出版学的体系可分为实用出版学、出版文化学、出版教

---

① 宋原放．关于出版学的对象和任务//宋原放．出版纵横［M］．上海：上海人民出版社，1998：13.

② 彭建炎．出版学概论［M］．长春：吉林大学出版社，1992：73.

③ 张志强．现代出版学［M］．苏州：苏州大学出版社，2003：17－18.

育学三大块。他还说，研究出版必须首先研究出版文化。①

（四）树状结构说

叶再生将编辑出版学的学科体系描述成一个树状结构，划分出 12 门二级学科与 26 门三级学科。②

（五）五板块说

罗紫初认为，出版学的知识体系应由以下五类分支学科构成：一是探讨出版活动基本原理与一般规律的学科，如出版学概论、出版美学、出版经济学、出版文化学、出版社会学、比较出版学、出版史等；二是研究出版物生产流通过程的学科，如编辑学、发行学、出版物制作学、市场营销学、储运学、书评学等；三是研究出版活动构成要素的学科，如图书学、出版企业管理学、出版信息学、读者学等；四是研究出版活动环境的学科，如出版物市场学、出版法学、出版宏观管理学；五是研究出版活动组织技术与方法的学科，如出版财务学、出版统计学、出版业计算机应用、出版物分类与编目、出版网络技术等。③

（六）四层次说

于洪飞、朱四光和杨丽君认为，出版科学是一个大科学体系，分为四个层次。第一层次是出版哲学，第二层次是基础科学，第三层次是技术科学，第四层次是出版技术。④ 张涵和苗遂奇主张根据现代出版的四大属性构建现代出版学的学科体系：根据文化属性，应建立出版文化学、出版文化史学、出版编辑学、出版物评论学等；根据产业属性，应建立出版产业经济、出版管理、出版市场、出版营销、出版法规等专业理论研究；根据工程属性，应建构出版技术编辑理论、出版印刷工艺理论、出版发行系统理论、出版策划学和出版工程美学；根据科技属性，应对高新技术与现代出版的关系、电子出版、网络出版、数字出版进行研究。⑤

笔者认为，出版学的学科体系（学科框架）包括四大部分：出版

---

① 张立．关于出版学理论体系的构想［J］．编辑之友，1992（3）．

② 叶再生．编辑出版学概论［M］．武汉：湖北人民出版社，1988：1．

③ 罗紫初．出版学理论研究述评［J］．出版科学（增刊），2002．

④ 于洪飞，朱四光，杨丽君．互联网时代编辑学和出版学研究及其发展前景［J］．编辑之友，2001（3）．

⑤ 张涵，苗遂奇．建立一门较为成熟的现代出版学［J］．中国出版，2002（12）．

学学科概貌、出版学学理、出版业务和出版前景展望。出版学学科概貌部分主要从学科建设与学术史的角度阐述以下四项内容：出版学概说（包括出版的涵义、出版活动的特征、出版学的学科性质、研究对象、学科体系、出版学的分支学科、相关学科与边缘学科）、出版学研究的进展、出版学教育的发展①和出版活动的历史回顾；出版学学理部分主要从理论上探讨出版功能、出版物、出版资源、出版效益、出版关系和出版人员等内容，重在论述基本概念、基本理论；出版业务部分属于操作实务层次，具体内容包括出版物编辑工作、出版物整体设计、出版物市场营销、出版的其他业务（重印再版、出版合同与版权贸易）；出版前景展望部分是对出版活动的发展趋势、前景的展望，旨在探索新技术新经济新时代背景下出版活动尤其是我国出版业的变化，具体内容包括出版媒介与出版形态的变化、我国出版业属性的变化与出版改革、我国民营书业的现状与前景（由于篇幅和政策方面的原因，本书未涉及民营书业）。

必须指出："出版学学科体系的构建与完善是一个动态过程。随着出版实践活动的不断发展，一些新兴的分支学科会不断产生，出版学学科体系的构建也不能局限于出版流程的各个环节，而应该立足于出版产业这一开放式的动态立体系统全局，建立一个多维纵深的学科体系。"②例如，有学者提出应建立出版生态学，认为它是一门"研究出版媒介与出版媒介之间，以及出版媒介与社会环境之间相互作用规律和机理的科学"。③

第三节　出版学的分支学科、相关学科与边缘学科

一、出版学的分支学科

一项出版活动的整个流程由编辑、装帧设计、校对、印刷与发行等

① 本章第三节介绍"出版教育学"时涉及出版学教育的问题，但本书没有专列一章详细介绍，这是考虑到本丛书的另一部《编辑学导论》详细介绍了编辑出版学教育。

② 罗紫初，田佳. 近五年来出版学基础理论研究评述//黄先蓉. 出版学研究进展［M］. 武汉：武汉大学出版社，2006：14.

③ 俞涛，王道平，张高明. 出版生态学初探［J］. 湖南大学学报（社会科学版），2005（9）.

工序组成，与之相适应，形成了编辑学、装帧设计学、校对学、印刷学与发行学等。出版活动绝对离不开读者，研究读者就成了一门学问，于是形成了读者学。① 依托不同媒体建立了各媒体出版学：图书出版学、期刊出版学、报纸出版学、音像电子出版学、数字出版学等。这些学科都是出版学的分支学科。其中对于编辑学究竟是不是出版学的分支学科，目前学术理论界仍然有很大分歧。

关于出版学与编辑学之间的关系，有四种观点：

1. 认为编辑学是出版学的一个分支学科

宋原放、彭建炎、罗紫初与王波、王锦贵都认为编辑学是出版学的分支学科，编辑学与出版学的关系，是部分与整体的关系。②

2. 认为出版学是编辑学的相关学科（可以理解为二者有联系但各自独立）

高斯和洪帆在其主编的《图书编辑学概论》中提出“出版学是编辑学的相关学科”。阙道隆重点列举了与书籍编辑学关系密切的六门相关学科，出版学即是其中之一（笔者注：另五门是文化学、社会学、传播学、逻辑学、语言学）。③

3. 认为编辑学的研究范围比出版学要广，编辑学涵盖出版学

在目前研究编辑学的学者中，持这种观点者占相当大比例。他们的理由有：第一，编辑学探讨编辑工作规律，而编辑工作不仅包括书刊的编辑，还包括新闻编辑、录音录像编辑、影视编辑，甚至艺术体操、武术、舞蹈也需要编辑；第二，在出版工作中，编辑工作是核心，编辑工作要带动其他工作的开展；第三，编辑工作是历史悠久的工作，编辑工作带动了出版工作的产生与发展，因此，出版学是编辑学的一部分。

4. 认为编辑学与出版学之间不存在包容与被包容的关系

向新阳提出：“编辑与出版之间不存在包容与被包容、涵盖与被涵盖的关系。也正是从这种意义上讲，可以把编辑学看作是文化学的一个

---

① 笔者以为，应该从编辑出版的角度来研究作者，从而建立作者学。既然有读者学，就应该也有作者学。作者学的理论体系有待于探讨。

② 王波，王锦贵．论编辑学是出版学的分支［J］．编辑之友，1999（4）．

③ 阙道隆，徐柏容，林穗芳．书籍编辑学概论［M］．沈阳：辽海出版社，2000：19．

分支，它为文化学的研究提供具体的可靠的文化参数。”①

编辑学与出版学之间到底是什么关系，这必然涉及对“编辑”和“出版”涵义的理解。在此问题上，笔者同意刘光裕的观点。他一直主张要区分“作为著作方式之一种”的编辑与“作为出版工作一部分”的编辑，②认为“有出版才有编辑”。③笔者以为，作为一门学科，编辑学中的“编辑”一定是指一种独立的职业活动——为作者和读者（受众）提供中介劳动的职业活动，而这种职业活动显然是随着出版活动的产生而产生的。出版活动产生以前和产生以后，“收集材料、整理成书”这一“编辑”工作都属于作者著述活动的范畴。因此，笔者同意上述第一种看法。

笔者不同意第二种观点。这种观点是建立在两个认识误区之上的：一个误区是编辑中心论，这是在我国出版社处于单纯生产型时期（计划经济体制时期）所形成的片面观点；另一个误区是认为“出版”有广义与狭义之分，以为“出版学”中的“出版”仅指狭义的出版，即出版物印刷之前的装帧设计、准备、管理工作。随着社会主义市场经济体制的建立，我国出版社（个别的除外）已经或正在转变为现代企业，市场在出版资源的配置中发挥着基础性作用，因而在出版过程中直接与市场联结的环节越来越重要。前文已指出，狭义“出版”的说法虽然在我国是符合习惯的，但实际上并不科学。

持第三种观点的人认为，编辑工作不仅包括书刊编辑，还包括报纸编辑、音像电子编辑、电影编辑、广播电视编辑、网络编辑，甚至还有手机出版物编辑，所以，编辑学应该研究各种媒体的编辑工作，从20世纪90年代以来兴起的普通编辑学（或曰大编辑学）研究正是要涵盖各种媒体的编辑工作。对这样的说法笔者绝对赞同，然而，报纸编辑、音像电子编辑和网络编辑以至手机编辑仍然是与报纸出版、音像电子出版和网络出版以至手机出版密切联系在一起的，仍然是出版工作的一个组成部分。说艺术体操、武术和舞蹈也需要编辑，虽然不能说是错误

---

① 向新阳．编辑学概论［M］．武汉：武汉大学出版社，1995：19.

② 刘光裕．三论何谓编辑//刘光裕，王华良．编辑学理论研究［M］．济南：山东教育出版社，1995：47－76.

③ 刘光裕．序言//李海崑，刘光裕．现代编辑学［M］．济南：山东教育出版社，1996：4.

的，但此“编辑”显然不是“编辑学”中“编辑”的涵义了。因此，笔者无法接受第三种观点。至于电影编辑和广播电视编辑，有其特殊性，应另当别论，因为，电影和广播电视显然不应视为出版的范畴，因而既不能说电影编辑和广播电视编辑是出版的一部分，也不能说电影编辑和广播电视编辑涵盖了出版。

第四种观点认为编辑学是文化学的一个分支学科，它与出版学之间不存在包容与被包容的关系。这种观点的弊端正如刘光裕所言，在编辑学研究中“常见偏向之一是，用文化理论去替代编辑理论的泛文化倾向，或者是把编辑的作用等同于文化，或者是把文化学中某原理照搬给编辑学，结果成为大而无当、不切实际的空论”。①

二、出版学的相关学科

彭建炎把出版学的相关学科分为三类：一是出版学的基础学科，主要有哲学、信息科学、经济学、传播学、情报学、文化学、社会学等；二是出版学的工具和方法学科，如声学、光学、电子技术、缩微技术、计算机科学、数学、统计学、会计学、管理学等；三是出版学的交叉学科，如心理学、出版法规、校对、装帧等。②这种按照出版学与其他学科的三种不同关系来划分出版学的相关学科的方法很有启发意义，但有一些学科显得过于宽泛，与出版学的关系不紧密。

笔者的看法是，出版学的基础学科有传播学、文化学、经济学（含市场营销学）、管理学、社会学、历史学、心理学。这些成熟学科的理论与研究方法可以为年轻的出版学提供理论借鉴和方法论支持，而且都可以与出版学结合产生边缘学科。

出版学的交叉学科有新闻学、图书馆学、文献学（含版本学、目录学、校勘学）、法学。这些学科与出版学内容上有重叠之处，如出版学与新闻学都要研究期刊和编辑工作，出版学与图书馆学都要研究读者、图书分类，出版学与文献学都要研究版本、校勘，出版学与法学都要研究著作权法。

出版学的工具和方法学科有语言文字学、逻辑学、计算机科学、信

① 李海崑，刘光裕．现代编辑学［M］．济南：山东教育出版社，1996：17.

② 彭建炎．出版学概论［M］．长春：吉林大学出版社，1992：85.

息学、数学、统计学、美学、策划学。这些学科可以为出版学提供技术和具体方法的支持，如语言文字学中的语法知识、文字知识、写作知识等，逻辑学中有关逻辑的规则、规律、推理与论证的方法等，都可以直接运用于稿件的审读与加工；数学与统计学的知识可运用于计算出版成本与制定出版物价格；信息学中的相关知识可以运用于出版信息的采集、分类、加工与开发利用；美学中的审美原理可运用于出版物的封面、版式与插图等的设计（在如今“读图时代”更有其突出意义）；策划学知识可运用于书刊策划、选题策划和出版物市场营销策划；计算机科学与出版的密切关系则是众所周知。其中，有一些工具与方法学科与出版学结合起来，也可以形成出版学的边缘学科，如出版信息学、出版美学与出版策划学等。

总之,出版学的相关学科十分广泛,由此形成一系列出版学的边缘学科。

三、出版学的边缘学科

把出版学与其他学科进行嫁接，就形成了出版学的边缘学科。目前已经产生了以下 11 门出版学的边缘学科：

（一）出版传播学

从本质上说，出版活动是一种传播活动。当今全球经济一体化时代、网络时代的出版更是“历史上从未有过的以传播为己任的崭新出版”。①师曾志在其著作中专列一章“出版与传播”全面、深入地探讨了出版与传播、出版学与传播学的关系，明确指出：从传播学的概念出发，出版学是围绕社会信息复制，研究社会信息传播和控制规律的学科，并认为传播学的理论与研究方法对出版学有六个指导作用：传播活动的特点对出版活动的认识与开展具有指导意义；借助传播学的理论与方法逐步建立与完善出版学；通过传播学中传播的要素可以找出出版过程的要素；借助传播过程模式建立出版学出版过程模式；社会传播制度决定着出版性质；传播效果研究对了解与把握出版效果具有指导意义。② 有人指出：“出版学从传播学那里借鉴的远非工具性的，而是一

① 田建平．出版的传播学解读——论中国出版人员的文化使命//中国编辑学会．第十一届国际出版学研讨会论文集［M］．武汉：湖北人民出版社，2005：121.

② 师曾志．现代出版学［M］．北京：北京大学出版社，2006：74－75.

种关于出版的全新的世界观，即出版传播观。”①

（二）出版文化学

知识经济社会中人们对文化知识的迫切需求和教育的不断普及使出版日益成为普遍存在的社会文化现象。即使在市场经济条件下，文化仍然是出版企业的终极目标；即使在互联网时代，纸质图书出版仍然是传播文化、积累文化、传承文化的十分重要的途径。出版学与文化学的紧密联系显而易见。王振铎先生认为：“人类的编辑活动是缔造社会精神文化结构的活动”“编辑学是一门研究人类文化缔构的科学。”②《编辑文化学》《编辑学的文化思考》与《编辑运作与文化建构》是编辑文化学方面的代表性成果。出版是一种有组织的社会文化活动，应该从文化的视角来研究出版，出版史研究尤其如此。《出版与近代文明》《出版文化史论》《20世纪上海翻译出版与文化变迁》《出版文化散论》《英美出版文化行记》和《文化关怀中的现代出版》是出版文化学方面的突出成果。

（三）出版经济学（含出版产业学、出版物市场营销学、出版会计学、出版统计学等）

出版活动既是文化活动，又是经济活动，市场经济条件下的出版业整体上属于产业，因而从经济学角度研究出版业顺理成章，于是出现了出版经济学。出版经济学利用经济学的原理与方法来探讨出版活动的规律。迄今为止我国至少出版了出版经济、出版产业研究著作22部，如《出版经济学导论》《出版经济学》《图书发行会计学》《图书发行统计基础知识》《现代出版产业发展论》《出版产业研究》《现代出版业资本运营》与《杂志产业》等。专门研究出版资源的著作笔者所见只有一部，而且是论文集——《资源建设与出版竞争力》。出版经济学研究前景光明。

（四）出版社会学

出版活动历来与整个社会息息相关，运用社会学的理论与方法描

---

① 李新祥．出版传播学的基本概念及其理论体系的提出［J］．出版科学，2003（5）．

② 王振铎，赵运通．编辑学原理论（修订版）［M］．北京：中国书籍出版社，2004：78．

述、解释、预测出版现象和出版行为，考察出版活动引起的社会效果，是出版学研究的题中应有之义。“出版社会学是研究出版运行机制和社会运行机制的相互关系，以及这两种机制互动后产生的出版物对社会发展正反两方面影响作用的学科”“出版社会学考察的出版运行机制包括三要素：出版人员、出版机构、出版物。社会运行机制包括政府和大众（大众可分为作者与读者）”。①运用社会学的方法，可以收集读者对出版物的反馈信息，可以描述出版现状，可以进行出版人员或出版机构的个案研究等。早在1969年，韩国就出版了《出版社会学》。我国现已出版《编辑社会学》和《书与社会》。

（五）出版管理学

20世纪80年代末90年代初以来，出版管理学日益受到重视，目前至少出版了12部著作，如《出版经营管理》《出版社的经营管理》《图书发行管理学》《图书出版编务管理》《现代书业企业管理学》《实用出版社财务管理》和《出版人才学》等，内容涉及出版社管理、书店管理；编务管理、发行管理、财务管理和人才管理等。

（六）出版策划学

出版策划学研究始于20世纪90年代初期，90年代后期特别是进入21世纪以来蔚然成风，尤以图书选题策划研究成就最大。现已出版《图书选题策划六讲》《选题策划的理论与实践》《图书选题策划学》《实用图书策划学》《选题策划》《成功选题策划启示录》《出版策划》《选题论》《谋划出书》《出版传播策划学》《编辑创意论》和《出版选题学》等出版策划学著作。此外，还有《出版策划：理论与实践》（我国在出版策划方面的第一本专题论文集）、《策划与管理》（上海市出版界2001年和2002年出版研讨会论文集，其中探讨策划的文章有22篇）。期刊策划研究专著已有《期刊策划导论》《期刊策划著名案例》等，《出版传播策划学概论》专列一章探研“期刊品牌的策划与创造”。出版策划特别是图书选题策划研究已成气候。

（七）出版史学

我国自古以来就十分重视历史学研究。把出版学与历史学嫁接，进

---

① 仓理新．构建出版社会学理论体系的基本思路［J］．首都师范大学学报（社会科学版），2007（1）．

行系统研究并取得了巨大成就，是有目共睹之事。《中国编辑史》《中国古籍编撰史》《书籍装帧艺术史》《中国印刷史》《中国编辑出版史》《中国古代图书流通史》《中国图书发行史》《中外图书交流史》《中国期刊发展史》《中国大学学报简史》《中国现代报刊发展史》等一系列出版史专著的出版，《中华人民共和国出版史料》（多卷集套书）、《中国当代出版史料》（8卷）、《中国出版史料》（多卷集套书）、《20世纪中国著名编辑出版家研究资料汇辑》（10卷）和《中国近代古籍出版发行史料丛刊》（28册）等大型中国出版史料著作的编纂出版，充分展示了出版史学研究的辉煌成就。

（八）出版心理学

出版学与心理学的边缘研究，也取得了可圈可点的成绩。至少出版了六部专著：《图书发行心理学》《图书发行心理》《编辑心理学》《编辑心理论》《编辑思维学》《编辑创新研究》。研究读者心理和编辑创新思维的论文为数不少。

（九）出版美学

《出版审美论》（高斯著，江苏教育出版社1994年）首次从审美的角度研究了出版。1998年教育部颁布的《普通高等学校本科专业目录和专业介绍》把出版美学（含装帧设计）列为编辑出版专业的主要课程。有论者指出："出版美学是研究印刷和电子出版物的美学本质特征及内容与形式审美规律，探讨书刊的装帧设计艺术、报纸的版面美化和电子出版物页面的艺术创意及审美原则的学科。"① 黄理彪专门研究了图书出版美学，认为"图书出版美学就是研究图书出版活动中的审美活动和审美规律的科学"，研究内容包括图书的内容美、图书的形式美、图书美的范畴等。②在当今"读图时代"，出版美学研究自然有重大现实意义。

（十）出版信息学

出版信息学的研究已经起步，出版了专著《图书市场信息学》。

（十一）出版教育学

出版教育学是随着编辑出版学高等教育的兴起而产生的一门边缘学

① 刘玉清. 出版美学学科建设初探［J］. 出版发行研究，2004（10）.

② 黄理彪. 图书出版美学［M］. 北京：首都师范大学出版社，1998：7.

科，主要探讨编辑出版学的学科建设问题。从 20 世纪 80 年代开始在大学设置出版类专业以来就不断有这方面论文发表，中国书籍出版社于 1993 年出版了《出版教育研究论集》，收集了编辑出版教育研究文章 19 篇和“新闻出版署直属高等院校出版专业设置及可行性研究”课题报告。

在此，顺便介绍一下我国编辑出版学高等教育的发展过程。1953 年，我国创办了上海印刷学校，是当时我国唯一一所印刷专业学校。1987 年，改名为上海出版印刷高等专科学校，升格为大专。现隶属新闻出版总署，是一所工、文、艺结合的多学科类高等专科学校。中华人民共和国建立以后，中国人民大学创办了新闻系，设置了编辑专业。

我国编辑出版学高等教育的真正起步是在 20 世纪 80 年代初期。1983 年 4 月，武汉大学图书情报系与新华书店总店联合创办了“图书发行管理学”专业，后更名为“出版发行学”专业。同年 6 月，中共中央、国务院作出《关于加强出版工作的决定》，在中国共产党的历史上第一次在中央文件中提出：“要加速建设北京印刷学院，在以后条件具备时可改为出版学院。”同年 11 月，由中国出版工作者协会组织的我国出版史上第一次出版年会在广西阳朔召开。在会上，上海市新闻出版局局长宋原放提出了“迫切需要建立社会主义出版学”的呼吁，最早以专文形式从理论上系统探讨了出版学学科建立的重要性和必要性，明确提出要建立社会主义出版学。①

1984 年 7 月，胡乔木（1912—1992）同志代表中央致函教育部，同意在北京大学、南开大学、复旦大学设置图书编辑专业。1985 年，这三所大学率先设置了“编辑学”专业，并开始招生。1993 年，“编辑学”作为高校本科专业正式列入国家教委的“专业目录”。1998 年，教育部调整高校本科专业目录，把原来的“编辑学”“出版发行学”“印刷学”“出版管理学”等专业合并为“编辑出版学”，并列入本科《普通高等教育本科专业目录》。

从 1985 年到 1989 年，我国 15 所高校办起了编辑、出版、发行等不同特色的学科专业。到 2003 年底，至少有 46 所高校建立了编辑出版学专业，其中超过一半是 1999 年以后设置的。例如，湖南师范大学文

---

① 宋原放．迫切需要建立社会主义出版学［J］．出版工作，1984（1）．

学院于2000年设置“编辑出版学”专业，2001年成立新闻与传播学院时改设为编辑出版系，2002年开始招收编辑出版学硕士研究生（编辑出版学是传播学硕士点之下的一个研究方向）。据不完全统计，到2006年，全国有近100所高校设置了编辑出版学本科专业，30余所高校在相关专业下培养编辑出版研究方向的硕士生，七所高校招收博士研究生。①

编辑出版学高等教育的升温是与新闻传播学高等教育的骤然升温密切相关的。20世纪90年代后期，我国大学中设有新闻学或传播学的院、系、专业点只有60多个，到2002年9月，这个数字达到320多个。新闻传播学高等教育为何骤然升温？中国人民大学新闻学院前院长郭庆光认为：“近年来新闻传播学成为快速增长的热门学科不是偶然现象，其背后的巨大推动力是社会信息化的进程。”21世纪是信息经济和知识经济占主导地位的时代，而信息经济与知识经济有两大支柱：一是高科技IT产业，二是媒体产业。前者从事传播科技的开发，后者使用这些科学技术从事各种信息产品的生产、流通和传播活动。新闻传播教育主要是为媒体产业培养人才的，也是将这两大领域连接起来的桥梁。“应该说，新闻传播教育代表了时代发展的趋势，居于21世纪历史潮流的中心，在国家建设和社会发展中具有十分重要的地位与作用。”②新闻传播学高等教育的整体升温为编辑出版学高等教育的趋热作了铺垫！

出版业作为知识与信息的集散地，自然应该担负起推动社会发展的重大作用，科学技术的迅速发展促使出版业日新月异，中国加入WTO又给我国出版业的改革与发展带来了机遇。中国出版业的诱人前景，是引发编辑出版学高等教育迅速升温的根本原因。

---

① 肖东发，张文彦．由传统出版走向跨媒体时代——探讨我国编辑出版学教育的发展之路［J］．国际新闻界，2006（11）．

② 刘媛．新闻传播教育骤然升温意味着什么——访中国人民大学新闻学院院长郭庆光教授［J］．传媒观察，2003（7）．

第二章

出版研究综述

主要观点：

1. 我国的出版研究形成了四大板块：一是出版工作研究（可分为两个层次：出版业务、出版状况研究和出版经验、出版规律研究）；二是出版史研究（含出版史料的整理）；三是国外出版研究（含国外出版学著作的翻译出版）；四是出版学学科建设研究。

2. 在研究宗旨方面，出版研究与出版实践的结合亟须加强，学界与业界的对话亟须加强。

3. 在研究领域方面，出版研究要寻找新的科研生长点。就时间来说，要开拓“文革”时期出版史研究，要大力加强当代出版史研究；就地域来说，要开拓对台湾、香港、澳门出版的研究，要加强对国外出版的研究（尤其是对国外出版的原创研究）；就研究选题来说，对出版人物与出版机构（特别是当代的出版人物与出版机构）的研究值得大力拓展。

4. 在研究方法方面，出版学与其他学科的交叉、边缘研究要增强科学性，出版案例（个案）研究与中外出版比较研究呼唤更多的成果涌现。

5. 在研究成果的文本方面，严谨性和可读性有待加强。

第一节 出版研究的简要历程

一、中国出版研究的简要历程

在中国古代，从事出版工作的人就开始总结各种出版经验。例如，在“二十四史”的《艺文志》和《经籍志》中有不少书目和图书出版方面的资料。1906 年，上海书业商会创办了《图书月报》，这是我国出版界最早创办的期刊。

最早使用“出版学”的应该是中国人。一说是，1931 年，文献学家杨家骆（1912 – 1991）在其主持编纂的《图书年鉴》上撰文认为，“出版事业志”的内容应该包括“出版事业概论、出版学研究概况等”。这里提到的“出版学”是现有文献中最早出现“出版学”的地方；① 另一说是，上海民立中学图书馆的馆员陈天鸿（也称陈伯逵，或说字伯逵）在其于 1926 年 8 月出版的《中外一贯实用图书分类法》中指出，600 技艺学通论大类下的 655 类为“印刷术，出版学”（第 34 页）。这里提到的“出版学”应该是最早使用“出版学”的地方。②

在中国，有组织地进行出版学研究是从 20 世纪 80 年代开始的。1983 年 6 月，中共中央、国务院作出《关于加强出版工作的决定》，提出：“要建立出版发行研究所，充实印刷技术研究所，加强出版、印刷、发行的科研工作。”这是出版研究第一次被写进中共中央文件中，从此我国出版科学研究走上了空前繁荣的道路。

1985 年 3 月，中国出版发行科学研究所（1989 年改名为中国出版科学研究所，2010 年又更名为中国新闻出版研究院）成立，是全国唯一的国家级出版科学研究机构，这标志着我国的出版科学研究走向了专业化、正规化。十一届三中全会后，出版类专业期刊陆续创办。1978

---

① 张志强．现代出版学［M］．苏州：苏州大学出版社，2003：11 – 13．

② 圕匪．陈馆员更早提出“出版学”一词，圕匪图说圕史八卦事（公众号），2017 – 08 – 05．

年，《出版工作》创刊（1991 年改名为《中国出版》），这是我国改革开放后最早创办的出版类期刊。1981 年，《编创之友》创办（1985 年改名为《编辑之友》）。此后，《出版史料》、《出版与发行》（1988 年改名为《出版发行研究》）、《编辑学刊》、《中国图书评论》等刊物相继问世，为出版研究成果的发布提供了平台。1979 年，中国出版工作者协会成立。1989 年，中国图书评论学会成立。1991 年，中国书刊发行业协会成立。1992 年，中国期刊协会和中国编辑学会相继成立。各省市区也陆续成立相应组织。这些团体为出版研究提供了组织保证。

从 20 世纪 80 年代后期开始，关注出版科研、从事出版研究在出版界蔚然成风。1989 年 10 月，中国派戴文葆（1922—2008）、邵益文、宋原放和赵斌组成代表团，参加了在日本举行的第四届国际出版学研讨会，会上宣读了由宋原放和赵斌合写的《出版学、编辑学的研究已在中国起步》。1993 年 8 月，中国在北京主办了第六届国际出版学研讨会；2004 年 10 月，中国又在武汉主办了第十一届国际出版学研讨会。1990 年 8 月 26 日，美国《克利夫兰旗帜日报》（*Cleveland Daily Banner*）以“中国有组织地从事编辑研究”为题报道了我国的编辑学研究情况：“全世界一直在对编辑出版进行研究，但把编辑工作作为一门严整的学问加以深入研究则很少见。最近几年中国编辑界开始研究编辑学，因而创造了‘redactology’这个术语。自这门新学科在 1983 年开始兴起到现在，已有一些编辑学刊和十几种编辑学书籍问世。”①

从 20 世纪 90 年代中期开始，我国的出版研究有了进一步的发展，由中国出版科学研究所、中国编辑学会、中国图书商报社等机构带头组织的全国性出版理论研讨会十分活跃，《出版经济》《编辑学报》《出版人》与《中国电子与网络出版》等出版学术刊物纷纷创办，大批学术论著、教材相继出版。一些学术性的出版网站也创建了，如中国出版网、出版学术网、现代出版研究所网与出版科学网等，为出版研究创造了便捷条件。

出版研究的显著成绩以及编辑出版学高等教育的迅速发展，使出版

① 林穗芳．中外编辑出版研究［M］．武汉：华中师范大学出版社，1998：13.

有“学”、编辑有“学”日益获得社会的公认。《简明编辑出版词典》（中国展望出版社 1988 年 9 月）收“出版学”词条，这是我国工具书中第一次把“出版学”作为一个单独的词条列出。《编辑实用百科全书》（中国书籍出版社 1994 年 12 月）是我国出版的第一部编辑出版类百科全书，收入了高斯撰写的“出版学”条目。现代汉语最权威辞典《辞海》1999 年修订版收录了“出版学”词条，这是《辞海》第一次收录“出版学”词条，可以说，这标志着中国学术界（不仅是编辑出版学学术界）对出版学这一学科的正式认可。

纵向考察中国的出版研究，可将其分为三大阶段：

1. 20 世纪上半叶（1901 年—1949 年新中国成立前）。这一阶段的出版研究属于草创阶段，有筚路蓝缕之功。例如，1935 年，商务印书馆出版《书评研究》(萧乾著)，被誉为中国书评研究的奠基之作；1949 年，广州自由出版社出版《编辑学》(李次民著)，探讨了报纸（个别章节讲到期刊）的编辑工作及其规律，是中国第一部以“编辑学”命名的著作，也可能是“世界上第一次把文字编辑工作作为学问来加以分析讨论，从而把它引向学术之路，并且创造了‘编辑学’这个名词”的著作。①

2. 新中国成立至十一届三中全会前（1949 年 10 月—1978 年 11 月）。这一阶段没有出现一部从理论层面研究出版业的著作；深受政治影响，出现了一些违背出版规律的研究成果，例如，在 1958 年 3 月的出版跃进会议上，时为我国出版行政部门负责人之一的陈原（1918—2004）作了《关于稿酬》的发言，说：“稿费问题是一个方针性的问题，这里面有两条路线的斗争”“稿费偏高对著译者是不利的。”②

3. 十一届三中全会（1978 年 12 月）至今。这一阶段的出版研究取得了很大成绩，出现了大量关注出版现实的论著，对出版工作尤其是书刊编辑工作的规律进行了卓有成效的研究。这一阶段出版研究取得很大

---

① 邵益文. 20 世纪中国的编辑学研究［M］. 石家庄：河北教育出版社，2000：2.

② 20 世纪 90 代，陈原以惊人的勇气把这篇文章收入文集，并写了《题记和反思》，承认“其基本思想是错误的”。参见：陈原. 陈原出版文集［M］. 北京：中国书籍出版社，1995：19－21.

成绩的主要原因有：重视出版研究的理论指导作用；重视发挥群众团体和学术组织的作用；大批离退休老同志热心出版研究；编辑出版学高等教育的兴盛为出版研究培养了后备人才。

二、国外出版研究的简要历程

西方国家对出版进行系统研究也是开始于20世纪。在英国，出版研究开始得比较早。1644年，英国诗人、政论家J·约翰·弥尔顿（1608—1674）发表著名的《论出版自由》（又名《出版自由请愿书》）一文，对出版业的发展产生了深远影响。1926年，英国出版家斯坦利·昂温（1884—1968）所著的《出版概论》（英文原名为 *The Truth About Publishing*）问世，系统地论述了出版工作，被西方国家誉为出版“圣经”。

在美国，1931年，O·H·切尼发表《图书业经济状况调查》（又称《切尼报告》），对出版业作了系统的分析研究。1970年，小赫伯特·S·贝利出版《图书出版的科学与艺术》（英文原名为 *The Art and Science of Book Publishing*）。1974年，J·P·德索尔出版《图书出版》（英文原名为 *Book Publishing*：*What It Is*，*What It Does*，中文本译为《出版学概说》）。它们都是有世界影响的出版学著作。

19世纪下半叶，美国的《出版商周刊》（*Publishers Weekly*）、英国的《书商》（*Bookseller*）创刊；20世纪，《德国书业报》（*Boersenblatt Fuer den Deutschen Buchhandel*）创办。1961年，德国成立了德国图书市场研究所。1976年，美国成立了美国书业研究集团。1987年，加拿大成立了加拿大出版研究中心。这些报刊的创办和研究机构的成立，极大地推动了出版研究的开展。

在亚洲，日本和韩国是重视出版研究的国家。在日本，1950年，美作太郎提出要建立出版学会。1956年，日本成立了出版科学研究所。1967年，清水英夫发表《建立出版学的可能性与必要性》一文，认为作为传播科学，“出版学”的建立既有可能，也有必要。1969年，日本出版学会成立并开始开展活动。1970年，日本创办《出版研究》。1971年，日本出版《出版事典》（中文本译为《简明出版百科辞典》），收录了"出版学"词条。1972年，清水英夫出版《现代出版学》，该书可能是世界上第一本直接以"出版学"命名的著作。在韩国，1963年，安春根出版《出版概论》。1969年，韩国出版研究会（同年改为韩国出版学会）成立，该会会刊《出版学》在国际上有较大影响。1986年，韩国出版研究所成立。1990年，出版文化学会成立。1996年，中央出版文化院成立。安春根的《出版社会学》（1969年）、《韩国出版文化史大纲》（1987年），闵丙德的《出版学概论》（1985年）、《出版学研究方法论》（1993年）等著作，都有一定影响。

1984年，由日本和韩国的出版学会发起，召开了首届国际出版学研讨会。后来，该研讨会从最初以亚洲国家研究者参与为主，发展到其他国家研究者普遍参与，因而真正具有世界性影响，标志着出版学研究在世界范围内的广泛开展。

总之，中外研究出版学的时间不长。在国外，如果从1956年日本成立出版科学研究所算起，至今63年；如果从1926年英国出版被誉为出版"圣经"的《出版概论》算起，至今93年。在中国，如果从1931年杨家骆提出要研究"出版学"算起，至今88年；如果从1983年武汉大学设立"图书发行管理学"专业算起，则只有36年。作为一门独立的学科，出版学还没有获得世界公认。"出版学"这一术语至今尚未在世界广泛使用，除中国、日本、韩国等几个国家外，其他国家很少使用。总之，出版学是一门新兴学科、年轻学科，研究空间非常大。

第二节　我国出版研究取得的成就

20世纪尤其是90年代以来，我国的出版研究取得了很大成就，笔者将其概括为以下六个方面：

一、形成了四大研究板块

我国现有的出版研究形成了四大板块：一是出版工作研究（可分为两个层次：出版业务、出版状况研究和出版经验、出版规律研究）；二是出版史研究（含出版史料的整理）；三是国外出版研究（含国外出版学著作的翻译出版）；四是出版学学科建设研究。下面逐一概述之。

（一）出版工作研究

1. 出版业务、出版状况研究

介绍出版业务、知识、技能（含编辑、印刷、发行、装帧设计、校对等各个方面）的著作，一直都有出版。1946 年，山东新华书店出版《出版工作基本知识》。新中国成立后，此类著作出版不少，如《新校对工作参考资料》(1951 年)、《出版业务知识》(1973 年）等。十一届三中全会后，此类著作频频出版。笔者单从张志强的研究成果来统计，就发现从十一届三中全会到 2000 年，书名中题有手册、业务知识、知识问答、基本知识、基础知识、实用知识、讲座、基础教程、实用教程、指南、入门、初步、浅谈、须知、要求、必备、统计资料、资料汇编之类介绍书刊出版知识、出版实务的著作就有 60 种。①

研究出版现实状况的论著，在中华人民共和国成立前就有出版。1937 年，中华书局出版《非常时期之出版事业》，探讨了中国当时的出版现状。1945 年 12 月 27 日，上海《大公报》发表夏丏尊的《中国书业的新途径》一文。十一届三中全会以来，此类著作十分丰富，内容涉及出版改革、加入 WTO 后中国出版业如何应对、出版集团、版权贸易、新技术在出版中的应用、非法出版活动等重大现实问题。例如，陈昕等人著的《中国图书业经济分析》（1990 年），在对我国图书市场进行调查研究的基础上，提出了当时我国图书市场已从卖方市场转变为买方市场的观点，这对市场经济背景下我国出版业的改革和发展具有极大的指导作用。

2. 出版经验、出版规律研究

十一届三中全会后的出版研究对新中国尤其是改革开放以来我国出版业的经验教训进行了较为系统的回顾总结。例如，刘杲认为："出版部门必须坚持以社会效益为最高准则"；②宋木文（1929—2015）指出：

---

① 张志强. 20 世纪中国的出版研究［M］. 南宁：广西教育出版社，2004：164－203.

② 《当代中国的出版事业》编委会. 当代中国的出版事业（中）［M］. 北京：当代中国出版社，1993：592.

“建立队伍培训体系和人才成长奖励机制，是出版业可持续发展的关键”“打开对外交流的渠道，是发展我国出版业的必要条件”；①王建辉提出：“精神文明建设和市场经济体制的结合”是十一届三中全会以来出版业发展的主要经验之一。②

对出版工作规律特别是书刊编辑工作规律的研究，是十一届三中全会后出版研究所取得的巨大成就。首先，产生了一批代表性的书刊编辑学著作。阙道隆主编的《实用编辑学》（中国书籍出版社 1986 年）是十一届三中全会后国内最早论述书刊编辑工作的理论著作。阙道隆、徐柏容（1922—2014）与林穗芳著的《书籍编辑学概论》（辽宁教育出版社 1995 年）是一部“具有相当规模，内容比较完备，材料比较丰富，结构相当严谨的编辑学著作。这本书的出版标志着编辑学研究正在趋向成熟”。③李海崑任主编、刘光裕任副主编的《现代编辑学》（山东教育出版社 1996 年）认为“有出版才有编辑”，并以此贯穿全书，是这种观点的代表作。王振铎、赵运通著的《编辑学原理论（修订本）》（中国书籍出版社 2004 年）是主张“文化缔构论”的代表作。徐柏容在《编辑创意论》（天津古籍出版社 1999 年）中详细论述了编辑三规律（求同、求异、求和）。从 2001 年 1 月至 2004 年 12 月，国内共出版编辑学专著 22 种，其中属于书刊编辑学的有 15 种，新闻编辑学的有 6 种，网络编辑学的有 1 种。④ 其次，尝试建立涵盖各种媒体的普通编辑学（或曰大编辑学）。从 1996 年起，国内学界与业界就此进行了多次讨论。2000 年 3 月，全国编辑学理论研讨会召开。与会者普遍认为，图书、期刊、报纸、广播、电视、电影、音像制品等各种媒体的编辑活动既有个性也有共性。与会的出版界老前辈刘杲认为：“搞普通编辑学确实很不容易，因为不同传媒编辑学本身发育状况不同，有的发育还不

① 宋木文．从拨乱反正到繁荣发展——中国出版改革发展20 年的巨变［J］．中国出版，1999（1）．

② 王建辉．十一届三中全会与当代中国出版［J］．编辑学刊，1998（6）．

③ 邵益文．20 世纪中国的编辑学研究［M］．石家庄：河北教育出版社，2000：265．

④ 邵益文．关于本世纪头五年编辑学研讨中几个问题的情况简述［J］．出版发行研究，2006（7）．

够。但是，事情在向前发展，普通编辑学早晚会建立起来。”① 2011 年 9 月，《普通编辑学》（署名“中国编辑学会编，邵益文、周蔚华主编）由中国人民大学出版社出版。

关于出版活动的规律，高斯指出：“出版学所要探究的出版活动的规律，包括五个方面：①自古至今出版活动、出版事业发展的基本规律和各个历史阶段的发展规律；②作为一种社会规模性活动的出版过程的运营、管理规律；③出版物的编辑、制作或复制的规律；④出版物向全社会传播、发行的规律；⑤出版活动、出版事业对全社会发生各种影响的规律。”② 这为出版规律的进一步研究指明了方向。罗紫初探讨了出版活动的三大基本规律：出版物市场的读者需求规律、出版物市场营销规律和出版发行事业建设规律。③

（二）出版史研究（含出版史料的整理）

20 世纪上半叶，出版研究最突出的成就是中国出版史研究。《中国出版业简史》（1946 年）是第一部以“中国出版史”命名的著作，20 世纪初期出版了一部影响较大的、专门谈论刻书情况的随笔体著作《书林清话》。

从新中国成立到“文化大革命”发生前，中国出版史料的整理与出版史研究是这一时期出版研究的亮点。孙殿起（1894—1958）辑录的《琉璃厂小志》（1962 年）收录了琉璃厂与旧书业有关的资料。张静庐（1898—1969）辑录的《中国近代出版史料》（包括初编、二编）、《中国现代出版史料》（包括甲编、乙编、丙编、丁编）和《中国出版史料补编》，收录了自 1862 年至新中国成立前图书、报刊的编译、出版、印刷等方面的资料，至今具有极大的史料价值。书史研究专家刘国钧（1899—1980）出版了《中国书的故事》《中国书史简编》等一系列著作，特别是《中国书的故事》影响很大。张秀民（1908—2006）出版了《中国印刷术的发明及其影响》等。

---

① 邵益文．编辑学研究评述［J］．出版科学（增刊），2002．

② 高斯．出版学//边春光．编辑实用百科全书［M］．北京：中国书籍出版社，1994：150 - 151．

③ 罗紫初．出版学原理［M］．武汉：武汉大学出版社，1999：232 - 256．

改革开放以来出版史的研究开始摆脱书史和印刷史的束缚，伸向出版的各个角落。讨论的问题很多，主要有出版史的分期、西方传教士在中国出版史上的作用、出版史研究的对象、我国出版优良传统等。这一时期的出版史研究取得了前所未有的成绩。在出版史料的整理方面：1982 年，上海创办了《出版史料》（后停办，2001 年恢复，改在北京编辑出版）。从 1993 年起，中国书籍出版社陆续出版《出版史研究》丛刊。出版了五部大型的中国出版史料著作（详见下文）。这一时期还出版了一批老编辑出版家的回忆录，如赵家璧的《编辑忆旧》、赵晓恩的《延安出版的光辉》（2000 年）等。

在出版史的原创研究方面，改革开放以来出版了一大批著作。中国出版通史有：《中国出版史概要》（张召奎著，1985 年，是新中国成立后第一部以“中国出版史”命名的著作）、《中国出版史》（宋原放、李白坚著，1991 年）、《中国出版编年史（上、下）》（李瑞良编，2006 年，是我国第一部编年体出版史专著）。中国出版科学研究所主持的国家社会科学基金重点项目《中国出版通史》（九卷）由中国书籍出版社于 2008 年 12 月出版。中国断代出版史著作：古代的有《明代出版史稿》（2000 年）、《宋代出版史》（2017 年）、《元代出版史》（2003 年）；近现代的有《中国新图书出版业初探》（1998 年）、《中国近代现代出版通史》（2002 年）。在专题出版史方面，代表性的著作有：《中国编辑史》（姚福申著，1990 年）、《中国古籍编撰史》（曹之著，1999 年）、《书籍装帧艺术史》（邱陵编著，1990 年）、《中国印刷史》（张秀民著，1989 年）、《中国图书出版印刷史论》（肖东发著，2001 年）、《中国古代图书流通史》（李瑞良著，2000 年）、《中国图书发行史》（郑士德著，2000 年）、《中外图书交流史》（彭斐章主编，1998 年）等。

（三）国外出版研究（含国外出版学著作的翻译）

1. 国外出版学论著的翻译出版

20 世纪上半叶，国外的一些出版研究论著开始被翻译成中文出版。例如，20 世纪初，商务印书馆将英国《大不列颠百科全书》中有关版权的条目翻译出版，书名为《版权考》，这是中国出版的第一部版权著作。

从 20 世纪 50 年代至 60 年代，我国翻译出版了一些国外（主要是苏联）的出版著作，如倍林斯基著的《书籍编辑学教学大纲》（中国人民大学出版社，是新中国出版的第一本编辑学著作），还翻译出版了俄国出版家绥青著的《为书籍的一生》（三联书店）。

十一届三中全会以来，我国翻译出版了大量国外的出版著作。在出版理论方面，美国、日本与英国等国家出版的有影响的出版理论著作基本上都被翻译出版了。1987 年，武汉大学出版社出版美国学者小赫尔伯特・S・贝利的《图书出版的科学与艺术》，该书后来还出过四个版本：书海出版社版、黑龙江教育出版社版、中国书籍出版社版和河北教育出版社版。中国书籍出版社引进出版了一批国外出版学著作，如美国学者 J・P・德索尔的《出版学概说》，英国学者斯坦利・昂温的《出版概论》，日本学者清水英夫的《现代出版学》等。在出版实践方面，这一时期翻译出版了大量涉及编辑、印刷、发行、装帧设计、书评等方面的著作。例如，苏联学者塔・波・伏尤科娃的《八十五次喜与忧——一个编辑的思考》（中国书籍出版社）、美国学者丽贝卡・桑德斯的《亚马逊网络书店传奇》（机械工业出版社）、日本学者松居直的《我的图画书论》（湖南少年儿童出版社）、韩国学者安春根的《杂志出版论》（东方出版社）、美国学者格罗斯主编的《编辑人的世界》（中国工人出版社）。在出版史料和出版史研究方面，也翻译出版了不少国外这方面的著作。例如，美国学者贝内特・塞尔夫的《我与兰登书屋》（三联书店 1991 年首版，人民文学出版社 2007 年重新翻译出版）、美国学者 A.斯科特・伯格的《天才的编辑》（陕西人民出版社）、美国学者多萝西・萨克斯的《编者与作者之间——萨克斯・康明斯的编辑艺术》（新华出版社）、美国学者杰罗德・杰肯斯与马丁・林克的《畅销书内幕》（天津人民出版社）等。在著作权方面，也翻译出版了国外著作，如西班牙学者利普希克的《著作权与邻接权》（中国对外翻译出版公司）。

进入 21 世纪，越来越多的出版社翻译出版国外出版专业著作。河北教育出版社陆续引进推出“出版人员丛书”，中国人民大学出版社引进出版“书天堂”书系。还有机械工业出版社引进出版了《出版业》与《因缘际会》等，上海三联书店引进出版了《出版大崩溃》，世界图书出版公司引进出版了《英国出版业》，国际文化出版公司引进出版了

《出版大冒险》，广西师范大学出版社引进出版了《这书要卖 100 万——畅销书经验法则 100 招》，等等。

2. 对国外出版的原创研究

20 世纪 90 年代以来，我国对国外出版业的原创研究取得了一定成绩。此类著作约 28 部：《西方六国出版管理研究》（中国书籍出版社）、《欧洲书报检查制度的兴衰》（南京大学出版社）、《美国出版社的组织和营销》（中国经济出版社）、《近代西欧印刷媒介研究——从古腾堡到启蒙运动》（华东师范大学出版社）、《外国出版概况》（辽宁教育出版社）、《西方出版概况》（河南人民出版社）、《图书出版业与第三世界》（吉林大学出版社）、《世界书业通论》（四川人民出版社）、《欧美书业概论》（四川教育出版社）、《世界出版业丛书》（世界图书出版公司北京公司）、《世界出版观潮》（辽宁人民出版社）、《世界发行扫描》（辽宁人民出版社）、《英美出版文化行记》（河南大学出版社）、《国外科学技术书籍封面设计选》（上海科学技术出版社）、《美国数字出版考察报告》（上海人民出版社）、《纵览美国图书出版与发行》（中国经济出版社）、《美国杂志的出版与经营》（中国传媒大学出版社），等等。

（四）出版学学科建设研究

出版学学科建设研究的内容包括"出版"与"出版学"的定义、出版学的学科性质、出版学的研究对象、出版学的学科体系、出版学的分支学科与相关学科、出版学的边缘学科、出版学方法论与研究方法等，详见第一章。

二、创办了 38 种公开发行的出版类报刊（不含停办的），至少编纂了 66 部（种）出版类工具书

十一届三中全会以来，我国陆续创办出版类专业报刊，编纂出版类工具书。笔者统计的结果如下：

（一）出版类报纸

现有 6 种：《中国新闻出版广电报》《中国出版传媒商报》《中华读书报》《文汇读书周报》《出版商务周报》与《新华书目报》。

（二）出版类期刊

正式的期刊有 31 种（含阅读与读书类）：《中国出版》《出版发行

研究》《出版参考》《出版人》《出版广角》《出版经济》《中国出版史研究》《出版科学》《出版与印刷》《现代出版》《科技与出版》《中国版权》《中国印刷》《印刷杂志》《编辑之友》《编辑学刊》《中国编辑》《编辑学报》《中国图书评论》《博览群书》《书摘》《中外书摘》《读书》《书屋》《书城》《文景》《现代阅读》《新阅读》《全国新书目》《中国新书》《中国科技期刊研究》。另有 1 种连续性出版物：《中国编辑研究》。

（三）出版类工具书

至少已有 66 部（种）。可分为以下四类：

1. 年鉴、百科全书

正式的现有 5 部：《中国出版年鉴》（从 1980 年开始出版）、《中国图书年鉴》（从 1993 年开始出版）、《编辑实用百科全书》（中国书籍出版社）、《中国大百科全书·新闻出版》（1990 年）、《中国出版百科全书》（书海出版社）。此外，各省市自治区也先后出版了地方出版年鉴。另外，近几年来流行出版皮书，皮书大体上相当于年鉴。出版方面的皮书已有 4 种：《中国出版蓝皮书》（中国书籍出版社每年出版一套，包括《中国出版业发展报告》《中国民营书业发展研究报告》和《国际出版业状况及预测》三部）、《世界华文出版年度观察》（华文出版社每年出版一部）。

2. 词典、辞典

至少已有 15 部：《中国图书大辞典（1949—1992）》（湖北人民出版社）、《出版词典》（边春光主编，上海辞书出版社）、《出版词典》（赵晓恩主编，中国书籍出版社）、《简明编辑出版词典》（中国展望出版社）、《中国现代编辑学辞典》（孙树松、林人主编）、《简明出版百科辞典》（日本学者布川、角左卫门编，中国书籍出版社）、《编辑出版词典》（北京科学技术出版社）、《实用出版词典》（书海出版社）、《中国出版人名词典》（中国书籍出版社）、《图书发行词典》（江西高校出版社）、《书刊发行辞典》（湖南出版社）、《英汉出版词汇》（四川人民出版社）、《简明英汉编辑出版词汇》（上海外语教育出版社）、《汉英编辑出版词汇》（北京大学出版社）、《简明著作权词典》（学林出版社）。

3. 手册、名录

至少已有36部。手册主要有《图书出版管理手册（修订本）》（浙江教育出版社）、《音像和电子出版物管理工作手册》（人民出版社）、《出版物编校手册》（河南人民出版社）、《图书营销渠道手册》（北京广播学院出版社）、《出版名词术语手册》（电子工业出版社）、《期刊工作手册》（天津人民出版社）等。名录主要有《中国出版者名录》（新闻出版总署图书出版管理司编）、《全国最新万家出版发行单位名录》（中国经济出版社）、《图片编辑手册》（中国摄影出版社）等。

4. 其他类型

至少已有7部：《自由撰稿人实用宝典——撰稿投稿实务及信息全书》（广西师范大学出版社）、《新中国新闻出版业英才库》（张芬之主编）、《中国民营书业发行概览（上、下）》（中国书籍出版社）、《中国编辑出版文献题录选辑》（地震出版社）、《编辑学概览——编辑学理论观点选辑》（云南人民出版社）和《中国期刊》（甘肃人民出版社）。罗卫国主编的《责任编辑》（经济管理出版社）介绍了当今国内53位编辑，每位编辑均自己撰写以下栏目的内容：真情相约（内容包括姓名、地址、邮政编码、电话、传真、E-mail）、编辑漫游（该编辑的简历）、影响我一生的一句话、出版平台（该编辑出书的主要领域）、好书推荐（该编辑策划、编辑的好书）、编辑谈（一篇该编辑谈编辑工作的短文章），该书实际上是一本很别致、很实用的工具书。

三、出版了7部关于编辑出版研究的综述、评论著作

目前国内出版了7部关于编辑出版研究的综述、评论著作：

（一）《出版科学年评》（第一卷）

2002年3月刊于《出版科学》增刊。由湖北省编辑学会和武汉大学信息管理学院出版科学系联合组织，对1980—2000年我国出版研究的进展情况作了综述与评价。包括13篇文章：《出版学理论研究述评》《编辑学研究评述》《编辑史、出版史研究述评》《中国书评二十年》《我国出版法制建设的研究进展》《期刊工作研究述评》《校对理论研究七年》《我国图书营销研究综述》《读者研究述评》《印刷复制技术研究

综述》《网络出版研究综述》《我国出版业信息化建设综述》和《湖北省近二十年的出版科研》。

（二）《出版学研究进展（2001—2005）》

黄先蓉主编，2006 年 10 月由武汉大学出版社出版。该书实际上是《出版科学年评》（第一卷）的续集，对 2001—2005 年的出版研究成果作了全面梳理与评析。由 14 篇文章组成：《近五年来出版学基础理论研究评述》《近五年来的编辑学研究述评》《我国出版经济研究述评》《近年来我国出版法制建设的研究进展》《中国出版发行集团研究综述》《2001—2005 年我国图书营销管理研究综述》《20 世纪 90 年代以来我国出版物流研究述评》《“十五”版权贸易研究述评》《我国网络出版研究综述》《数字学术出版研究综述》《中国出版业国际化发展研究综述》《科技出版国际竞争力研究综述》《2000—2005 年中国出版史研究综述》和《我国编辑出版教育研究综述》。

（三）《20 世纪中国的出版研究》

张志强著，2004 年 1 月由广西教育出版社出版。依次按 20 世纪上半叶、新中国成立至十一届三中全会前、十一届三中全会至 2000 年三大阶段，对 20 世纪尤其是改革开放以来中国的出版研究进行了全面评述，回顾了中国出版研究的发展历程，总结了中国出版研究的经验教训。还专列一章对港澳台地区的出版研究进行了评述。该书以图书出版研究为主，兼及期刊、音像、电子出版物出版研究。该书对出版研究有很大帮助。

（四）《20 世纪中国的编辑学研究》《出版学编辑学漫议》与《编辑学研究在中国》

这 3 本书都是邵益文的著作，分别由河北教育出版社出版于 2000 年、河南教育出版社出版于 1995 年、湖北教育出版社出版于 1992 年。邵益文先生是编辑学研究的开拓者之一。这三部著作真实地记录了改革开放以来国内编辑学研究的发展过程，并对编辑学研究成果进行了评论，是编辑学研究的宝贵资料。

（五）《中国编辑学研究述评（1983—2003）》

由山东省高等学校学报研究会组织编写，丛林主编，齐鲁书社

2004 年出版。对 1983—2003 年编辑学研究的重大理论课题一一进行梳理，以述为主，辅以点评。对重大理论争鸣事件和重点学术论题，或做专题述评，或在相关章节予以点评，尊重异议，尊重流派，尊重创新，兼收并蓄。为邵益文、林穗芳、阙道隆、徐柏容、王振铎、庞家驹、任定华、姚福申、刘光裕、高斯、蒋广学、蔡学俭、赵航等 27 位知名编辑学研究者设专章介绍。书末附录 1949—2003 年国内出版的编辑学著作 263 种书目，为研究者提供了检索捷径。

四、编纂了 5 部大型的中国出版史料著作

（一）《中华人民共和国出版史料》（多卷集套书）

中国出版科学研究所与中央档案馆合编，中国书籍出版社从 1995 年起陆续推出，已出 10 卷，收录了 1949 年至 1960 年有关出版工作的文件、法规、报告、社论与统计资料。根据中央档案馆、文化部档案室提供的档案资料，以及中国出版科学研究所、出版界老同志保存的早期资料刊印，是了解、研究党和政府有关出版工作的方针、政策，了解和研究新中国成立后我国出版业概貌的最权威、最全面的文献资料。

（二）《中国当代出版史料》（8 卷）

宋应离、袁喜生、刘小敏编，大象出版社 1999 年出版，是一部全面反映、展示新中国成立至 1999 年间我国出版业发展历程和辉煌成就的大型文献资料汇集。所收资料以在国内报刊、图书中公开发表的为限，按不同专题分成八卷。

（三）《中国出版史料》（10 卷）

中国出版工作者协会老出版工作者工作委员会策划，宋原放主编。包括古代、近代和现代三大部分。山东教育出版社与湖北教育出版社联合出版。2001 年出版现代部分，收录了从 1919 年五四运动到 1999 年 12 月的出版史料。2006 年，又出版其补卷，所收史料的下限为 2005 年 12 月。2004 年，出版了古代部分和近代部分。

（四）《20 世纪中国著名编辑出版家研究资料汇辑》（10 辑）

宋应离、袁喜生、刘小敏编，河南大学出版社于 2005 年 9 月一次性推出。选收了 54 位 20 世纪中国杰出编辑出版家的研究资料 600 多

篇。每个人物的资料包括本人论述、亲属回忆和研究论著三个部分。

（五）《中国近代古籍出版发行史料丛刊》（28 册）

徐蜀、宋安莉编，北京图书馆出版社 2003 年 5 月出版，通过收集 100 多种清末至民国时期的图书销售目录、宣传册页及征订样本编辑而成。

五、涌现出至少 19 家相当热心于出版研究的出版社

改革开放以来我国的出版研究之所以取得巨大成就，显然与一些富有社会责任感、人文精神的出版社有密切关系。相当热心于出版研究的出版社主要有以下 19 家：

（一）两家出版类专业出版社

中国书籍出版社和书海出版社是出版类专业出版社，成立于 20 世纪 80 年代后期。20 世纪 80 年代，国内出版了编辑学著作 14 种，其中 1/3 是由中国书籍出版社出版的，它出版的第一本书《实用编辑学》是改革开放后国内出版的第一部编辑学理论著作。中国书籍出版社还出版了《中华人民共和国出版史料》《中国出版论丛》《出版知识译丛》《西方六国出版管理研究》《中国出版理论与实务》《国际出版原则与实践》《加入 WTO 与中国出版业发展》和《出版集团研究》等。进入 21 世纪后推出的《中国出版蓝皮书》系列和《全国国民阅读与购买倾向抽样调查报告》系列反响热烈。

（二）九家一贯热心于出版研究的出版社

武汉大学出版社、河南大学出版社、商务印书馆、三联书店、高等教育出版社、辽宁教育出版社、南京大学出版社、学林出版社和复旦大学出版社一贯热心于出版研究。例如，武汉大学出版社和河南大学出版社依托所在大学编辑出版专业高等教育的传统优势学术资源和作者资源，不断推出出版研究著作。河南大学出版社推出了《编辑出版学丛书》。商务印书馆和三联书店历来对商务印书馆史、三联书店史和近现代出版人物、出版文化研究著作的出版保持浓厚兴趣。辽宁教育出版社在 20 世纪 90 年代中期出版了由原新闻出版署主持的教育部“八五”规划编辑出版专业教材（共 17 部）。

（三）八家近年来热心于出版研究的出版社

进入 21 世纪，越来越多的出版社出版了出版研究著作，尤以苏州大学出版社、广西教育出版社、中国人民大学出版社、中国传媒大学出版社、机械工业出版社、河北教育出版社、广西师范大学出版社和中国水利水电出版社最引人注目。苏州大学出版社从 2003 年起倾力推出“现代出版学丛书”。河北教育出版社从 2003 年起引进出版“出版人丛书”。中国人民大学出版社从 2005 年起引进出版《21 世纪出版人才必备》系列和“书天堂”书系。机械工业出版社引进出版了《出版业》《因缘际会》等，还引进出版了畅销书题材的小说《畅销书》。广西教育出版社出版了“20 世纪中国出版文化丛书”。广西师范大学出版社出版了“书之书”丛书。中国水利水电出版社从 2005 年以来出版了《中国民营书业调查》《海外书业经营案例》《海外版权贸易指南》和《图书选题策划学》等。中国传媒大学出版社出版了《美国杂志的出版与经营》《现代出版业资本运营》《核心期刊与期刊评价》与《大学出版社发展战略研究》等。

六、开辟了 11 个出版学的边缘研究

把出版学与其他学科嫁接，进行边缘研究，是改革开放以来特别是 20 世纪 90 年代以来出版研究取得的最令人鼓舞的成绩。对出版学来说，边缘研究具有特别重大的意义，因为出版学属于年轻学科，迫切需要从传统学科、优势学科、成熟学科中吸取营养，迫切需要借鉴这些学科的理论与研究方法。边缘研究成果越多，出版学就越容易迅速成熟起来。目前出版学研究至少与下述 11 个学科进行了嫁接：历史学、心理学、文化学、管理学、经济学、社会学、美学、传播学、策划学、信息学和教育学。每种边缘研究都有著作出版。相比之下，出版学与历史学、管理学和文化学的边缘研究成就最大，与心理学、社会学、美学和信息学的边缘研究可圈可点，与经济学、传播学和策划学的边缘研究生气勃勃。具体情况详见第一章第三节之“出版学的边缘学科”。

第三节　我国出版研究存在的不足

我国出版研究存在以下4个方面的不足：

一、在研究宗旨方面，出版研究与出版实践的结合亟须加强，学界与业界的对话亟需加强

整体而言，我国目前的出版研究滞后于出版实践。日新月异的出版实践迫切呼唤与时俱进的出版研究。学界应该密切关注出版业的发展趋势，应该及时捕捉出版热点问题、现实问题，从而把理论探讨切实建立在出版实践的深厚土壤中。遗憾的是，目前的出版研究在这方面做得不尽如人意。例如，关于作者分类的问题，在所有的编辑出版学论著、教材中，都说按照年龄的不同，可以把作者划分为青年作者、中年作者和老年作者。也就是说，少年儿童（中小学生）不是作者类型之一。可是，从20世纪90年代后期尤其是2000年以来，少年儿童写书、出书蔚然成风。然而，学术理论界在此现实热点问题上反应迟钝。目前只有笔者撰文对此问题进行了较为系统深入的研究。① 再如，高新技术对出版的冲击与传统出版的应对，传统的图书出版与期刊、报纸、广播、电视、互联网、手机等媒体的互动、融合，学术理论界对这些前沿问题的研究也同样做得不够。国内出版了一些网络出版、数字出版研究著作，如《数字出版技术》（北京大学出版社）、《电子出版技术》（化学工业出版社）、《网络出版》（科学出版社）等，但明显偏少，与网络出版、数字出版的诱人前景不相称。学术理论界要避免出现脱离实践、故弄玄虚、为理论而理论的学术倾向。编辑出版学本质上属于应用学科，它需要建立理论体系，但这种理论是应用性理论，应该面向实践，应该适合于应用。学术理论界要充分认识经济和科学技术的迅速发展给出版业带来的冲击，要及时捕捉经济和高新技术的发展给出版学研究带来的新课

① 易图强．对少年儿童写书出书热的思考［J］．河南大学学报（哲学社会科学版），2008（1）．

题；要积极面向现实、面向未来、面向现代化，要以高昂的热情研究出版业的发展与出版体制改革、高新技术与出版现代化、国际化与中国出版等重大前沿问题和前瞻性问题。

学术理论界要主动贴近实践，同样，实践界也要自觉地重视理论，要有意识地对实践经验加以总结，并将其上升到理论的高度。没有一定理论指导的实践是盲目的实践，终究达不到游刃有余的境界。总之，出版一线的编辑出版人员应该增进对学术理论界的了解，起码应该做到不盲目排斥学术理论界，不否定编辑有“学”、出版有“学”！须知任何学科都是从无学到有学逐步建立起来的，须知学术理论界中确实有一批人抱着服务于编辑出版实践、完善编辑出版学的理想而努力着！

二、在研究领域方面，出版研究需要寻找新的科研生长点

出版研究需要拓宽或开辟以下新领域：

（一）就时间来说，需要开拓“文化大革命”时期出版史研究，需要大力加强当代出版史研究

受政治敏感性的限制，目前对“文化大革命”时期出版史的研究可谓刚刚起步，现有的研究只涉及毛泽东（1893—1976）著作的出版，如方厚枢撰写了《当代中国出版史上特殊的一页——文化大革命期间“毛泽东著作出版办公室”始末记略》（载《出版史研究》第三辑，中国书籍出版社，1995 年）和《“文化大革命”后期出版工作纪事》（载《出版科学》2005 年第 1、2 期）；《毛泽东著作是怎样编辑出版的》（中国青年出版社）以编辑记事、随笔的形式记述了毛泽东著作在不同时期（自然包括“文化大革命”时期）出版的历史背景、条件和过程。毛泽东著作的出版研究需要深化，“文化大革命”时期其他书籍的出版研究也需要开拓。现有的出版研究对新中国出版史料的整理工作做得很不错，但对新中国出版史的原创性研究无疑需要加强。现有我国的出版史研究存在厚古薄今的倾向。中国古代出版史研究成果非常丰富，但中国当代出版史研究显得逊色许多。笔者发现，研究新中国出版业的著作只有以下四部：《当代中国的出版事业》（当代中国出版社，是我国第一部当代出版史大型著作）、《中国编辑出版史（下）》（肖东发、方厚

枢主编，辽海出版社）、《新中国出版50年》（人民美术出版社，是大型画册）、《新中国出版五十年纪事》（新华出版社，以年、月、日为序，详细介绍新中国50年出版发展的史实）。另外，《中国出版年鉴（2000）》专门设置“新中国出版50年”栏目，分类收入新中国50年出版业发展的回顾与总结性文章。当代中国出版史研究显然远远不够。20世纪80年代，我国出版业呈现前所未有的生机，例如，当时湖南省、四川省的出版改革与出版成就尤为可观，可惜至今没有见到这方面的论著。编辑出版学属于应用学科，理应高度重视当代出版史研究。

（二）就地域来说，需要开拓对台湾、香港、澳门出版的研究，需要加强对国外出版的研究，尤其需要加强对国外出版的原创研究

目前我国的出版研究将视野局限于祖国大陆，这有客观的历史原因，但现在形势发生了变化，香港、澳门已经回归祖国了，台湾与大陆的联系日益紧密，况且台湾出版业市场化发育成熟，有许多经验值得大陆借鉴。从政治、经济、文化的任何角度来看，都不能忽视对台湾、香港、澳门出版的研究。但是，这方面的著作目前少得可怜，笔者所见只有以下3种：一是《台湾出版史》（河北教育出版社）；二是《香港印刷业的发展历程和现状》（印刷工业出版社）；三是《世界出版业丛书》（世界图书出版公司北京公司）中的《港澳卷》和《中国台湾卷》。《20世纪中国的出版研究》的第五章“20世纪港澳台地区的出版研究”比较详细地介绍了港澳台地区出版研究的背景、主要成绩与主要不足，但也不是对港澳台出版的原创研究。

比较而言，我国对美国、英国、德国、日本和苏联出版的研究成果比较多，但对韩国、法国和其他国家出版的研究成果非常少，其实，韩国、法国现在的出版业也相当发达。对国外出版论著的翻译出版工作已经做得相当出色，但对国外出版的原创研究至今乏善可陈。上文谈到，20世纪90年代以来，我国出版了约28部对国外出版业的原创研究著作，本来就不多，颇见功力的就更少。余敏主编的《出版学》（中国书籍出版社，2002年）第六章“国外出版学研究”请国外学者分别介绍了日本、韩国和欧美的出版学研究，篇幅接近全书的1/3，但这不是对国外出版的原创研究。如何发展我国的出版产业，迫切需要借鉴西方出版强国的成熟经验，对国外出版的研究期待新的突破！

（三）就研究选题来说，对出版人物与出版机构特别是当代出版人物与出版机构的研究值得大力拓展

出版人物研究的不足很明显。首先，基本上只围绕知名度很大的人物做文章，研究邹韬奋（1895—1944）、张元济（1867—1959）、叶圣陶（1894—1988）、鲁迅（1881—1936）、陆费逵（1886—1941）出版实践与出版思想的成果十分丰富，而对其他出版人物的研究成果屈指可数。有论者指出，2005年对出版人物的研究有了新起色："以往被忽略的人物个案与群体研究形成新气象"①，出现了《近代湖北出版家甘鹏云刻书考略》（《高校图书情报论坛》2005年第2期）、《汪孟邹和亚东图书馆》（《出版史料》2005年第1期），这令人欣慰。其次，研究古代和近代出版人物的成果相当多，但是研究当代出版人物的成果远远不够。出版研究尤应关注现实，而事实上对当代优秀出版人物的研究反而未受到应有重视。20世纪80年代我国出版改革的先驱者之一、湖南省出版局原局长胡真的出版思想不值得研究吗？以策划畅销书而蜚声我国书业界的黄金搭档金丽红与黎波（后来安波舜又加盟）可谓当今我国出版界最强的组合，这一出版人才组合模式不值得研究吗？最后，侧重介绍出版人物的生平事迹与出版实践，忽视出版思想研究；重视对出版人物的史料的整理，轻视原创研究。十一届三中全会以来，出版了一些现当代出版人物的回忆录，如赵家璧（1908—1997）的《编辑忆旧》（三联书店）、《文坛故旧录——〈编辑忆旧〉续编》（三联书店）、《书比人长寿》（香港三联书店）；郭汾阳、丁东的《书局旧踪》（江西教育出版社）、叶至善（1918—2006）的《我是编辑》（中国少年儿童出版社）等。从1993年起，中国书籍出版社陆续出版了《中国出版论丛》，选编新中国成立后我国出版行政管理机关部分负责人关于出版工作的讲话、报告和文章，到1998年，共出11卷：《王益出版发行文集》《许力以出版文集》《王仿子出版文集》《边春光出版文集》《陈翰伯出版文集》《陈原出版文集》《叶圣陶出版文集》《宋木文出版文集》《刘杲出版文集》《王子野出版文集》和《胡愈之出版文集》。然而，该丛书整

① 刘兰肖．2005年出版史研究概述［J］．出版发行研究，2006（2）．

体上属于出版史料，对这些杰出出版人物的原创研究成果很难见到。

可喜的是，笔者发现了一些研究当代出版人物的论著：《龙世辉的编辑生涯——从〈林海雪原〉到〈芙蓉镇〉的编审历程》（河南大学出版社）、《烛照篇——黄伊与当代作家》（青海人民出版社）、《编辑家、学者和评论家——王子野》（《编辑学刊》1993 年第 4 期），还有于淑敏在《出版广角》连续发表的研究陈原的系列文章：《关注图书出版形式——陈原出版实践研究之一》（1999 年第 10 期）、《刊和人和"我"—— 陈原出版实践研究之二》（1999 年第 11 期）、《词典"接触家"传承"圣人伟业"—— 陈原出版实践研究之三》（1999 年第 12 期）、《书迷：出版人员的基本素养——陈原出版实践研究之四》（2000 年第 1 期）。期盼更多此类论著问世！目前还出版了一些当今优秀出版人物的简要合传，如《上海出版人》（学林出版社，介绍了 64 位当今上海优秀出版人物的事迹）、《出版群星——首届"全国百佳出版工作者"事迹介绍》（金盾出版社）、《优秀中青年编辑小传》（中国青年出版社）、《出版工作者的楷模——一至四届"韬奋出版奖"获奖者介绍》（知识出版社）等，这种介绍当今优秀出版人物的资料性著作出版得越多越好。

出版机构研究同样存在出版人物研究的不足。商务印书馆研究的成绩有目共睹，出版了一批馆史资料：《商务印书馆九十年》《商务印书馆九十五年》《商务印书馆一百年》《商务印书馆百年大事记》等；还出版了不少馆史研究著作：《上海商务印书馆（1897—1949）》《商务印书馆史及其他》《从印刷作坊到出版重镇》《商务印书馆：民间出版业的兴衰》《商务印书馆与近代知识文化的传播》和《商务印书馆与中国近代文化》等。三联书店、中华书局与开明书店的研究也可圈可点。但对其他出版机构的研究成果甚少。外国传教士创办、经营的出版机构及其出版活动，也非常值得研究。四川大学出版社 2004 年引进翻译出版的《基督教在华出版事业（1912—1949）》这样的选题思路对研究者有启发意义。上述这些出版机构都是在近现代就闻名于世的出版机构，那么，新中国成立以来尤其是在市场经济条件下声名鹊起的出版机构，难道不值得研究吗？可是，研究当代著名出版机构的成果罕见。

三、在研究方法方面，出版学与其他学科的交叉、边缘研究需要加强科学性，出版案例（个案）研究、中外出版比较研究呼唤更多成果涌现

把出版学与其他学科进行嫁接，可以拓宽出版研究领域，可以深化出版学研究，上文说到从改革开放以来，我国的出版学研究已开辟了11个边缘领域，取得了突出成绩，但还需要继续加强科学性。因为，不少这类研究成果仍然存在嫁接生硬、所嫁学科的痕迹非常明显的弊端。例如，编辑文化学、编辑心理学等方面的著作就有这种缺陷。如何吸取所嫁学科的原理与方法，科学地运用于出版学研究，使出版学研究仍能充分体现出版学学科的特色，是出版学的边缘学科研究者需要继续摸索的问题。

案例研究（个案研究）融理论分析与实践指导于一体，无疑对作为应用学科的出版学的研究具有至关重要的意义，这类成果怎么多也不过分。目前出版案例（个案）研究主要有3种情况：一种是著作权、版权案例研究，成果最多。笔者根据张志强的研究成果来统计，发现从1990年到2000年，著作权、版权案例研究著作至少有11种，①如《著作权保护案例分析》（山西经济出版社）、《版权诉讼案代理——朱妙春律师办案辑》（法律出版社）、《著作权法案例教程》（中国政法大学出版社）、《大奖后的风波——版权案例透视》（安徽人民出版社）、《扫黄打非案例选（第一辑）》（人民法院出版社）等；二是知名期刊经营和重大工具书出版案例研究。现有《期刊违规案例选编》（人民出版社）、《期刊中国》（中国社会出版社，是一部全方位扫描中国期刊的超长篇调查报告，以典型案例带动知识的介绍和深度分析）、《当〈半月谈〉“老总”的岁月》（新华出版社）、《〈今古传奇〉十年》（长江文艺出版社，理论性、文学性、史实性、资料性兼顾，别具个案总结特色）、《解读〈故事会〉》（上海社会科学院出版社）、《〈辞海〉纪事》（上海辞书出版社）、《这是个好事情——〈不列颠百科全书〉出版纪实》（中

① 张志强.20世纪中国的出版研究［M］.南宁：广西教育出版社，2004：201－202.

国大百科全书出版社）等；三是重大畅销书、精品书的出版案例与编辑札记。已出《精品图书的策划与创意》（中国书籍出版社）、《精品图书的诞生》（学林出版社）、《书海耕耘——编辑札记》（中国展望出版社）、《脱颖而出——65 种书从写作到出版》（北京艺术与科学电子出版社）、《图书营销案例点评》（苏州大学出版社）、《畅销有理》（广东教育出版社）、《畅销书内幕》（从美国引进，天津人民出版社）、《成功选题策划启示录》（河北教育出版社）。除了以上三种，其他方面的案例研究著作甚少。《海外书业经营案例》（中国水利水电出版社）介绍了国际出版集团经营案例 14 个、书店经营案例 8 个、中小出版企业经营案例 6 个，这种研究极具现实意义和理论价值。但很遗憾，对当今国内著名出版社特别是在市场经济背景下迅速崛起的著名出版社的个案研究著作至今尚未见到，作家出版社、外语教学与研究出版社、中信出版社、长江文艺出版社、广西师范大学出版社、接力出版社等，不值得进行深入的个案研究吗？一些影响很大的超级畅销书、品牌书，如《哈利·波特》《新概念英语》《于丹〈论语〉心得》《狼图腾》《布老虎丛书》《第一推动丛书》等，不值得做深入的个案研究吗？

在中外出版比较研究方面，也大有文章可做。笔者目力所及，此类专著目前只有 5 部：罗紫初的《比较图书发行学》（高等教育出版社）和《比较出版学》（武汉大学出版社）；潘吉星的《中国、韩国与欧洲早期印刷术的比较》（科学出版社）；吴汉东等人的《中国区域著作权制度比较研究》（中国政法大学出版社），宋原放、李白坚与陈生铮的《中外出版史》（北京师范大学出版社）。秦朔撰写的长文《政策·资本·鸿沟——中美杂志业的比较与思考》（《中国图书商报》2001 年 6 月 5 日）是中外期刊比较研究的范例。另有《中美出版行业协会章程比较研究》（《出版广角》2006 年第 6 期）等为数不多的论文。

四、在研究成果的文本方面，严谨性和可读性都有待加强

出版研究的严谨性有待加强。正如论者所说：“一些专著和论文，或哗众取宠，故作惊人之论；或投机取巧，人云亦云，低层次重复；更有一些专著或论文存在剽窃、抄袭等行径。而更多的专著和论文缺少引

文、参考文献等，不能反映前人的研究成果和作者在前人劳动基础上的新贡献，使出版学专著和论文缺少规范性，也降低了出版科研成果的社会声望。”①

跟其他学科的研究著作一样，出版学著作也几乎都是枯燥乏味，缺乏可读性。可是，可读性越强，就越利于普及、传播。很高兴看到有一些体例别致、文字流畅的出版学著作：《传奇如歌——〈中国青年〉的故事》、《读者时代——一本杂志和她所影响的生活》、《儿女真情——〈中华儿女〉的故事》、《中国敏感地带》（内容是关于新闻出版非法活动的）、《只露一半：中国“枪手”生存实录》皆是纪实性作品；《生机——新时期著名人文期刊素描》（中国文联出版社）是随笔集；《英美出版文化行记》（河南大学出版社）是日记体文集；《谁在畅销》（学林出版社）和《中国图书音像市场访谈录》（山东友谊出版社）是访谈体著作。《编辑修养十日谈》（上海科技教育出版社）运用谈话体例探讨了编辑的修养问题。可是，此类著作太少。出版史的研究既要有鸿篇巨制，又要有史话、书话、文学性的人物传记等轻松活泼的著作。书史研究专家刘国钧的《中国书的故事》是介绍中国书籍发展史的通俗读物，累计印数超过10万册，是所有书史著作中印数最大的。郭汾阳、丁东的《书局旧踪》（江西教育出版社），以图文结合的形式生动地介绍了中国近现代出版历史。柳和城的《张元济传》（南京大学出版社）以清新明快的语言和引人入胜的故事勾勒出传主的一生。然而，像这些可读性强的出版研究著作寥寥无几。编辑出版人员向来重视编撰体例，编撰体例是编辑出版学研究的应有内容，编辑出版学研究成果没有理由不在编撰体例方面做些创新。

综上所述，现有我国的出版研究需要加强四性：应用性、国际性、科学性和可读性。

---

① 张志强．20世纪中国的出版研究［M］．南宁：广西教育出版社，2004：315－316.

第三章

出版的历史回顾

主要观点：

1. 近代欧洲出版爆发出惊人生命力，深刻地影响了世界文明的走向；近代欧洲出版的发展不仅体现在技术的革新上，更体现在出版物的思想内容上；近代欧洲出版的繁荣是在对出版自由的不懈争取中获得的。

2. 我国传统出版，在编创方式上以注释为主，盲目崇拜先人，注重总结前人成果，缺乏创造性劳动。这仍然是当今我国图书出版业应该克服的缺陷。

3. 出版与文明同步。出版形态的演变同人类社会物质文明的水平息息相关，出版成就的高低与人类文明的高低成正比例关系。

4. 出版是系统工程。出版所取得的任何成就，或者所遇到的任何挫折，都是当时各种因素综合作用的结果。

5. 出版需要与时俱进。出版的内涵与外延不是一成不变的。不仅出版的形态随时代的发展而发展，而且出版的地位、功能也随时代的变化而变化。

第一节　国外出版的历史回顾

世界出版经历了手抄出版、印刷出版、现代电子网络出版的发展历程，出版的数量越来越多，技术水平越来越高，影响越来越大。

一、古代国外出版

文字的发明和应用，为出版活动的产生准备了条件。两河流域苏美尔人的楔形文字、埃及的象形文字、印度地区的梵文和西亚地区的古波斯文都是早期的文字。在古代很长一段时间，文字是为宗教服务的，一般人没有机会掌握文字，因而文献的出版被赋予了一种神秘的色彩，出版被视为一种统治权力。

世界上最早的图书是苏美尔人的泥版书和古埃及人的纸莎草书。泥版书的代表有成书于公元前2000年的《吉尔伽美史诗》，是世界上最早用文字记载下来的长篇史诗；纸莎草书的代表有公元前2000年左右出现的《亡灵书》，内容包括祈祷文、颂歌和咒语等。亚述人发明了蜡板书。印度人则把桦树皮和棕榈叶用线穿起来写文章，早期的《吠陀》和一些神话性质的叙事诗因此而传世。

出版活动的真正萌芽是在公元前5世纪的希腊。这一时期的希腊完成了民主改革，文化繁荣。公元前5世纪后期雅典书肆的形成，表明出版已成为一种营利性质的公开传播活动，图书市场开始形成。喜剧作家阿里斯托芬（约公元前446年—公元前385年）现存的著作《鸟》（写于公元前414年）描述了一些雅典人吃过早饭就跑到书肆里浏览、谈论新书的现象。哲学家柏拉图（约公元前428年—公元前348年或公元前347年）不惜以高价购买了著名哲学家菲洛劳斯（约公元前480年—?）的三种短篇论著。抄写书籍是这一时期出版活动的重要内容。在希腊化时代（公元前4世纪—公元前1世纪），托勒密王朝建立了亚历山大图书馆，保存图书几十万卷。经该馆校订的图书成为“标准本”，供书吏或书商抄写出售。

公元前3世纪，制作纸草书卷和抄写书籍的方法从希腊传入罗马。

公元前65年，罗马出现了第一家正规的抄写本出版社，是由学者、大藏书家阿蒂库斯（T. P. Atticus，公元前109年—公元前32年）接受他的好友罗马执政官西塞罗（公元前106年—公元前43年）的建议而创办的。阿蒂库斯聘请历史学家科·内波斯（C. Nepos）和语法学家蒂拉尼昂（Tyrannion）等一批学识渊博的学者当编辑，培训大批有文化的奴隶担任抄写员和校对员，还在罗马和外地开设了销售机构。这家抄写本出版社出版了西塞罗的演说书信集、作家马·特·瓦罗的《群像》（700位希腊与罗马的名人传记，插有画像）和柏拉图的著作集等。

大约公元1世纪时，希腊人发明了古书手抄本的书本型书籍。书本型书籍的特点是双面书写，书页粘接成书本型。古罗马人接受了希腊的手抄本制作方法后，手抄本出版迅速发展。公元4世纪后，羊皮纸取代纸莎草纸成为制作手抄本的材料。羊皮纸材料坚固，并且不需要通过进口获得，手抄本因而得到很大发展。公元2世纪时，罗马的出版商组成了类似于行会的协会来制约非法商业性手抄本的泛滥。

公元5世纪，随着西罗马帝国的灭亡，希腊、罗马灿烂的古典文化迅速衰落。中世纪成为欧洲出版的黑暗时期。罗马基督教会取得了对出版的控制权。公元529年，意大利人本尼狄克（Benedictus，一译本笃，约480—550或544）创立本尼狄克派。《本尼狄克规章》规定在修道院内设置抄书室，从事宗教书籍的抄写和翻译，此后出版成为教会固定的专职之一。古代大型图书馆被规模极小的修道院图书馆所取代，主要收藏基督教书籍，馆中书籍用精致的锁链锁在书桌或书架上，一般人入馆看书要经过教会批准。中世纪的书籍版本仍然是手抄本，但在手抄本的末页除了署上作者的姓名外，还刊载抄写者的姓名、成书时间以及有关该书的注释，被称为“末页提署”。

通过十字军东征，欧洲人接触到高水平的拜占庭文化和阿拉伯文化，带回了许多典籍。学者将它们由希腊文和阿拉伯文译成拉丁文。公元13世纪前后，欧洲第一批大学成立。教会允许在大学的监督下恢复民间出版，以满足人们对《圣经》的需要。于是，在大学的周围出现了“定点书坊”，图书销售因而有了固定场所。民间出版的发展带动了图书贸易的发展。书籍生产越来越非宗教化。

二、文艺复兴至18世纪50年代前欧洲的出版

公元14至16世纪的文艺复兴运动，名义上是复兴古希腊、古罗马的古典文化，但实际上是宣扬资产阶级人文主义思想，因而极大地推动了欧洲印刷出版业的发展。从公元15世纪50年代至15世纪末，欧洲的活字印刷文献被称为“摇篮本”，一些出版物如《仿效基督》与《万灵药》很受欢迎。文艺复兴时期，意大利科学书籍和宗教书籍盛行。1470年，威尼斯出版商詹姆森完成了从哥特体到罗马体的字体改进。同期另一威尼斯出版商马努蒂乌斯（Manutius，1449或1450—1515）创立了拉丁文中的标点并应用于出版，还使用阿拉伯数字标记页码。16世纪，威尼斯有150多家出版社，成为欧洲出版中心之一。

约1455年，德国人约翰内斯·古登堡（1400—1468）发明了铅活字凸版机械印刷机。15世纪末，德国的纽伦堡成为当时欧洲最重要的印刷工业中心。古登堡的发明在欧洲普及得非常快。1470年，法国成立第一家出版社，16世纪是法国出版的黄金时期，巴塞尔和里昂成为当时欧洲印刷业的新中心。荷兰的印刷业在17世纪有了一定程度的发展。安特卫普家族是荷兰的印刷出版家族。威廉·卡克斯顿（约1422—1491）是英国出版第一人。1476年底，卡克斯顿在伦敦建立英国第一家印刷厂。卡克斯顿出版了《特洛伊史回顾》《坎特伯雷故事集》《伊索寓言》等书籍。到1491年卡克斯顿去世之时，他已经出版了近百部书籍，其中74种是英文书籍。

铅活字的出现促使版式得到发展。它使文字和插图可以比较灵活地拼合，又使插图逐渐从单纯的木刻发展到金属腐蚀版，于是现代意义上的“排版”出现了。意大利文艺复兴时期在版式设计上的一个特点是对于花卉图案装饰的喜爱。16世纪的法国在印刷上流行歌德体。

各个民族国家的日益成长，特别是英语、德语与法语等民族语言的日益发展，是近代欧洲出版得以迅速发展的重要原因。卡克斯顿在出版英文书籍时，选用伦敦和宫廷中较其他方言更接近于法语的语言，使英语的文法大致定型。他专门编了一本《英法语词汇》，这是最早的双语词典之一。另外，宗教改革和启蒙运动也大大推动了欧洲近代出版业的

发展。宗教改革派认为信徒的感悟可从自己读《圣经》中获得，因而大量印刷《圣经》。丹尼·狄德罗（1713—1784）主编的《百科全书》的出版发行是出版史上的里程碑事件，它于1772年完成，参与编写者很多是18世纪法国思想界的著名人物，如伏尔泰（1694—1778）、卢梭（1712—1778）等。

城市的兴起和市民阶层的形成，需要更多出版物以满足社会对知识的需要，这就为出版的发展创造了社会基础。从11世纪末到13世纪，随着手工业与农业的分离和商业的逐渐活跃，欧洲城市重新兴起，大学也逐渐出现。法国于1464年、英国于1478年、德国于1502年，先后建立起最早的国家邮政服务业务，这促进了出版流通的发展。自16世纪中叶起，德国印刷商和书商为了拓展书籍贸易市场，便开始利用宗教节日的机会在德国乃至欧洲的各大都会主办定期的大型出版物交易会，如春季的复活节书市、秋季的米迦勒节书市等，这种书市尤以法兰克福和莱比锡两地的最为著名。基于书市的需要，官方和私人都出版了书市目录。书市目录能较全面地定期列出德国的出版物，被公认为世界上最早的现行国家书籍总目（the complete current national bibliographies）。①

古登堡发明铅活字印刷术以后，各种图书迅速传播。新教和非宗教图书的大量出版引起教会和欧洲各国君主的恐慌。为了控制人们的思想，宗教裁判所竭力镇压“异端”，教皇保罗四世（1476—1559）颁布《禁书目录》，数百年间不断替换补充，后来还建立了禁书会。1542年，教廷明确规定所有图书的书名页必须印有主教授予的“准印许可”字样，否则不得印行。②出版活动还受到封建王朝的严密控制。1521年，法国国王弗朗索瓦一世（1494—1547）发起第一次图书检查运动，命令巴黎最高法院严密监视印刷所和书店。1667年，路易十四（1638—1715）限制书商和印刷商的从业人数，控制印刷器材的买卖，定期检查印刷作坊。1701年，法国政府正式设立图书管理局。思想启蒙运动时

① 麦高文，迈考尔．国际出版原则与实践［M］．徐明强，译．北京：中国书籍出版社，1999：24－25.

② G. 昂温，P.S. 昂温．外国出版史［M］．陈生铮，译．北京：中国书籍出版社，1988：35－36.

期，许多作品只能以地下方式出版，或将书稿送给国外出版商出版。沙皇统治下的俄国，专制主义盛行，拉季舍夫（1749—1802）的笔记作品《从彼得堡到莫斯科旅行记》被叶卡捷琳娜二世（1729—1796）下令没收、焚毁，拉季舍夫被逮捕判刑。英国采取多种方式控制出版。1557年，苏格兰女王玛丽一世（1542—1587）授予一个叫做“书商公会”的行业组织以出版特权，颁发国家特许状，规定所有图书必须到书商公会注册，甚至允许书商公会对书商和印刷商拥有搜查、没收、焚毁、查封、扣押的特权。1662年，玛丽女王正式颁布《许可证法》，制止出版诽谤、叛国和未经许可的图书及小册子。

这种镇压政策遭到出版界的反抗，也引起许多作家以至议会的反对。英国诗人J·约翰·弥尔顿于1644年发表了《论出版自由》一文，抨击反动的书籍检查制度，阐述了关于出版自由的思想。这是资产阶级反对封建主义的著名檄文。1791年，继《人权宣言》之后，“出版自由”作为人类最可珍贵的权利被写进第一部法国宪法。①

三、工业革命至20世纪40年代西方国家的出版

始于1750年左右的、以蒸汽机的发明为标志的工业革命促成了欧洲出版业的现代技术转型。纸浆研磨机、长网造纸机、圆网造纸机等机器的使用，大量减轻了造纸劳动，实现了规模化发展，这有利于图书的大量生产流通。印刷技术的进步也有利于出版业的快速发展。1845年，德国生产了第一台快速印刷机；1860年，美国生产了第一批轮转机。以后德国又相继生产了滚筒印刷机、双色快速印刷机、双色轮转机、六色轮转机。从1845年起，大约经过一个世纪的时间，各工业发达国家都相继实现了印刷工业的机械化。

随着技术的发展，这一时期的欧洲出版出现了许多新变化。宏观方面的变化有：

1. 造纸、印刷、出版成为国民经济中独立又相互联系的三个部门

由于出版物之外的其他印刷品，如纸币、邮票、产品商标等生产的

---

① 刘宗绪．世界近代史参考资料［M］．北京：高等教育出版社，1987：52－53.

日益增加，印刷逐渐独立于出版业，发展成单一生产型的制造行业。造纸也日益成为工业结构的组成部分。出版业摆脱原来的印刷出版合一的状态，有利于成本的降低和风险的分散。

2. 图书出版人员分化成出版商、书商、批发商（或代理商）三种类型，图书出版发行体系发生了重大变革

随着图书生产越来越受市场的制约，以及出版商受利润的支配，自19世纪中期起，首先在美国和德国从部分书商中分化出专门起图书流通渠道作用的中间商——图书批发商或图书代理商。在随后的发展中，各国都出现了出版商—书商—读者、出版商—代理商—书商—读者、出版商—批发商—书商—读者等不同的发行渠道。中间商的产生大大方便了出版商和书商之间的联系，同时，中间商可分别向出版商和书商提供较全面的出版信息和市场行情。代理商与批发商的不同之处在于，除了从事图书批发业务外，代理商还兼营国际图书贸易和零售业务。另外，激烈的竞争使出版策划和商业活动融入出版活动。美国出版商在19世纪末率先利用日益兴旺的报刊大登图书广告而扩大了图书销售，此后欧洲各国图书出版业也普遍采用这一办法。

3. 出版业的竞争和合作更加广阔

全国性和国际性图书出版行业组织的成立，标志着西方国家图书出版体系的基本形成。1825年，德国首先成立非官方的全国图书出版组织“德国书商协会”。随后英国、法国等也成立了出版商或书商的非官方全国性组织。西方主要国家除了设立政府出版机构，如英国的皇家出版局（1786）和美国的政府印刷局（1860），专门出版政府出版物外，民间出版业事务则完全由非官方的行业组织来处理。为了保证图书出版的正常发展，避免行业内部的自杀性削价竞争，德国和英国的图书出版行业组织分别于1887年、1899年制定了本国出版商和书商之间的“实价书协议”，明确了两者之间相互依存的经济关系。①

4. 出版日益成为世界范围内的活动

19世纪，多数西方国家陆续颁布了版权法，并出现了国家图书馆

---

① 乔伊. 图书销售概论［M］. 李孝枢，译. 北京：中国书籍出版社，1990：24 – 26.

和国家书目，制定国际间版权协议的时机已经成熟。1886 年，在瑞士伯尔尼和乌拉圭首都蒙得维的亚分别通过了两项国际版权协议，前者由欧洲 13 个国家签署，称为《伯尔尼公约》，后者由包括美国在内的美洲国家（1910 年时已有 17 个国家）签署，称为《泛美公约》。

在微观方面，这一时期西方国家出版的变化也十分明显：

1. 图书出版的门类更加广泛

随着教育的发展，各类学科的书籍和工具书广泛出版，文学书籍流传迅速。19 世纪，大学图书馆和公共图书馆在欧美发展迅速，图书销售最稳定的团体订户使图书销量有巨大增长。

2. 出版流程更加复杂

复制、传播环节的高度发展带来的分工精细化使出版与编辑分离，出版商经营复制和传播，编辑承担精神文化产品的选择、加工、整理并为出版谋划。编辑逐渐依附于出版商，两者之间关系变得较为微妙。一些规模较大的出版公司雇员超过 1000 人，并在外国开设了子公司。

3. 出版业内的专业分工开始形成

出版商逐渐按学科门类或出版物种类发挥各自特长，部分出版社演变成专业图书出版社，如英国的朗曼出版集团公司和美国的哈珀与罗出版公司是教科书出版社；美国的利平考特出版公司、约翰·威利父子出版公司和德国的施普林格出版公司是学术图书出版社；法国的拉鲁斯出版社和德国的布罗克豪斯出版公司是工具书出版社。印刷商分化为图书印刷商和报刊印刷商。书商中出现专业性图书批发商和大型连锁零售书商。

两次世界大战对出版业的发展产生了很严重的影响。一战期间，纸张短缺，实行配给，出版商只好降低图书制作质量。大出版商尚可勉强支撑，许多小出版商只能破产或被兼并。美国和日本因未受战争直接影响，出版业得以正常发展。美国出版商趁英国出版业不景气迅速在国内市场排挤了英国势力，并且开始向外扩张。二战期间，在德国、意大利和被其占领的欧洲国家，法西斯对出版物资实行严格控制，对图书实行严酷检查。

1929 年，世界经济大萧条，图书出版发展受阻。为摆脱萧条，廉价纸皮书大量发行。英国于1935年出版的《企鹅丛书》是各国文学的普及本纸皮书，每册六便士，可以装入衣袋内，每一种的发行量高达几十万册甚至上百万册。欧美各国相继仿效，出现了许多专门的纸皮书出版社。

1917年11月28日，苏维埃政府发布出版法令，12月29日，苏维埃执行委员会发布国家出版社法令，年底成立全俄中央执行委员会出版部作为管理全国出版事业的最高机构。到20世纪30年代初，共产党人出版社、俄罗斯联邦国家出版社等200多家国营出版社发行的图书数量猛增到8.5亿册，是20年代初的三倍。书店和发行机构也陆续国有化。1923年，成立隶属外贸部的苏联国际图书公司，独家经营苏联的国际图书贸易工作。二战后，大多数东欧国家以及民主德国也采取了国家出版经营管理体制。

受西方影响的日本，自明治维新后迅速成为世界强国，重视文化和教育，出版业得到迅速发展。中国许多外来词汇就转译自日文词汇。

四、新技术革命以来（20世纪50年代以来）的世界出版业

第二次世界大战后，世界出版出现了全球化和数字化的趋势。自20世纪60年代开始的出版业全球化进程主要呈现两大特色：英语市场全球化和专业出版全球化。数字化则表现为信息技术的迅速发展使出版的形态更加多样，同时也使出版的内容更加强调创新和共享。数字化是出版业发展的良好机遇。

出版的跨媒介经营和集团化发展路径也是这一时期国外出版业的重要特征。时代华纳、迪士尼、维亚康姆、贝塔斯曼等传媒集团与出版集团的发展就能说明这一点。世界出版集团的发展经历了四个阶段：第一个阶段是20世纪40至60年代，是综合集团阶段，呈现大杂烩形态，典型代表是培生集团。培生集团涉及许多业务，包括瓷器、商业、银行、石油，后来打算成立图书部，就收购了图文公司和企鹅出版公司。第二阶段是20世纪60年代末至70年代初，是电子集团阶段，典型代表是施乐公司、哥伦比亚广播公司、IBM等。它们大量购买图书公司，后来因为管理和文化上差异太大，又纷纷解散。第三阶段是20世纪80

年代，是传媒集团阶段。典型代表有时代华纳、新闻集团等。传媒集团为数不多，但规模庞大，兴趣广泛，业务包括教育、大众、专业等书籍以及全国和地方报纸、展览、期刊、广播、电视等，各组成部分之间有一定程度的一致性，可以共享资源和顾客。第四阶段是 20 世纪 90 年代，专业化集团得到很大发展。典型代表有里德·爱思唯尔（Reed Elsevier）集团、汤姆森集团和重组后的培生教育集团。专业化集团有针对性地兼并和联合，追求专门市场的规模效应和市场份额，国际化、数字化程度高。①

这一时期，随着殖民主义世界体系的解体，许多不发达地区建立了主权国家。第三世界国家的出版业以本国历史文化为中心获得独立发展，但仍处于相对落后的状态，西方发达国家仍然凭借其经济技术实力间接或直接地影响着当地出版业的发展。与此同时，一些新兴资本主义国家的出版业伴随其经济的迅速发展而获得了历史机遇，如印度的软件产业、电影产业以及相关的出版产业，韩国的电视产业、游戏产业以及相关的出版产业等。

第二节　我国出版的历史回顾

从远古到当代，中国的出版发展经历了漫长的过程。中国历代丰富多彩的出版活动，构成了中国出版史绚丽的篇章。改革开放以来中国出版的发展更是日新月异。

一、我国古代出版的发展历程

（一）先秦：早期出版的产生

文字的发明对图书的形成起着极其重要的作用。我国有据可考的最古老的文字是甲骨文。距今 3000 年左右，开始用木简和竹简刻写文字，

① 程三国．中外出版业发展战略研究与竞争力分析［N］．中国图书商报，2001－09－12.

并装制成册，形成我国最早的书籍。春秋战国时期，百家争鸣，教育、天文、历法、历史、军事、农业、医学、文学等各个方面都有著作面世，出现了我国出版的第一次高潮。私学的产生和兴盛是刺激图书大量抄写、整理的重要原因。孔子（公元前 551 年—公元前 479 年）整理夏、商、周文献，作为教材。在整理过程中，孔子做了大量编辑工作，总结出“述而不作”① 的编辑经验。

（二）秦汉——魏晋南北朝：手抄出版的兴盛

秦始皇（公元前 259 年—公元前 210 年）于公元前 221 年统一中国，在文化政策上推行统一的文字，为出版的发展扫除了障碍。另一方面，他又焚书坑儒，使先秦古籍遭受一场空前的劫难，大量珍贵图书没有保存下来。

西汉武帝时，太史令司马谈（公元前 165 年—公元前 110 年）及其子司马迁（公元前 145 年—公元前 90 年）吸收编年、纪事等体裁的长处，写成纪传体史书《史记》，创造了历史书籍的新体裁。以刘向（公元前 77 年—公元前 6 年）、刘歆（公元前 50 年—公元 23 年）父子为核心，汉朝政府组织专家学者对国家藏书进行整理、校阅和编订。刘向等人将许多纷乱无序的简策，整理编辑成有系统的书籍。每一书整理编订完毕，刘向均写出叙录，附在该书之后。所有这些叙录的总集，编为《别录》20 卷。刘向去世后，其子刘歆继续从事编校工作，整理宫中天禄阁藏书，总括群篇，撮其指要，著为《七略》，共 13219 卷，成为后世我国图书分类的基本范式。

西汉末年，长安太学旁边出现包括买卖书籍在内的综合性集贸市场，因其坐落在槐树林中，故称“槐市”，这是我国最早的书籍买卖场所。公元 23 年，太学在战乱中解散，槐市也随之消失。两汉之交，出现了书肆。书肆是比槐市更成熟的专门的图书交易场所，兼营图书的编辑出版，是我国最早的图书出版机构，并由此产生了“佣书”这一职业。②

---

① 《论语·述而》：“述而不作，信而好古。”朱熹注：“述，传旧而已；作，创始也。”

② 西汉末年的扬雄在《法言·吾子》中说：“好书而不要诸仲尼，书肆也。”这是中国现存古籍中最早提到“书肆”这个词。

东汉至魏晋南北朝时期，造纸术的改进，为出版的普遍化提供了技术基础。这一时期，历史、地理著作增多，总集、类书、字书及宗教书籍相继产生。《皇览》《文章流别志》《文选》《玉台新咏》和《出三藏记集》等，都是这个时期编辑出版的。

（三）唐宋：雕版印刷出版的繁荣

商品经济的发展，社会文明的不断进步，社会大众对各种图书的大量需求，为雕版印刷技术的发明提供了内在动力。唐代对佛经、历书和科举应试图书的大量需求，使传统的抄传方法已经无法满足人们的实际需要，人们迫切需要一种新型高效的图书复制技术，来解决图书高速度、大数量出版的问题。受印章、捶拓技术的启示，公元7世纪左右，我国发明了雕版印刷术，图书得以大量复制。图书的制作费用也大大降低，为图书的普遍传播提供了前提。现存最早的雕版印刷品是《金刚经》。

唐代的文学艺术、科学技术取得重大成就，各学科领域人才辈出，新作品层出不穷。《元和郡县志》《通典》《史通》等地理历史著作，当朝著名诗人的诗文集，还有历法，都广为刊布。为适应读书人查考文献的需要，类书越来越多，如《初学记》《北堂书钞》《艺文类聚》与《群书治要》等。

隋唐以来，由于科举考试的需要，政府对儒家经典的编辑、校勘、发行等工作十分重视。《五经定本》由朝廷颁布天下，成为书生们考试的通行读本。到唐高宗永徽四年（653年），《五经正义》成为每年明经科考试的唯一标准文本。唐文宗开成年间（836—840），又在石碑上刻了十二种儒家经典，立于长安国子监内，后世称为“开成石经”。五代时期，国子监从公元932年到953年，花了22年时间雕印出九部儒家经典（《周易》《尚书》《诗经》《左传》《公羊传》《穀梁传》《周礼》《仪礼》《礼记》），还雕印了《论语》《孝经》《尔雅》三部著作和《五经文字》《九经字样》两部字书。五代中央政府雕印九经，标志着我国官刻图书的兴起，开启了我国由政府大规模编辑出版标准教科书的新时代。

公元11世纪，北宋庆历年间（1041—1048）毕昇（约970—1051）

发明了活字印刷术。活字印刷术的发明是印刷术革命性的变革。从此，书籍的品种和数量大大增加，印刷速度也大大提高。北宋时期学术兴盛，各种著作种类繁多，不仅当时的儒家经典、历史、地理、天文、历算、农业、工业、医药、诗词以及佛经、道经等大量印刷，而且从春秋战国到隋唐五代的学术著作也陆续出版。《太平御览》《册府元龟》《文苑英华》和《太平广纪》是当时编辑整理的四大类书。

辽代的刻书表明中国古代北方出版业的兴起。辽代的刻书主要以佛经为主，但传世甚少。金代出版较辽代有新的发展。金代的官府刻书有《论语》《孟子》《周易》与《尚书》等，最著名的是佛教《大藏经》的雕印。金代的民间刻书有少量流传，如《新刊补注铜人腧穴针灸图经》《新刊图解校正地理新书》和《道德宝章》等。

（四）元明清：出版的规模化发展

元代官府刻书机构有中央和地方之分，官刻书以兴文署刻本最为著名。私家刻书比宋代有更大发展，刻印书籍品种齐全，质量也在不断提高。元代的坊刻书比官刻本、家刻本数量更多，规模更大，流传也比较广远。地方佛学和书院在刻印类书方面有很大贡献。随着文学事业的发展，元代还出现了上图下文的插图本戏曲、话本，如建安虞氏刻印的《虞氏平话》。据钱大昕的《补〈元史·艺文志〉》（中华书局，1985年），元代刻印、流通的图书，经部有804种，史部有477种，子部有763种，集部有1098种，共3142种，成就相当可观。

明代的中央出版机构中最重要的是国子监和司礼监经厂。司礼监经厂负责内府的书籍出版，印刷精美，但内容良莠不齐。各地“藩府”的刻书，一般称为“藩府本”，是官刻中质量最好的书籍。明代私人出版盛行。明代书坊刻书中小说最多，如正德（1506—1521）初年出版的《剪灯新话》与《剪灯余话》。嘉靖年间（1522—1566）小说、戏曲空前发展，《三国演义》《水浒传》《金瓶梅》等古典长篇小说都在这一时期定型或开始出现，出版了《新刊大宋中兴演义》《鼎锲京本全像西游记》等。到明代中后期，书坊刻书编、刻、售合一，把编辑、出版、发行结合在一起，形成了三位一体的书业出版系统。明代书坊为出版业注入了浓厚的商品意识，书籍贸易繁荣，并且形成了一定的竞争。

明代也是我国古代出版史上最为活跃、最具个性的时期，出版了很多有学术价值的重要典籍，如《本草纲目》《农政全书》《天工开物》与《徐霞客游记》。我国最大的类书《永乐大典》也在明朝编成，是抄本形式的大型图书的典型。地方志的编纂也很有成就，朝廷多次颁发编写体例。万历年间（1573—1620）天主教开始传入中国，对中国文化产生了相当大影响，自然科学著作和翻译书籍开始在中国出现，如《几何原本》等。

清代统治者对于知识分子的反清思想及其著作采取严厉的镇压政策。清代类书和丛书的编纂出版，往往成为这一文化政策的牺牲品。在《四库全书》的编纂过程中，乾隆帝（1711—1799）几次列出禁止或抽毁的书目，共有2000多种，下令全国缴送销毁。另外编有《四库全书总目》，对18世纪以前的古籍进行了一次总结。《古今图书集成》是中国历史上继《永乐大典》之后的又一部大型类书，在组织体系和编排体例上远胜过以前的类书，书中还附有许多精美的插图。《续通典》《续通志》《续文献通考》《皇朝通典》《皇朝通志》与《皇朝文献通考》的编纂，也是清朝国家出版的重大成就。

清代的雕版书籍，以私家刻书最有价值。大体上可分为两类：一类是著名文人刻印自己的著作和前贤诗文，大都是手写上版，即所谓“写刻”，选用的纸墨比较考究，是刻本中的精品，史称“精刻本”；另一类是在考据、辑佚、校勘学兴起之后，由藏书家和校勘学家辑刻的丛书、逸书（佚书），或影摹校勘付印的旧版书。在提倡汉学的风气下，有些人还从事搜辑亡佚书籍的工作，《汉学堂丛书》与《玉函山房辑佚书》等是这方面取得的出版成就。

雕版印刷技术发展到清代，已达到炉火纯青的地步。在雕版印刷基础上发展起来的套版印刷在制版、镌刻、印刷各个工艺环节都有新的提高，尤其是在政府、民间广泛兴起活字印书，促进了印刷术更全面的发展。清代前期呈现出传统印刷出版业继续向前发展的大好趋势。

二、我国近现代出版业的发展历程

鸦片战争以后，随着西方资本主义的不断入侵，我国出版业进入深刻的变革时期。无论是图书的内容、形式、类型，还是出版技术、出版发行方式等方面，都发生了巨大变化。出版活动不断规模化、多元化、产业化，在社会进步中扮演了十分重要的角色。

（一）鸦片战争——甲午战争：传统出版业的变革期

这一时期出版活动的一个鲜明特点是西方殖民势力对我国出版业的渗透。早在19世纪初，西方机械化铅印技术传到我国沿海地区。1833年，普鲁士传教士郭士立（1803—1851）在广州出版了第一份在中国境内印行的中文期刊《东西洋考每月统记传》。1840年，英国传教士麦都思（1796—1857）在上海成立第一家铅印出版机构——墨海书馆。鸦片战争后，外国传教士创办的出版机构有美华书馆、格致书院与益智会等。

鸦片战争后，国内开始引进、改良印刷技术，为出版业的发展奠定了技术基础。传统的官刻、坊刻、私刻的格局不能满足各种政治派别、经济团体的需求，在采用新式印刷技术的国内外出版商的冲击下，逐渐退出历史舞台。近代社会变化迅速，人们对了解周围环境和世界发展潮流的信息之需求大为增加。中国知识分子在经世致用思想的指导下，开始大规模地总结中国传统文化，积极吸收西方学术科技成果，形成了出版内容上的多元化。报纸、杂志等新型出版物也对出版业的发展起了促进作用。

在外商出版活动的影响下，中国的官办和民营出版业得到发展。1862年在北京成立的京师同文馆是中国政府创办的第一个介绍西方语言学术的教育、翻译和出版机构。随后成立的江南制造局翻译馆是当时影响最大的官办翻译出版机构。

资本主义出版企业在这一时期也开始出现了。1873年，王韬（1828—1897）与留美生黄胜在香港集资创办了中华印务总局，这是中国近代最早的民营出版机构，既出书又出报。19世纪下半叶，石印技术开始在我国流行。1876年，英国在上海开办点石斋石印书局，出版《点石斋画报》和《康熙字典》，取得巨大成功。广东人徐鸿甫、徐润（1838—1911）于1882年在上海创办同文书局，与点石斋石印书局形成竞争之势。历史悠久的扫叶山房也积极采用石印技术，获得新的发展。

（二）甲午战争——五四运动：近代出版逐渐形成

19世纪末20世纪初，中国社会风气日渐开化，国人对新文化和科学知识的需求日渐增长，这为出版机构的繁荣提供了市场条件。私人印书馆雨后春笋般出现在中国大地上，知名的有商务印书馆、中华书局、文明书局、有正书局、广益书局、群益书局等，其中历史最长、影响最大的是商务印书馆和中华书局。

商务印书馆由夏瑞芳（1871—1914）、鲍咸昌（1864—1929）等人于1897年在上海创办。后来张元济加入。商务印书馆采用股份制经营。初创时单纯印刷商业簿册报表，后来发展为以出版图书为主业。商务印书馆出版过多种新式教科书，出版过严复（1854—1921）翻译的《天演论》《原富》与《法意》等众多国外学术著作，出版过《华英初阶》等外文工具书，还出版了旧中国历史最长的大型综合性杂志《东方杂志》。在近代出版史上能与商务印书馆齐名的民办出版机构是中华书局，1912年成立，创办人是陆费逵。教科书和儿童读物是中华书局早期的出书重点，它还印行古籍和中文工具书。近代民营出版机构在资本积累、市场竞争、追逐利润等方面积累了许多经验，它们代表着近代出版业的发展方向，成为中国走向近代化不可缺少的重要组成部分。

甲午战争失败后，改良的呼声高涨，立宪运动逐渐展开，出版的范围开始扩大。社会科学书籍，特别是关于西方资产阶级社会政治制度的书籍逐渐受到重视。现代学校开始建立，西学纳于国民教育之中，也推动了出版业的大发展。

新文化运动的开展使白话文出版应运而生。新文化运动时期，在古代字书、类书、书目的基础上，又涌现了一批新型工具书，如报刊索引、辞典、年鉴、手册等工具书。在古代上图下文绣像小说的基础上出现了连环画。这些新型图书的发行数量是惊人的。

这一时期，在印刷技术上，继续沿用凸版、平版和凹版三种技术，并有了更好的发展。凸版印刷方面，纸型、电镀铜版、照相铜锌版以及三色版等新型制版工艺相继出现；平版印刷方面，石印术得到了更广泛的应用，照相石印、彩色照相石印、珂罗版印刷等技术相继出现；凹版印刷方面，雕刻铜版、影写版逐渐引入。文化领域的变革和纸张、印刷技术的发展，带来书籍装订和装帧的变革。此时的出版物以西式装订为主，精装和平装得到了普遍应用，人们开始注意书籍的封面设计及装帧艺术，在字体、布局、构图、绘画上都有新的突破和发展，横排中文书开始出现。由于大量采用双面印刷，装订也随之改变，书籍的开本也因文字的横排而与现在的开本大致相同，毛边书向切边书转化。

（三）五四运动——中华人民共和国成立：出版业的新方向

五四运动以后，特别是1921年中国共产党成立以后，在中国萌发了新型的人民出版事业。《新青年》杂志从第八卷起成立了新青年社，独立出版，并开始系统地出版马克思主义著作。在上海、武汉等城市，人民出版社、上海书店、长江书店、长江印刷所等出版机构相继建立，出版发行众多革命书籍。20世纪20年代末，一些革命知识分子在上海等地创办了一些新书店，如创造社、太阳社、南强书店等，出版发行了不少进步书刊。20世纪30年代先后创立于上海的生活书店、读书出版社、新知书店（1948年合并成生活·读书·新知三联书店），在中国共产党领导下，出版了大量的革命书刊。

1931年在江西瑞金建立中央苏区，设有中央出版局和中央印刷局，还办有中央印刷厂，中央军委也开办了军委印刷所。由于战争频繁，物资供应又十分困难，只能出版一些报纸、干部学习文件、通俗政治读物及文化课本等小册子。1937年1月中央党报委员会成立，下设出版科、发行科。发行科以新华书局（后改称新华书店）的名义发行书报刊，并同广大读者和各地书业界联系。新的事业型出版活动，虽然规模小，条件艰苦，但无疑代表着中国出版业发展的新方向。

在国民党统治区域，民营出版业还在继续发展。据王云五统计，1927—1936全国出版新书共计近4.3万种，其中商务印书馆、中华书局和世界书局三家民营出版社出版的占总数的65.2%。① 《丛书集成》《四部丛刊》《百衲本二十四史》等民族文化典籍继续得到出版，从古典到现代、从人文社会科学到自然科学各领域的世界名著也被翻译出

① 王云五．十年来的中国出版事业//张静庐．中国现代出版史料（乙编）[M]．北京：中华书局，1955：337－338．

版，《辞源》《辞海》与《中华大字典》等大型工具书相继问世。

“七·七事变”后，日军控制了中国财政部印刷局，上海的开明书店、美成印刷公司、世界书局、三一印刷厂等不少出版印刷企业被日军占领，或被炸毁，或遭洗劫，损失惨重。商务印书馆、中华书局等一些大型出版印刷企业也在战火纷飞的环境中拆迁。抗战中以桂林、重庆、成都、贵阳、昆明为主的大后方城市的出版印刷业迅速发展、繁荣起来。抗战胜利后，迁入大后方的出版印刷企业纷纷回迁，以上海为主的沿海大城市的出版业开始复苏。

三、新中国成立后出版业的发展历程

中华人民共和国成立后，人民政府依法没收了国民党政府和官僚资本的出版企业，废除了国民党政府钳制出版事业发展的法令。中国出版事业进入一个新的历史时期。

（一）改革开放之前：社会主义出版事业的形成和初步发展

1949 年以后，社会主义出版事业开始组建。国家首先将社会上存在的私营出版机构改造成国营或公私合营的出版机构。过去一些对社会有贡献的出版社保留下来，如商务印书馆、中华书局；曾经在民主革命时期，为革命作出贡献的进步出版机构，如生活书店、读书出版社、新知书店在建国前已经联合成立三联书店；对过去的一些小的私营出版机构则采取合并的办法。另外，建立了一些综合性的、专业性的出版社和一批国营印刷厂。发行方面，建国伊始就成立了全国托拉斯性质的机构新华书店。新华书店最早成立于抗日战争初期，在革命根据地开展发行工作，新中国成立后在全国县城以上设点，统一办理全国图书发行。

1956 年在中国共产党提出“百花齐放，百家争鸣”的方针指导下，出版事业出现繁荣景象。不仅出书种数、印数大量增加，更重要的是出版了大批有价值的深受广大读者欢迎的读物。但是，1957 年反“右派”斗争的扩大化，伤害了一批学者、作家和出版工作者，出版事业的发展遇到了挫折。在“大跃进”的浪潮中，一度出现片面追求出书数量而不顾质量的现象。新中国成立后 17 年间，系统地出版了马克思列宁主

义经典著作，对于中国现代著名作家如鲁迅、郭沫若（1892—1978）、茅盾（1896—1981）、巴金（1904—2005）等人的著作，也开始陆续出版全集。这期间出版的社会科学、自然科学与技术科学的出版物都比较丰富。

1966 年“文化大革命”爆发后，书刊出版陷于瘫痪。出版的图书除马克思列宁主义著作和毛泽东著作外，大多是当时的政治文件、文章汇编和政治性小册子。1976 年出版工作开始得到恢复。

（二）改革开放以后：中国特色社会主义出版业的飞速发展

1978 年以后，我国出版业的数量增长很快。以出版社数量为例，1978 年有 105 家（不含副牌出版社数，下同。新中国成立以来首次突破 100 家，1977 年有 82 家，1966 年有 87 家），1987 年发展到 415 家（首次突破 400 家），1993 年增长到 505 家（首次突破 500 家），2017 年达到 552 家。从 1978 年到 1988 年，期刊从 1500 种发展到 6000 种。地方出版社和高等院校出版社发展迅速。全国印刷力量也有很大增强，不少印刷厂已有现代化设备，有电子激光照排，有新式的彩印和系列装订的流水线。图书出版的质量不断提高。学术著作与文艺创作呈现繁荣景象。对中国古籍有计划地进行整理出版。在自然科学与应用技术、工具书以及少年儿童读物方面，都出版了许多有价值的受欢迎的图书。少数民族文字读物的出版也有很大增长。随着科学技术的进步，印刷出版技术不断得到改进。录音、录像、缩微技术越来越普及，音像读物在社会上逐渐推广。特别是计算机在出版行业中的应用，使出版过程发生剧烈变化，效率大大提高。

随着中国改革开放的深入，我国出版业也出现了不少问题。有些书籍、报刊和音像制品宣扬淫秽色情、凶杀暴力和封建迷信，内容粗制滥造。印刷生产能力虽有很大提高，但印刷周期长，赶不上客观形势的需要。发行工作已有很大改观，但发行渠道不够畅通。另外，出版队伍的素质也有待进一步提高。因而，从 20 世纪 80 年代开始，我国不断进行出版改革。（我国出版改革的历程与内容详见第十五章第二节）

第三节 出版发展的历史总结

一、国外出版发展的历史特征

文字的发明、书写材料的改进，促使早期出版得以产生。世界各个古文明地区几乎同时出现了独立的出版活动，但由于种种历史原因，大部分地区的出版活动曾经中止。在上古时期，古代希腊、罗马出现了世界出版史上的第一个繁荣阶段，手抄本出版保存了人类最先进的文明成果和最富有想象力、创造力的文学作品与思想著作。在中世纪，整个欧洲被置于宗教神学的统治之下，通行的出版物只有一部《圣经》，愚昧封闭的社会环境使欧洲出版活动衰落甚至倒退。

风起云涌的文艺复兴运动，随后的宗教改革以及后来的启蒙运动，使黑暗的欧洲重见光明，使近代欧洲出版迅速发展。近代欧洲出版具有以下历史特征：

1. 作为一种精神和文化生产活动，近代欧洲出版爆发出惊人的生命力，深刻影响了世界文明的走向

一方面，急剧的社会变革呼唤新思想的产生和传播，铅活字机械印刷以它快速、大量的复制满足了这一社会需要；另一方面，印刷出版培养了一大批有现代思想意识的知识分子，他们不断继承和发展前人的思想成果，深入推进社会文化的发展，从而促使人类迅速步入现代社会。

2. 近代欧洲出版的发展不仅体现在技术的革新上，更体现在出版物传播的思想内容上

文艺复兴以后，语言、哲学、科学、文学、艺术各种门类的知识大量涌现，改变了原来受单一的宗教文化控制的局面。大量的知识指导人类不断探索，如新航路的开辟就与地理学的发展有极大关系，天文学的发展为人们冲破宗教迷信、发展近代科学体系奠定了基础，对人类自由的哲学思考和对现存制度的怀疑为资本主义民主、自由的世界观、价值观的形成准备了条件。

3. 近代欧洲出版的繁荣是在对出版自由的不懈争取中获得的

近代欧洲教会和各封建主严密控制着出版。人们对出版自由的争取，经历了一个长期的历史过程。历史上有许多优秀出版家遭到了残酷的迫害，出版的优秀书籍有的在很长时间得不到流通，甚至直到几个世纪后人们才发现它的价值。

二、我国传统出版的特点与缺憾

（一）我国传统出版的特点

我国传统出版具有以下四个特点：

1. 出版活动基本保持连续性

世界各个古文明地区几乎同时出现了独立的出版活动，但由于种种历史原因，只有古代中国形成了长达数千年连贯不断的出版史。我国的出版活动从先秦到当代，经历了萌芽、发展、壮大、成熟等时期，虽然有过暂时的停滞或短期的倒退，但总的来说，我国的出版活动保持了一脉相承的特点。①

2. 传统编辑活动目的明确，重在教化，指导现实

从孔子开始，就开启了编书重教化之先河。孔子编书的目的，一是用作教材，二是宣传自己的政治主张。古语云“文以载道”。这种编书具有明确目的的思想在近现代得到了继承和发展。我国当代出版也要求有明确的出版目的，强调社会效益和经济效益要同时兼顾。

3. 传统编辑活动集编、著、校合一，态度严谨，求真务实

孔子“述而不作”、不语“怪、力、乱、神”的编辑思想，刘向广收众本，仔细勘对、相互补充，除去重复、校勘讹文、厘定篇章目次的编辑步骤，为我国编辑活动的发展树立了典范。

4. 重视图书分类目录的编辑

汉代刘向校书时，就编成了《七略》。以后各朝代的出版活动，都注重图书的编目，并且分类收藏，极大地方便了后世的查阅和研究。

（二）我国传统出版的缺憾

如果说上述特点是我国传统出版优点的话，那么我国传统出版的缺

---

① 肖东发. 中国图书出版印刷史论［M］. 北京：北京大学出版社，2001：332.

憾也很明显：

1. 编创方式上以注释为主，盲目崇拜先人

整体而言，我国传统出版注重总结前人的成果，缺乏创造性劳动。到今天，这仍然是我国图书出版业应该克服的缺陷。

2. 出版内容上忽视自然科学和技术

受科举制度的束缚，我国传统出版重文轻理，重视社会科学研究，而视自然科学研究为无用之术，这种政策性倾向也体现在图书出版上，导致自然科学技术著作的缺乏。

3. 活字印刷技术未能及时普及推广

我国是最早发明印刷术和造纸术的国家。东汉时期我国出现了相当成熟的造纸术，为图书出版提供了良好的载体。唐代我国发明了雕版印刷术，图书出版从手抄时代发展到印刷时代，便利了文化传播。北宋时期又发明活字印刷术，提高了印刷的效率，降低了图书成本，为图书出版业的繁荣打下了基础。遗憾的是，活字印刷技术未能及时得到普及推广。活字印刷术从发明到推广，在我国经历了很长时间。结果西方国家反而从活字印刷术中深受其益，并加以改进。

4. 古代图书重藏不重用

虽然我国古代保存了大量典籍，但往往束之高阁，并没有起到传播文化、普及科学知识的应有作用。①

5. 实行文化专制

秦始皇焚书坑儒销毁了大量珍贵的典籍。以后的封建王朝，许多统治者出于维护统治的目的，禁毁了许多书籍、文献，甚至严厉限制言论。清朝的文字狱不仅毁坏了大量图书，也扼杀了许多人才，对我国图书出版业的发展产生了消极影响。

三、出版发展的历史启示

综观国内外出版发展的历史，至少可以得到三个启示：

---

① 肖东发. 中国图书出版印刷史论［M］. 北京：北京大学出版社，2001：347.

1. 出版与文明同步

世界出版的发展经历了一个从无到有，从小型化、无序化、分散化到成规模、成体系、全球化的发展过程。在这个过程中，出版经历了一个漫长的手抄本时期。手抄本出版是简单的手工抄录，工具十分简单；从事出版活动的人身份不确定，大多由政府官员或学者兼任编辑出版人员；出版物不公开发售，不以营利为主要目的；各个地区之间的出版水平不一，联系不紧。后来的印刷本出版改变了这种状况。印刷本出版的作品往往一次复制成百上千本，便于传播与流行。出版形态的演变显然与人类社会物质文明的水平息息相关，出版成就的高低无疑与人类文明的高低成同比例关系。由于东西方文明发展的不平衡性，特别是由于造纸术和印刷术的发明，中国成为世界早期出版的中心；后来随着文艺复兴、宗教改革尤其是工业革命的兴起，西方成为世界近现代出版的中心。中国雕版印刷术出现于经济繁荣、政治开明、文化交流频繁的唐代，欧洲古登堡铅活字机械印刷术产生于政治、经济、文化日新月异的文艺复兴时期，都不是偶然的。

2. 出版是系统工程

出版的发展成就取决于多种因素，是多种因素综合作用的结果。这些因素包括经济状况、科学技术水平、政治环境、思想状态、传统文化等。教会对思想的钳制，城市的凋零，是中世纪欧洲出版毫无生机的根本原因。而工业革命所带来的技术革新和生产关系的变革，最终实现了欧洲出版的产业化发展。5000 年一脉相承的中华文化，崇尚读书的社会心理，是中国古代出版绵延不绝、称雄于世的法宝。从历史的发展来看，出版所取得的任何成就，或者所遇到的任何挫折，都是当时各种因素综合作用所致。所以，务必把出版视为一种立体结构而加以周详的考察。

3. 出版需要与时俱进

出版发展的历史告诉我们，出版的内涵与外延不是一成不变的。影响出版概念发生变化的关键因素是科学技术的发展所带来的知识信息载体的变化、知识信息记录方式的改变和知识信息复制手段的发展。手抄时代的出版，印刷时代的出版，电子信息时代的出版，出版的内涵与外延难道一样吗？在漫长的历史时期，出版只是指图书的出版，后来增加了报纸和杂志的出版。留声机发明后，唱片成为出版物的一种。缩微成像技术、录音技术和录像技术相继发明后，缩微胶片（卷）、录音带与录像带也被视为出版物，合称为电子音像制品。电子计算机和互联网出现后，又出现电子书和网络出版物。1970 年，美国学者小赫伯特·S·贝利在其著作《图书出版的科学与艺术》中将“按当天的订数印刷，第二天发货”作为人类的梦想，甚至说这是不可想象的事情。然而，到了 1994 年，德国就出现了随时满足消费者要求的“打印系统”，这是一种数字化的印刷技术，它的出现使按需印刷（Print on Demand）成为可能。仅仅过了 20 多年，小赫伯特·S·贝利的梦想就逐步变成现实。不仅出版的形态随时代的发展而发展，而且出版的地位、功能也随时代的变化而变化。出版是真正需要与时俱进的行业。

2

Part 2

学理篇

第四章

出版功能

主要观点：

1. 出版的功能首先在于它的文化功能，这是出版的基本功能。古今中外的出版哪怕是今天市场经济背景下的我国出版，都毫无例外。

2. 出版与教育有天然联系。教育需要出版提供教材，出版需要教育提供读者；出版以文字滋润人、以音像感染人，教育以语言教导人、以行为示范人，但归根结底都是育人。在育人的道路上，出版与教育好比一车之两轮，一个都不能少。出版为教育提供教材，只是出版之教育功能的表象；读者通过阅读教材和其他出版物，获得知识，增长智慧，陶冶情操，塑造心灵，从而促进人的社会化，才是出版之教育功能的根本。

3. 人的经络、血管堵塞不通，以药通之；人眼前的黑暗，以火把、灯光照亮之；人的思想、观念僵化不通，又该以何通之？人心中的“黑暗”（愚昧无知），又该以何照亮之？以阅读通之，以醍醐灌顶之思想照亮之。

4. 科学技术是生产力，但一般情况下必须通过出版物的生产与传播才能实现。

5. 娱乐需求也是读者的一种本能需求，在娱乐化时代更为突出。

第一节 文化功能

出版的功能首先在于它的文化功能，文化功能是出版的基本功能。古今中外的出版哪怕是今天市场经济背景下的我国出版，都毫无例外。

出版的文化功能有两个方面：传播文化和积累文化。比较而言，传播文化是从横向来说的，强调出版物对今人所起的作用，而积累文化是从纵向来说的，强调出版物对后人所起的作用。

一、传播文化的功能

图书、报纸、期刊等出版物是传播知识、思想、信息、科学的重要媒介，其中图书是历史最悠久、作用最重要的文化传播媒介（报刊、广播、电视、互联网属于大众传播媒介）。工具书与教科书传播知识的作用最为明显。工具书被称为“不说话的老师”，读书治学必不可少，更是编辑人员案头必备，工具书传播的是最权威的知识。被誉为“工具书之王”的百科全书让人感叹学海无涯，《永乐大典》这部被公认为世界最早最大的一部百科全书，篇幅总计3.7亿字！《大英百科全书》（又名《不列颠百科全书》）2005年新版全套32册，《中国大百科全书》（第二版）篇幅0.6亿字。教科书则让千千万万、一代又一代的学子习得成熟而可靠的知识。

一个时代或一定时期的畅销书，向世人最广泛地传播知识和思想，而这种知识、思想往往是新知识、新思想，它们启迪了人们的心智，更新了人们的观念，改变着人们的言行，从而推动时代前进、社会发展！在中国近代历史上，《海国图志》、《盛世危言》、《巴黎茶花女遗事》（今译为《茶花女》）、《革命军》、《天演论》与《法意》（今译为《论法的精神》）等，哪一部不是如此？1898年，严复编译的《天演论》出版，其广泛影响从胡适（1891—1962）的回忆可见一斑：“《天演论》出版之后，不上几年，便风行到全国，竟作了中学生的读物了……几年之中，这种思想像野火一样，燃烧着许多少年的心和血。‘天演’、‘物竞’、‘淘汰’、‘天择’等术语渐渐成了报纸文章的熟语。”①书中的新名词流行

① 胡适．四十自述（影印）［M］．台北：远流出版公司，1986：54.

于世，成为人们的口头禅。有的学校以此书为教材；有的教师以“物竞”与“天择”为作文题目；有些青少年干脆以“竞存”与“适之”等作为自己的字号。胡适在上海读书时看了该书后，作《生存竞争适者生存论》一文，并以“适之”作表字，后来还把名字改为胡适（原名胡洪骍）；鲁迅在南京求学时，被该书深深吸引，后来他还能背诵其中的好几篇。《天演论》“不仅使中国人获得了‘物竞天择，适者生存’的新鲜知识，而且还获得了一种观察事物和指导自己如何在危机时代生存、行动的方法和态度”。①

2002 年，北京出版社与广东教育出版社分别出版医学科普专家洪昭光的著作《登上健康快车》和《洪昭光健康忠告》，均发行 100 多万册。它们点燃了一场健康革命之火，作者提出的健康理念被人们奉为“健康圣经”，书中的健康保健顺口溜更是传诵一时（例如，每天的饮食要做到“一二三四五，红黄绿白黑”）。这两本书在传播医学保健科学知识方面的贡献巨大，作者本人也被众多媒体誉为健康生活方式的“传道士”。

进入近代，出现了新型出版物报纸、期刊。较之图书，报刊在传播思想方面更具锋芒，影响更大。进入 20 世纪 90 年代，互联网横空出世，成为传播思想、知识最快捷的媒介。在互联网上，手指一按键盘，还有什么知识不能轻松找到？有了互联网，“秀才不出门，能知天下事”真正变为现实。通过互联网，还有什么思想不能公布于世？有了互联网，对思想的控制几乎不可能。自从有了互联网，文人学者翻身得解放！依托互联网的网络出版，已经并将继续为文化的传播作出前所未有的贡献。

出版，尤其是近现代出版，不仅是知识分子、文人学者表达思想的平台，更是他们传播思想的工具。余秋雨先生用生动的事例有力地诠释了出版的思想传播功能，他说：

① 邹振环．影响中国近代社会的一百种译作［M］．北京：中国对外翻译出版公司，1996：120.

在新文化运动的进程中，北京曾发生了著名的白话文与文言文的激烈争论。然而，所谓“白话文战胜文言文”的最终标志是什么？仅仅是白话文在论点中居于上风吗？情形远非如此。胡适等在北京提出白话文学原则后，上海的商务印书馆等产业机构投入运作，以白话文印刷的教科书通过商业渠道进入到中国的穷乡僻壤。中国的各个中小学开始采用白话文教科书，新的一代文化人以商务印书馆印制的课本接受启蒙。从这个意义上说，白话文乃至整个新文化运动才真正在中国社会确立了根基。这个事实无疑揭示出现代文化取得实质性胜利的基本途径，即文化上的理论思辨成果须通过一定的商业手段转化为商品，强有力地渗透到社会整体的各个细胞中。①

可见，文学革命、思想革命要依赖出版，没有出版，思想文化不能广泛流传；思想文化不能广泛流传，知识精英们就只能对他们的精神创造成果孤芳自赏。没有出版，最好的思想、最好的文化、最好的文学也只能藏之名山、湮没无闻。概言之，思想文化受惠于出版良多。

中国近现代的文人学者往往与出版结缘。或是自办出版社、报刊，如陈望道（1891—1977）办大江书铺，邹韬奋办生活书店，老舍（1899—1966）与赵家璧办晨光出版公司，陈独秀（1879—1942）创《新青年》，毛泽东创《湘江评论》，鲁迅一生办过七个出版社；或是加入出版社，如张元济、郑振铎（1898—1958）入商务印书馆，叶圣陶入开明书店，巴金入文化生活出版社；或是与出版社保持密切联系，如严复、林琴南（1852—1924）与商务印书馆，陈独秀、胡适与亚东图书馆，鲁迅与北新书局。中国近现代文化史上有一个值得注意的现象：一些著名作家、学者因为自己就是某出版社的编辑，或者自己与某出版社联系密切，或者自己创办了出版社，于是，他们的著作就集中在几家出版社出版。有研究者对五位中国现代著名作家、学者在新中国成立前的

---

① 余秋雨．当代都市文化略论//《读者参考丛书》编辑部．读者参考丛书（18 集）［M］．上海：学林出版社，1997：12－13．

作品出版情况作了统计，结果如下：

中国现代五位著名作家作品出版情况①

作者	出版社	出书种数	作者与出版社的关系	作者	出版社	出书种数	作者与出版社的关系
叶圣陶	商务印书馆	16	1922—1933在商务印书馆做编辑	郭沫若	创造社	19	是创造社负责人
叶圣陶	开明书店	16	1933年入开明书店主持编辑工作	郭沫若	光华书局	11	通过叶灵凤联系
老舍	晨光出版公司	11	与赵家璧创办该公司	郭沫若	商务印书馆	10	
老舍	良友图书公司	4		郭沫若	现代书局	11	通过叶灵凤联系
老舍	商务印书馆	4		郭沫若	泰东书局	9	
老舍	群益出版社	4		郭沫若	海燕出版社	5	
郑振铎	商务印书馆	35	在该馆做编辑七年	巴金	文化生活出版社	34	主持该社
郑振铎	生活书店	8		巴金	开明书店	27	
郑振铎	开明书店	5		巴金	良友图书公司	8	
郑振铎	良友图书公司	3		巴金	新中国书局	6	

注：出书种数因再版重印原因，有重复之处

据表可知，这五位作家著作的出版可谓近水楼台先得月。这背后的原因比较复杂，但有一点肯定无疑：文人学者与出版社之间相互依存。出版社是知识分子实践自己理想的“实验场”，出版是知识分子传播自己思想的快车通道。思想文化的广泛传播必须借助于出版，是近现代文人学者尤其是知识精英、思想巨子的共识，他们因此而与出版结下了不解之缘。

---

① 根据徐雁平《文人学者与现代出版业关系概观》一文中的表格修改而成，加上了“作者与出版社的关系”一栏。原表载：叶再生. 出版史研究（第五辑）[M]. 北京：中国书籍出版社，1997：241.

作为作者和读者之间的中介，出版起到了传播思想文化的作用，然而，出版之于思想文化的作用还不止于此。王建辉先生研究中国近代出版史时提出真知灼见："出版业成为思想文化的直接策源地。"①出版人员以其职业敏感性和社会责任感，经常出版思想敏锐甚至超前的作品。王韬是中国近代最早的民营出版家，1873 年，他与留美学生黄胜在香港集资创办了中华印务总局。中国近代早期改良派思想家郑观应（1842—1922）将自己写的政论文章汇辑成《易言》，但一直不敢拿出示人。1879 年，他托人送请王韬批评，王韬慧眼识珠，将其出版。1894 年，这本书又有增订，易名为《盛世危言》，成为甲午战争前后最畅销的书。这本书最有特色的内容是对专制制度的批判和对议院制度的介绍，最早明确倡导设议院、行君主立宪，在中国历史上影响巨大。此书的出版经过表明，出版人员能够推进思想进程，出版可以成为思想的催化剂。1920 年，孙中山（1866—1925）先生谈到出版对于五四新文化运动的推动："此种新文化运动，在我国今日，诚思想界空前之大变动。推其原始，不过由于出版界之一二觉悟者从事提倡，遂至舆论大放异彩，学潮弥漫全国，人皆激发天良，誓死为爱国之运动。"② 出版业总是得风气之先，从而成为思想文化的直接策源地。出版物反映时代，甚至成为时代的标志。《新青年》是五四时代的急先锋，是中国思想史、文学史上划分一个时代的刊物，《人权宣言》《共产党宣言》也都宣告一个新时代的到来。出版本身是文化的一个组成部分，同时又反映整个文化发展的进程。出版社尤其是影响巨大的出版社是观察文化发展特别是思想发展的窗口。商务印书馆就是这样的出版社，"一个重要的、值得我们回忆的是：商务印书馆是时代的产物，同时又为时代服务，影响着时代。"③可以说，出版的进程就是思想文化的进程，出版史就是思想文化史。

---

① 王建辉．思想文化史上的近代出版//王建辉．出版与近代文明［M］．开封：河南大学出版社，2006：25.

② 孙中山．致海外国民党同志书//孙中山．孙中山选集：上卷［M］．北京：人民出版社，1956：429.

③ 汪道涵．在上海举行的商务印书馆创立一百周年纪念会上的讲话//商务印书馆．商务印书馆一百年［M］．北京：商务印书馆，1998：22.

二、积累文化的功能

出版之积累文化的功能是显而易见的。汗牛充栋的古籍何以保存至今？靠的就是出版。公元前 65 年，古罗马出现了第一家正规的抄本出版社，这家抄本出版社出版的书籍当中就有古希腊伟大思想家柏拉图的著作集。柏拉图的重要著作据说全部传世，首先要归功于抄写本书籍的出版人员，没有抄写本就没有后来的印刷本。柏拉图著作的第一个印刷本出版于 1513 年，比抄写本晚了 1500 多年。

中国有着 5000 年绵延不绝的文明史，保存至今的古籍应当不少于 10 万种。如此丰富的古籍得以保存下来，一代又一代出版人员功不可没。自孔子自觉地整理、编纂古籍以来，这一文化传统一直得到继承发扬。从东汉至清，历代封建王朝出于维护统治、推行教化之目的，孜孜不倦于刻书、编书、印书事业。明清时期，更是出现了四部规模惊人的大型图书：《永乐大典》（类书），收录各类著作七八千种，正文 22877 卷，篇幅总计 3.7 亿字，是世界上最早最大的一部百科全书。可惜后来遭自然损毁，又被侵略者焚毁、劫掠。1960 年，中华书局多方搜集，影印出版 730 卷；《古今图书集成》（类书），篇幅约 1.6 亿字，是我国现存类书中规模最大、用途最广、体例最完善的一种；《四库全书》（丛书），收书 3503 种，是迄今为止世界上收书最多的丛书。最初抄有七部，今存四部；《康熙字典》，收字 47035 个。不但政府主持编书出书，而且还有坊刻和私刻。中国近代最杰出的出版家张元济组织力量精心校勘、影印出版的《百衲本二十四史》，是迄今为止最系统、最可靠的中国古本正史，胡适称道说：“此书之出，嘉惠学史者，真不可估量。”①新中国成立后的 1958 年，国务院成立了古籍出版规划小组，古籍整理出版获得新的发展。

假设没有出版，很多典籍难逃失传之厄运。一个典型的例子是，王夫之的著作及其思想之所以能够流传至今并熠熠生辉，应直接归功于出版。王夫之（1619—1692），人称船山先生，明末清初三大思想家之一，著书近 100 种，300 多万字。但他逝世近两百年间，其名寂静无闻，其

① 张树年，张人凤．张元济蔡元培来往书信集［M］．香港：商务印书馆（香港）有限公司，1992：218.

著散失不传。直至道光年间（1821—1850），湘人邓湘皋（1777—1851）搜集其著作编成《船山遗书》150卷（或说180卷），由王夫之七世孙刊行，王夫之学问方行于世。曾国藩（1811—1872）率湘军与太平天国作战期间，与其弟曾国荃（1824—1890）出资再次刊刻王著。此次刊刻历时四年，在邓湘皋所编《船山遗书》的基础上，多方搜集，编成《船山遗书》322卷，曾国藩亲自校阅117卷。《船山遗书》陆续刊刻出来后，曾氏兄弟立即分赠亲友，其中多为湘军将领和幕僚。从此，船山之学开始成为风行全国的显学，湖湘文化也得以发扬光大。王夫之的思想成为近代启蒙思潮的重要思想源泉之一，特别是他的社会历史进化思想对19世纪末的爱国维新运动和20世纪初的排满革命运动，都产生了积极而广泛的影响。如果没有出版活动，不知王夫之的著作与学问还要湮没到何时？从1988至1996年，岳麓书社又出版了新的点校本《船山全书》。

一个民族、一个时代的文化发展成就，最集中地反映在这个民族、这个时代出版的出版物之中，各民族、各时代创造的精神财富在出版物（尤其是图书）中得到最全面、最充分的体现。正是通过出版物这个思想文化的物质载体，人类的精神财富才得以一代一代地继承下来，所以，图书被誉为“人类进步的阶梯”。

在人类历史上，出版起着总结文明成果，积累知识经验，开启新的文明时代的作用。这里不妨引录俄国作家赫尔岑（1812—1870）的一段精彩演说词，这段话对书籍在人类生活和人类历史上的重要意义作了很生动的描述：

> 书——这是这一代对另一代的精神上的遗训，这是行将就木的老人对刚刚开始生活的青年人的忠告，这是行将下岗的人对前来接替他的人的命令。人类的全部生活，会在书本上有条不紊地留下印记。即使种族、人群、国家消失了，书籍将永存下去。书是和人类一起成长起来的，一切震撼智慧的学说，一切打动心灵的热情都在书里结晶成形。在书本中，记述了人类的狂激生活的宏大规模的自白，记述了叫做世界史的宏伟自传。①

① 王余光，邓咏秋．名著的选择［M］．昆明：云南人民出版社，1999：30－31.

今天，传统印刷出版尤其是图书出版正面临互联网的严峻考验，但图书以其不可替代的优势必将继续为文化的积累、传承作出自己的贡献。

正是因为出版在传播文化和积累文化方面有巨大作用，所以，一个国家的出版业发展状况，可以作为衡量这个国家文化发展水平的重要标志，正如法国学者罗贝尔·埃斯卡皮所说："对书籍总数的统计，再加上进口数和重印数，确实可以表明一个国家精神生活的丰富多彩，可以使我们十分近似地估计出这个国家的作家人数及生产能力。"①出版物的数量与质量是衡量一个国家软实力的重要指标。

第二节　教育功能

出版与教育有天然联系。教育需要出版提供课本、教材，出版需要教育提供读者。出版以文字滋润人、以音像感染人，教育以语言教导人、以行为示范人，但归根结底都是育人。在育人的道路上，出版与教育好比一车之两轮，一个都不能少。杰出出版家张元济曰："盖出版之事可以提携多数国民，似比教育少数英才为要。"张元济决定加盟商务印书馆前赋诗明其心志："昌明教育平生愿，故向书林努力来。"出版是张元济开启民智的途径。

具体来说，出版之教育功能有三点：

一、为教育（主要是学校教育）提供课本、教材

课本、教材是教育之根本，此根本就出自出版社。

中国历代封建政府都热心于刊行儒家经典，西汉有五经、东汉有七经、唐朝有九经、宋朝有十三经，从南宋晚期起又有四书，这样做的直接目的是满足各级学校传授儒家经典的需要。随着科举制的发展与繁荣，官方编纂出版的儒家经典教科书被推广到整个社会。古人出版的蒙

① 罗贝尔·埃斯卡皮．文学社会学［M］．于沛，编译．杭州：浙江人民出版社，1987：89．

学教材《百家姓》《千字文》与《三字经》流行甚广，惠及今日。从19世纪末20世纪初起，我国逐步推行新式教育，新式教育需要新式教科书。商务印书馆、中华书局和世界书局在新式教科书出版方面功莫大焉。商务印书馆1903年开始出版教科书，先后出版“最新教科书”“共和国新教科书”“新学制教科书”和“新时代教科书”等。陆费逵创办中华书局的直接起因就是出版教科书，创立伊始以出版适应共和制时代需要的“中华新教科书”而在图书市场站稳了脚跟。1931年，商务印书馆人李泽彰在《三十五年来中国之出版业》中写道：“在科举初废时，教科书的编制实为创举，真是一件极困难的事。当时的出版业不避艰难，毅然负此重任，实属难能，其最早编印教科书以备采用者，当推商务印书馆。我们在谈到科举的废除，学校的创设，不能不归功于革新运动。而革新运动有此成绩，我们却不能不归功于当时的出版业，尤其是商务印书馆。”①如今，人民教育出版社出版的中小学教材，高等教育出版社出版的大学教材（其中就包括图书发行方面的教材），清华大学出版社出版的电子计算机教材，复旦大学出版社出版的“复旦博学”系列教材，中国人民大学出版社出版的新闻传播学教材与考研辅导书，外语教学与研究出版社出版的大学英语教材，海豚出版社出版的中学英语教辅，北京大学出版社出版的大学通识教育教材等，让千千万万学子受益！对没有机会接受学校教育的人来说，课本、教材等出版物更是起到了等同于学校的作用。

二、通过阅读出版物，促进人的社会化

出版为教育提供课本、教材，只是出版之教育功能的表象。学生或其他读者通过阅读课本、教材和其他出版物，获得知识，增长智慧，陶冶情操，塑造心灵，从而促进人的社会化，才是出版之教育功能的根本。②

---

① 王建辉．近代出版与近代教育//王建辉．出版与近代文明［M］．开封：河南大学出版社，2006：81－82.

② 据2007年10月26日中央电视台经济频道“全球资讯榜”报道，俄罗斯一男青年遭遇熊袭击，努力挣扎也未摆脱。情急之下忽然想起，自己看过一本书，书中有篇文章说，遭遇熊袭击时可以装死逃生，遂转身脸朝地趴在地上装死。熊果然上当走开了。看来，平时有空多看些书，多学些知识，说不定还会救命。

所谓社会化，是指“在特定的社会与文化环境中，个体形成适应于该社会与文化的人格，掌握该社会所公认的行为方式”。①人的社会化是一个过程，其主要阶段是未成年人时期，但成年以后仍需继续社会化。社会化的内容包括教导基本生活技能、教导社会规范、指点生活目标和培养社会角色。人的社会化是通过个体与社会环境的相互作用而实现的，是一个逐步内化的过程。个体实现社会化的途径无非两条，一条来自外部，一条来自自身。外部的途径指社会文化（包括政治、经济、国家的宣传体系、宗教、团体、风俗、习惯、传统以及生产力水平等）、学校与家庭从外部对个体施加影响，如学校的教育即是未成年人社会化的主要途径；自身的途径是指个体通过自身的主观努力自觉地实现社会化。自身的途径主要有两条，一是模仿，即通过向模范、榜样看齐，建立人生的目标；二是阅读，即从出版物中吸收古今中外的精神营养，滋润自己、充实自己。

确实，人的一生如果保持了阅读的习惯，那么，他所阅读过的出版物就会对他的社会化产生潜移默化的影响。通过阅读图书、杂志与报纸等出版物，不仅学得知识，更重要的是吸取人类思想、智慧、经验的精华，掌握为人处世最基本的准则，灵魂会得到净化，精神会得到升华，心智会得到改进，烦恼会得到缓解，眼界会更加宽广，心志会更加高远，心胸会更加开阔。总之，在不断的阅读当中，个体不断地实现社会化。“出版业实际上是构建了一座大厦，这座大厦由无数优秀的图书构成。通过阅读这些图书，人们接受了最普遍的情感、知识、规则的熏陶，逐渐成为一个个合格的‘社会人’。”②

阅读可以改变人生。小时候或年青时阅读过的某一本书可能影响人的一生，甚至决定一生成长与发展的道路。这样的例子俯拾即是。例如，上文提到的《盛世危言》改变了毛泽东的命运。16 岁的毛泽东辍学在家，帮助父亲料理米店生意。当时，酷爱读书的毛泽东把《水浒传》《三国演义》等古典小说都看过了，便跑到外婆家向表兄文咏昌借书。文咏昌说：“相公借书，老虎借猪，所以要先打条子后拿书。”毛

---

① 时蓉华．社会心理学［M］．上海：上海人民出版社，1986：42.

② 张志强．现代出版学［M］．苏州：苏州大学出版社，2003：65.

泽东所借之书中就有《盛世危言》，一直到七年后的1915年春节，他才把所借之书还上，并写了一张便条："咏昌先生：书十一本，内《盛世危言》失布匣，《新民丛报》损去首叶，抱歉之至，尚希原谅。泽东敬白。"1936年，毛泽东和美国记者斯诺（1905—1972）谈话时提到《盛世危言》，说："我当时非常喜欢这本书……《盛世危言》激起我恢复学业的愿望。"① 《盛世危言》促使毛泽东继续求学，从而走出韶山冲。假设少年毛泽东没有读到这本书，以后的毛泽东将会怎样？

比尔·盖茨曾是世界首富。大家都知道他读大学时中途退学办电脑软件公司，但或许不知道他九岁时就已经读完了《大英百科全书》。考察名人的成功史，会发现一个道理：人的梦想、理想往往酝酿于读书。"一个人的精神发育史就是他的阅读史。""一个民族的精神境界取决于这个民族的阅读水平。"② 出版实在是育人的事业，光荣而神圣。难怪有人说，出版社是没有围墙的大学。

三、不少出版机构自觉地承担了教育机构的部分职能

有不少出版机构并不只是为教育（主要是学校教育）提供课本、教材，也不只是为读者提供育人的出版物，而且直接扮演教育机构的角色，亲自开展实际的教育工作，自觉地承担教育机构的部分职能。这样的出版机构实际上成为了教育机构的一个部分。

在中国近代史上，出版机构与教育机构普遍合一。官办的京师同文馆既是中国官办的第一个传授、学习西方语言文字、科学技术知识的教育机构，同时又是一个翻译出版机构。民营出版机构在这方面的特点更为突出，表现在：第一，不仅出版教材，还亲自编写教材。尤其是商务印书馆，有一支优秀的教材编写队伍，其中有张元济、高梦旦（1870—1936）、杜亚泉（1873—1933）、竺可桢（1890—1974）等。第二，直接举办教育事业，尤以社会教育为主。为了实验自己编写、出版的教材，也为了培养自己的子弟，商务印书馆早在1905年就成立了附属学校——尚公学校。鉴于当时小学师资的缺乏，也为了推广自己的教材，

---

① 毛泽东自述［M］. 北京：人民出版社，1996：18－19.

② 朱永新. 我的阅读观［M］. 北京：中国人民大学出版社，2012：25，81.

它还开办小学师范讲习所，连续培养三届师范生，“各科讲员以编译所人任之”。①它举办的夜校、函授学校更多。以青少年读物为重点出书方向的开明书店，在教育方面的活动及其成就最明显不过。1933 年主持开明书店编辑工作的叶圣陶举办过开明函授学校，专门成立函授学校出版社，按照中学课程，按月寄发各种讲义，以利失学青年自学之需。函授学校结束后，又选印国文、英语、数学、历史、地理等 10 种讲义单本发行。所以，有人曾说“我在中学生时期把开明书店当作‘中学生之家’”。②第三，开展职工教育。开明书店、商务印书馆等都重视职工教育。如开明书店创办明社，对出版同仁进行业余进修、培训。在它存在的八年中（1942—1950），举办过各种形式的同仁学习进修班，由店内外专家讲课，如叶圣陶讲“国文”与“习字”，周予同（1898—1981）讲“本国史”，章锡琛（1889—1969）讲“本店店史及各大同业情况”。对店内工友也举办学习班，多由店内编辑讲课。③

今天的社会大不同于近代社会，但出版机构热心参与教育事业依旧不变，甚至可以说，今天的许多出版社与教育部门的关系更为密切。首先，存在一大批成立初衷就是为教育事业服务的各个教育出版社和各个大学出版社。人民教育出版社继承了近代商务印书馆自己编写教材的方式，专门设置了课程教材研究所。中央和各省市自治区的教育出版社曾经长期垄断教材的出版。其次，教材出版发行放开之后，越来越多的出版社（包括非教育专业出版社在内，甚至包括古籍出版社）与教育机构、学校的关系日益密切。第三，不管哪家出版社，在推广自己出版的教材教辅的时候，无不与学校联合举办规模不同的宣传促销活动、师资培训与进修、学术研讨活动。这里不得不提到外语教学与研究出版社。该社是由北京外国语大学主办的外语专业出版社，直接为大学的外语教学与科研服务。为了把《新编大学英语》教材推广到全国大学，该社的编辑人员和营销人员连续一年走遍 20 多个省市的几百所大学，召开学术研讨会，介绍和推广本教材。还向使用这套教材的所有学校承诺：

---

① 汪家熔. 蒋维乔日记 [J]. 出版史料，1992（2）.

② 王知伊. 开明书店纪事 [M]. 太原：书海出版社，1991：98.

③ 王知伊. 开明书店纪事 [M]. 太原：书海出版社，1991：112.

对于这些学校的全体英语教师免费进行培训，参加培训的教师的交通费、食宿费和培训费全部由该社承担。1999 年，在这一项目上投入的推广和培训费用就达 1000 多万元。①在商言商，全部免费培训大学英语教师，最终是为了自己出版社的利润，但大学英语教育也自然从中受益。大学教师的继续教育本该是教育机构的分内之事，但作为企业的出版社倾力参与教育事业，是其可敬之处。

第三节　政治功能

出版的政治功能表现在以下三个方面：

一、促进思想解放，推动社会变革（包括改良与革命）

思想解放者，疏通僵化之思想，破除愚昧之观念也。人的经络、血管堵塞不通，以药通之；人眼前的黑暗，以火把、灯光照亮之；人的思想观念僵化不通，又该以何通之？人心中的“黑暗”（愚昧无知），又该以何照亮之？以阅读通之，以醍醐灌顶之思想照亮之。

鲁迅说，报刊是思想文化的匕首与投枪。较之图书，报刊在思想解放方面的作用更为突出。20 世纪前期，中国历史上每一次思想论战的双方或多方都以各自拥有的报刊为阵地。《民报》与《新民丛报》是资产阶级革命派与改良派论战的主要阵地；中西文化论争则以陈独秀主编的《新青年》与杜亚泉主编的《东方杂志》而形成对垒；参与中国社会性质论战的各方则以各自创办的期刊而形成不同的派别：“新生命派”“新思潮派”“动力派”“中国农村派”和“中国经济派”。改革开放以来的每次思想争论，也是如此。真理愈辩愈明。思想论辩是达成思想解放的必由之路。而报刊与思想论辩的紧密关系充分证明出版对思想解放的巨大作用。

图书，尤其是畅销书，在促进思想解放方面也不会甘拜下风。仅举

---

① 李朋义．“外研社模式”阐释//赵劲．中国出版理论与实务［M］．北京：中国书籍出版社，2001：269.

两例。1903 年，《革命军》出版，“不翼不胫而飞走海内”，①在一两年中各地翻印达 20 多版，100 多万册。孙中山极为重视《革命军》的翻印发行，1904 年，他请旧金山华侨黄三德等人集资翻印 1.1 万册，寄赠全美华侨；1906 年，给新加坡华侨张永福寄上一本要他赶快翻印“分派各处”，张接信后翻印两万册，在南洋华侨中发行，结果“不及半年，观念大新，齐唱革命”。② 1776 年，只有 47 页的小册子《常识》在美国出版，20 万册在三个月内一售而空，几次再版，达到 50 万册。这是一本大力鼓吹美国独立的政治读物，极大地帮助了美国民众撕掉了对英国的幻想，澄清了模糊认识，树立了必胜信心，激发了高昂斗志，完成了对殖民地民众的政治启蒙，极大地推动了美国独立战争的进程。约翰·阿丹姆斯（美国独立战争领导人之一）说：“《常识》激起的独立洪流每天从四面八方向我们滔滔地涌来。”《常识》的影响不止于美国，《美国革命史》中写道：“很难再找到一本像《常识》那样对革命进程产生如此直接、广泛、持久的影响的著作……据世界各国报刊报道，《常识》引导着亿万人民投入争取独立的斗争，创造了人间奇迹。”因而，这本小册子被誉为影响世界历史的 16 本书之一。③

出版物通过传播反传统、反权威、反守旧的先进思想，使人们破除信仰迷信，砸碎精神枷锁，树立新的价值观和道德观，结成一股强大的变革旧社会、旧秩序的力量，从而推动社会滚滚向前。在促进思想解放、推动社会变革的进程中，出版扮演着重要角色——思想革命的先锋和社会变革的助产婆。香港中文大学崇基学院院长梁元生曾说，商务印书馆在近现代中国历史上“起着转换文化及改变历史的作用，生产新知识、培养新国民和促使新社会的诞生”。④

---

① 祭邹容文［J］．醒狮，1905（1）．

② 郑士德．中国图书发行史［M］．北京：高等教育出版社，2000：496.

③ 罗伯特．唐斯．影响世界历史的 16 本书［M］．缨军，编译．上海：上海文化出版社，1986：8－14.

④ 梁元生．序言//李家驹．商务印书馆与近代知识文化的传播［M］．北京：商务印书馆，2005.

二、宣传政治思想、政策、法规，反映官方意识形态

古今中外，出版都具有意识形态性，区别只是程度不同而已。由于众所周知的原因，我国出版工作的意识形态性更为突出。宣传党和国家的思想、方针、政策、法规是我国出版工作的重要职能，我国的出版工作还是精神文明建设的辐射源，我国的报刊历来被视为党的喉舌。其实，任何国家的出版人员都会自觉或不自觉地站在某种立场，代表一定阶级，维护特定利益；都会有意识或无意识地为特定的政权、政党、组织服务。出版物是宣传政治思想、方针政策、法律规定的有力武器，任何国家、民族、政党、阶级、学派、团体、宗教，无不利用这一武器来宣传自己的思想、政策与法规，无不利用这一武器来制造舆论、引导舆论和控制舆论。因此，出版历来被视为一个国家、政党、政府的思想、政策、法规的窗口。在出版物中有一类特殊的出版物——政府出版物，它更集中地体现了出版的意识形态性。

出版的意识形态性决定了出版人员总是处于政治的前沿，在社会大变革的时代，出版必定与政治紧密相连，这是不以出版人员的个人意志而转移的。哪怕是政治上力图保持中立的出版人员与出版物，因政治形势所迫或受大变革时代的感召，也不得不谈论政治或表达政治立场。主张“多研究些问题，少谈些主义”的胡适，也不得不承认：“我们虽抱定不谈政治的主张，政治却逼得我们不得不去谈它。”他在新文化运动中创办杂志，也说：“我们的《周刊》当然要批评政治。”①出版物不得不谈论政治，出版人员无法超脱政治，出版又天然具有意识形态性，因此自古以来围绕出版而发生的政治事件屡见不鲜。光是在中国近现代史上，就有《苏报》案、林白水（1874—1926）与邵飘萍（1886—1926）遇害事件、《新生》周刊事件、《观察》周刊事件和“三家村夜话”事件等。一定时代的出版是一定时代政治的感应器。

---

① 周策纵．五四运动：现代中国的思想革命［M］．南京：江苏人民出版社，1996：72－73．

三、作为实体文化的主要部分，出版业已成为综合国力的重要组成部分

在知识经济时代、信息时代、高科技时代，文化在综合国力竞争中的地位与作用越来越突出。作为一种“软实力”，文化在一定程度上更能代表一个国家的精神高度与地位尊严。党的十六大报告将“积极发展文化事业和文化产业”单独列一章节，体现出对文化前所未有的重视，它这样阐释文化的意义：“当今世界，文化与经济和政治相互交融，在综合国力竞争中的地位和作用越来越突出。文化的力量，深深熔铸在民族的生命力、创造力和凝聚力之中。”党的十七大报告又将“推动社会主义文化大发展大繁荣”单列一章节，明确指出：“当今时代，文化越来越成为民族凝聚力和创造力的重要源泉，越来越成为综合国力竞争的重要因素。”当今之际，我国的文化产业如果不强大，就会丧失自己的话语权与文化主导权，那将是国家另一种形式的沦陷。

新闻出版业是实体文化的主要部分，其产业比重在狭义文化（包括文艺、电影、广播、电视、新闻、出版等）中占到了70%以上。当今中国之出版业也是文化产业，是一个公认的“好生意”。大力发展出版业，不仅可以维护我国的意识形态，巩固我国的文化安全，还可以大大提高我国的国际竞争力。

第四节　经济功能

出版的经济功能主要表现在以下两个方面：

一、直接创造经济效益

出版活动既是文化活动，又是经济活动，现代出版业更是重要产业，在国民经济中处于举足轻重的地位。1980年初，联合国教科文组织邀请50位知名专家在该组织的领导下专门研究印刷出版业对经济、教育、科学、文化的影响，经过三年的研究得出了如下结论：一国的书刊印刷业水平，是该国经济、科学、教育、文化发展水平的标志；印刷

业的发展与国民经济的发展之间有很高的相关关系（其相关系数为0.9）；印刷业的发展对国民经济的发展有着巨大的促进作用，印刷业是以较小的投入换取巨大的社会价值的产业。①

原中国出版科学研究所“小康社会出版业指标体系”课题组对二十世纪六七十年代以来发达国家的印刷出版业（指图书、报纸和期刊的出版、印刷，不包括出版物的发行，也不包括音像制品的出版）增加值进行了研究，结果表明：美国、英国、日本、法国等国的印刷出版业增加值在制造业中的比例相当高。例如，1992 年，美国印刷出版业增加值占整个制造业增加值的 7.9%，在 25 个部门中居第 5 位；日本为 5.4%，居第 6 位；法国为 5.6%，居第 7 位。美国、英国、日本的印刷出版业所创造的增加值占 GDP 的比例较高，一般在 2% 左右。特别值得一提的是韩国，它的印刷出版业增加值基本上是直线上升，占 GDP 的比例由 1977 年的 0.4% 上升到 1994 年的 1.1%，这说明韩国印刷出版业的发展速度高于同期国民经济的发展速度。②可见，在发达国家，印刷出版业确实是国民经济中的重要行业。我国出版业在国民经济中的地位也日渐上升。2005 年，我国出版业的年销售收入在各行业中居第 21 位，年利润总额居第 5 位（排在电力、电子、石油、烟草之后）。我国出版业虽然发展很快，但与发达国家相比，差距仍然很大。2005 年，我国出版业全年的营业收入是 1534 亿元人民币，折合美元大约是 190 亿美元，而美国在线 - 时代华纳集团当年的营业收入就有 318 亿美元。

就图书出版来看，出版业直接创造经济效益集中体现在畅销书上。例如，2001 年，中信出版社从美国引进出版《谁动了我的奶酪》，至今发行 200 多万册。这本篇幅不到四万字的畅销书既为面临撤销的中信出版社创造了丰厚利润，使它起死回生并名震天下，还为嗷嗷待哺的印刷厂提供了繁忙的业务，又为发行商提供了相当可观的利润空间，还有不少书店通过这本书的热销而带动了其他图书的销售。世界图书出版公司北京公司 2000 年引进出版《富爸爸 穷爸爸》，如今该系列书销量突破

① 罗紫初．出版学理论研究述评［J］．出版科学（增刊），2002.

② 小康社会出版业指标体系课题组．发达国家印刷出版业增加值在国民经济中的地位研究［J］．出版发行研究，2006（9）.

500 多万册。《明朝那些事儿》（共 9 部）竟然销售 1000 多万册，创造了多少利润啊！这哪是印书，简直是印钞票！《哈利·波特》系列（共 7 部）在全球卖出三亿多册，作者 J·K·罗琳因而由靠政府救济的单身母亲摇身一变为英国最富有的人之一。当年 17 岁的韩寒因出版《三重门》赚了 200 多万元稿费，大学生郭敬明因出版《幻城》等畅销书而以 160 万元的年收入（税前）名列美国《福布斯》杂志中文版中国大陆娱乐文化名人榜。中国有句古话“书中自有黄金屋”，当今出版业为此作了生动的注解。

二、为经济发展提供信息、知识和技术

出版对经济的发展还有间接作用，这就是提供信息、知识和技术。信息、知识与技术虽然不会直接变成经济效益，但它们是经济活动赖以进行的不可缺少的要素，特别是在信息时代和知识经济时代，它们已经成为经济发展的最大推动力。出版业恰恰是信息、知识和技术的集散地，“出版行为在本质上是为人们提供信息，它是信息内容的提供者，信息的功能在某种意义上说就是出版的功能”①。出版是将知识、信息和技术转化为生产力的重要媒介，既是知识经济的重要产业形态，又是知识经济的重要推动力量。

正是由于出版业能为经济的发展提供信息、知识与技术，所以，通过出版工作，不仅能为出版系统创造利润，还能为出版系统以外的部门、单位及其成员带来利益。众所周知，金盾出版社出版发行的一系列农村实用科技书使很多农民发了家致了富。“杂交水稻之父”袁隆平的《杂交水稻育种栽培学》（湖南科学技术出版社 1988 年）是学术著作，销售这本书的利润十分有限，但它对湖南、中国、世界农业的发展贡献巨大。李四光（1889—1971）的《中国地质学》（正风出版社 1953 年）也是学术著作，当年只印了 2000 册，出版社赔了钱，但它给中国创造的物质财富根本无法计算，就是这本书宣告了“中国贫油论”的破产，为中国找到石油提供了重要的理论指导作用。正是在该书理论的指导

---

① 周蔚华．现代出版的产业定位和经济功能［J］．中国人民大学学报：哲学社会科学版，2003（5）．

下，从20世纪50年代后期至60年代，我国石油勘探部门相继找到了大庆油田、大港油田、胜利油田、华北油田等大油田。科学技术是生产力，但一般情况下必须通过出版物的生产与传播才能实现。

党的十七大报告提出："在时代的高起点上推动文化内容形式、体制机制、传播手段创新，解放和发展文化生产力，是繁荣文化的必由之路。……大力发展文化产业，繁荣文化市场，增强国际竞争力。"我们要按照这个方针大力发展出版产业。

第五节　娱乐功能

关于出版的娱乐功能，应该把握以下两点：

一、娱乐需求也是读者的一种本能需求

出版还有娱乐功能。也就是说，读者通过阅读某些出版物，可以消除疲劳、调节情绪、愉悦心情。具有这种作用的出版物主要是文学艺术类和休闲类出版物。在紧张的学习、工作之余，读读文艺小说、故事、通俗读物、卡通读物等，确实是一种享受。许多人阅读文学艺术图书的一个重要动机，就是要从图书内容中得到娱乐、消遣和休息。文学艺术图书可以寓教于乐。读者的娱乐需求是一种本能的需求。随着商业的发展和城市的繁荣，必然兴起市民阶层，而市民读者的娱乐需求则更加突出。在近代中国城市尤其是上海这样的大都市，就有不少满足市民娱乐需求的休闲读物，《礼拜六》（1914年创办）、《白相朋友》（1914年创办）、《小说大观》（1915年创办）与《星期》（1922年创办）等杂志很受欢迎。当时的上海甚至有这样的顺口溜："宁可不娶小老婆，不可不看《礼拜六》"；当时有学者说："如《礼拜六》《白相朋友》等，销场之广，教科书而外，几乎无与伦比。"①

---

① 吕思勉．三十年来（1894—1923）之出版业//吕思勉．吕思勉遗文集（上）［M］．上海：华东师范大学出版社，1997：378.

二、娱乐化时代读者的娱乐需求更为突出

今天的时代是一个所谓的娱乐化时代。随着我国市场经济的发展和城市化步伐的加快，读者的娱乐需求越来越强烈。青年白领读者把阅读书刊视为一种时尚，当作一种高雅、惬意的休闲方式。现在再也看不到排长队抢购紧俏物资的现象，但经常可以看到排长队购买畅销书的景象。许多书店专门设置了精品礼品书柜，甚至出现了专门的礼品书店。购书已成为精神消费的新时尚，已成为稳定的时尚消费方式。在竞争压力越来越大的当今社会，越来越多的人阅读的目的不单是为了获得知识，很多时候是一种休闲，是为了放松自己。蔡志忠、朱德庸与幾米的漫画书以及《老照片》系列的流行足以证明这点。杂志式、“快餐式”、图文并茂（甚至图片多于文字）图书的涌现也是适应这一需求的结果。上海文艺出版社推出的《与毕加索喝咖啡》《与雷诺阿共进下午茶》《与莫奈赏花》和《与梵高共品葡萄酒》成为白领读者的抢手书。东方出版中心出版的《打开咖啡馆的门——欧陆三百五十年的文化风云》与《咖啡地图——60家欧洲最精彩的咖啡馆寻踪》也深受白领读者喜爱。中国社会科学出版社引进的《另类丛书》（包括《香烟》《器具的进化》与《格调——社会等级与生活品味》等）也是如此。此类图书关注读者的文化情趣和生活质量。当代都市人读一读这种书，或许笑意更浓，忧郁更少。有理由相信，这种时尚文化休闲类图书会有更大市场。至于《时尚》《世界时装之苑》《瑞丽》《虹》《大都市》等时尚类杂志受到女性读者的青睐更是有目共睹之事。阅读这类杂志，无疑主要是源于娱乐、休闲、消遣的需要。

第五章

出版物

主要观点：

1. 既要肯定出版物的物质属性和商品属性，又必须看到它的根本属性是精神产品。

2. 出版物的构成要素包括精神内容、编辑加工、物质形式和社会传播，其中精神内容是出版物的核心与灵魂。

3. 在可以预见的将来，电子出版物与网络出版物这样的新型出版物必定会日益发展，在出版物市场中所占的份额必定会日益增大，但肯定不会取代传统的印刷型与缩微型出版物。

4. 在中国书业已向国际开放的今天，必须重视对政府出版物的研究，应该尽快建立、健全中国特色政府出版物出版制度。

5. 整体而言，图书属于文化传播媒介；相对而言，可把畅销书视为大众传播媒介。

第一节　出版物的属性、涵义与构成要素

一、出版物的属性

不妨先看看出版物的属性，再讨论其涵义。

凡出版物，都是由精神文化方面的内容和负载这些内容的物质载体构成的，具有双重属性：

（一）精神性

无论什么时代什么国家，出版物本质上属于精神产品，精神性才是出版物的根本属性。出版物的使用价值主要是由它的精神内容决定的，即主要在于出版物中的知识、信息和作者的思想、观点等，它的消费者（读者）主要关心出版物的精神内容是否满足自己精神方面的需要。历史与实践证明，出版物只有具有正确无误和新颖独特的内容，才能对其消费者（读者）产生广泛的吸引力，才能具有持久的生命力。出版物本质上是精神产品，这就是现代出版业被视为内容产业，出版者被称为内容供应商的原因所在。

（二）物质性

出版物的精神内容只有寓于一定的物质载体上，才能保存和传播。凡出版物，必须通过复制赋予其一定的物质形态。“就出版物负载的内容而言，它是精神产品；就出版物的物质载体而言，它又是一种物质产品。”①

当出版物进入流通时，就成了商品。但出版物商品具有不同于普通商品的特点：

1. 使用价值不同。普通商品的使用价值在于物质性能，会随着使用而消耗掉，如衣服和食品等普通商品就是这样，而出版物商品的使用价值即精神内容不会因为使用而消耗掉。

① 许力以．中国出版百科全书［M］．太原：书海出版社，1997：202．

2. 确定社会必要劳动量的难易程度不同。生产普通商品所需的劳动量比较容易计算和测定，而生产出版物商品所需的劳动量难以计算和测定。

3. 生产目的不完全相同。普通商品完全为了交换而生产，而出版物商品不完全为了交换而生产。即使在资本主义国家，也有一部分作者和出版者不是为了赚钱而进行创作和出版。例如，精神分析学名著《梦的解析》在出版后的 8 年中，总共销出 600 本，作者弗洛伊德（1856—1939）总共收到 200 多美元稿费；约翰·密尔顿用将近 10 年的时间潜心创作了多卷本世界名著《失乐园》，所得报酬仅 5 英镑；马克思（1818—1883）用 40 多年的时间撰写了皇皇巨著《资本论》，得到的稿费还不够买烟吸。资本主义的出版机构也有非营利性的，也并不把赢利作为取舍稿件的主要标准。

4. 社会效益与经济效益的关系不同。在保证质量的前提下，普通商品所实现的社会效益与经济效益是一致的，而出版物（尤其是图书）的社会效益与经济效益经常会出现背离的情况。换句话说，普通商品的使用价值与价值（交换价值）基本上一致，即使用价值高的商品一般也有相应的交换价值，而出版物的使用价值与交换价值经常不协调，即使用价值高的出版物作为商品出售以后所获得的交换价值往往不足以补偿作者和出版者的劳动投入与资金投入。

因此，出版物是特殊商品，我们既要肯定它的商品属性，又必须看到它的根本属性是精神产品。

出版物究竟是不是商品，在我国有一个发展过程。比较来说，古代只有少数图书是商品，近代随着民营出版机构的纷纷出现，图书普遍成为商品。新中国成立初期，承认图书是商品。但是，随着计划管理体制的逐步强化和“左”的思想的逐步升级，实际上否定了图书的商品属性。“从实际情况看，从 50 年代后期到 70 年代中期‘文革’结束，图书是商品的观念，已成为思想禁区之一”，到 1978 年十一届三中全会以后，“又重新讨论和明确图书是精神产品又是商品的问题”①。到了今天

① 袁亮．确立图书是商品的经过和作用［J］．出版发行研究，1999（2）．

市场经济时代，出版物基本上都成了商品。当然，即使在今天，也不是所有的出版物都成了商品，例如，很多国家（包括我国）与联合国的出版机构都会出版一些为了交流信息、服务公益事业而免费提供给读者和有关单位的出版物。

出版物不仅是物质产品与精神产品的统一体，而且是私人物品与公共物品的统一体。经济学意义上的私人物品，是指数量将随任何人对它的消费增加而减少的物品。作为一种商品，出版物在消费上具有一定的竞争性和排他性，也就是说，一个读者买走某本书或某本杂志会影响他人对它的购买。但与一般物品相比，出版物更多地属于公共物品。公共物品是指在消费上具有非排他性和在利益上具有非独占性的物品。出版物在消费上具有非排他性，换言之，一本书或一本杂志被某个人阅读之后另外一个人再阅读它并不会减少前一个人的收益。美国著名政治家、思想家托马斯·杰弗逊（1743—1826）说："他从我这里接受一个想法，他自己接受了指导，并没有减少我的，就像他在我的蜡烛前面点燃他的蜡烛，他接受了亮光并没有使我变暗。"出版物在利益上具有非独占性，即具有很大的外部效应。所谓外部效应，是指人们由于从事某种经济活动而给他人或社会带来利益或损害，带来利益的是正的外部效应，带来损害的是负的外部效应。出版物具有显著的外部效应（或正或负），这是有目共睹的。穷人因书而富，富人因书而贵；一粒子弹只能打死一个人，一本坏书却可以毒害一批人。诸如此类的读书箴言讲的就是出版物的外部效应。周蔚华先生指出："出版物的公共物品论和外部效应论是我们强调出版物要把社会效益放在首位的理论基础。"①

二、出版物的涵义与构成要素

对出版物的属性虽有比较一致的认识，但出版物究竟是什么，至今还没有公认的定义。以下是几种代表性的定义：

定义1："出版物是以知识信息等精神内容为内核、以编辑加工为保证、以文字图像等为符号、以印刷复制为手段、以物质载体为依托、

① 周蔚华．从出版物的双重属性看出版者的社会责任［J］．中国出版，2004（9）．

以社会传播为目的的物质产品。”①

定义 2：“出版物是通过复制而赋予物质形态，以利向公众传播的精神产品。”②

定义 3：“出版物是将精神内容复制在物质载体上向公众传播的作品。”③

定义 4：“出版物是指以传播为目的存贮知识信息并具有一定物质形态的出版产品。”④

笔者逐一分析一下上述定义：

定义 1 是笔者所见关于出版物的最完备的定义。这个定义中包含了构成出版物的四个要素：精神内容、编辑加工、物质形式和社会传播。出版物中记录着知识、信息等精神内容，这是出版物的核心与灵魂，如果去掉精神内容，出版物将不复存在；出版物中的知识、信息是经过了加工的，减少甚至消除了作者创作的原始作品中的错误、无序等；出版物中的知识、信息等是附着于一定的物质形式上的，出版物的物质形式是表述符号、记录方式和物质载体三者的有机统一，文字、图像、声频、视频、代码等都是表述知识、信息的符号，抄写、印刷、复印、临摹、拓印、录音、录像、翻录、翻拍等都是记录知识、信息的方式（称为复制方式），竹简、木牍、羊皮、纸张、感光膜载体、磁膜载体、光盘等都是物质载体；出版物的批量生产的目的是向社会、公众传播，这是构成出版物的关键，传播的方式有出售、出租和赠与等。这个定义的不足之处是显得不严谨，因为就其语法结构分析，给人如下感觉：出版物只是物质产品。但正如前文所述，精神属性才是出版物的根本属性。所以，笔者以为，把“物质产品”改为“产品”或“特殊的物质产品”就显得严谨了。

定义 2 抓住了出版物的根本属性——精神属性，而且很简洁。但是，它给人的印象是：出版物只是精神产品。而正如上文所说，出版物

---

① 张志强．现代出版学［M］．苏州：苏州大学出版社，2005：164－165.

② 李海崑，刘光裕．现代编辑学［M］．济南：山东教育出版社，1996：58.

③ 袁亮．出版学概论［M］．沈阳：辽宁教育出版社，1997：38.

④ 罗紫初．出版学原理［M］．武汉：武汉大学出版社，1999：260.

还具有物质的属性，而且，当今的出版物绝大部分是商品。强化出版物的商品性正是发展出版产业的基本要求。所以，这个定义也不是很科学。

定义3文字简洁，但同样给人错觉：出版物是作品。然而，作者创作的稿件也属于作品，但这个作品只是原始作品，不属于出版物。如果把定义中的“作品”改为“产品”就比较科学了。

定义4最言简意赅，但从逻辑上分析，显得不严谨，因为前面的“出版物”与后面的“出版产品”中都出现了“出版”，这不符合逻辑规则。

这样看来，如果要给出版物下个简洁的定义，则可以说：出版物是将知识、信息等精神内容复制在物质载体上向公众传播的产品。如果要下个详细的定义，则可以在张志强所下定义的基础上稍加完善：出版物是以知识、信息等精神内容为内核，以编辑加工为保证，以文字、图像、声频、视频、代码等为符号，以印刷或非印刷的复制方式为手段，以简牍、纸张、感光膜载体、磁膜载体、光盘等物质载体为依托，以社会传播为目的的产品。①

根据这个定义，出版物的构成要素有四个：精神内容、编辑加工、物质形式和社会传播，其具体内涵上文已述。

第二节　出版物的类型

按照不同的分类标准可将出版物分为不同的类型。

---

① 林穗芳先生说：“西汉末在书肆出售的书籍是真正的商品，也就是中国最早的出版物。”（阙道隆，徐柏容，林穗芳．书籍编辑学概论［M］．沈阳：辽海出版社，2000：52）这话给人的信息是，书籍只有成为商品，才能称为出版物。这显然不准确。即使是在今天，也不是所有的书籍都成了商品。准确的说法是，书籍是否属于出版物，主要取决于它是否向公众传播（发行），但是向公众传播（发行）的书籍也不一定是商品，这在出版业意识形态性很强的国家更是如此。例如，我国曾经发行量大得惊人的《毛主席语录》与《毛泽东选集》不是商品，但谁也不能否认它们是出版物。

一、按生产制作方式划分

按照生产制作方式的不同，出版物可分为印刷型与非印刷型两大类：

（一）印刷型出版物

印刷型出版物是指通过印刷的方式把文字、图像等符号复制到纸张上所形成的出版物，它仍然是目前最主要的出版物。又可分为图书、期刊（杂志）与报纸三种，各有其优点与缺点：

1. 图书。主题集中，系统性强，保存价值高；但出版周期长，传播速度慢，读者面一般窄。

2. 报纸。时效性强，成本低，阅读的时间与地点不受限制；但一般没有深度，不易保存。

3. 期刊（杂志）。介于图书与报纸之间。内容广，有一定保存价值；但传播速度不如报纸，深度不如图书。

（二）非印刷型出版物

非印刷型出版物又可分为以下三种：

1. 音像出版物

我国惯称为音像制品。音像出版物是指以光学、电子技术等手段把文字、图像、声音等符号复制到磁性材料、感光材料或其他非纸材料上所形成的出版物。又可分为录音带（俗称磁带）、录像带、唱片、激光唱盘（通常称为 CD）与激光视盘等。其中，激光视盘又有 LD（俗称大碟，直径 30 厘米，现在已被淘汰）、VCD（Video Compact Disc 的缩写，即视频压缩盘片）、DVD（在诞生之初是 Digital Video Disc，即数字视频光盘的简称，后来是 Digital Versatile Disc，即数字通用光盘的简称）等类型。

2. 缩微出版物

缩微出版物是指通过摄影方式把文献资料拍摄到感光膜载体上，经过显影、加工、拷贝等流程所形成的出版物。主要有缩微胶卷、缩微平片（卡片型缩微出版物）。这种出版物需要运用专门的阅读器才能阅读。

3. 数字出版物

数字出版物是指以数字代码方式把文字、图像、声音等符号编辑加工后存储在磁、光、电介质上，然后利用计算机或者具有类似功能的设备来读取使用的出版物。数字出版物已经形成了电子出版物和网络出版物两个基本类型（二者之间难以完全分割，网络出版实际上是在电子出版的基础上形成的一种新的电子出版形式）。

电子出版物是封装的，其媒体形态包括软磁盘（FD）、只读光盘（CD-ROM）、交互式光盘（CD-I）、照片光盘（Photo-CD）、高密度只读光盘（DVD-ROM）与集成电路卡（IC-Card）等。

网络出版物是开放式的，出版、销售等通过计算机网络来进行，阅读也借助于计算机。流通网络化是网络出版物区别于其他类型出版物的本质特征，也就是说，它通过互联网以数字形式向终极用户（网民）直接传送。网络出版物也可以说是通过互联网来进行传播的电子出版物，但与一般的电子出版物（封装式的电子出版物）相比，它具有信息量大、交互性强、生产成本低、内容更新快等优点。

网络出版物目前有以下不同的类别：电子书（E-book）、电子杂志（E-magazine）、网络游戏、博客（Blog）、播客（Podcast）、维基（Wiki）与手机出版物等。（具体内容详见第十五章“出版媒介与出版形态的新变化”）要特别提到手机出版物。所谓手机出版物，是指知识、信息通过手机这种媒介来传播的出版物，包括手机读物（手机报纸、手机小说、手机杂志、手机博客、手机群发短信）、无线音乐（手机彩铃、手机铃声、手机音乐）、手机游戏（含手机动漫）等。

以上各种类型的出版物，各有其优点，都有其存在的理由。在可以预见的将来，电子出版物与网络出版物这样的新型出版物必定会日益发展，在出版物市场所占的份额也必定会日益增大，但肯定不会取代传统的印刷型与缩微型出版物。

二、按其他标准划分

按照其他不同的标准，还可以将出版物划分为以下各种类型：

1. 按出版价值的不同，我国出版物可分为正式出版物和非正式出版物，后者现在统称为“内部资料性出版物”。

2. 按出版性质的不同，我国出版物可分为合法出版物和非法出版物。所谓“非法”主要是指出版程序和出版物中的内容不符合我国的有关法律、法规和政策的规定。在程序上，非出版单位未经新闻出版管理部门批准而印制的出版物属于非法出版物；在内容上，出版物的内容存在着与法律、法规和政策相违背的部分（主要是违背《出版管理条例》第二十五条和第二十六条）。在我国，与出版直接相关的法律、法规主要有《中华人民共和国著作权法》《出版管理条例》《音像制品管理条例》《印刷业管理条例》和《电子出版物出版管理规定》。

3. 按流通范围的不同，我国出版物可分为公开出版物和内部出版物，后者会在版权页注明“内部发行”或“限国内发行”等字样。

4. 按是否代表政府的标准，可将出版物分为政府出版物和非政府出版物。

美国法典这样定义政府出版物：“作为一个单独的文件由政府出资或根据法律的要求出版的信息资料。”这个定义显然不适合我国。因为，我国的出版社都是国有的，所以有西方学者认为我国所有出版社出版的书刊都是政府出版物，这显然与政府出版物的特定功能不符合。它的功能有：从国家内部管理的角度看，政府要通过发布文件来管理国家，公民要通过政府发布的文件了解政府的法令、国家的状况等；从国际事务的角度看，国际社会从一个国家的政府出版物来了解这个国家的政治制度、立场、国家发展状况等。政府出版物在治理国家、舆论导向、参与国际事务方面所具有的特殊而又重要的作用，是其区别于其他出版物的本质特征。受我国出版管理制度的制约，我国的政府出版物与非政府出版物混淆不分。曾经发生过这样的笑话：美国给中国提供了国会法令、白宫文献等政府出版物，希望中国也提供相应的政府出版物，中方不清楚何为“政府出版物”，就提供了一些包括《新华字典》、儿童读物在内的出版物，美方大为不满。在中国书业已向国际开放的今天，我们必须重视对政府出版物的研究，应该尽快建立、健全中国特色政府出版物出版制度。

有研究者认为，根据我国国情，可将政府出版物定义为：“国家机关及政府部门在其公务活动中形成的文献，经指定的或授权的机构出版，或通过官方的渠道公布的通称政府出版物。”这里所讲的国家机关无疑也包括了中国共产党组织的机关和中国人民政治协商会议。中国政府出版物的范围包括四个方面：（1）从级别上看，应包括中央和地方的政府出版物；（2）从时间上看，应包括1949年中央人民政府成立以来的所有政府出版文献。其中的一些文献是在发布若干年以后解密公开的；（3）从内容上看，应包括一般政府出版物、中央和地方政府出版的年鉴、地方政府出版的新地方志、国家颁布的标准（包括部颁标准）、中国国家专利局发布的专利；（4）从载体上看，应包括印刷的图书、期刊，光盘版数据库和政府网站公开发布的电子文件。政府出版物的内容广泛，但其核心部分是官方发布的法律和行政性文献。①

第三节　最重要的出版物——图书

迄今为止，图书仍然是最重要的出版物类型。这里只介绍图书的媒介属性、中国标准书号与图书在版编目问题。

一、图书的媒介属性

（一）整体而言，图书属于文化传播媒介

传播媒介意为传递、获取、交流、存储信息的工具、手段或渠道。说图书是传播媒介，这没有异议。但是，与报纸、广播、电视甚至期刊相比，图书显然有自己的特点。

报纸、广播和电视属于大众传播媒介。大众媒介的受众人数多，受传面广，包括不同的阶层和集团、不同的年龄和文化程度的人。美国和英国有影响的词典，如美国的《韦氏新大学词典》和《韦氏新世界美语词典》，英国的《朗曼现代英语词典》和《朗曼当代英语词典》，都没有把图书视为大众媒介。《韦氏新世界美语词典》把杂志列入大众媒

① 程真．中国政府出版物与政府信息传播［J］．国家图书馆学刊，2001（4）．

介，但只限于“大众化杂志”，这是因为，杂志大多以专业读者为读者对象，以大众为对象、各行各业的读者都看的杂志只占少数。就美国的情况来说，20 世纪 50 年代后，美国的综合性杂志日益衰落，特别是从 20 世纪后期以来，美国杂志的发展已进入各取所需的时代。① 我国杂志的发展也存在同样的趋势，论者称之为期刊的“小众化”趋势。②

如果说杂志大多以特定的专业读者为对象，那么，图书更是这样。适合大众阅读的图书只占图书总数的极少一部分。与报纸、杂志、广播、电视相比，图书特别强调内容的系统性。因而，受读者受教育程度、专业知识和购买能力等多方面条件的限制，图书的读者人数不可能像大众媒介的受众那样增长很快。相反，由于 20 世纪 90 年代以来图书市场的细分化越来越严重，图书的品种虽然越来越多，但每个品种的印数越来越少。换句话说，就单个品种来说，图书读者的人数不是增多了，而是减少了，学术理论著作一般印一到两千册，有的甚至只印五百册，就算不是学术理论著作，能发行一万册也不容易。林穗芳认为：“把书籍看作文化传播媒介比列入大众传播媒介更符合它的本质特点。”③此言甚是。与广播、电视、报纸等大众媒介相比，图书是最悠久，也是最重要的文化传播媒介。它的主要功能是传播思想、知识和科学技术。每一种社会形态都有与之相适应的文化，文化的发展最集中地体现在书籍的内容和形式之中，历代积累的精神财富在图书中得到最全面、最充分的体现。作为人们对自然和人类自身认识的记录，作为人们表达思想、传播知识、交流经验和保存文化的有效工具，图书对满足人们的精神需要起着其他媒介不可替代的作用。有资深出版人精辟地指出：“一个再好看的电视剧，再好看的一本杂志，再好看的一个报纸版面，它可以激荡血肉，撞击心灵，但它不可能潜入历史，也不可能化作永恒。就是说，当代文化潜入历史、化作永恒这个‘通道’留给了图

---

① 蔡骐，蔡雯．美国传媒与大众文化——200 年美国传播现象透视［M］．北京：新华出版社，1998：101－111.

② 范军．小众化品牌——期刊发展的必由之路［N］．长江日报，2003－08－21.

③ 阙道隆，徐柏容，林穗芳．书籍编辑学概论［M］．沈阳：辽海出版社，2004：36.

书出版。”①

在各类图书中，课本的发行量大，但平均印数也不过几十万册，而且课本是分学科的，一种课本只适用于一定年龄和一定教育程度的学生，所以，课本也不属于大众媒介。国外有的出版学研究者提出：衡量一种书刊是否属于大众媒介，要看其发行量是否超过本国人口的1/100。②这个标准是否科学暂且不论，就以这个标准来衡量，我国现有13亿人，发行量达到1300万册的图书罕见。美国出版家J·P·德索尔也不赞成把图书看作“大众商品”，他说，一部风靡全美国的畅销书，总销售量若达到200万册，购买者还不到美国人口的1/100，所以，他认为：“在美国，图书还没有真正地拥有大众——在任何意义上说都没有。”③总之，不能从整体上把图书视为大众传播媒介。

（二）相对而言，可以把畅销书视为大众传播媒介

从整体上看，图书不属于大众传播媒介，那么，是否有一部分图书属于大众传播媒介，就像有一部分杂志（大众杂志）属于大众传播媒介一样呢？相对而言，可以把畅销书视为大众传播媒介。

以大众为消费对象的图书是客观存在的，如通俗小说、一般语文辞典、日常生活用书等，尽管它们只占种类繁多的图书的一小部分。《新华字典》是新中国成立后出版的第一部以白话释义、用白话举例的字典，从1953年10月初版到2011年第11版出版，共印行了4.5亿多册，是全世界发行量最大的工具书；《现代汉语词典》出版20多年来发行了2000多万册；《红岩》发行700多万册，是新中国成立以来发行量最大的单本小说；《第二次握手》发行430万册，是新中国成立以来发行量居第二位的单本小说。扫视20世纪90年代以来我国图书市场，销量达到100万册以上的超级畅销书也有不少：《新三字经》《学习的革命》《白鹿原》《第一次的亲密接触》《花季·雨季》《三重门》《康熙大帝》《废都》《我的父亲邓小平》《挪威的森林》《登上健康快车》《洪昭光

---

① 王一方．品牌图书的组合营销与价值链管理［J］．编辑之友，2005（3）．

② 阙道隆，徐柏容，林穗芳．书籍编辑学概论［M］．沈阳：辽海出版社，2004：38.

③ J·P·德索尔．出版学概说［M］．姜乐英，杨杰，译．北京：中国书籍出版社，1988：14.

健康忠告》《不过如此》《谁动了我的奶酪》《水煮三国》《哈佛女孩刘亦婷》《富爸爸　穷爸爸》《哈利·波特》《曾国藩》《文化苦旅》《品三国》《于丹〈论语〉心得》等。尤其是《新三字经》发行4000万册，《于丹〈论语〉心得》狂销600万册。

这些畅销书，无论是从受传的人数，还是从传播的影响来看，都远远大于一般的图书，它们销售量大，销售速度快，社会影响大。《新华字典》以中小学师生和中等文化程度者为读者对象，并兼顾各方面读者的基本查阅需要，上至大学教授，下到小学生，几乎每个人都是它的读者，对我国的文化教育事业产生了极为深远的影响，对普及全民族的文化知识作出了杰出贡献。《登上健康快车》与《洪昭光健康忠告》点燃了一场健康革命之火，影响和改变了人们关于健康的理念和生活方式。《挪威的森林》（村上春树著）日文版于1987年出版，至1996年，销出700万册，几乎每15个日本人便拥有一册。中文本《挪威的森林》同样受欢迎，在以青年为主体的广大读者中引起强烈反响。

这些都表明，畅销书属于大众传播媒介。然而，畅销书的品种数量只占图书品种总量的20%左右，所以这并不影响图书属于文化传播媒介的整体判断。

二、中国标准书号和图书在版编目

（一）中国标准书号

中国标准书号是国际标准书号在中国的具体应用。我国于1982年加入国家标准书号组织，1986年颁布《中国标准书号》国家标准，1987年1月1日正式实施。2002年，我国对《中国标准书号》国家标准进行了第一次修订。

2002年版的中国标准书号由两部分组成：一是国际标准书号，英文全称为International Standard Book Number，简称ISBN；二是分类－种次号。

国际标准书号又包括四个部分，依次是组号、出版者号、出版序号和校验码。组号代表出版者所在的国家或地区，中国的组号是7。出版者号是出版该出版物（图书或电子出版物）的出版社的代码，我国图书出版社的出版者号最小的是两位数，最大的是六位数，但目前暂没有使用六位数。例如，人民出版社的出版者号是 01，中华书局的出版者号是 101，中信出版社的出版者号是 80073。出版序号由出版社按出版物出版的先后顺序编制。校验码用以检验 ISBN 编号转录过程中有无错误，它需要通过计算得出。国际标准书号的四个部分共有 10 个数字，出版者号与出版序号的数字的变化相互影响，即任何一个的改变都会使另一个也随之改变。

分类－种次号由出版该出版物的出版社编制。分类号按照《中国图书馆图书分类法》的 22 个基本大类编制，如 G 代表文化、科学、教育与体育类，I 代表文学，K 代表历史与地理，V 代表航空与航天等。种次号由出版社按出版该类出版物的先后顺序编制。

通过一本书的中国标准书号，可以获得不少隐含在背后的信息。例如，甲、乙两家出版社分别出版了书名都叫《中国文化概论》的大学教材。甲出版社的中国标准书号是 ISBN 7－303－03376－9/G·2304，乙出版社的中国标准书号是 ISBN 7－81061－215－8/G·054。从这两个书号的不同可以看出哪些信息呢？可以知道：甲出版社的规模比乙出版社要大得多，因为甲出版社的出版者号（303）远远少于乙出版社的出版者号（81061），出版者号越小，意味着可以出版的书就越多，也有能力出更多的书，自然表示它的规模大、实力强；甲出版社出版文化教育类（G 类）的书要远远多于乙出版社，因为甲出版社的种次号（2304）要远远大于乙出版社的种次号（054）；甲出版社出版的书总量比乙出版社要多得多，因为甲出版社的出版序号（03376）比乙出版社的出版序号（215）要大得多。事实上，甲出版社是北京师范大学出版社，它出版的这本《中国文化概论》（1994 年 5 月）是张岱年（1909—2004）和方克立主编的，乙出版社是中南工业大学出版社，它出版的这本《中国文化概论》（1999 年 9 月）是曾长秋等人编著的。

根据国家标准局 1986 年 1 月 16 日公布的《中国标准书号》标准，实施中国标准书号的目的在于使在中国注册的出版社所出版的每一种图书的每一个版本都有一个世界性的唯一标识代码，使利用计算机或其他现代化技术进行图书的贸易管理和信息交换获得更高的效率和可靠性，并为图书的分类统计和销售陈列工作创造方便条件。遗憾的是，有的出版社不重视这项工作，致使中国标准书号出错。

从2001年以来，国际ISBN机构成立工作组对《国际标准书号》作了修订，2005年6月1日，新的《国际标准书号》(ISO 2108：2005)正式颁布。为适应新的国际标准书号，我国也对2002年《中国标准书号》国家标准进行了修订，2006年10月颁布了新的《中国标准书号》国家标准（GB/T 5795—2006)，于2007年1月1日正式实施。2006年新版《中国标准书号》最大的变化是，编码结构采用国际标准，位数由原来的10位升为13位，也就是说，在原来10位编码前增加三位EAN. UCC前缀（EAN. UCC系统是国际物品编码协会和美国统一代码委员会经过近30年的努力而建立的标准化物流标识体系，是全球贸易和供应链管理的共同语言)，于是，编码结构由五部分组成：EAN. UCC前缀（978)、组号、出版者号、出版序号、校验码。升位后书号编码与条码编码完全一致，条码是书号的机读形式。

（二）图书在版编目

图书在版编目（Cataloging in Publication，简称CIP)，是指依据一定标准，为出版过程中的图书编制书目数据。我国从1994年1月1日开始进行在版编目试点工作，要求北京地区所有出版社实行在版编目，同时创办了《全国发排新书半月报》，登载CIP数据和其他出版信息，向社会预报图书出版信息。从1999年4月1日起，新闻出版署（2001年4月升格为总署）在全国所有出版社中推行在版编目。从1999年1月8日起，在原《全国发排新书半月报》的基础上创办《中国图书在版编目快报》(周报)，由新闻出版署信息中心主办。《中国图书在版编目快报》每期收录1300余条数据，是我国目前全面反映图书出版信息的重要出版物。同时，新闻出版署信息中心还同步发行《CIP数据·机读目录》，供社会各界书目数据库和网上书店使用。

第六章

出版资源

主要观点：

1. 出版资源尤其是其中的文化资源是再生资源，这是出版资源区别于一般资源的最大特点。

2. 当代文化资源是出版物生产中需要重点开发的选题资源。

3. 开发与利用出版资源的宗旨只有四个字：充分、科学。所谓充分，是指最大限度地发挥出版资源特别是优势出版资源的效益，不做一锤子买卖；所谓科学，是指不要滥用、浪费出版资源。开发与利用出版资源的一切具体方法与措施都必须不违背这个宗旨。

4. 充分利用出版资源的基本方法有两个：滚雪球法和多元转化法。运用这两种方法，都可以把一种优势出版资源做成永久性的产业。

5. 必须优化配置出版资源。出版人员不能损害和破坏后人的开发与利用，更不能不顾后人的需要而进行掠夺式开发，要营造一种和谐的出版生态环境。出版业也要贯彻科学发展观。

第一节　出版资源的涵义与特点

一、出版资源的涵义

（一）资源的涵义与特点

《辞海》说，资源是“资财的来源”；《现代汉语词典》说，资源是“生产资料或生活资料的天然来源”。通俗地说，资源就是财富的来源。资源可分为两大类，一类是自然资源，如水、土地、煤、石油、天然气、矿石等；另一类是社会资源，即人类通过劳动创造的各种生产要素，如技术、管理、信息、科学等。

凡资源都有三个特点：

1. 具有经济价值。经过开发和利用之后，资源会产生经济价值。如土地可用来种粮、建房等，矿石可炼成金属，再制成机器、用具等。

2. 具有稀缺性。也可理解为有限性。与人类对资源开发和利用的需求之无限性相比，资源是有限的。例如，人类对石油和天然气的开发和利用的需求是庞大的，但石油、天然气本身的数量是有限的。

3. 用途的可选择性。这有两层意思：其一，一种资源具有多种用途，如纸可以用来印书、印报刊，还可以做包装盒、装饰纸、糖果纸等；其二，不同的人对同种用途资源的利用是不同的，如印书的纸，文艺出版社用来印文学作品，教育出版社用来印教材，美术出版社用来印美术作品，等等。

（二）出版资源的涵义

出版资源，是指与出版产品的形成直接相关的各种要素的集合。这一概念包含了三层意思：

1. 出版资源是相对于出版物的生产过程而言的，与出版过程的其他环节（如流通）相关的要素不能称为出版资源。

2. 出版资源是与出版产品的形成直接相关的要素集合，与出版产品的形成间接相关的要素不能称为出版资源，如纸张是重要的出版资源，但作为造纸原料的木材以及生长木材的森林不是出版资源。

3. 出版资源是各种生产要素的集合，与出版物生产直接相关的要素多种多样，因而出版资源也是一个种类繁多、内容丰富的集合体。①

出版资源是出版业的生存之本，是出版单位开展出版活动的基本条件。在出版竞争日益激烈的今天，出版资源成为提升出版竞争力的关键因素。对出版资源的了解和认识程度，对出版资源的开发和利用的状况，决定了出版业发展的速度、规模和结构。

二、出版资源的特点

出版资源显然属于社会资源，除了具备前述一般资源的特征之外，还具有其自身的特点：

（一）出版资源具有物质形态与精神形态的双重属性

出版物中的知识、信息内容，是社会文化存在的记录与反映。而社会文化有的以物质形式存在，如建筑、服饰、古迹等；有的以精神形态存在，如思想、知识、科学技术、文学艺术等。所以，以社会文化为重要原料来源的出版资源就具有物质形态与精神形态的双重属性。

众所周知，出版物生产既是精神产品生产，又是物质产品生产。精神产品生产要以精神形态存在的资源如知识、信息等为原料；物质产品生产要以物质形态存在的资源如纸张、油墨等为原料。

（二）出版资源具有可再生性和共享性

一般物质产品生产所需的资源都具有一次性消费的特点，也就是说，一般资源被开发和利用之后就被消耗掉了。而某一种出版资源被开发成一种出版物选题之后，它依然存在。出版资源（如下文所述，主要是指其中的选题资源）是再生资源，这是它区别于一般资源的最大特点。

正是因为出版资源是再生资源，所以对同一种出版资源，人们可以在不同的时期从不同的角度开发出不同的出版物选题。例如，对《论语》这一文化资源的开发，古代出版了许多研究、注解这部儒家经典的

---

① 罗紫初，吴赟，王秋林．出版学基础［M］．太原：山西人民出版社，2005：84.

著作，今天又出版了南怀瑾的《〈论语〉别裁》、于丹的《于丹〈论语〉心得》、蔡志忠的漫画《孔子说》等优秀畅销书，将来肯定还会有新的选题不断涌现。

与可再生性密切相关，出版资源具有共享性。对同一种出版资源，古今中外的出版者都可以开发和利用它。当然，这种共享性是指对资源的共享，而不是指资源运作的共享。英国作家萧伯纳（1856—1950）有句名言：一个苹果如果分一半给别人，自己就只有半个苹果，而一种思想如果让另一个人掌握了，就变成了两种思想。这句话是对出版资源的可再生性和共享性的生动注解。

（三）出版资源既具有有限性，又具有无限性

就某一时间、某一区域、某一专门类型的出版资源来说，它是有限的，从这种意义上说，出版资源也具有稀缺性。但是，从整个出版业的资源来看，出版资源又是无限的。社会文化的发展是一个无限延续的过程，因而反映社会文化发展的精神产品具有源源不断的素材。以社会文化为重要原料来源的出版资源本身不断生长，再加上出版资源具有可再生性，所以，整个出版业的资源又具有无限性的特点。

（四）出版资源的开发和利用具有独占性

开发和利用同种出版资源时，按照相关法律和规则，出版者可以根据自身不同的需要去分割它、占有它。但是法规只保护首先占有它的人。对于某种出版资源来说，谁先从法律上占有它，谁就先获得法规的保护；谁先最有效地利用它，谁就能在市场独领风骚。春风文艺出版社把“布老虎”注册为商标，其他出版社就不能再用“布老虎”。中信出版社抢先拿古典名著开刀，出版通俗经营管理读物《水煮三国》，销售100多万册，此后的众多跟风者都望尘莫及。

第二节　出版资源的类型

各种各样的出版资源，依其与出版产品的形成相关的性质，可以划分为两大基本类型：一是核心资源，它直接构成出版物使用价值的知识

内容的来源，出版业通常称其为选题资源；二是其他生产要素资源，它是形成除产品内容之外的出版物其他直接生产要素的来源。①这种划分是相对的，有些资源如信息资源与国际出版资源就介于两者之间。在这两类资源之下，又可以分为不同的类型。

一、出版选题资源

选题资源是出版物知识、信息、思想内容的来源。选题资源主要有以下四个部分：

（一）文化资源

文化资源是一种内容资源，是选题资源的核心部分，相当于人的“心脏”。没有文化资源，就谈不上出版社的存在；没有文化资源，出版工作就成为无源之水、无本之木。出版人员可以利用和开发的文化资源又有3种类型：

1. 传统文化资源

传统文化资源是指以古籍为主的各种文化遗产以及由此演绎出来的各种作品所构成的选题资源。四大文明古国的灿烂文化，古希腊罗马的辉煌文明，特别是中华民族有着5000年不中断的悠久历史，都无不表明传统文化资源的丰富多彩。据统计，从西汉至清末，我国共出版古籍18.7万种，流传至今的至少有8万多种。1986年，上海图书馆做过一项统计，在782家图书馆中，珍藏的古籍善本共有6万多种。

丰富的古籍文献，详尽记录了我国社会文明发展的历史轨迹，是出版物生产中非常重要的选题资源。一方面，绝大部分古籍经整理后可以再版，有些可以影印出版；另一方面，从中演绎出来许多其他形式的各类作品，如注解、改编、续写、补写，或者根据古籍提供的素材进行新的创作，传统文化资源具有不可估量的开发潜力。从1982年到1990年，我国共整理出版古籍约4000种②。我国各省市自治区几乎都有专

---

① 罗紫初，吴赟，王秋林．出版学基础［M］．太原：山西人民出版社，2005：84．笔者同意他们把出版资源划分为两大基本类型的观点，但对具体类型的划分则有自己的看法。

② 唐黎明．过去二十年我国古籍整理和出版特点综述．http：//www．gztsxh．com/article/lunwhb/2003930120015．htm，2003－09－30．

业的古籍整理出版社。传统文化资源的可再生性最为鲜明，可谓取之不尽、用之不竭。

2. 当代文化资源

当代文化资源是指各种现实社会文化生活以及由此创作出来的各种作品所构成的选题资源。它反映活生生的现实文化生活，所创造的作品一般具有原创性。现实生活中的许多社会文化现象、社会文化事件与社会文化成就，如互联网、手机、数字电视；网络语言、网络文学、微博、微信；素质教育、财商、创新、心理素质；教育改革、WTO、载人航天；明星、中产阶级、少年作家、美女作家、小资、愤青、无厘头、哈韩族、哈日族、球迷、网友；流行歌曲、原生态音乐、狼文化、时尚；纳米、转基因、数字化；《哈利·波特》《品三国》与《狼图腾》；《百家讲坛》与“选秀”；性骚扰、网恋、同性恋等，无不可以成为选题资源。

不言而喻，当代文化资源是出版物生产中需要重点开发的选题资源。谁对当代文化资源“春江水暖鸭先知”，抢先把它开发成出版物，谁就能捷足先登，独上高楼，占领出版物市场制高点。1999 年 11 月（在我国大陆，世纪之交正是互联网如火如荼之时），知识出版社冒险从台湾引进出版网络小说《第一次的亲密接触》，结果发行量超过 100 万册，成为国内网络文学出版的里程碑事件。

3. 旅游文化资源

按照旅游景点的性质，旅游文化资源可分为自然旅游资源和人文旅游资源两大类型。五大洲、四大洋的风光何其美丽！世界七大奇迹何其壮观！在 960 多万平方公里的中国领土上，名胜古迹何其多！十分丰富的旅游文化资源，为旅游类读物的生产提供了广阔的平台。

旅游读物已经成为我国出版物市场的一道亮丽风景。其品种已细化出生态旅游读物、自助旅游读物、文化旅游读物、探险旅游读物和复合式旅游读物等。影响颇大的有《藏地牛皮书》《3000 美金，我周游了世界》《中国古镇游》《在大理的星空下接吻》《人一生要去的 50 个地方》《唐诗地图》和《中国国家地理》等。旅游专业出版社有中国旅游出版社、陕西旅游出版社、旅游教育出版社和广东旅游出版社，各省市自治区的地图出版社也以出版旅游类读物为主。与传统文化读物一样，旅游类读物也是我国对外版权输出的主要类型之一。

（二）信息资源

“信息”的范围很广泛，情报、资料、消息、知识等都属于信息。采集与加工信息是出版物生产的起点，是选题策划的先导。不难理解，作为出版资源，信息资源既是选题资源，又是生产要素资源。

对出版物的选题策划起直接作用的信息主要有以下五种类型：

1. 出版物市场与读者信息

出版物市场信息主要是指出版物供求关系方面的信息。从静态上看，供求关系有三种基本情况：供不应求、供过于求和供求一致。出版物销售排行榜是反映出版物市场动态的重要窗口。美国最权威的畅销书排行榜是《纽约时报》排行榜和《出版商周刊》排行榜。在我国，有相当影响的图书销售排行榜是北京开卷图书市场研究所每月在《中国图书商报》上发布的畅销书排行榜。读者信息主要是指读者的需求信息和读者群体变化的信息。

2. 出版竞争对手信息

选题的竞争，实际上是信息的竞争。出版人员要了解竞争对手三方面的信息：一是竞争对手的出版优势；二是竞争对手的出版条件；三是竞争对手的同类书出版信息。第三种信息尤为关键，因为出版竞争对手之间的竞争直接表现为同类书之间的竞争。在调查研究竞争对手出版的同类书的基础上，可以准确地找到自己的选题策划“着陆点”。

3. 学术与科技文化发展信息

出版人员必须关注学术动态，跟踪科技文化发展的趋势，紧盯学科发展的前沿。只有这样，才能及时策划出独创性的选题。1998 年，在大家尚不清楚“知识经济”为何物时，北京科学技术出版社出版了全面介绍知识经济的《知识经济——21 世纪社会的新趋势》，行销 30 万册，并于 2001 年获得第 12 届“中国图书奖”。

4. 作者信息

作者信息包括知名作者的姓名、联系方式；值得重视的新作者的姓名、联系方式；成名作与代表作的基本情况；写作风格；研究、创作的现状与计划。对专家学者型的作者，应着重了解其学术思想、所出论著的影响力。

5. 政治政策信息

出版人员要特别关注党、国家、政府的政治政策信息。这是因为：我国出版业具有很强的意识形态性，必须坚持正确的政治方向；深刻领会政治政策信息的内涵，抓住其实质，可以从中策划出具有前瞻性的选题。在1978年关于真理标准问题的大讨论中，一批有胆识的出版人员敏锐地捕捉到当时的政治政策信息，及时地推出一系列关系到党和国家前途的、政治导向性很强的选题，引起了社会非常强烈的反响，起到了为改革开放鸣锣开道的重大作用。

（三）作者资源

作者资源是指由作者及其所代表的作品所构成的选题资源，是选题资源中最具活力、最具开发潜力的部分。作者资源是出版社必须掌握和开发的极其重要的资源，是出版社形成核心竞争力与品牌的坚强基石。高水平的作者是产生高质量作品的重要保证，高质量的稿件更是生产优秀出版物的必备条件，因此，高水平的作者成为出版人员竞相争夺的重要资源。

然而，作者资源是流动的资源，尤其是名人作者、畅销书作者总是在出版物市场里流动，不易被出版人员掌控。这样就产生了出版人员如何与作者相处的问题。

（四）国际出版资源

国际出版资源可以分为国际出版“硬件”资源（如出版新科技、出版经营模式、出版物资等）与国际出版“软件”资源（如选题导向、畅销书、版权贸易、世界科技文化动态等）两类。

相比之下，国际出版“软件”资源对出版人员策划选题有直接作用，属于选题资源。世界各国每年出版新书近100万种。我们可以直接从国外购买图书版权，如《未来之路》《时间简史》《追风筝的人》《世界是平的》等，也可以从国外出版物所提供的知识信息中提炼出有价值的选题。不能否认，《读者》是受美国《读者文摘》的启发，《中国国家地理》是借鉴美国《国家地理》的结果。

国际出版“硬件”资源可以成为我国出版物生产要素资源的组成部分，如国外的纸张、油墨、印刷机器，先进的出版经营机制与管理方法，等等，都可以为我国的出版物生产服务。中国加入 WTO 后，出版的全球化趋势日益加强，国际出版“硬件”资源积极进入中国出版业，与国际出版物生产要素资源的合作前景光明。

二、出版生产要素资源

与出版物的生产活动相关的生产要素资源很多，最为重要的有出版人力资源、出版物力资源和出版财力资源。

（一）出版人力资源

出版人力资源是指出版物的生产活动中除作者以外的人员及其付出的智力与体力劳动，是一种起穿针引线作用的资源。它由两个密切联系的部分组成，一是劳动力，包括编辑人员、设计人员、排版人员、校对人员、印制装订人员、财务人员、管理人员等；二是这些人员（总称出版人员）所具有的智慧、管理与技术。

（二）出版物力资源

出版物力资源是指构成出版产品物质形态所需的物质资源。出版物的整个生产过程分为两个阶段：编辑过程形成精神产品，印制过程形成出版物的外在物质形态。后一过程要耗费大量的物质资源。

出版物力资源包括两部分：一是出版物的载体材料及其辅助材料，如纸张、油墨、装帧设计材料、装订材料、包装材料、软片和光盘等，二是构成出版物生产手段的各种物质条件，如厂房、电脑、印刷机、装订机、封面压膜机、汽车、光盘生产线和电子分色机等。

（三）出版财力资源

出版财力资源是指以资本形式参与出版物生产过程运营的生产要素资源。没有资本的投入，就没有出版物生产过程的延续，当代出版产业的运转更是一刻也离不开资本。

出版财力资源包括有形资本和无形资本两种。有形资本是指出版经营者拥有或可以支配的、能以货币形态体现出来的资本，包括固定资本、流动资本和专用基金（发展基金、福利基金和奖励基金等）；无形资本是指出版经营者在长期的出版活动中逐步积累而形成的、具有潜在价值的企业文化资产，品牌、标识、声誉、著名出版物、著名出版人、商标等都有无形资产的价值，知名品牌的价值更是难以估量。

综上所述，出版资源是一个由多类型、多层次的资源组成的有机系统。各种资源对出版物的生产所起的作用虽然不同，但都不可缺少。出版人员必须对各种出版资源宏观了解、整体把握、统筹安排。

第三节　出版资源的开发与利用

一、出版资源的开发和利用存在的问题及其后果

（一）出版资源的开发和利用存在的问题

没有出版资源，就无所谓出版生产。对出版资源不能充分而合理地开发和利用，就无法形成出版的核心竞争力，实现出版的最大效益。一家出版单位的经营发展水平，不仅与其拥有的出版资源的多少紧密相关，更与其对出版资源的开发与利用的状况密切相联。充分而合理地开发和利用出版资源是出版业做大做强的必由之路。

遗憾的是，在出版业日益市场化的进程中，受利益的驱使以及出版人员自身素质的限制，出版业对出版资源的开发与利用存在不少问题。概括起来，主要有：

1. 对当代文化资源的运作能力薄弱，原创性作品缺乏。目前我国出版物的结构很不合理，有人总结为“三多三少”，即“古多今少，史多论少，编多著少”。还有教辅考试读物过多，而理论著述偏少。与之相关，出版物的整体质量不高。从出版资源的视角来看，这反映了出版资源的配置很不科学。

2. 对热点出版资源的开发和利用，一哄而上，盲目开采，以致大量重复出版，造成资源的浪费。这主要体现在一些畅销书上。为了搭上畅销的顺风车，不少出版人员过于集中对资源同种程度的开发或模拟复制。既忽视了图书选题的质量，也不利于百花齐放，还混淆了读者的选择视野。

3. 对选题资源的取舍、把握不当，追求经济利益重于社会效益。

选题多偏向迎合市场的低级趣味，而具有历史厚重感和社会责任感的图书极度匮乏。快餐式书、神秘轶事书等充斥市场。拼凑成书，误导读者，有损读者身心健康。

4. 对出版资源的开发层次低，占有方式简单、原始。许多具有原创性的出版资源没有得到深度开采，或零敲碎打，或缺少章法，或浅尝辄止，致使本可以系统开发、深入开发的新鲜创意最终流产，导致资源的浪费和市场的丧失。

5. 不善于占有和保护现有的出版资源，以致资源流失。资源的浪费是可恨的，而资源的流失是可怕的。对自己拥有的资源不重视，意味着自己抛弃自己，更别提市场竞争了。许多人认为，“谁先拥有，谁就有发言权”，这不全面，应该是“谁先占有并保护好，谁才有发言权”。市场是竞争的，竞争是残酷的，稍一疏忽，就会被人抢去先机。①

（二）出版资源开发和利用不当的后果

重复出版、盲目跟风出版、买卖书号、粗制滥造、虚假宣传，尤其是伪书的出版（2004 年最严重），对我国出版业的发展造成了严重影响。有资深编辑将其归纳为以下五点：

1. 原创力衰退。出版业是内容产业、创新产业。出版业要发挥对民族科学知识、思想文化的积累、沉淀作用，对传播文明、启迪民智的信息载体作用，就需要有持续的原创力。在出版产业化、国际化的今天，原创出版物的缺少，意味着思想的贫瘠和文化的苍白，意味着竞争力的匮乏。

2. 诚信缺失。出版人员是社会诚信体系建设的重要参与者，出版资源不合理的开发和利用使出版业的整体形象受损，诚信受到威胁。

3. 纠纷不断。出版资源的扭曲开采，影响了读者的合法利益和作者的基本权益，必然产生许多纠纷。2004 年 6 月，著名作家王跃文（湖南籍）将河北的王跃文、北京中元瑞太国际文化传播公司、华龄出版社和书商叶国军告上法庭。原来，被告写作、策划、出版的号称“继

---

① 胡福生．出版资源开发研究——从出版资源的运用论当前出版物的质量及对策//中国出版科学研究所，湖北省新闻出版局．第三届全国出版科学研究优秀论文获奖论文集［M］．武汉：华中师范大学出版社，2002.

《国画》之后又一力作”的《国风》不是湖南王跃文的作品，其作者王跃文是由河北的王立山改名而来。不可否认，这是一种蓄意的侵权行为。

4. 市场混乱。出版资源的滥用，搅乱了书业的市场格局和行业规则，破坏了正常的经济秩序，影响了真正有价值的图书的销售。机械工业出版社出版的伪书《没有任何借口》发行了200多万册，随之跟风出版的《没有任何借口（II)》（中国工人出版社）和《没有任何借口全集》（群言出版社）也有不错的销量，但中国社会科学出版社引进的正版国外畅销书《没有任何借口》只发行了2万多册。

5. 误导读者。伪书欺骗了读者，给读者造成经济上和感情上的损失。假药谋害消费者的健康，伪书谋杀读者的思想。伪书《没有任何借口》极力宣扬员工服从老板，但正版《没有任何借口》主张：只有在规则和人性的前提下，员工才能没有任何借口地服从管理，目的在于提高员工的职业化水平。①

出版资源的开发与利用不当，直接害了读者，但最终害了出版社自身。出版社是防止出版资源浪费和滥用的“抗体”。

二、出版资源开发和利用的宗旨、方法与要求

出版资源多种多样，对不同类型出版资源的开发与利用应该有不同的做法，但就其普遍性而言，则有以下四种原则性的做法：

（一）开发与利用出版资源的宗旨

概括起来四个字：充分、科学。所谓充分，就是要最大限度地发挥出版资源特别是优势出版资源的效益；所谓科学，就是不要滥用、浪费出版资源。开发与利用出版资源的一切具体方法与措施都不能违背这个宗旨。出版资源的用途同样具有可选择性，因此开发的时候完全可以从多个角度以多个方式加以利用。出版资源的利用效率越高，出版人员获利就越大。要发展出版产业，就必须对出版资源进行最大限度的利用。

① 何海龙．谨防出版资源的滥用——从伪书说起//周玉波．资源建设与出版竞争力[M]．长沙：湖南师范大学出版社，2005：27－30.

出版资源同样具有有限性的特点，所以对其开发与利用也应该做到合理、有序、节约（主要是指对出版的财力、物力与人力资源的节约）。

（二）充分利用出版资源的方法

1. 滚雪球法

滚雪球法的涵义是：一个选题获得成功后，进一步策划相关、相近的选题，与之配套，形成系列书（或叫书系，一个系列之下可以有多个子系列），以点带面，举一反三，从而形成“连环效应”和规模效应。

所谓相关选题的开发，是指对选题的纵向挖掘，是对选题的拓展。如文字版《幻城》销售获得成功后，紧接着出版了《幻城》的漫画版与卡通版。《中国大百科全书》既有全本，又有精华本，还有简明版。《曾国藩》既有平装本，又有精装本。四大名著既有纯文字本，又有插图本，还有漫画本。著名古籍既出文言文版，又出白话文版。（上海）少年儿童出版社出版的《十万个为什么》自 1962 年首版以来 40 年中，由 8 本发展到 24 本，形成幼儿版、小学版、图画本、新世纪版、新世纪儿童版、精读版、续编本、文学、历史、艺术、哲学、法律、民俗文化、体育、军事、社科等众多版本，成为一个“大家族”，累计发行 1000 多万套，1 亿多册，被译成 6 种文字。总之，一本图书成功后，继续推出其不同形式的版本，或者是文本形式不同，或者是装帧、装订形式不同，或者是语言形式不同，或者是读者对象有所区别。这就好比海尔开发空调，起初做一般的制冷式空调，然后做静音空调，再做变频式空调，接着又做数字化智能空调，虽然都是空调，但其功能与消费者定位不同。

所谓相近选题的开发，是指对选题的横向扩散，是对选题的延伸。山东人民出版社出版“经济学家茶座”系列获得成功后，又相继推出“法学家茶座”“艺术家茶座”“社会学家茶座”和“批评家茶座”系列，从而形成“茶座”大系列。复旦大学出版社推出“复旦博学”新闻与传播学系列获得成功后，又推出“复旦博学”MBA 前沿系列、“复旦博学”经济学系列、“复旦博学”广告学系列、“复旦博学”MPA 系列等，从而形成“复旦博学”品牌。广西师范大学出版社出版《大学人文读本》取得成功后，又开发出《大学人文教程》《大学科学读本》《大学思想读本》和《大学精神档案》，还创办了《大学人文》丛刊。

这就好比海尔起初做冰箱，之后做洗衣机、空调，再做厨具、卫浴产品、电视机，接着做电脑、手机等，形成了家电系列、厨具系列、卫浴系列、通讯系列等不同的子系列。

在出版实践中，相关选题与相近选题的开发往往交织在一起。

2. 多元转化法①

多元转化法的涵义是：围绕一本书进行立体开发和综合利用，将其从一种媒介形态转化为多种媒介形态，从而将单一的出版业做成立体的传媒产业。当今出版业已进入"大出版"时代。"所谓'大出版'之'大'，不是指出版本身的规模之大，而是指出版业和其他媒体的关系日益密切而最终成为一个'牵一发'而动全身的大传媒集合体。在这一大集合体中，各种媒体是活跃的变量，它们的级数虽有不同，但彼此勾连呼应的关系是不变的。"②

传统的图书出版应该主动适应这种传播革命。为此，要采用多元转化法，具体的转化方式有七种：

（1）改编成电影、电视剧、广播剧、动漫

王朔、海岩、池莉、琼瑶、金庸等畅销书作家的作品大都被改编成电视连续剧或电影，漫画家朱德庸的漫画书《涩女郎》被拍摄成电视剧《粉红女郎》，幾米的《地下铁》与《向左走 向右走》被拍摄成同名电影。中国少年儿童出版社出版《中华五千年》彩色卡通画册后，推出其配书录音带，采用广播剧的形式，请中国青年艺术剧院的知名艺术家配音，听者既可欣赏艺术表演，又可获得历史知识。接力出版社投巨资开发了52集"神脑聪仔"民族动画片。

（2）制作成音像出版物

将文字图书的内容录制成磁带，就成了"磁带书"。在西方国家，如果一本书畅销，一般就会制作成"磁带书"。在我国，一般只有外语读物附带了磁带。上海文艺出版社当年出版著名播音主持人赵忠祥的《岁月随想》，发行90万册。假如及时请赵忠祥朗读书中精彩内容，推出"磁带书"，想必又会大赚一把。

---

① 易图强．"大出版"时代图书选题策划的新思路［J］．编辑之友，2003（6）．

② 文硕，吴兴文．图书营销传播［M］．北京：中国广播电视出版社，2000：765．

（3）制作成电子出版物

在我国，越来越多的生活实用书（如股票书）、教材教辅（特别是外语类、计算机类）附带了光盘，而其他类型图书很少附带光盘，例如，从2000年到2003年，讲座书是市场热点，但只有《北大最佳讲座》附赠了现场影像VCD光盘。目前国内正式出版的电子出版物主要是工具书（如《中国大百科全书》与《汉语大词典》）和著名古籍（如《四库全书》、二十四史）。真正的电子出版当然不是附带光盘的形式，电子出版物肯定不只局限于工具书与著名古籍等有限的品种。有一些出版单位正在拓展、深化电子出版，如辽宁出版集团早在2000年就花大本钱开发电子书。

（4）扩张为同名杂志

可以把品牌图书扩张为同名杂志。海天出版社在1996年成功出版《花季·雨季》一书的基础上，于1999年创办《花季·雨季》杂志。广西教育出版社在“同龄鸟”系列丛书的基础上创办《同龄鸟》杂志。春风文艺出版社在“布老虎·青春文学”图书的基础上顺势推出《布老虎·青春文学》杂志。

（5）制作成网络出版物

可以把已经出版的纸质书上传到互联网上。早在1997年，作家出版社和瀛海威信息通信公司合作，将长篇小说《钥匙》上传到网上。可以同步推出纸质版与网络版。“非典”期间，中国协和医科大学出版社同步推出《传染性非典型肺炎防治问答》的纸质本和网络版。还可以针对畅销书或品牌书创办专门的网站，如哈利·波特网与达·芬奇密码网。

（6）制作成手机出版物

手机出版物是指知识、信息通过手机这种媒介以短信的方式来传播的出版物。在手机文学方面，出版社可以积极介入。日本现有数万个手机小说营运网站，其中就有出版社（如新潮社）经营的收费网站。手机小说是目前手机出版最活跃的领域。

（7）围绕一本畅销书或品牌书开发衍生产品

小说《哈利·波特》成功发行后，出版社不但推出了《哈利·波特贴画书》《哈利·波特填色书》《哈利·波特贺卡书》和《哈利·波特海报书》，而且小说中的场景也变成了旅游景点，主人公的衣着、物饰被开发成时尚商品，如哈利·波特明信片、哈利·波特笔记本等。广西接力出版社基于其杂志《中外少年》上的一个热点栏目“神脑聪仔”，不仅策划了“神脑聪仔”大型卡通系列丛书和同名大型系列动画片，还开发了“聪仔”牌系列服饰，包括T恤、衬衣、马甲、背带裙、裤装、手袋等品种，平均每年销售几万套。

通过滚雪球法和多元转化法，对优势出版资源进行立体开发和深层次利用，可以将出版业做大做强，实现利润最大化，还可以减少他人跟风出版而对自己造成的损失。总之，运用这两种方法，都可以把一种出版资源做成永久性产业。

（三）优化配置出版资源

要做到科学开发和利用出版资源，就必须优化配置出版资源。出版资源的配置，是指通过一定方式使出版资源在各种不同用途之间进行分配。出版资源的配置是否达到优化，即是否科学、合理，有专家认为有三个衡量标准：（1）所开发的出版资源的价值是否得到了充分利用；（2）关于某一产品生产过程的各类出版资源的配置是否相互协调（经过配置，内容与形式应该协调一致）；（3）用于配置出版资源的成本是否合理。①既要充分利用出版资源和保证出版物的质量，又要尽量节约出版的财力、物力与人力资源，这样的配置才是科学的配置。选题资源好、内容好的出版物，当然需要好的生产要素与之配套，如精美的画册要用铜版纸印制，多卷册的书要用套装纸盒包装。美国出版学家J·P·德索尔说：“图书的灵魂，即它的内容，必须寓于适当的形式中。”②盲目配置出版资源，就会造成浪费。小学一年级课本采用覆膜，封面用电子分色，就使不必要的成本大大增加。

在文明发展史上，尤其是工业文明初期，人类对自然资源进行过粗暴的掠夺和滥用，结果导致了自然对人类的报复。今天，对出版资源不合理的使用，严重影响着精神生态环境的质量。清醒认识出版资源的特

---

① 罗紫初，吴赟，王秋林．出版学基础［M］．太原：山西人民出版社，2005：94.

② J·P·德索尔．出版学概说［M］．姜乐英，杨杰，译．北京：中国书籍出版社，1998：98.

点与类型，充分而又科学地开发和利用出版资源，是出版业保持可持续发展的关键所在。“使用出版文化资源，要像开矿一样，进行保护性发掘，实行绿色开采。”①出版人员不能损害和破坏后人的开发与利用，更不能不顾后人的需要而进行掠夺式开发，要营造一种和谐的出版生态环境。出版业也要贯彻科学发展观。

（四）不同类型出版资源的开发与利用

以上所谈是开发与利用出版资源的普遍性做法，各种不同类型出版资源（文化资源、作者资源、人力资源、信息资源等）的开发与利用，则有各自的具体要求，书中其他有关章节已论及，这里简略述之。

1. 文化资源的开发与利用

在各种选题资源中，文化资源的再生性与共享性最为突出，这就为出版人员开发和利用文化资源提供了十分广阔的空间。对传统文化资源的开发与利用，要特别注意现代转换，也就是要在传统与现代的有机结合方面做文章。从传统文化资源中延伸出现代文化，在传统与现代的关联中，文化具有当代意义，被今人普遍关注，成为一种精神需求。《于丹〈论语〉心得》和《品三国》为何那么火爆？除了电视传播的影响之外，重要原因在于书中蕴涵的中华民族传统价值与现代社会的道德判断相结合的内容。例如，易中天站在平民的立场，通过现代视角，运用三维结构，“以故事说人物，以人物说历史，以历史说文化，以文化说人性”②，在传统文化中融入了许多当代人的思想感情与价值判断，因而广受欢迎。当代文化资源多姿多彩，只要有利于社会发展，有利于时代进步，就可以拿来开发成选题，但要特别注意文化选择的问题，要选择其中具有积极意义的、合乎当下导向的资源。

2. 作者资源的开发与利用

作者资源的鲜明特点是非专属性（作者是个体户，不专属于某个编辑某家出版社）、专业性（图书作者要有相当高的专业学识水平）、分散性（分散在不同的单位、地区、行业）和层次性（因年龄、创作理

---

① 董中锋．深度开掘出版文化资源库［J］．编辑学刊，2007（3）．

② 易中天．传统文化对接现代传播［N］．光明日报，2006－08－10．

念、表达风格的不同而形成不同的层次）。鉴于这些特点，开发与利用作者资源时，要长期积累、维护关系、激发潜力、实现双赢。对作者的物色与选择，出版人员必须独具慧眼，万不可“以貌取人”。著名的“金黎组合”在作者资源的开发与利用方面，做得非常成功。他们很注重积累社会影响力和知名度高的作者，如崔永元、白岩松、冯小刚、王朔、刘震云、陈鲁豫、宋丹丹等；他们建立了自己独特的作者资源开发模式，即先定作者后定选题，更强调编创之间的良性互动；他们也注意开发有潜力的无名作者，如《狼图腾》的作者。

3. 信息资源的开发与利用

具体内容见第十章“出版物编校”第一节“采集信息与选题策划”中的有关论述。

4. 人力资源的开发与利用

人力资源的开发和整合必须注重团队建设，注重人际关系及利益的协调。人力资源具有社会性（总是处在具体的社会环境和人际环境中）和能动性（人有情感、思维、思想）的特点。开发与利用人力资源，必须以人为本，以人为中心，量才使用，完善激励机制。正如专家所说，出版人力资源具有不同于其他企业人力资源的职业特点，“那就是对人才个体素质的一专多能的智能要求和对人才群体组合的合理结构要求特别高。只有按照这样的特点做好出版人才的培养和出版队伍的建设，才能有效地开发出版业的人力资源”①。

① 全国出版专业职业资格考试办公室．出版专业理论与实务（中级）［M］．上海：上海辞书出版社，2002：26.

第七章

出版人员

主要观点：

1. 当今出版人员无疑是商人、生意人，但必须首先是文化人、读书人，先儒后商方为“儒商”。当今出版人员如果没有商业头脑和经营能力，是不可想象的，是可悲的，但如果没有文化品位和社会责任，则是不可思议的，是可耻的。

2. 编辑人员成不了专家，情有可原，但做不了杂家，不可宽恕。

3. 观念陈旧的人，或许可以成为优秀的学者和作家，但绝对成不了杰出的编辑出版家。

4. 出版人员要有五种动物的本领：狗鼻、狐脑、虎风、狼性、豹胆。

5. 出版人员必须树立“市场就是财富，读者就是效益”的观念，要力争成为会经营的编辑出版家。

第一节　出版人员的分类

出版人员有广义和狭义之分。广义的出版人员是指从事出版工作以及与出版工作有关的人员，狭义的出版人员是指直接从事出版工作的人员。在我国，狭义的出版人员仅指出版单位中的人员。出版单位是指经过新闻出版行政管理部门批准而成立的图书出版社、期刊社、报社、音像出版社和电子出版物出版社等。这里讨论的出版人员是指狭义的出版人员，在各类出版人员中又侧重编辑人员。

一、狭义出版人员的分类

从业务流程和职能来看，我国出版单位中的出版人员可以划分为以下五种类型：

（一）编辑人员

编辑人员负责策划选题、审读稿件、加工稿件等。分布在各个编辑部（编辑室）以及策划部（策划室）。

（二）设计和技术人员

设计和技术人员由装帧设计人员、版式设计人员、校对人员等组成，直接负责出版物制作的技术性工作，分布在出版科（出版部）、校对科（校对室）、质检中心、照排室等部门。校对人员经常被称为“校对编辑”。“美术编辑”一般是指装帧设计人员。版式设计人员，以前被称为“技术编辑”。今天，“技术编辑”的含义有新的变化。编校质量检测人员也被称为“质检编辑”。

（三）营销与对外合作人员

营销人员，我国习惯上称为发行人员，分布在发行科（发行部）或市场营销部。现在有些出版社设置了版权与国际合作部，有的出版社还设置了投资合作部（负责上市）。

（四）财务人员

财务人员分布在财务室（财务部）。

（五）管理与辅助人员

我国出版单位的管理人员有两种：一种是领导，包括社长、总编辑、副社长、副总编辑（期刊社领导称为主编、副主编），另一种是一般的管理人员，指行政办公室（负责行政事务管理）、总编室（协助社长或总编辑处理编辑业务的办事机构）、人事处（人力资源部）、质检科、资料室的人员和编辑部门的负责人（编辑部主任或编辑室主任）。

由于体制不同，国外出版单位在机构的设置和人员的安排上与我国有较大不同，营销人员往往是编辑人员的4倍左右。①

二、编辑人员的分类

在出版单位的各个部门中，编辑部门是核心部门。这在西方国家也不例外。1981年在北京举办过一次出版管理高级培训班，联合国教科文组织官员奈尔在介绍西方出版管理经验时说："编辑部是出版社的发动机，它给全社各部门提供动力。编辑部提供的书稿质量好坏，畅销与否，直接影响出版社的命运。"②德国学者也说："出版社里最具神秘色彩，而且常常被人赋予神圣光环的工作部门就是编辑部。"③我国更是如此。有必要交代一下我国出版社编辑部门名称的变化。原来都按学科设置不同的编辑室，如文史编辑室、政治理论编辑室、外语编辑室等。从20世纪90年代中期起强调策划的作用，于是在各个编辑室之外又设置策划室、策划组、策划部、选题策划部、组稿编辑室、工作室、项目组等名称不一的机构，它们总体上属于编辑部门。再到后来，不少出版社干脆打破编辑室的建制而设立出版事业部或出版中心，如中国人民大学出版社于2002年、2003年建立了13个专业出版事业部或出版中心，后来又改设为各个分社（如人文分社、工商管理分社等）。

可按不同的标准对编辑人员进行分类：

（一）按照所从事的编辑工作的性质进行分类

一般来说，编辑人员可以划分为以下两种：

---

① 陆本瑞．世界出版概观［M］．北京：中国书籍出版社，1991：9.

② 全国出版专业职业资格考试办公室．出版专业理论与实务（中级）［M］．上海：上海辞书出版社，2002：48.

③ 霍尔·贝姆，加布里尔·哈特，赫尔曼·舒尔茨，约亨·韦尔纳．未来的出版家——出版社的管理与营销［M］．邓西录，译．邢爱华，校．北京：商务印书馆，1998：70.

1. 文字编辑

文字编辑是指处理文字稿件的编辑人员，或者是指负责稿件中文字加工工作的编辑（但实际上不仅仅作文字的加工工作）。在一般出版单位中，文字编辑占绝大多数。

2. 策划编辑

在我国，策划编辑是20世纪90年代以来兴起的一种编辑人员，专门或主要从事策划工作（尤其是选题策划）。1993年，广东省省属出版社试行策划编辑制。所谓策划编辑制，是指把出版社的编辑人员划分为文字编辑与策划编辑两大类型。专职的策划编辑，市场意识强，活动能力强，主要任务是筛选信息、策划选题、组织稿件，以至把图书推向市场，较少甚至不承担文字的加工工作；策划编辑以外的编辑人员则为文字编辑，主要负责审读稿件、加工稿件等工作。比较而言，文字编辑靠掌握某方面的知识、技能开展工作，而策划编辑靠信息、创意开展工作。为发挥策划编辑的作用，越来越多的出版社设置了相应机构，名称不一，如策划部、选题策划部、策划室、策划组等。春风文艺出版社设置了选题策划部，人民文学出版社、中信出版社等设置了策划部。作家出版社的策划机构最初叫策划室，后改为策划部，畅销书《哈佛女孩刘亦婷——素质培养纪实》的责任编辑杨葵就担任过该社策划部的主任。①

在我国，还有一种中国特色的编辑概念——责任编辑。责任编辑具有选题申报权和独立发稿权，具有一审（初审）权，但要对其署名为“责任编辑”的图书承担社会责任，特别是政治责任。②

（二）按照其他标准进行分类

按照专业技术职务的不同，可将编辑人员依次划分为：助理编辑、编辑、副编审和编审。他们的职责与任职条件显然不同（详见我国颁布的《出版专业人员职务试行条例》）。

---

① 在出版实践工作中还有“美术编辑”和“技术编辑”的说法。美术编辑是指处理美术稿件的编辑人员。在美术出版社中，美术编辑占多数。从事装帧设计工作的人员习惯上也被称为“美术编辑”。“技术编辑”是对从事技术性工作（主要是版式设计工作）的人员的习惯性称呼。有的出版单位把版式设计工作划归出版科，有的划归装帧设计室，有的干脆由责任编辑兼做。

② 有专家指出，责任编辑以“有限权力担负无限责任”，“这不能不令人对责任编辑的责任生出疑问”。参见：雷群明. 编辑修养十日谈［M］. 上海：上海科技教育出版社，2002.

按照行政职务的不同，从低到高依次为编辑室主任（总编室主任）、副总编辑、总编辑。

按照所编辑的出版物的读者对象的不同，可划分为少年儿童出版物编辑、青年出版物编辑、中年出版物编辑、老年出版物编辑和女性出版物编辑等。

按照所编辑的出版物所属学科之不同，可划分为社会科学出版物编辑（又可细分为政治理论出版物编辑、文化教育出版物编辑和历史出版物编辑等）、文学艺术出版物编辑、科学技术出版物（含科普读物）编辑等。我国出版社一般按照学科的不同来设置各个编辑室，但在市场经济条件下，为了鼓励竞争，越来越多的出版社改变了这种做法。例如，作家出版社从1995年底开始改变文艺类出版社普遍采用的以文学门类划分编辑室的传统做法，新成立六个编辑室，它们在组稿、编稿、发稿上没有界限，都站在同一起跑线上，完全平等竞争。

按照所编辑的出版物所属媒介的不同，可划分为图书编辑、期刊编辑、报纸编辑、音像编辑、电子编辑、网络编辑和广播影视编辑。20世纪90年代以来，出版业进入多媒体时代，纸、磁、光、电等多种媒介并存，多媒体编辑越来越受到欢迎。

随着媒体与产业的发展，在业界，还出现了“数字编辑”“新媒体编辑”“微博编辑”“微信编辑”“营销编辑”“版权编辑”等各种说法。

在国外，对编辑人员的分类同我国有些不同。西方国家普遍将编辑人员划分为文字编辑（又称为案头编辑）和组稿编辑（相当于策划编辑）。20世纪40年代，美国的教育类出版公司开始设置组稿编辑，组稿编辑的地位比一般的文字编辑要重要一些。

第二节　出版人员的修养与素质

出版人员必须具备的修养与素质有以下五个方面：

一、必须具有崇高的文化追求和社会责任

（一）出版的本质是文化

凡出版，必须对文化的传播、积累与传承作出应有贡献。否则，就

不成其为出版，出版就失去了存在的意义。文化贡献是出版业的核心价值，商业利润也是出版业的重要价值，但前者很难量化，后者则可用经济指标来衡量。目前我国对出版单位与出版人员的评价考核存在只用经济指标来衡量的倾向。于是，不少出版人员常常有意或无意弱化出版的文化贡献。要么一味追求经济效益，不讲出版物内容的创新，要么把不犯错误尤其是不犯政治错误当成对出版物内容追求的最高标准，而对文化贡献考虑得很少甚至不予考虑。这是对出版的本质缺乏深刻认识的表现。无论是传统的出版活动，还是当今的出版产业，出版的本质是什么？是文化。出版单位的终极目标是什么？是创造文化、传播文化、积累文化、发展文化、传承文化。出版业是文化的集散地，出版物是文化的载体，出版人员理应关爱文化、贡献文化。出好书，为读者、为社会、为子孙后代奉献优秀精神食粮，是出版人员的神圣使命与崇高职责。有段话说得非常好："出版的规模越大，其表象的经济特征越明显，越难以被出版人员的主观意志真正控制。在市场经济的框架下，它的经济能量有时比文化能量更容易为世人所瞩目，毫无疑问，也更多地左右了出版人员的行为。不承认这一点，我们不但无法发展自己，而且简直寸步难行。不过，只晓得这一点，只记得赚钱，而忘记了出版的本质是为文明作铺路石，那也绝不配称为出版人员。"①

（二）出版人员的文化追求与社会责任

当今市场经济条件下的出版人员，无疑是商人、生意人，但必须首先是文化人、读书人，先儒后商方为"儒商"。当今出版人员如果没有商业头脑和经营能力，是不可想象的，是可悲的，但如果没有文化品位和社会责任，则是不可思议的，是可耻的。

出版人员首先必须爱书。爱书才会对书有敬畏之心、虔诚之意；对书有敬畏之心、虔诚之意，才会认真执行"三审三校一核红"的编校制度；认真执行"三审三校一核红"的编校制度，才会确保出版物的质量。聂震宁（中国出版集团公司总裁）说："对出版物要有一种朴素

---

① 孙颙．为什么做出版人（序）//上海市编辑学会，上海市出版工作者协会．上海出版人［M］．上海：学林出版社，2003.

的感情。信仰源于朴素，伟大来自平凡。不是每一个出版人员都能够成就伟大，但恐怕每一个有成就的出版人员都有一颗热爱图书的赤子之心。这是文化能够屹立挺拔的底线，也是一个出版人员之所以为出版人员的心灵底线。”①说得多好啊！爱书之人自然是爱读书之人，读书是研究人员、大学教师的本职工作，同样也是出版人员的本职工作。不读书，不多读书，何以对作者的稿件“下雌黄”？要不就是“妄下雌黄”。出版老前辈陈原有句名言，出版工作者“自我修养的头一条，应当使自己成为‘书迷’”。②所有伟大的编辑出版家，如麦克斯威尔·珀金斯（1884—1947）、张元济、邹韬奋、胡愈之（1896—1986）、叶圣陶、章锡琛、陆费逵、赵家璧、徐伯昕（1905—1984）、张静庐等，无不是书迷。书迷从事出版工作，不是为了黄金屋与颜如玉，只是为了书而已。成了书迷的出版人员，绝不只是具有职业道德，他会超越职业，“他的职业性的责任感，已升华为对人类文明的贡献”③。

文化追求与社会责任必然相联。一个以文化为本的出版人员，必定会扛起社会责任的大旗。从正面说，他会努力出版能够推动人类发展和社会进步的出版物，甚至会不顾个人得失，敢于出版说真话、坚持真理的稿件，如中国青年出版社 1979 年冒着极大的风险出版《第二次握手》，范用先生在 20 世纪 80 年代前期敢于出版《傅雷家书》和《随想录》。从反面说，富有社会责任感的出版人员不会出版精神垃圾。周蔚华先生把精神垃圾分为三类：第一，黑色污染。主要指各种“厚黑学”类官场秘笈出版物以及攻击党和政府、攻击我国现行社会制度的反动出版物；第二，黄色污染。主要指各种色情、淫秽出版物，也包括一些格调低俗、品位低下的出版物；第三，白色污染。指各种虽不属于禁止之列但粗制滥造、错误百出或没有给读者提供任何有效信息的出版物。正如他所说：“任何一个有良知的出版者都要勇敢承担起出版的社会责任，为社会提供更多的‘绿色精神食品’；对这些精神垃圾我们要自觉抵

---

① 聂震宁，谢迪南．文化：出版的本质，出版企业的终极目标［J］．出版工作，2007（6）．

② 陈原．总编辑断想［M］．沈阳：辽宁教育出版社，2001：4．

③ 陈原．总编辑断想［M］．沈阳：辽宁教育出版社，2001：9．

制、坚决清除，以免其危害社会、污染环境。”①

二、必须具有突出的政治素质和职业道德

职业道德与政治素质之间有密切联系，政治素质差经常是造成职业道德低下的重要原因，职业道德低下也往往是政治素质差的反映。

（一）必须具有突出的政治素质

出版人员必须具有突出的政治素质。有专家一针见血地指出：“从一些出版人员曾犯下的错误和过失来看，许多问题和过失并不是发生在业务素质较差的出版人员身上，而是恰恰发生在一些对政治学习不太重视或不感兴趣、业务素质却较好的人员身上。”②

出版人员的政治素质表现在以下三个方面：

1. 要有相当高的马克思主义理论水平，要有科学的世界观，要以马克思主义的立场、观点和方法来指导出版工作。

2. 要有正确的政治观念和政策观念。出版工作必须讲政治，讲党性，讲纪律，必须自觉遵守党和政府制定的方针、路线、政策。我国出版工作的政治性、思想性非常强，出版人员一定要把握好政治方向，一定要有政治鉴别力，一定要保持高度的政治敏感性，否则就可能犯政治错误。

3. 必须要有法律意识，严格遵守国家的法律，特别是新闻出版方面的法律与法规，包括《中华人民共和国著作权法》《出版管理条例》《音像制品管理条例》《印刷业管理条例》《电子出版物出版管理规定》《图书、期刊、音像制品、电子出版物重大选题备案办法》《出版物市场管理规定》《新闻出版保密规定》《计算机软件保护条例》和关于“文化大革命”图书出版的规定、关于性知识与性科学出版物的规定、关于涉及宗教与少数民族内容出版物的规定、禁止淫秽色情出版物的规定、禁止非法出版的规定等。

（二）必须遵守出版职业道德

出版职业道德是调整出版人员同作者之间、同读者之间、同社会之间的行为规范的总和，主要表现在以下方面：

1. 对读者和作者要有爱心，对读者负责，对作者负责。对读者负

---

① 周蔚华．出版产业研究［M］．北京：中国人民大学出版社，2005：298.

② 张志强．现代出版学［M］．苏州：苏州大学出版社，2005：214.

责，关键要把最优质的精神食粮提供给读者；对作者负责，就要保护好作者的稿件，及时审读作者的稿件，及时向作者答复对稿件的处理意见，精心编校作者的稿件，维护作者的合法权益，不剽窃作者的成果。

2. 取舍稿件要实事求是，唯选题与稿件质量是从，不徇私情，不存门户之见，不以作者的名气、地位、职称、职业、文化程度、与自己关系的亲疏程度作为取舍稿件的标准。湖南科学技术出版社出版的常销书《湘菜集锦》，作者是一位只上过两年小学的老厨师。

3. 要有高度的责任心、认真负责的态度和一丝不苟的工作作风。出版物中一个微小的错误可能造成巨大损失，如把中药名称白术（又名山芥，有健脾益气、燥湿利水、止汗和安胎的功能）写成白木（是一种高档木材），把科学技术著作中的关键数字写错，所造成的后果是无法想象的。社会科学出版物中的知识性错误、政治性错误对读者对社会的危害也可能难以估量，如法轮功出版物。这就要求编辑人员审读、加工稿件时必须耐心、严谨、细致。

中国出版工作者协会在征求多方面意见的基础上，制定了《中国出版工作者职业道德准则》，由原新闻出版署于 1995 年颁布实施，1997 年、2004 年又先后作了修订。它全面涵盖了出版人员在工作中应遵循的原则，共八条：为人民服务，为社会主义服务；增强使命感和责任感，力求坚持社会效益与经济效益的最佳结合；树立精品意识，提高出版质量；遵纪守法，廉洁自律；爱岗敬业，忠于职守；团结协作，诚实守信；艰苦奋斗，勤俭创业；遵守外事纪律，维护国家利益。

从实践来看，出版人员的政治素质差、不讲职业道德的行为集中表现为唯利是图，不顾社会效益，不讲编校质量。"只要票子，不要孩子""无错不成书""有奶便是娘"，是极少数出版人员的真实写照！

三、必须具备杂中有专的知识结构

对出版人员尤其是编辑人员来说，什么样的知识结构是科学、合理的？是杂中有专！诚如编辑家、《汉语大词典》主编罗竹风（1911—1996）先生所说，编辑属于"杂家"，"杂家必杂，杂中求专"。① 杂中

① 罗竹风．杂家——一个编辑同志的想法［N］．文汇报，1962－05－06．

有专的知识结构也可以说是“T”形的知识结构，“T”中的一横代表横通，即博学，一竖代表纵深，即精通。相比而言，横通比纵深更重要。

（一）编辑人员必须首先是一名“杂家”

编辑人员必须首先是一名“杂家”，理由有三：

1. 编辑工作的性质决定了编辑人员的知识要广博

每个出版社虽有出书范围的分工，每个编辑人员虽有编书的侧重点，但这种分工、侧重点不可能很细、很窄，所以编辑人员不可能像大学教师、研究人员、科学家那样只教一科或一两门课或只研究一个领域。在出版物市场已成买方市场、出版竞争十分激烈的今天，编辑人员更是很难将出书的范围局限在一门学科、一个领域。古人说：“观天下书未遍，不得妄下雌黄。”（《颜氏家训·勉学篇》）而编辑人员的重要职责之一就是要对稿件“下雌黄”，但决不能“妄下雌黄”。知识面不广的话，怎能保证在加工的时候不“妄下雌黄”？王安石（1021—1086）写诗说：“明月空中叫，黄犬卧花心。”学富五车的大学者苏东坡（1037—1101）想当然地以为，月亮能空中叫吗？狗能睡在花心中吗？遂改为“明月空中照，黄犬卧花荫”。后来他终于弄明白：有种鸟叫“明月”，有种昆虫叫“黄犬”。再如，有部书稿中说，有人在宁都起义后送给朱德（1886—1976）一条毛毯，朱德把它带上了井冈山。一审、二审编辑都没有觉得这里有问题，但是叶至善终审时发现有知识错误：宁都起义发生在1931年12月，朱德上井冈山是在1928年4月，那么三年后得到的毛毯能在三年前带上井冈山吗？编辑人员要做到知识广博真不容易啊！

2. 知识面广博，才能站得高望得远；懂得越多，机会也就越多

编辑人员（特别是选题策划人员）的知识，好比农民的粮食和商人的资金。粮食储备得多，农民遇到灾荒时心里就踏实；资金丰厚，商人遇到危机时就能绝处逢生；知识广博，编辑人员就可以不断策划新选题，就可以胜任更多稿件的加工工作。编辑人员必须努力使自己“博”起来。按照今天时髦的话说，编辑人员必须努力使自己成为复合型人才，知识结构多元化是复合型编辑人才的重要特点。

3. 现代科学的发展趋于综合、交叉

早在20世纪80年代中期，各种边缘学科的总数就达到2050门。其中，由自然科学中各门学科互相交叉而成的有1883门，由自然科学与技术科学结合而成的有117门，由社会科学与自然科学结合而成的有50门。边缘学科、交叉学科恰恰是最容易从中策划出优秀选题的地方。这也要求编辑人员的知识面必须广博。

当然，博只能是相对的博。主要应在两方面去广泛涉猎：一是自己所从事的编辑工作的相关相近学科，如文学编辑应懂得艺术，历史编辑应通晓中文、政治，教育编辑应熟悉心理学等；二是编辑出版学的邻近相关学科，如新闻学、传播学、文化学、语言文字学、图书馆学、文献学等。总之，以一个学科、一个领域为中心，向相关相近的学科、领域延伸。

（二）编辑人员还必须力争成为学者型专家

编辑人员还必须力争成为学者型专家，理由有四：

1. 这有利于他们策划、鉴别、加工专业性强、学术性强的选题或稿件

中华书局的著名编辑周振甫（1911—2000）编校钱钟书（1910—1998）的书稿是出版史上的佳话。早在1947年，周先生在开明书店做校对工作时就参与校对钱先生的名著《谈艺录》（45万字）。周先生不仅仔细校读，而且见原书无目录，不便读者检索，就编了一个目录，请钱先生审定。结果，钱先生未改便采用了。1975年，钱先生写出了《管锥编》（约130万字）的初稿，主动请周先生审阅。此时已调入中华书局的周先生认真研读初稿，复查了一些引文，还就初稿中存在的问题在初稿上批了一些意见，又另写了一份“补充意见”。这份“补充意见”竟厚厚成册。钱先生对这些意见十分重视，将不少意见增入自己的著作中，并加以注明，还在“序言”中对周先生的编辑工作致以衷心的感谢与敬重。①

---

① 张世林. 谦虚谨慎　编著等身——小记编辑大家周振甫先生//宋应离，袁喜生，刘小敏. 20世纪中国著名编辑出版家研究资料汇辑：第8辑［M］. 开封：河南大学出版社，2005：27-32.

2. 这有利于他们赢得作者的信任，尤其有利于他们与学者型作者平等对话

上文提到的例子证明了这一点。有学者精辟指出："一生都在作者背后打圈圈者是庸编；能与一般水平的作者会话者为中编；能与优秀的、高水平的作者侃侃交谈，帮助他成就其学术者为良编；能会集一大群作者，成一家之言，从而推动一股学术运动者为鸿编。"①编辑人员无疑要争取成为良编和鸿编。

3. 这有利于他们对出版物市场的细分

20 世纪 90 年代以来，我国出版物市场的细分越来越突出，读者的需求越来越多元化。这就要求编辑人员必须对出版物市场和读者群体进行细分。毫无疑问，分得越细，专业性就越强。专业性越强，就越需要编辑人员进行专业化的运作。因此，编辑人员必须争取成为某一方面、某一领域的专家。

4. 从出版史来看，杰出的编辑出版家几乎都是学者、作家

叶圣陶、巴金、鲁迅、茅盾、郑振铎、邹韬奋和胡愈之等人，莫不如此。有学者认为："编辑应自觉入流于学者"，并对此有过精辟的论述：

> 编辑者，学者流也。他们或以编辑工作开辟一个文化时代，如梁启超、章太炎与鲁迅；或开辟并铸就了一项事业，如张元济、王云五、叶圣陶、茅盾、郑振铎、邹韬奋；或开创了一个学派，造就了大批学有成就的学者。这不就是学者的天职与本色吗？在现代，学者未必做编辑工作，但优秀的学者一旦做起编辑工作就一定会把编辑工作做得很好；编辑未必都是学者，但优秀的编辑做起学问来一定是一名出色的学者。应该说编辑本身就是学者。从历史和现实生活来看：编辑和一般学者也是不断流动的，有的人从编辑岗位上走向专门的学坛；而也有的人从学坛走上了编辑岗位。学问的大小与职业本身没有直

① 蒋广学．编学原论［M］．南京：南京大学出版社，2000：27.

> 接的联系。而我们所称的编辑学家，是自立一家之言的编辑家，他们不仅有自己独到的学问，同时以自己的学识铸造编辑工作的特色，以自己的学识培养一批作者，从而形成一个有影响的著作者群体。只有这样的人才能称得上编辑学家。①

这里说“编辑本身就是学者”，显然是对编辑的更高要求。学者化是编辑成为一名优秀编辑必须具有的条件。前述编辑大家周振甫就是一位著述等身的学者。他出版了近50部著作，如《诗词例话》《小说例话》《中国修辞学史》《〈文心雕龙〉注释》《〈周易〉译注》《毛主席诗词浅释》与《文论散记》等，共600多万字。

编辑人员应争取成为学者型专家，这不光是对学术书刊编辑提出的要求，也是对一般书刊编辑提出的要求。这种“专”主要有两种情况：一是专于编辑出版学，从20世纪80年代编辑出版学兴起至今，编辑出版有“学”已经得到公认；二是专于编辑出版学以外的某一门学科或某一领域。后一种“专”因从事不同学科、不同领域的编辑工作而不同，因人而异。例如，文学图书的编辑人员自然要精通文学，历史图书的编辑人员必须精通历史，教育图书的编辑人员无疑要精通教育学，以此类推。

（三）编辑人员没有必要盲目攀比学者

可是，编辑人员没有必要攀比学者，更没有必要因为被人称为“杂家”而不悦。有人曾说：“随着编辑学的建立，编辑的‘杂家’称号，将被‘编辑家’‘编辑专家’这样一类称号所代替。”②说编辑人员应该成为“编辑家”或“编辑专家”，笔者完全同意，但是不能接受编辑人员的“杂家”称号将被这样一类称号所取代的观点，因为，成为“杂家”恰恰是编辑人员的基本条件，否则，他就不是一个合格的编辑人员。先做一个合格的编辑人员，然后才能争取成为优秀的编辑人员。有人说得好：“出版人与学者是不可盲目比较的，他们身份交叉、行为互渗，但作为不同的角色，追求的结果不同。出版家表现为自身学识的宽

---

① 蒋广学．编学原论［M］．南京：南京大学出版社，2000：30－36．

② 邵益文．编辑学研究在中国［M］．武汉：湖北教育出版社，1992：57．

泛和厚实，他们不专攻什么学科，但在出版的意义上却攻无不克、战无不胜。”① 中国近现代杰出的编辑出版家张元济一生都没有专著问世，但没有人否认他的学识，因为他主持辑印了《百衲本二十四史》，首编首印了新式教科书，还组织出版了《辞源》、《天演论》、《原富》（后译为《国民财富的性质和原因的研究》，简称《国富论》）、《巴黎茶花女遗事》（今译为《茶花女》）与《黑奴吁天录》（后译为《汤姆叔叔的小屋》）等一批影响极大的经典名著。张元济的工作还包括收藏版本、开办图书馆、中外访书、整理古籍、资助新学等。这些都表明他“治学”的内涵非常丰富，也是他作为“一代通才”的资本。

概言之，编辑人员首先必须做杂家，这样才是合格的。但只停留在杂家的层次只是“编辑匠”，在杂家的基础上再做专家才是“编辑家”。编辑人员成不了专家，情有可原，但做不了杂家，不可宽恕。

四、必须具有与时俱进的观念和很强的创造性思维

（一）出版人员必须具有与时俱进的观念

观念上与时俱进既是创新的突出表现，又是创新的先决条件。要想创新，就得先洗洗脑袋，换换脑筋。笔者特别强调观念的作用。观念不同，思维方式就不同；思维方式不同，解决问题的方法就不同；解决问题的方法不同，产生的效果就不同。故曰观念决定命运，思路决定出路。

出版产业是真正需要与时俱进的产业。出版史上有很多事例证明了这一点。五四运动后，篇幅短小但蕴含丰富的“小诗”曾盛行一时，最引人注目的是冰心（1900—1999）的《繁星》和《春水》（均发表于1922年）。它们是在受印度诗人泰戈尔（1861—1941）的《飞鸟集》的影响下写作的。用冰心自己的话说，它们是将一些“零碎的思想”收集在一个集子里。大作家、大学者梁实秋（1903—1987）当年批评说：

> 《繁星》与《春水》这种体裁，在诗国里面，终归不能登

---

① 俞晓群．出版人素质三论．http：//www. booktide. com/news/20030725/200307250025. html，2003-07-25.

大雅之堂的。……冰心女士是一个散文作家、小说作家，不适宜于诗；《繁星》与《春水》的体裁不值得仿效而流为时尚。①

然而，这两本诗集不仅被当时的新青年追捧，而且最终成为中国文学的经典、名著。假设当时的出版人员像梁实秋一样跟不上时代，观念陈旧，那么，中国文学史上就少了一颗璀璨的明珠。观念陈旧的人，或许可以成为杰出的作家和学者，但绝对成不了名垂青史的编辑出版家。在当今日趋开放的社会，在日新月异的时代，不能与时俱进者更是无法胜任出版工作。

出版人员必须拥有开放的心态，宽广的胸怀，必须能够接纳新事物，必须能够容忍“异端邪说”，必须要有海纳百川的气度。出版界元老徐柏容先生认为，书籍编辑应该具有“包容的心理素质”，也就是“能容人、容物、容事、容识”。② 笔者以为，对于选题策划来说，包容的心理素质尤为重要。对新理论、新观点、新题材、新文体、新体例、新风格、新版式、新开本、新工艺、新作者等一切新的选题内容与形式，都应该持欢迎、接纳的态度，不唯我独尊，不拘泥于习惯，不囿于传统。只有这样，才有可能策划出人无我有、人有我特的好选题。例如，畅销书策划大师金丽红策划的第一本畅销书是《王朔文集》（1992年7月）。她这样形容当时想做《王朔文集》的冲动：“我第一眼看到王朔的一本书《我是你爸爸》就立刻被吸引了，这个标题多么吸引人啊！于是我就有了做王朔的书的念头，而且是做他的全套文集。”可是，当时文集几乎都是盖棺论定的，几乎都是泰斗级的，如给老舍、郭沫若、曹禺（1910—1996）等大文学家出文集，但王朔当时只有33岁，而且很有争议，虽然年轻人爱看他的小说，但传统派和学院派的人认为他的作品不入流，贬其为“痞子文学”。《王朔文集》后来销到了10万套。业内人士评价金丽红：“她的眼光很‘毒’。”③试问，这种“毒”

---

① 九年制义务教育实验教材七年级《语文》（上册）［M］. 北京：人民教育出版社，2001：199.

② 阙道隆，徐柏容，林穗芳. 书籍编辑学概论［M］. 沈阳：辽海出版社，2000：107.

③ 程蕾，民任. 华艺出版社：策划赢家［J］. 中国市场，2003（4）.

的本领源自哪里？源自观念与时俱进！20世纪80年代末期90年代初期“王朔热”的兴起表明：人们在社会转型期观念发生了改变。观念是潮流，潮流就是市场。金丽红顺应潮流，冲破传统观念的束缚，做众人不愿做不敢做的事情，终成畅销书策划大师。

信息时代是变化的时代，唯一不变的是变化。出版物市场是变化的市场，唯一不变的也是变化。处于改革开放和市场经济背景下的出版人员，职业素质不能没有鲜明的时代特质，这就是开放的心态，开阔的眼界，博大的胸襟，高昂的热情，积极的参与意识。出版人员要勇敢地站在时代潮流的前列，及时捕捉和反映一切新生事物。当今出版人员必须树立的新观念至少包括：市场观、商品观、儒商观、产业观、大出版观、品牌观、少年儿童作者观、工农兵作者也能写书出书的观念等。

（二）出版人员必须具有很强的创造性思维

创造性思维是相对于常规性思维而言的，思维的方式、过程和结果与众不同，是人类思维活动的最高级形式。在创造性思维活动的过程中，需要运用各种不同的思维形式，如逻辑思维、形象思维、灵感思维、联想思维等。创造性思维的本质是新、特、奇、异。

不论什么人，不论干什么事，要想成功，就绝对需要创造性思维。笔者总结诸多成功人士的经验，得出一个公式：奋斗的精神 + 创新的思维 + 机遇的垂青 = 成功。竞争对手可以偷走你的成果与现成的经验，但永远偷不走你的创造性思维，永远偷不走你的智慧。富有创造性思维，拥有创新能力的出版人员，总能首先做到“人无我有”，然后做到“人有我特”或“人有我新”，接下来又能做到“人优我转”和“人无我有”。如此，不管竞争者如何挤占他的市场，如何分割他的蛋糕，他总能全身而出，抢先他人一步，占领市场制高点，永远都是竞争的赢家。现代杰出的出版家邹韬奋说，编辑人员“最重要的是要有创造的精神”。① 当代出版家徐柏容说：“创造性是做好编辑工作不可或缺的动力。书籍编辑如果缺乏创造性，不论其工作如何勤恳、如何认真、如何

① 韬奋．经历［M］．北京：三联书店，1978：77.

熟练，也难以做出辉煌的成绩来。”①

最基本、最常见的创造性思维有两种：一是发散思维（求异思维、辐射思维），二是逆向思维（反向思维）。发散思维是一种充分发挥人的想象力，寻求解决问题的多种方法的思维形式。它要求思考者独立思考，不迷信权威与名人，不拘泥于传统与习惯，要敢于怀疑定论，要敢于打破常规；逆向思维相对于正面思维而言，即从反面来考察和思考问题，从反面来观察和认识事物，相当于科学研究方法中的反证法。

创造性思维不是点式思维，也不是线式思维，而是立体式思维。它以一个思维对象为中心向四面八方想开去，寻求尽可能多的答案，然后从中选择一个最佳的。它要求思考者变换着眼点，变换方向，对事物的各个要素、各个方面进行解剖，从中找到最佳切入点。

编辑人员要熟悉创造性思维的特点，掌握好创造性思维的方法，将其运用于选题策划之中。运用逆向思维策划选题，往往出奇制胜。例如，研究企业管理的书一般是讲成功的经验，如北京大学出版社出版的《联想为什么》就是介绍经验，发行了 20 多万册。然而，浙江人民出版社出版的《大败局》却是探讨企业失败的教训的，对曾经在中国市场上产生过巨大影响力的企业（包括秦池、爱多、玫瑰园、飞龙、巨人、三株、太阳神、南德、亚细亚、瀛海威）的失败案例作出了全面解读。从反面分析失败的教训比从正面总结经验更能引起读者的共鸣。《大败局》从 2001 年 1 月至 2003 年 9 月，销售了 31 万多册。这样的例子还有很多。湖南科学技术出版社 20 世纪 80 年代出版的《临床误诊一百例》从误诊失败的病例入手，说明医生对病情错误的分析判断导致错误的诊治，旨在唤起医生吸取教训，提高医疗质量，在社会上引起强烈反响。新华社和《人民日报》为此专门发了消息，盛赞作者让“家丑”外扬的勇气和编辑的创新精神。湖南教育出版社曾经推出的《高考失误谈》把历年来一些高考落榜者失败的原因，包括自身心理、外界压力、学业准备、临场发挥等因素，分别作了分析和总结，给即将应考的学生以很大启示和借鉴，因而受到学生、教师、家长的欢迎，在全国畅销一

① 阙道隆，徐柏容，林穗芳．书籍编辑学概论［M］．沈阳：辽海出版社，2000：105.

时。北京理工大学出版社出版的《北大清华高考状元易错题宝典》丛书与《最新中考状元易错题宝典》丛书也是运用逆向思维的产物。创造性思维不仅体现在选题策划上，还体现在出版工作的其他所有环节（包括审稿、加工、装帧与版式设计、发行与销售等）中。

五、必须具有五种动物的本领

笔者认为，当今出版人员要向五种动物学习，要有五种动物的本领：

（一）狗鼻——嗅觉像狗一样灵敏

出版人员的嗅觉必须灵敏。也就是说，要善于联想，能够见微知著。1995年春，江苏科学技术出版社的编辑人员从一份报纸上看到一则小消息：国家科学技术委员会主任宋健为一个小记者团题词，表扬孩子们为宣传环保所做的努力。这则最平常不过的消息触动了编辑人员的神经——环境保护。受此启发，编辑人员策划了一套科普读物——《蓝天绿地丛书》，后来获得了国家图书奖提名奖。

出版人员要瞪大眼睛翻报刊，竖起耳朵听信息，打起精神上网络，随时随地捕捉一切有价值的资讯，并尝试与出版工作对接起来。

（二）狐脑——脑子像狐狸一样聪明

"狐假虎威"的故事家喻户晓。"狐假虎威"就是借人自重、借鸡孵蛋或借船出海。书海出版社出版了《石破天惊逗秋雨》，作者（《咬文嚼字》杂志社资深编辑金文明）认为余秋雨的三本散文集（《文化苦旅》《山居笔记》与《霜冷长河》）中存在130多处文史差错。因而引发了一场金、余之间互"咬"的笔墨战。该社又出版了记录这场论争经过的书《咬嚼余秋雨论争文萃》。与余秋雨有关的书还有不少：《大师也有错——余秋雨散文知识性疏误点击》《余秋雨的"敌人"》《审判余秋雨》《余秋雨现象批判》《七情六欲余秋雨》《余秋雨的背影》《解读余秋雨散文》等。内容不一，品位不一，如从选题策划的角度看，它们都有相同之处——借人自重。易中天、于丹在中央电视台"百家讲坛"开讲，成为学术明星，据此出版的图书《品三国》和《于丹〈论语〉心得》也全线飘红，就在"易气"热浪滚滚之际、"丹气"如火如荼之时，湖南人民出版社顺势推出《说不尽的易中天》和《于丹为什么这样红》，可谓图书出版“狐假虎威”又一例。

借人自重，本无可非议，但如果自己不自重，构成了侵权，就得不偿失了。湖南王跃文出了本畅销书《国画》，河北又冒出个“王跃文”出了本《国风》，号称“继《国画》之后又一部力作”，不料被湖南王跃文告上法庭。原来河北的王跃文是由王立山改名而来的。

（三）虎风——行动像老虎一样雷厉风行、果敢出击

出版时机一旦出现，就要果断决策；一旦决策，就要快速行动，要像老虎一样勇猛出击。接力出版社总编辑白冰说，一个真正的出版人员见了好选题就应该像“饿虎扑食”一样，绝不放走一个。该社畅销书《麦兜麦唛》系列就是这样策划运作出来的。2005 年 12 月底，湖南人民出版社编辑人员获悉：大学生洪战辉携妹（并非胞妹）求学 12 年的感人事迹被各家媒体报道，社会反响巨大，并引起了中央与湖南省委的高度重视，中央及湖南省委发出了《关于开展向洪战辉同学学习的通知》。遂决定出版一本《中国男孩洪战辉》，并立刻行动，七天后就出版问世了，出版周期之短创造了湖南出版史上的新记录。该书在半年时间里发行 247 万册。

（四）狼性——意志像狼一样看准了目标之后坚韧不拔、富有耐心

笔者读《狼图腾》时对狼的韧劲、耐心印象深刻。出版人员应该向狼学习。策划出版畅销书（往往时效性很强）要打速决战，策划出版常销书、精品书和品牌书时应该打持久战。对出版来说，打持久战的时候显然多于打速决战的时候。打持久战就得有耐心，就得持之以恒，就得追求“十年磨一剑”，追求厚积薄发。牛津大学出版社的宗旨是：静心编书，绝不做“编”之外的事情，因而有了长销不衰的牛津版工具书和经典的学术著作。“做‘快’难，做‘慢’更难，它需要更坚强的承受力和耐心，它需要一个人或一些人用美好的生命时光去赌一个未定的结果，十年，二十年，甚至几代人的努力，‘漫长’本身就蕴含着某种精神的磨难。”① 2002 年台湾画家幾米的绘本漫画书在中国大陆非常

---

① 俞晓群．出版人素质三论．http：//www. booktide. com/news/20030725/200307250025. html，2003－07－25.

畅销，引进出版其书的三联书店和辽宁教育出版社赚了个盆满钵满。可是，率先在大陆推出幾米图书的是昆仑出版社，时为1999年，由于当时市场反响平平，就放弃了。谁知不到三年，幾米的书在大陆全线飘红。昆仑出版社没有坚持下来，令人遗憾。唐浩明先生作为编辑，积10年之功整理出版《曾国藩全集》（30卷本），又创作出历史小说《曾国藩》，没有10年冷板凳之苦功，他哪有如今之盛名？

（五）豹胆——胆子像豹一样大，敢于冒风险

出版人员必须要有胆识和一定冒险精神。归纳起来，要敢冒五种风险：

1. 敢于出版著译或编校难度很大的图书。如译林出版社翻译出版号称“天书、奇书、怪书”的《尤利西斯》全译本。

2. 敢于策划挑战经典、挑战权威的图书。如1984年山西人民出版社的老编辑李锐夫和社领导敢于出版《红楼梦新补》。高鹗（1758—约1815）续《红楼梦》失败，现在续写的作者又是无名作者，而且书稿已被别的出版社审了五遍，也让红学家外审了，最终退了稿，所以社内反对意见很大，有人说如果出版，山西人民出版社就要砸锅。但出版后发行了130万册。

3. 敢于策划经济风险大的图书。1999年规模很小的知识出版社居然贷款100万元策划出版以《第一次的亲密接触》打头的网络文学图书，不料该书发行100多万册。

4. 敢于策划可能引起非议、引发舆论指责的图书。1998年新世界出版社出版《绝对隐私——当代中国情感口述实录》。见不得人的“隐私”被堂而皇之地披露于世，被国人不耻的婚外恋被赤裸地告白于天下，这要是倒退10年，岂还了得？

5. 敢于策划可能存在导向性错误（事实上并不存在）的图书。对待那些政治敏感性的选题，干脆不接触，未尝不是一种办法，但肯定不是积极的办法。范用（1923—2010）先生冒险出版了两本给他带来崇高声誉的书——《傅雷家书》与《随想录》。1998年今日中国出版社出版《交锋——当代中国三次思想解放实录》。该书叙述了1978—1998年中国思想解放的潮流与保守主义的羁绊之间此长彼消的过程，露骨地表达

了作者自己的爱憎，大胆披露了不少鲜为人知的政治思想斗争的内幕。出版前作者拿着书稿联系了7家出版社，编辑说很有意思，但都不敢出。该书出版后，很多人把它誉为“鲜花”，但也有很多人把它贬为“大毒草”，甚至说这是“有组织的蓄谋”。然而，最终还是没有出事。出版人员必须讲究冒险的艺术，必须具有承担风险的心理承受力，必须具有化解风险的智慧。正如王建辉先生所说，出版企业家也就是出版单位领导“既要有冒险的勇气，还要有驾驭风险的高超的本领”。①

第三节　出版人员的能力与技能

出版人员的修养与素质反映到出版实践中，就体现为出版工作的能力与技能。出版人员必须具备的能力与技能包括以下六种：

一、语言文字能力

语言文字能力是编辑人员必须具备的最基本的能力。语言是思维的工具，文字是记录和传达语言的书面符号。编辑人员要改正稿件中的错误思想和思想的错误表述，就必须对稿件中的语言作出修改，因而编辑人员必须具有扎实的语言文字功底。语言学家吕叔湘（1904—1998）说：“语文的基本功没有的话，编辑工作就做不好。”②

编辑人员必须娴熟地运用现代汉语文字，必须熟悉古代汉语文字知识，必须掌握至少一门外语。从加工的需要来看，编辑人员除了具备一般的语言文字能力外，还必须具备以下专门的语言文字能力：

1. 准确辨别容易读错、写错、用错的字与词，特别是多音字、形似字和多义字。如“拙”与“绌 ”，“己”“巳 ”与“已”，“戊”“戌”与“戍”，“蔼”与“霭”，“骞”“搴”与“謇”，等等。读音非小事，如把“大片（piàn）”读成“大便（biàn）”就会造成尴尬。

① 王建辉．关于出版企业三个问题的思考［J］．出版发行研究，2006（7）．

② 吕叔湘，等．文字编辑纵横谈［M］．北京：中国书籍出版社，1992．

2. 正确理解、使用成语。有些成语要了解它的典故来历才能掌握它的含义，否则就容易用错，如“差强人意”，很多人把它理解为不能令人满意，而实际上恰恰是基本上令人满意的意思。这个“差”字保留了古代汉语的词义：稍微地、比较地。据《后汉书·吴汉传》记载，某次作战失利，大家都很恐慌，只有吴汉（？—44）镇定自若，刘秀（公元前6年—公元57年）赞叹说：“吴公差强人意”，意思是，吴将军还算能振奋人的精神，让人比较满意。再如，“唾手可得”（出自《新唐书·褚遂良传》）经常被写成“垂手可得”。

3. 准确辨别、使用常见的繁简字、通假字与异体字。例如，异体字是指字形不同但同音同义的字，否则就不能视为异体字。“朱鎔基”的“鎔”能否写为“熔”？根据1955年12月发布的《第一批异体字整理表》，“鎔”为“熔”的异体字，但是，“鎔”字有“熔化”“铸造”和“铸器的模型”等几个义项，在这些义项中只有“熔化”这一义项“鎔”与“熔”意义完全相同，此时“鎔”为“熔”的异体字。“鎔”字的另外义项是“熔”字所不具备的，所以，当人名中的“鎔”字表示“熔化”以外的意思时，“鎔”不是“熔”的异体字，此时“鎔”字可继续使用，按照偏旁类推简化原则，“鎔”字应作“镕”。①

4. 正确使用标点符号。标点符号也非小事。一个著名的例子是，作家曹靖华（1897—1987）曾写了篇散文，文中有一句：“1949年，春进了北京城。”发表后发现编辑改为：“1949年春，进了北京城。”曹靖华气愤地说，这“简直成了昏话”。

5. 熟练地写作编辑应用文，尤其是选题策划报告、书评、书讯和图书广告。

6. 了解新词语，特别是网络语言。例如“猫腻”“愤青”“小资”“美眉”“忽悠”“逆天”“屌丝”“狗血”等。

编辑人员要记住：语言文字无小事，有时一字（一词）之差，谬

---

① 国家语言文字工作委员会文字应用管理司.1993年3号文件《关于“鎔”字使用问题的批复》//李行健，费锦昌. 语言文字规范使用指南［M］. 上海：上海辞书出版社，2001.

以千里。据说有这样一张欠条："陈X借王X 1万8千元整，今还欠款6000元。"后来双方围绕这张欠条打起了官司，因为，陈X说所有的钱都还清了（意思是陈×以前已经还了12000元），而王X说陈X只还了6000元。编辑人员在使用语言文字的时候，要时刻记住准确与规范化。

二、策划能力

德国出版界有句名言："出版社的艺术就在于将合适作者的合适书稿在合适的时间带到合适的市场。"实现这四个合适，就需要合适的出版人员进行合适的策划。

策划能力是当今出版人员必须具备的一种非常重要的能力。策划能力贯穿于出版物生产的整个过程中，涉及选题、组稿、加工、版式设计、装帧设计、发行、销售等各个环节。从出版的源头来说，最重要的策划能力无疑是选题策划能力。选题策划在整个出版过程中处于"牵一发而动全身"的位置，是出版业最具知识经济特征的智力活动，"是形成出版企业核心竞争力的关键，是核心竞争力中的'核心'"。①一本成功的书可以救活一家出版社，销售160万册的《谁动了我的奶酪》使名不见经传、业绩平平、面临被撤销风险的小社中信出版社不但起死回生，而且声名鹊起。而一本滞销的书也可以拖垮一家出版社，如某社本来不出版计算机图书，但看到计算机图书是市场热点，就盲目挤进去出版了一套计算机图书，谁知积压在库，欠债累累，至今翻不了身。选题策划是关系到出版社生死存亡的大事，套用孙子（约公元前545年—公元前470年）的话"兵者，国之大事，死生之地，存亡之道，不可不察也"，完全可以说："选题策划者，出版社之大事，死生之地，存亡之道，不可不察也。"对编辑人员来说，选题策划是其最基本也是最重要的编辑工作。市场经济条件下的编辑人员不能"等米下锅"，而要主动"找米"，即必须擅长选题策划。一个优秀的选题策划者不一定是个优秀编辑，但一个优秀编辑一定是个优秀的选题策划者。也可以套用孙子的话说："选题策划者，编辑人员之大事，死生之地，存亡之道，不可

---

① 周蔚华．选题创新论［J］．中国出版，2006（11）．

不察也。”

选题策划最根本的要求是创新。是否创新是衡量选题优劣的首要标准。选题的创新体现在内容与形式两个方面。内容的创新是指能动地反映了新事物，或者是提出了认识问题和解决问题的新视角、新思维、新观点、新方法，或者是揭示了科技发展与社会发展中的新问题、新材料、新信息，或者是创立了一门新学科，或者是填补了科学研究中的空白等；形式的创新是指创立了一种全新的编纂体例、结构，或者是采用了一种独特的书面表达方式，或者是发明了新的出版形式或制作方式（如新版式、新装帧设计、新开本、新材料、新印刷技术），等等。

当然，当今出版策划是全程策划，出版人员应该具有全程策划的能力。

三、社会活动能力

出版人员应该具有较强的社会活动能力，它主要体现在作者组织工作、读者组织工作以及与社内社外各种相关人士的交往中。对内，编辑人员、校对人员、版式设计人员、装帧设计人员、印刷人员、发行人员、管理人员相互之间必须密切合作。对外，要取得媒体记者、批发商、代理商、零售商、广告商、有关政府官员的支持。

出版人员社会活动能力的高低经常决定一部书稿的命运，决定一个出版项目的成败。20世纪50年代，中国青年出版社做好编辑工作的法宝之一就是“组织社会力量”。① 当今出版普遍实行项目责任制，出版人员具备社会活动能力更加重要。有资深编辑说：“一个编辑要让自己的图书推销出去，首先要把自己推销出去。征服作者，进而征服市场。”②

从实践来看，出版人员与作者沟通的能力主要体现在四个时候：（1）策划出版畅销书时，必须说服作者为大众读者写作，而不能让作者完全由着自己的性子想怎么写就怎么写，想写什么就写什么（如金丽红请崔永元写《不过如此》时就大段大段删改了书稿）。（2）与没有意识到自己创作潜能的作者打交道时，如《新青年》的编辑钱玄同（1887—1939）约鲁迅写小说，但鲁迅当时正在研习古碑，也从未想过写

① 黄伊．编辑的故事［M］．北京：金城出版社，2003：44.

② 许久文．试论图书编辑的基本素质［N］．中国新闻出版报，1999－06－16.

小说。但在钱玄同的催化下，鲁迅终于动心，遂写出了中国现代文学史上第一篇白话小说《狂人日记》，从此一发而不可收。(3)向名人特别是公众人物约稿时，如金丽红向崔永元约稿，整整约了3年崔永元才答应。(4)与品性高洁、性格孤僻、恃才傲物的作者打交道时，出版人员尤其要掌握与人沟通的艺术(可见第八章第四节关于金克木的内容)。

出版人员的活动能力具体体现在组稿、召开作者座谈会、组织读者座谈会、组织新书发布会、组织作者签名售书、组织读书报告会、参加学术会议、进行社会调查等各项工作中。例如，安徽人民出版社出版的全国优秀畅销书《公共关系学》，就是编辑参加“全国首届高等学校公共关系教学研讨会”时获得选题的。

出版人员要坐得下来，又拉得出去，所谓“静如处子，动若脱兔”，审读、加工稿件时必须潜心沉气，必须耐冷（冷遇）、耐苦（案头劳作）和耐烦（不厌繁琐），而宣传促销、争取他人支持时必须雷厉风行，能够呼风唤雨。

四、鉴别能力

出版人员的鉴别能力主要是指对稿件的鉴别能力，包括对稿件质量的高低、稿件修改难易的程度和图书发行后效果的好坏的鉴别，尤其是对稿件的政治导向的鉴别。例如，曾经有人拿着书稿《天怒》找到作家出版社，社领导一看这是一本经济上可能发行上百万册，但政治上可能出现偏差的书稿，就挡了回去，远方出版社出版后果然被禁；《上海宝贝》与《糖》等格调不高的书稿也先后找过该社，也被该社在审稿时挡住了。出版人员是稿件的“质检员”和“政审员”。

出版人员的鉴别能力集中体现在对新作者（包括少年儿童作者与工农兵作者在内）的稿件的鉴别。从这些作者的自然来稿中筛选出优秀稿件予以出版，尤其需要慧眼识珠。在出版史上，有多少名著在出版前被众人否定啊！请看：

壁炉中抢出的名著

儒勒·凡尔纳（1828—1905）完成了第一部小说《气球上的五星期》后，把书稿先后寄给15家出版社，均被退回。

凡尔纳一气之下，抓起书稿丢进壁炉。他的妻子眼疾手快，把书稿从火中抢了出来，轻声说："亲爱的，不要灰心，再试一次吧！"在妻子的鼓励下，凡尔纳振作起来，将书稿寄给第16家出版社。这个颇有眼力的出版社不仅同意出版，而且与凡尔纳签订了长期供稿的合同。《气球上的五星期》出版后，成为当时法国最畅销的书。凡尔纳一举成名，从此开始了科幻小说的创作生涯，后来被誉为"科幻小说之父"。

在当今，《尘埃落定》与《沧浪之水》等名著在出版前也被多家出版社拒之门外，《文化苦旅》书稿也差点被余秋雨付之一炬。

巴金的自投稿《灭亡》被叶圣陶连载于《小说月报》，使巴金步入文坛；丁玲（1904—1986）的处女作《梦柯》和代表作《莎菲女士的日记》也是叶圣陶在自然来稿中发现后予以发表的，从而决定了丁玲一生的文学道路；曹禺上大学时写的《雷雨》被巴金发现予以发表，使曹禺走上戏剧创作的道路。美国"天才编辑"麦克斯威尔·珀金斯发现了文坛新人海明威（1899—1961）的短篇小说集《在我们的时代里》后，决心与他长期合作，海明威从此开始了创作生涯的辉煌历程。《科学》杂志编辑部发现华罗庚（1910—1985），英国剑桥大学出版社社长发现李约瑟（1900—1995），都有口皆碑。珀金斯说："有两种气质使编辑名满天下：一是对于一本书稿能越过缺点看到优点，不管这些缺点如何使人沮丧；二是任凭困难再大，也能不屈不挠地去挖掘该书稿的潜力。"①

鉴别能力的高低主要与出版人员的政治理论水平、学识与职业道德有关，还与他们对有关情况的熟悉程度、对出版业务的熟练程度等因素有关。

五、经营能力

"图书出版既是一项文化活动，又是一种经济活动"②，市场经济条

① A·斯科特·伯格. 天才的编辑［M］. 孙致礼，尹礼荣，郑启五，冯文铨，译. 西安：陕西人民出版社，1987.

② J·P·德索尔. 出版学概说［M］. 姜乐英，杨杰，译. 北京：中国书籍出版社，1988：13.

件下的中国出版业已经成为产业，所以，出版人员必须具有经营能力。具体包括以下几种能力：

（一）把握出版时机的能力

市场给予出版人员的机遇往往很吝啬，机遇出现了，就必须牢牢抓住。敏锐的市场意识通常表现为很强的时间观念，表现为善于抓住出版时机。出版人员要行必果敢，就像20世纪80年代流行于深圳特区的口号“效率就是生命，时间就是金钱”一样珍惜时机。策划出版时效性很强的新闻时政书尤其如此。1998年春天，引进的大片《泰坦尼克号》热遍中国。图书策划人张健鹏看准这一时机，果断策划出版了自己的处女作《好莱坞的魅力》。他说：“由于时机得当，这本书的销量非常好，也坚定了我做一名图书策划人的决心。”① 发行销售图书也要善于利用时机。人民文学出版社的长篇小说《突出重围》，起初印了2万册，销了半年多，5000册不到。1999年5月中国驻南斯拉夫大使馆被炸，国内掀起一股强烈的爱国主义浪潮。该社抓住这个机会，根据小说科技建军强军的主题，做了大力推广宣传，激发了读者的阅读热情，最后这本书销售了10万多册（同名电视剧在中央电视台的热播也起了重要作用）。

（二）出版项目管理能力

越来越多的出版社如作家出版社、接力出版社等，引进并实施了项目责任制，把图书选题当作工程项目来经营。选题正式确立后，有关人员自愿组合成项目组。项目组负责人一般由责任编辑担任，责任编辑与社长签订项目责任书。项目组对立项选题进行全方位策划和深度开发。担任项目责任人的出版人员自然要有管理该项目的能力。

（三）出版成本核算能力

出版人员对自己负责的出版项目要严格经济核算，加强经营管理，进行技术革新，提高劳动效率，厉行节约，尽可能降低成本；要充分考虑读者的购买力。

（四）宣传促销推广能力

市场经济条件下的出版人员再也不能只顾列选题，只顾组稿，只顾

① 李涛，庞丽．图书策划人：灵感与灵魂的工程师［N］．北京青年报，2003－03－10．

编稿；再也不能重出版而轻发行，不能重生产而轻流通。必须积极拓宽发行渠道，扎扎实实做好为书找读者和为读者找书的服务工作；必须重视宣传促销，做到宣传到位，促销到家。

因此，当今出版人员必须培养市场意识，市场意识是从传统出版跨入现代出版必备的通行证；必须树立“市场就是财富，读者就是效益”的观念，必须学习市场经济知识、市场营销知识、经营管理知识，必须学会经营本领，争取成为一名会经营的编辑出版家，争取成为一名新时代的“儒商”。尤其是现在出版转制之后，“出版企业需要出版企业家”，出版企业家的一项重要能力就是“将绝妙主意商品化”的能力。①

六、业务技能

出版人员必须具备出版业务方面的技能。编辑“六艺”是编辑人员传统的看家本领，今天仍然不能丢，尤其是审读、加工与校对的技能，如字词与语法改错、稿面勾改、注释、时间概念使用、数字使用、名词术语使用、度量衡单位使用和校对符号使用等各种技能，样样都要娴熟。因为这些都直接影响到出版物的质量。装帧设计、版式设计、开本、纸张用料、印刷工艺、字体字号等方面的专门技能，虽然一般由美术编辑、技术编辑专门负责，但文字编辑起码应该了解这些技能。编辑人员还要具备电脑操作技能和网络操作技能，包括审读、加工与校对电脑稿件，利用互联网搜集资讯，了解图片编辑软件，比较熟练地掌握多媒体编辑技术。

出版人员必须具备的技能详见本书“业务篇”。要掌握这些技能，就必须熟悉有关编辑加工、校对方面的标准、规范、法规，如《出版物上数字用法的规定》《标点符号的用法》《校对符号及其用法》《中华人民共和国国家通用语言文字法》《简化字总表》《第一批异体字整理表》等，要勤于翻检这方面的工具书，如《作者编辑常用标准及规范》（中国标准出版社）、《编辑校对实用手册》（广西师范大学出版社 2003 年）等。还必须勤于练习，以便熟能生巧。

---

① 王建辉．关于出版企业三个问题的思考［J］．出版发行研究，2006（7）．

第八章

出版关系

主要观点：

1. 出版人员以及一切有良知的思想家、作家和学者不懈追求出版自由，这是他们的职业天性使然，也是他们基于对真理、正义、民主的理性认知使然。出版自由，是思想解放的利器，是真理的催化剂，是民主的温床。

2. 出版业与政府可以共生共荣。政府既要以意识形态的眼光、现实的眼光评价出版物，也要以学者眼光、长远眼光和全球眼光看待某些出版物。同时，出版业必须看到：只要是建立了正常的法制秩序的社会，都无法把出版自由的权利与承担相应的义务割裂开来；还要认识到：政府对出版业并不总是限制、束缚，也经常为出版业的发展保驾护航。

3. 大众媒体与图书出版不断地向对方渗透，尤其是大众媒体加快向图书出版渗透的步伐，一旦政策上有了突破口，二者融为一体就会水到渠成。

4. 出版人员为读者的服务有两种：有形服务与无形服务。有形服务是读者看得见的，主要体现在出版物印刷后的宣传、促销、发行、销售工作之中；无形服务是读者看不见的，主要体现在出版物印刷之前的采集信息、策划选题、组稿、审稿、加工、整体设计、定价等工作之中。在某种程度上，无形服务比有形服务意义更重要。

5. 在精神产品的生产活动中，作者与编辑人员的地位、作用因书因人而异，不能一味地认为作者起主导作用，而编辑人员只起参谋作用。

6. 编辑人员在著名作家、学者、科学家面前没有不谦虚的，看一个编辑人员是否真谦虚，不要看他与这些名作者打交道时的表现，而要看他与普通作者、新作者甚至是工农兵作者、少年儿童作者交往时的表现。不耻下问，真谦虚也。“不羞上问”，几人做不到？

如果把出版社看作一个圆圈，那么，在这个圆圈的外部与内部就存在丰富多彩的社会关系。在其外部，与政府、执政党、文学创作与学术研究团体、大众媒体、分销商、代理商、广告商、作者、读者之间发生各种关系（在当今中国还存在与民营书商的关系）；在其内部，出版社的策划部门、编辑部门、印制部门、营销部门、行政部门、财务部门、后勤部门之间也形成了各种关系。无论是外部关系还是内部关系，都围绕出版物而展开。外部关系基于出版物的创作、监控、流通、销售、消费而发生；内部关系基于出版物的策划、生产、制作而展开。外部关系与内部关系有机联系在一起，不能分割，特别是出版人员与作者的关系、出版人员与读者的关系，是出版社内部关系与外部关系的交汇点，处于各种出版关系的枢纽。围绕出版社产生这么多关系，看起来复杂，但归根结蒂是人与人之间的关系。协调、处理各种出版关系，本质上是协调、处理人与人之间的关系，包括出版人员与相关人员之间的关系、出版人员与出版人员之间的关系。

就外部关系而言，从中外出版的历史与现实来看，对出版工作产生决定性影响的外部出版关系有出版单位与政府的关系、与执政党的关系、与分销商的关系，其中与政府的关系、与执政党的关系二者显然密切相连。在市场经济社会中，出版单位与分销商的关系、与广告商的关系、与大众媒体的关系日益重要。其中出版单位与分销商的关系、与广告商的关系，属于出版物市场营销的应有内容。

就内部关系而言，从我国当前的出版实际来看，处理好编辑部门、印制部门、营销部门（发行部门）相互之间的关系有特别重要的意义，这些属于出版单位内部管理的应有内容。

基于上述考虑，本章只探讨以下四种出版关系：出版业与政府的关系、与大众媒体的关系、与作者的关系、与读者的关系。

第一节　出版业与政府的关系

总体而言，出版业与政府的关系体现在两个方面：一方面，双方互相依赖。出版业需要政府的支持与保护，如资金投入、政策倾斜、法律保障以至业务关照（民营书业更需要政府的扶持），政府也需要出版业的配合、拥护与支援，如宣传官方意识形态、拥护党政方针政策、提供税收、承接政府业务甚至利益赠送；另一方面，双方又经常有摩擦。政府经常想加强对出版业的监管，而出版业总想争取更多的出版自由。政府与出版业根本利益一致，都倚重出版物，都想事业兴旺、文化繁荣、社会进步，但立场与追求不尽相同，自然闹出些不和谐，生出些不愉快的事来。

一、政府对出版业的监管

古今中外，政府监管出版业的手段主要有三种：

（一）直接从事出版工作

无论中外，在出版史的早期，识字读书是王公贵族的特权，出版遂由政府直接掌握。后来，独立的出版工作出现以后，政府依旧没有放弃出版工作。例如，1640 年，法国国王建立“王家印刷所”，承印王室出版物。中国自古以来就有政府严密控制出版的传统，政府素来直接从事出版。在中国封建社会中，从中央到地方的各级官办学校，从中央政府到地方政府，都参与出版。五代时期，后唐宰相冯道（882—954）奏请朝廷刻印九经，是影响极其深远的政府出版工作。此后，中国出现各种官刻图书，版本称呼很多，如“监本”“内府本”“经厂本”“殿本”“藩刻本”和“局本”等。在民间出版兴旺发达的宋代，官刻本仍然是当时图书的重要来源。即使在现代社会，绝大多数国家仍旧直接进行一定的出版工作，如第六章谈到的西方国家政府出版物就是由政府出资出版的。我国 585 家出版社（2017 年数据，含副牌社）都是国有出版社；在我国，成立新的出版机构（包括图书出版社、电子音像出版社、期刊社、报社等）都必须经过新闻出版最高行政管理机关的审批同意。

（二）实行出版物检查制度

在近代历史上，各国政府都实行严格的出版物检查、审查制度，颁布了一系列这方面的法律。1515 年，英国国王亨利八世（1491—1547）指使议会通过法案，规定除非经过“被指定的明智、谨慎的人阅读、讨论和通过”，否则，不得出版和印刷任何拉丁文和英文图书、民谣、歌本和悲剧作品。1530 年，他又在敕令中规定禁止印刷、进口、销售任何反对天主教信仰和国王权威的抄本和印本。此后各国都颁布了类似法律。1566 年，法国的穆兰敕令规定，图书未经国王的审查和正式同意，不得印刷和销售。① 就算是在资产阶级革命以后，限制出版物内容的法律仍然普遍存在。例如，法国在大革命中通过的《人权宣言》宣告“个人有言论、著述、出版和发表其思想的自由”，但同时规定“不能滥用此自由而触犯法律”；1791 年，法国宪法把“滥用”解释为“煽动违法，污蔑现政权，抗拒和妨碍现政权行使其职权”。②后来，出版物检查的法律虽然基本废止，但颁布法规对出版物的内容加以限制，仍然是相当普遍的做法，如美国颁布了《反猥亵法》（1842），英国颁布了《淫秽出版物法》（1857），等等。

（三）设立行政机关管理出版业

设立专门机构，加强对出版业的管理，也是各国政府以及执政党监控出版的惯用手段。在中世纪，英国设立星法院（一种不受普通法约束的法院）负责针对出版业的诉讼，许多出版商和作者以“诽谤”“叛逆”“反对教会”等罪名被处以各种刑罚。1662 年，英国设立所谓的“文书商公司”，规定所有图书经其登记后方可印刷发行。17 世纪中叶，法国设立书业总局，负责管理出版业。到今天，许多国家还是设立常设机构管理出版业，例如，法国设立了文化部图书与阅读局，我国除了设立国家新闻出版署外，中共中央宣传部也直接参与管理出版业。

---

① 沈固朝．欧洲书报检查制度的兴衰［M］．南京：南京大学出版社，1999：126.

② 杨胜伟，燕汉生．法国图书出版业［M］．北京：中国书籍出版社，1993：10.

此外，许多国家的出版行业组织实际上也在不同程度上变成了政府控制和管理出版业的一种工具。例如，中世纪英国的书商公会完全听命于星法院和最高宗教法庭，是政府控制出版的手段之一。成立于1618年的法国书商公会后来也变成控制出版的机构。现在，我国的出版业行业组织有中国出版工作者协会、中国编辑学会、中国期刊协会和中国书刊发行协会等，它们也在一定程度上起到了管理出版业的作用。

出版业不仅受到政府、执政党的监控，还经常受到宗教的控制。尤其在欧洲的中世纪，基督教取得统治地位后，与世俗政权一起严厉控制出版业。从494年到1948年，欧洲教会不断公布禁书目录，吉本（1737—1794）的《罗马帝国衰亡史》，雨果（1802—1885）的《悲惨世界》与《巴黎圣母院》，卢梭、伏尔泰、大仲马（1802—1870）等人的著作都被禁止。还设立宗教法庭，对违反教义、出版禁书的作者和出版商进行严厉惩罚与疯狂的迫害。薄伽丘（1313—1375）的《十日谈》因为描写了僧尼的虚伪、贪婪等，原稿和已印成的图书被意大利天主教会付之一炬；布鲁诺（1548—1600）因为宣扬日心说，动摇了教会所宣扬的地心说，因而以宣扬异端的罪名被处以火刑。正是在这种思想的高压统治之下，欧洲经历了近1000年的黑暗时期，被称为“黑暗的中世纪”。到了现代，宗教仍然没有完全放弃对出版物的控制。1988年，英籍印度作家萨曼·拉什迪在企鹅出版公司出版小说《撒旦诗篇》。穆斯林世界普遍认为该书亵渎了伊斯兰神灵，该书因此受到伊斯兰教徒的愤怒抵制。伊朗宗教领袖霍梅尼发布命令，要求全世界的穆斯林对作者和出版商处以死刑，并悬赏260万美元给杀死作者和出版商的伊朗人。2003年，《达·芬奇密码》在美国出版，该书对基督教的有关问题提出了大胆的异议，众多宗教团体、神职人员和研究《圣经》的学者害怕该书动摇基督教的基本信条，遂对该书进行了大规模的攻击。

二、出版业对出版自由的争取

（一）出版自由概说

面对来自政府、执政党以及宗教的监控、束缚，出版业以及与出版业联系紧密的进步思想家、作家、学者奋起反抗，努力争取出版自由。

出版自由，是指公民以出版物形式表达自己思想和见解的自由。出版自由与言论自由紧密联系。言论自由主要是指公民通过口头或书面的形式表达自己意见的自由。言论自由是出版自由的基础，出版自由是言论自由的升华，也可视为言论自由中最重要的一种。

出版人员以及一切有良知的思想家、作家和学者不懈追求出版自由，这是他们的职业天性使然，也是他们基于对真理、正义、民主的理性认知使然。对出版自由的不懈追求，崇高、伟大，天经地义。出版自由，是公民的一项基本人权，神圣不可侵犯；出版自由，是思想解放的利器，是真理的催化剂，是民主的温床。道理很简单，没有出版自由，就不会有百花齐放、百家争鸣的出版物。没有百花齐放、百家争鸣的出版物，就不会有对垒森严的思想论战。没有对垒森严的思想论战，就不会知道何为真理何为谬误。正是在思想论战中，真理才得以产生，新思想才得以传播，思想解放才得以实现（本书第四章以中国近现代史上的多次思想论战论述了出版具有促进思想解放的功能）。诚如英国著名出版家斯坦利·昂温所说："要使新思想和不受欢迎的意见得到仔细而又彻底的鉴定，除了使之出版以外，还有更好的办法吗？破坏性思想的敌人，不是镇压，而是公之于众。真理不必害怕阳光，谬误在阳光下会枯萎"；"出版工作要向准备跟随先驱人物走新路的人提供远为激动人心的奇异经历，应热心帮助人们克服麻木不仁、无知和偏见，尤其要帮助人们关怀真理的发展"①。美国杰出的思想家托马斯·杰弗逊也认为，在一切通往真理的途径中最有效者就是出版自由。② 多种思想、观点、主张的论战，本身就是民主的形式、民主的程序，也是一切民主制度运行的基础，故曰出版自由是滋生民主的温床。

（二）出版业对出版自由的争取

英国诗人、政论家J·约翰·弥尔顿于1644年发表了《论出版自由》一文，抨击反动的书籍检查制度。该文阐述出版自由的思想，对《出版管制法》（英国议会于1643年颁布，规定任何书籍、小册子或论

① 斯坦利·昂温. 出版概论［M］. 谢琬若，吴仁勇，译. 北京：中国书籍出版社，1989：208.

② 肖燕雄. 新闻传播制度研究［M］. 长沙：岳麓书社，2002：5.

文必须经主管机关或至少主管者一人批准，否则不予印行）进行了猛烈抨击："这种做法，对作者、对书籍、对学术的庄严与特权，都是一个莫大的污辱"；认为《出版管制法》的主要作用是"破坏学术，窒息真理"；力主自由研究与讨论："让我有自由来认识，抒发己见，并根据良心作自由的讨论，这才是一切自由中最重要的自由。"到18世纪，西方各国法律都对出版自由加以明确规定，例如，一直延用至今的1791年《美国宪法修正案》第一条规定："国会不得制定关于下列事项的法律：确立宗教或禁止信仰自由，剥夺人民言论或出版的自由。"此后，世界各国在宪法或有关法律中对出版自由加以确认和保护。有的国家还单独立法对出版自由给予具体的保障，如1881年法国的《出版自由法》、1941年的《马来西亚新闻出版法》、1973年的《芬兰出版自由法》和1974年瑞典的《出版自由法》等。到20世纪中期，出版自由被实行不同政治制度的国家以不同形式采纳。

中华民国时期，政府、政党对出版自由的限制与出版业对出版自由的争取贯穿于始终。1914年12月，袁世凯（1859—1916）控制的北京政府制订了《出版法》，第11条规定，含有"淆乱政体者""妨碍治安者""败坏风俗者""诉讼或会议事件之禁止旁听者"等八种内容的出版物不得出版。北洋军阀对含有进步政治观点的出版物十分仇视，以致把学校学生与精神病患者、被剥夺公民权的犯人列在一起，规定他们都没有资格充当报刊的发行人、编辑人和印刷人。"把不准学生办报定为法律，这在世界出版史上也绝无仅有。"①1916年和1922年，上海书业公会先后两次呈请国务院和内政部，要求对《出版法》的内容进行修改。1926年1月，迫于北京报界的要求，北京政府下令废除《出版法》，这是中国现代史上出版业为争取出版自由而取得的第一个胜利。1928年，国民党当局颁布《著作权法》，规定著作物如果"显违党义"，内政部拒绝注册。1930年12月，南京国民政府颁布《出版法》，对书报刊等各种出版物的限制多达44条。1937年，国民政府颁布《修正出

① 肖东发．中国编辑出版史［M］．沈阳：辽海出版社，2002：414.

版法》，将查禁书刊的权力下放到市县政府。1934 年，国民党中宣部公布《图书杂志审查办法》。1938 年 7 月，国民党中宣部公布《图书杂志原稿审查办法》。1940 年，国民政府颁布《战时图书杂志原稿审查办法》。为争取出版自由，1938 年 8 月，生活书店联合商务印书馆、中华书局、世界书局、开明书店等 10 多家出版企业一起发表宣言，坚决要求国民党立即撤销一切压制言论出版自由的法令。10 月，国民参政会在重庆召开第二次会议，邹韬奋争取 70 多名参政员联署，提出了《请撤销图书杂志原稿审查办法，以充分反映舆论及保障出版自由案》，获得多数票通过，但国民党拒不执行。抗战胜利后，新闻出版业联合起来，发动了轰轰烈烈的拒检运动，拒绝执行原稿审查制度。1945 年 9 月 22 日，国民党政府不得不宣布从 10 月 1 日起废除原稿审查制度。

迄今为止，出版自由仍未达到理想的程度，仍然有很长的路要跋涉。出版自由，曾经是，现在是，将来还是出版业孜孜以求的理想。

三、出版业与政府可以共生共荣

在民主法制社会，出版业与政府可以共生共荣。关键是双方要摈弃戒心、成见，要相互理解、支持。

（一）政府适度监控、管理出版业完全必要，但不必对其经营活动过分干预

政府对出版业的适度监控、管理完全必要。因为，维护国家安全、巩固政权、保持社会稳定，是任何政府的固有职能。各国政府制定保密法，如英国的《官方机密法》(1920)、美国的《国家保密法》(1985)、我国的《新闻出版保密规定》(1992)与《科学技术保密规定》(1995)等，都对出版业在保守国家机密方面作了硬性规定，这是维护国家安全所必需。各国政府针对未成年读者的特点，对出版人员作出了相应要求，如禁止出版发行淫秽出版物，这对保护未成年人的身心健康十分必要。各国政府出于维护国家政权的考虑，对出版物的内容与出版物的流通作出了不同程度的限制或禁止，也可以理解。就连极力标榜人权得到充分实现的美国，也在法律中严格禁止损害政府、国家和危害治安的出版物的出版

与流通。18世纪末，美国国会制定《取缔煽动法案》，规定凡被控撰写、刊印、发表“虚妄、诽谤和恶意的文章”“不利于美国政府或美国国会两院，意图毁损其名誉，……或使其遭人轻视或唾弃者，应处两年以下徒刑及2000元以下的罚款”①。这是美国历史上第一个诽谤法。1911年美国联邦规程的修正案授权邮政部长拒绝邮寄宣传共产主义和无政府主义的报纸。美国也设立了新闻检查局，该局邮件科雇员最多时达一万多人。

激烈的市场竞争经常造成出版物市场混乱，因而政府有必要对出版物市场加以规范。许多国家颁布了图书贸易或涉及图书贸易的法令，如英国的《图书贸易法》对图书的降价行为作了具体规定；美国的《公平交易法》、日本的《反垄断法》、法国的《雅克·朗法》等，也都有关于图书贸易的条款。类似法令都禁止出版物贸易的恶性竞争，这对政府与出版业双方都有益处。

但是，政府对出版业的经营活动不必过分干预。意识形态要维护，要宣传，甚至要灌输，但学术、文化也要发展、繁荣。学术、文化的发展、繁荣需要百花齐放、百家争鸣。政府既要以意识形态的眼光评价出版物，也要以学者眼光、长远眼光和全球眼光看待某些出版物。在国内，尼克松（1913—1994）、基辛格的著作在20世纪90年代公开出版了，但在20世纪80年代这不可想象。20世纪80年代初期，就连《交际舞入门》《港台歌曲选》这样的图书也会被看作异端。1990年，湖南人民出版社因出版《查太莱夫人的情人》等书而被整顿，可后来，海南人民出版社、河南文艺出版社、外国文学出版社（人民文学出版社的副牌）等十多家出版社出版了这部小说。出版需要与时俱进，对出版物的评价也要“风物长宜放眼量”。国外有学者认为，政府在发展信息产业方面只应发挥三个作用：一是对教育和培训的投入；二是保护知识产权；三是协调和制定行业标准。

（二）出版业要正确理解出版自由，要全面看待政府对出版业的作用

思想文化、文学艺术、科学技术的发展与繁荣，离不开宽松的政治

---

① 袁亮．出版学概论（修订本）［M］．沈阳：辽海出版社，2005：247．

环境。出版业争取出版自由是其合理要求、正义追求，但是，出版业也要正确理解出版自由，要全面看待政府对出版业的作用。

在不同的时期，不同的政治体制，不同的国家中，人们享有出版自由的程度会有不同，但有一点肯定相同，那就是，只要是建立了正常的法制秩序的社会，都无法把出版自由的权利与所承担的相应义务割裂开来。“出版自由不是绝对的、无限的，而是相对的、有限的，必须在法律的范围内行使，必须不损害国家的、社会的、集体的利益，必须尊重其他公民的合法的自由和权利。”① 出版自由的权利与义务的统一性以及与之密切相连的有限性，是我们理解出版自由最根本的一点。马克思有个形象的比喻：“出版自由同医生一样，对一个人或全体人民都不是有求必应的，它自己并不是万能博士。”②

出版业还要认识到，政府对出版业并不总是限制、束缚，也经常为出版业的发展保驾护航，这至少体现在三个方面：

1. 运用法律手段保护出版者的权益

国家、政府颁布的不少法律法规，既监控出版业，也保护出版者的权益。例如，版权法（著作权法）既直接保护作者权益，也直接保护出版者的权益。出版物贸易或涉及出版物贸易的法令，对出版物市场秩序进行规范，禁止垄断与恶性竞争，提倡公平交易，这对整个出版业的发展有利。

2. 运用经济手段直接扶持、资助出版业

政府采取两种经济手段直接扶持、资助出版业：

（1）对出版物贸易实行减免税政策。考虑到出版物的特殊性，大多数国家制定了独立的低于一般商品的税率。如德国对一般商品征收14%的增值税，但对书报刊只征收7%，日本政府从1994年起对书刊征收5%的消费税。美国各州政府对出版物征收3%～7.5%的营业税，但联邦政府不征税。韩国、波兰、墨西哥等国对图书完全免税。我国政府

① 全国出版专业职业资格考试办公室. 出版专业基础知识［M］. 北京：中国大百科全书出版社，2002：57.

② 马克思. 第六届莱茵省议会的辩论//马克思，恩格斯. 马克思恩格斯全集：第一卷［M］. 北京：人民出版社，1956：48.

对大中小学的学生课本和专为少年儿童出版发行的报刊、科技图书和科技读物的增值税，实行先征税后退税的办法。

（2）资助学术著作和具有文化积累价值的出版物的出版。出版企业要追求利润，但学术文化不能不传承。所以，许多国家的政府采取拨款、贷款等方式来资助商业价值低甚至会亏本的学术文化出版物的出版。例如，日本政府从1965年起直接资助学术书刊出版，1989年资助金额达到128亿日元。德国政府1989年的资助金额达到712万马克。法国与加拿大政府采取贷款的方式为出版商提供支持。我国政府也大力支持学术文化出版物的出版。对大型文化工程“中国民间文化遗产抢救工程”研究成果的资助就是突出一例：中宣部拨专款支持《中国民间文化杰出传承人系列》丛书（100卷）及其《名录》（10卷）的出版，文化部为《中国木版年画集成》（20卷）的出版拨出经费，财政部给中国唐卡艺术项目专项拨款。政府资助学术文化出版，既保护了出版社的利益，又惠及子孙，功德无量。

3. 运用行政手段支持出版物的出版、发行、销售

教科书的出版发行与政府的关系十分密切。因为，教科书的出版发行必须经过政府的审定，政府又经常变更学制与教育政策（这导致教科书的频繁变动）。可见，在教科书的出版发行方面，出版社是被动的。所以，出版社历来采取与政府紧密合作的态度。出版社经常请求教育行政主管部门给予配合与支持，或者与教育主管部门合作编写教材，或者请教育主管部门在审定教材时给予关照，或者让教育主管部门发令颁文征订，等等。在中国近代历史上，教科书是商务印书馆业务的最大宗。商务印书馆充分借助政府的力量，让政府“通令采用”商务版教科书。在同教育主管当局的联系与协调方面，商务印书馆“经常显得准备充足、游刃有余”。①每当有新教科书出版或新学期开始，商务印书馆总会以总经理的名义向各省教育厅长官报告各书优点，请求推荐。无论在晚清时期，还是在北洋军阀统治时期，或者在国民政府时期，商务印书馆

---

① 黄警顽．我在商务印书馆的四十年//商务印书馆．商务印书馆九十年［M］．北京：商务印书馆，1987：95．

发行教科书都因此而成功。例如1932年8月，南京国民政府教育部发出批示，要求各学校采用商务印书馆出版的教科书，10月发布的一个指示甚至呈请各地方和城市当局置备一套商务印书馆出版的《万有文库》。①

第二节　出版业与大众媒体的关系

大众媒体是指报纸、广播、电视、电影、大众杂志、互联网和手机。在当今大众文化流行的时代，出版与大众媒体的关系日益紧密。一方面，出版业离不开大众媒体，另一方面，大众媒体也需要出版业。

一、出版业离不开大众媒体

出版业离不开大众媒体，这表现在两个方面：

（一）出版社可以依托大众媒体策划出版图书

在一定时期，大众的文化选择与大众媒体的传播活动之间有一种互动的关系。一方面，大众媒体的传播活动是大众文化视野、审美情趣的反映，另一方面，大众媒体的传播活动又极大地影响着大众的文化视野、审美情趣。所以，出版社可以依托大众媒体策划出版图书。笔者提出策划出版图书的一种方法：草船借箭法。其涵义是：依托热映的电影、热播的电视连续剧或电视专题片，依托引起强烈反响的大众媒体的品牌节目或栏目，及时策划出版相应的图书。这样策划出版的图书可称为影视互动书和大众媒体互动书。草船借箭法的经营理念是：借船出海或借鸡孵蛋。运用此法策划出版图书，省时省力省钱，风险小，但见效快。

大约从1998年起，周星驰主演的《大话西游》系列电影以其独特的“无厘头”风格受到新生代的极力追捧，进而使有关图书持续热销。2000年现代出版社推出《大话西游宝典》，内容包括电影台词、拍摄花絮、网友评论等，首印2万册，上市20多天就销售殆尽，当年售出16

① 王建辉．旧时代商务印书馆与政府关系之考察//王建辉．出版与近代文明［M］．开封：河南大学出版社，2006：242.

万册。2002 年“花生文库”工作室策划的《大话西游漫画书》畅销。就连名不见经传的德宏民族出版社推出的网络小说《大话西游》也风行于世！真可谓书以片贵！

作家出版社当初出版《永不瞑目》，首印 2 万册，一直处于销售低谷，遂后悔印多了。当陆毅主演的同名电视剧在国内各地电视台热播时，出版社立即重新设计封面，印上剧照，于是销售一路上扬，达到 8 万多册；春风文艺出版社出版《比如女人》后，圈内口碑不错，也有不少媒体连载过，但销售难以红火。可是，当王志文、江珊、徐静蕾主演的根据这部小说改编的电视剧《让爱作主》在电视台播放后，很快引起人们对小说的关注，销售迅速超过 10 万册。

可见，电影的热映、电视剧的热播可以带动同名小说、剧本或其他相关图书的销售，可以使滞销的书畅销，可以使畅销的书更畅销，可谓影视驮着图书走。反过来，同名小说、剧本的热销又会进一步扩大影视片的影响。这就叫图书与影视齐飞，平面共立体一色！要特别指出，图书与影视也有不能齐飞的时候。例如，姜文与赵薇主演的电影《绿茶》热映，但同名小说遭到冷遇；电视剧《大明宫词》观众反映并不很好，但人民文学出版社出版的《大明宫词（台词本）》卖得挺好。这就说明：电影的热映，电视剧的热播，只是影视互动书热销的必要条件而非充分条件；印刷媒体与电子媒体各有优劣，可以取长补短，但不能相互替代！

电视台节目的高收视率、广播电台节目的高收听率、报纸或大众化杂志栏目的高阅读率、互联网网络文学或博客的高点击率，都可以利用来策划出版图书。中央电视台科教频道的品牌栏目“百家讲坛”直接催生了《百家讲坛》系列书，本本畅销，易中天的《品三国》（上、下）、于丹的《于丹〈论语〉心得》更是成了超级畅销书，前者发行 400 多万册，后者狂销 600 余万册。金丽红依托影视媒体策划了一系列著名主持人、明星的书，如崔永元的《不过如此》、吴小莉的《足音》、白岩松的《痛并快乐着》、陈鲁豫的《鲁豫有约》和冯小刚的《我把青春献给你》等。2005 年轰动全国的电视节目《超级女声》刚落下帷幕，图书市场上就出现了“超级女声”图书：《我为“超女”狂》《李宇春真帅》与《超级女声宝典》等，都借《超级女声》的东风热卖。广播电台上的资源也可以利用。1981 年，中国广播出版社与中国社会科学出版社联合推出了畅销书《成才之路》，这本书源自中央人民广播电台热播的节目《人才问题广播讲座》。

在互联网时代，图书出版在利用互联网资源方面大有作为。《第一次的亲密接触》《盗墓笔记》《悟空传》与《诛仙》等畅销书都是把受到网友追捧的原创网络文学作品变成纸质图书。《生命的留言》收集的是一位普通的癌症病人在死亡前 100 天写的日记，如果没有互联网，无论如何也成不了发行 30 万册的畅销书，它是网络时代的奇迹。出版社可与文学网站合作出书，如上海文艺出版社与目前全球最大的中文文学原创作品网站“榕树下”联合出版“榕树下·网络原创作品丛书”，市场反响很好。知名人士的热点博客也可以用来策划出版图书，徐静蕾的博客文集《老徐的博客》与郑渊洁的博客文集《勃客郑渊洁》都出版了，微博与微信、视频与音频等各种媒体形式的内容资源都可能用来策划出版图书，如《从你的全世界路过》《历史的温度》《罗辑思维》《好好说话》。

报刊上的热点栏目同样可以开发成图书。畅销书《登上健康快车》源自《北京晚报》的知名栏目“健康快车”；畅销书《绝对隐私——当代中国人情感口述实录》出自《北京青年报·青年周末》的著名栏目“口述实录”。“神脑聪仔”系列书由《中外少年》杂志上的品牌栏目“神脑聪仔”发展而来，“大灰狼”系列书由《大灰狼》杂志延伸而来。影响大的报刊，可以简单的合订本形式或二次加工后的佳作合集形式推出图书，前者如《家庭》《知音》《读者》与《电脑报》的合订本（《电脑报》年度合订本 12 年累计发行 2000 万册）；后者如漓江出版社推出的“名刊年选系列”（包括《新周刊》《女报》《凤凰周刊》等刊物的年度佳作本）。

（二）出版业需要利用大众媒体宣传、促销出版物

在报刊上做图书广告，解放前就有，并不稀罕。但在电视上做图书广告，我国始于 20 世纪 90 年代初。1991 年，浙江教育出版社为其出版的《中国少年儿童百科全书》在电视上打广告，获得很大成功。2003 年，英国广播公司组织“我最喜爱的小说”评选活动，经 14 万读者投

票后，公布了21部决选作品名单，并以电视系列专题片的形式分别介绍这些作品，再由观众投票选出一部“有史以来最受读者喜爱的小说”。50万观众热情参与决选投票，《魔戒》最终荣登榜首。此次活动历时八个月，影响之大堪称前所未有。整个图书业都对英国广播公司感恩戴德，出版商和书店都因此赚得盆满钵满。亚马逊网络书店宣布，自从21部决选作品名单公布后，某些入选图书的销量猛增了近五倍；水石连锁书店报告说，仅《黑暗元素》一书的销量就增长了342%。①

在国内，电视对图书销售的拉动作用有一个典型的例子。中信出版社引进出版《谁动了我的奶酪》两个月后，经过艰苦的营销，终于卖到20万册。就在这时，机会不期而遇。2001年12月初，中央电视台经济频道“对话”栏目组与《中国企业家》杂志社合办“《中国企业家》封面人物峰会暨《对话》2001年度特别节目”。那时正值《中国企业家》创办200期，杂志社想与中央电视台合作，邀请杂志报道过的知名企业家一起讨论中国加入世界贸易组织后如何面对变化。“对话”栏目制片人曾经买过一本原版的《谁动了我的奶酪》，觉得这本书是这次节目的一个很好的切入点，于是他们找到了出版社。事实证明，这次节目为中文版《谁动了我的奶酪》的销售“烧了很旺的一把火，不仅使得该书在观众中的知名度大增，而且由于众多知名企业老总的间接推荐，有效地促进了企业用户的集团购买”②，该书后来卖到160万册，电视传播居功甚伟。

二、大众媒体需要图书出版业

大众媒体需要图书出版业，这体现在两个方面：

（一）大众媒体利用图书出版的热点话题做新闻报道

大众媒体在为出版业贡献出版资源，为图书的宣传促销做嫁衣的同时，也从出版业中获得不错的回报。大众媒体经常从出版业中挖掘有价值的新闻素材，捕捉有轰动效应的新闻话题。常见的做法是，利用图书出版热点话题做新闻报道，或者报道名人明星出书，或者连载畅销作品，或者邀请畅销书作家做节目，甚至将图书作者包装成文化明星。

---

① 宋连生．图书选题策划学［M］．北京：中国水利水电出版社，2006：59.

② 要力石．谋划出书［M］．新华出版社，2002：274.

例如，从20世纪90年代后期特别是2000年以来，少年儿童写书出书蔚然成风。大众媒体对此新事物、新问题、新现象自然不会放过。少年儿童每出一书，大众媒体就予以报道，特别是对那些知名度大的少年作家及其作品，往往不惜炒作。2001年4月25日，中央人民广播电台“午间一小时”节目曾以“文坛中的少年军团现象”为题对中小学生的文学创作做了深度报道。2003年12月10日，中央电视台“实话实说”节目以“我是作家我怕啥”为题邀请12岁的蒋方舟、12岁的古立坤和9岁的边金阳做嘉宾，做了一期少年作家专题节目。大众媒体对“美女作家”的关注与之类似。大众媒体对畅销书作家的报道与炒作更是有目共睹。新武侠小说大师金庸一直是大众媒体青睐的作家。特别是余秋雨，作为大学教授，并非公众人物，但自从所著《文化苦旅》成为畅销书，媒体就抢着报道他，邀请他，中央电视台“青年歌手大奖赛”组委会也请他当语言知识点评评委，凤凰卫视请他作环球文化旅行。

（二）大众媒体加快了向图书出版渗透的步伐

中国传媒业发展到今天，已不仅仅是媒体互动，而且不同媒体融为一体已呈必然之势。西方国家的传媒集团大多涵盖各种媒体，而我国，受文化体制、新闻出版体制的制约，各种媒体之间的分割仍然明显，但融合的趋势也在不断增强。

图书出版社原本就有社办期刊（如《读者》由甘肃人民出版社主办），现在介入了电子音像出版，开始创办网站，甚至尝试自己投资拍电影。2002年，江苏文艺出版社同步推出23集电视连续剧与同名小说《月色撩人》，这在我国出版业具有开创性意义。因为这部电视剧是由出版社独家投资拍摄的。再如，期刊社与出版社的合作由来已久，但近四年来，情况有了新变化：品牌期刊社开始从“联姻”的模式中解脱出来，而以“单飞”的姿态介入图书业。①《家庭》期刊集团打造《家庭书架·情感丛书》时，既对期刊资源再次编辑，又利用“家庭”这个品牌自主组稿。《萌芽》杂志社成立萌芽图书报刊发行有限公司，自

① 董彦. 品牌期刊杀入图书界. http://news.dayoo.com，2004-07-12. 要说明的是，所谓“单飞”是指期刊社自己对期刊资源进行策划、整合、加工以至自己发行，并非完全的单飞。在目前出版体制下，期刊社仍然没有图书出版权，还需要从出版社获得书号，所以还是要与出版社合作（尽管这种合作只是名义上的）。

主联系作者和加工书稿，打造“萌芽书系”，树立青春读物形象。期刊社以“单飞”的姿态介入图书业，不仅可以延伸期刊品牌，而且所得利润大于与出版社的“联姻”。《家庭》每期的头条稿件稿费高达2万元，如果只停留在期刊发行一个层面上，就不能物尽其用。打造《家庭书架》图书后，《家庭》期刊集团又创造了新的利润增长点。

大众媒体与图书出版不断向对方渗透，尤其是大众媒体加快向图书出版渗透的步伐，一旦政策上有了突破口，二者融为一体就会水到渠成。

第三节　出版人员与读者的关系

一、两种出版工作的模式

读者在出版工作中是怎样的角色，起着什么作用，是理解出版人员与读者之间关系的根本。首先有必要介绍一下两种出版工作的模式。

从读者与作者在出版工作中的地位来看，出版工作有两种模式。第一种：作者—编者—读者；第二种：读者—编者—作者。在这两种模式中，读者与作者的地位显然不同，第一种以作者的创作为起点，强调作者的作用，强调出版人员为作者服务；第二种以读者的需要为出发点，强调读者的作用，强调出版人员为读者服务。

第一种模式是古代出版工作的惯例，也是我国在计划经济时代长期推行的模式；第二种模式是现代出版工作的通则。在我国，随着社会主义市场经济秩序的建立，出版理念发生了深刻变化，第二种模式得到普遍认可，日益成为出版工作中起主导作用的模式。

二、读者是出版人员的服务对象

按照传统的观念，出版工作既是为读者服务的，也是为作者服务的，也就是说，出版工作的服务对象有两个：一是读者，二是作者。笔者以为，现代（尤其是市场经济条件下）出版工作的服务对象只有一个，这就是读者。① 这是因为：

1. 从传播学的角度来看，读者是出版物传播的目标，是受众，是知识、信息、思想的接受者。出版物只有被读者接受了、认可了，才能达到传播的效果。

2. 从经济学的角度来看，读者是出版物的消费者，而出版人员和作者都是出版物的生产者。消费是生产的目的与动力。市场经济条件下的中国出版业既然属于产业，就必须遵循产业规律。满足读者的需要是出版产业的目的和动力，换言之，读者的需要既是出版产业的出发点，又是出版产业的归宿。

3. 市场经济条件下的出版工作在很大程度上受到读者的主宰。因为，出版物市场的主体是读者，有读者才有出版物市场。满足出版物市场的需要实际上就是满足读者的需要。出版的最后命运掌握在读者手中。

4. 读者是出版物的质量最权威的评判者。一种出版物的质量怎样，价值如何，作者、出版人员、评论家和读者都会作出评价。谁的评价最权威？读者的评价最权威。因为，相比之下，读者的评价最客观。作者站在个人的角度创作，又像宠爱自己的宝贝子女一样偏爱自己的作品；评论家基于个人的立场率性评点他人的作品，甚至故意吹捧或有意贬低；出版人员虽然代表社会代表读者来评估作者的作品，但也不免受到个人好恶的制约，再说经常有人出于自身利益的考虑而对自己负责出版的书自吹自擂。说来说去，只有读者（当然是泛指，不特指读者的个体）才能真正站在公正的立场上评价作品的质量与价值。出版的历史与实践证明，一种出版物（特别是一本书）出版发行后，无论作者、出版者和评论家如何推崇，如果读者不喜欢，或者读者阅读后产生了严重的消极效果，那么，它终究会被淘汰。

当然，有一种现象是，有的书虽然不被当时的读者接受，但过了很多年后，却被读者认同，甚至成为畅销书。德国哲学家叔本华（1788—

---

① 作者是出版人员的合作对象，而不应视为服务对象。如果一定要把作者也视为服务对象，那么笔者以为，读者是出版人员的直接服务对象，而作者则是间接服务对象。

1860）的《作为意志和表象的世界》出版一年半中只卖出140册，可是40年后受到空前欢迎，几乎全欧洲人都知道这本书。这种现象不少，但从长远来看，作品的质量与价值归根到底还是由读者来进行评判的。

在一定意义上，市场经济就是服务经济——为消费者服务的经济。我们可以说，出版产业是为读者服务的产业。正如论者所说："满足读者需要、全心全意为读者服务，是书籍编辑工作的根本宗旨。没有读者，编辑工作就失去了服务对象和存在的价值。"①

三、出版人员为读者服务的内容、方式与要求

笔者把出版人员为读者的服务划分为有形服务与无形服务两种，每种服务的内容、方式与要求不同。

（一）有形服务

有形服务是读者看得见的，主要体现在出版物印刷后的宣传、促销、发行、销售工作之中。服务的内容包括介绍图书出版信息、引导读者阅读等。具体方式有：新书演讲报告会、读者座谈会、购书服务（包括门市服务和邮购服务）、出版人员到书店售书、组织图书俱乐部、处理读者来信等。2001年经济出版社出版《千万别管孩子——自主教育哈佛启示录》后，在全国30个主要城市举办由主人公参加的主题报告会，还成立自主教育俱乐部。出版人员应竭力做好为读者找书和为书找读者的工作。邹韬奋很重视处理读者来信的工作。他说："做编辑最快乐的一件事就是看读者的来信，尽自己的心力，替读者解决或商讨种种问题。把读者的事看作自己的事，与读者的悲欢离合、甜酸苦辣打成一片。"②处理读者来信要热心、认真、细致，答复来信要及时、明确，要注意称呼、用语，有时还要为读者做一些"分外"的事情。

在有形服务方面，改革开放以来特别是推行社会主义市场经济以来，通过不断改革发行体制，已取得了有目共睹的成绩。市场经济使当今出版人员深深体会到，不搞好后期的销售服务、发行服务，就不能争

① 阙道隆，徐柏容，林穗芳．书籍编辑学概论［M］．沈阳：辽海出版社，2000：136.

② 邹韬奋．生活史话//邹韬奋．韬奋新闻出版文选［M］．上海：学林出版社，2000：332.

取到读者，就不能占领市场。于是，出版业借用“消费者是上帝”的说法，提出了“读者是上帝”的口号，这一口号已成为某些出版人员的口头禅。① 出版社的发行科（发行部），原来多是出版社中员工学历层次最低的地方，而如今出版社普遍提高了发行人员的学历层次。金丽红说：“至少，发行部主任、副主任要有非常高的学历。”② 华艺出版社原发行部主任黎波的学历就相当高，对书的感觉和把握比较到位。

（二）无形服务

无形服务是读者看不见的，主要体现在出版物印刷之前的各个环节的工作中，即体现在采集信息、策划选题、组稿、审稿、加工、整体设计、定价等环节的工作之中。在这些环节的工作中，出版人员想读者之所想，急读者之所急，充分尊重读者，充分体贴读者，努力为读者出版优质的、价廉物美的精神食粮，都是为读者服务的表现。

一般来说，出版人员要有强烈的读者意识，“读者意识有两方面含义：一是编传的讯息内容要适应读者日益增长的精神文化需要；二是选载讯息的符号模式与传播媒体要适应读者多种多样的审美接受方式。”③ 畅销书策划大师金丽红的读者意识非常强。中央电视台“实话实说”原主持人崔永元完成书稿《不过如此》后，编辑做了大段的改动，例如删掉了一段非常精彩的关于影片《风暴》的内容，因为今天的青少年没看过《风暴》。金丽红说：“你要了解读者的期待，你说一些人家不懂的事，你和读者就呼应不起来。”④编辑人员提前介入对书稿内容的选择与策划，强化编辑含量，难道不也是为读者服务吗？在某种程度上，这种无形的服务比有形的服务更重要。金丽红一语中的：“如果前

---

① 从尊重读者、服务读者的立场来说，“读者是上帝”这一口号本无可非议。但是，在现实生活中，某些出版人员整天高喊这一口号，乃“醉翁之意不在酒”。为了让读者掏腰包，他们有意迎合读者的某些低级趣味、不健康的需求。于是，“读者是上帝”这一神圣的口号也被染上了铜臭味。有鉴于此，笔者虽然曾经也同意这一说法，但现在弃而不用。

② 金丽红. 畅销书与营销策划［J］. 出版广角，2002（11）.

③ 王振铎，赵运通. 编辑学原理论（修订版）［M］. 北京：中国书籍出版社，2004：63.

④ 金丽红. 畅销书与营销策划［J］. 出版广角，2002（11）.

期编辑策划做不好，就往发行这边推，那你有天大的本事都发不出去。"①

出版人员的这种无形服务的意识与水平，往往从一些细节上反映出来。优秀畅销书《大败局》（浙江人民出版社）的责任编辑在编稿中做了一些看似微不足道的小事：通过庄重的黑体，把书中内容的亮点标识出来；通过清秀的楷体，把小板块与正文区别开来。这样便于读者阅读，让读者不至于感到太累太单调。《藏地牛皮书》（中国青年出版社）特地选用黄色荷兰蒙特纸印刷，以避免青藏高原强烈的阳光对读者眼睛的刺激；在装订处特意钻了两个小孔，便于随身携带此书的旅游者在这本厚书万一脱落时能用绳子很方便地串起来。2004 年第 10 版《新华字典》双色本用蓝色标出音节、正字字头和梯标，使音节、正字字头和汉语拼音字母顺序醒目，便于读者查阅。张学良去世后，广东人民出版社出版了他的传记《世纪情怀——张学良全传》，内容非常好，封面设计也不错，但是，把它竖着放在书柜上时，问题就产生了：书脊上的"世纪情怀"四个字耀眼夺目，但"张学良全传"5 个字不太醒目，这就不太容易引起读者对该书的注意，这是装帧设计人员为读者服务意识不强的表现。

在定价方面，出版人员为读者"斤斤计较"，是心中装着读者的直接表现。金丽红说："读者那里有一个心理价位，那是一杆秤。"②例如，她策划的畅销书《生命的留言——陆幼青〈死亡日记〉全选本》，作者提供了三个定价：18 元、18.8 元和 21 元，出版社选择了 18 元。根据通常的操作，这本书的价格可以定在 24 元至 25 元之间，但金丽红考虑到，这样一本题材非常独特的书要想广泛传播，书价就不宜偏高。岳麓书社有一片年年丰收的果园——《古典名著普及文库》。自 20 世纪 80 年代出版以来，这套丛书始终坚持低廉定价，其广告语是："竭诚使广大读者以最少的钱买最好的书"。例如，《红楼梦》1993 年版（平装本）定价为 8.4 元，《史记》1994 年版（精装本）定价为 16.4 元，《左传》1993 年版（精装本）定价为 8.9 元。再如"非典"流行期间，北

---

① 金丽红．畅销书与营销策划［J］．出版广角，2002（11）．

② 金丽红．畅销书与营销策划［J］．出版广角，2002（11）．

京出版社出版的《非典型肺炎防治手册》比北京市最早出版的《非典型肺炎不可怕》晚了半个月，但它的销量比后者大得多，一个重要原因就是价格低廉，只有3.8元，而《非典型肺炎不可怕》只有28页，但定价5元。

（三）既适应读者、满足读者，又引导读者、创造读者

读者是出版人员的服务对象，出版人员应该适应读者、满足读者，然而，这绝不等于迁就读者、迎合读者。对于读者背离政治思想导向的需求、不健康的需求，出版人员绝不能迁就、迎合。出版人员有责任以优质的精神产品引导读者向积极的方向追求。

读者是文化创造与文化传播的积极参与者。一部作品能否被社会接受，既取决于作品本身的质量，又取决于读者的需要、素质和审美能力。法国著名思想家伏尔泰说，无论怎样有益的书，其价值的一半是由读者创造的。读者总是从自己的角度来理解作品和感受作品，因而“一千个读者就有一千个哈姆雷特”。鲁迅指出，对于同一部《红楼梦》，“经学家看见《易》，道学家看见淫，才子看见缠绵，革命家看见排满，流言家看见宫闱秘事”①。人们借鉴《三国演义》中的谋略来建功立业，但也有非法之徒运用书中的计谋来抢劫杀人。可见，出版人员正确引导读者的责任重大。

出版人员应该满足出版物市场的需要，可是，出版物市场的需要并不等于读者的需要。出版物市场的需要往往只反映读者当前的、现实的需要，不能反映读者长远的、潜在的需要。在这个方面，出版人员有责任创造读者。

总之，出版人员不能消极地迎合读者，应该从更高的层次着眼，以高于读者需要的品位给读者以启发、引导和陶冶。如果唯读者脸色是瞻、唯读者趣味是从，出版物怎能真正起到塑造人的灵魂的作用呢？引导读者和创造读者是出版人员为读者服务的更高要求。

---

① 鲁迅.《绛洞花主》小引//鲁迅. 鲁迅全集：第7卷［M］. 北京：人民文学出版社，1959：419.

第四节 出版人员与作者的关系

一、作者是出版人员的合作对象

这里所讲的出版人员主要是指编辑人员。

（一）出版人员与作者的关系是平等的朋友关系

出版人员与作者，是围绕精神产品生产与传播的合作的双方。他们都是精神产品的生产者，都是为了满足消费者（读者）在精神文化生活方面的需要；他们都是出版物的传播者，都有共同的目标：向受众（读者）传播知识、思想与信息等。编辑人员和作者互相依存、互相制约。作者的稿件是编辑工作的直接客体或直接工作的对象。编辑人员的基本职责就是对作者的稿件进行选择和加工。没有作者的稿件，编辑工作就成了无米之炊、无源之水。从这个意义上说，作者的稿件是编辑工作的基础。但是，没有编辑人员的劳动，作者的稿件就不会变成向社会传播的文化产品，换言之，没有编辑人员的劳动，作者的劳动成果就会湮没无闻。诚如王振铎先生所说，编辑人员与作者“优势互补，并没有主从、高低、贵贱之分”，“在社会人际关系的大层级中，编者与作者同归知识者一类”①。1983 年颁布的《中共中央、国务院关于加强出版工作的决定》也明确指出：“社会主义出版工作是出版工作者和著译者共同的工作，他们之间的关系是同志式的互助合作关系。”

编辑人员如果把作者看作是自己的服务对象，那么，就会自然而然地产生“为他人作嫁衣”的心理。“为他人作嫁衣”曾经长期甚至今天仍然被某些人视为“编辑”的代名词。这种说法如果用来赞美编辑人员应该具有的那种甘作幕后英雄、乐于奉献的精神，则是应该肯定的，但如果用来形容编辑工作特别是当代编辑工作的过程与性质，则不能令

---

① 王振铎，赵运通．编辑学原理论（修订版）［M］．北京：中国书籍出版社，2004：61．

人接受！“为他人作嫁衣”的本意很清楚，是讲嫁衣对出嫁的女子起到了装饰、美化的作用，可是，做不做嫁衣或者嫁衣做得好不好并不影响女子出嫁。也就是说，做嫁衣的人只能决定嫁衣的做与不做或者好与坏，但决定不了女子的嫁与不嫁。如果把编辑人员比喻为替作者“作嫁衣”的人，那么，不就等于把编辑人员视为只能对形式进行美化的工匠吗？编辑人员只能起装饰的作用吗？这显然不符合当代编辑工作的事实。有专家一针见血地指出，“为他人作嫁衣”这一比喻至少掩盖了当代编辑工作的三个主要特征：枢纽特征、再创性特征和导向特征。所谓枢纽特征是指编辑人员处在文化传播的冲要地点和关键所在，主要表现在对原作品的审查、选择和加工上，“如果把原作品比喻为待嫁的姑娘，那么她能否出嫁，就不是由她自己的意愿决定得了的，必须通过编辑的审查后方能决定”；所谓再创性特征是指编辑行为是著述行为的继续，也是创造性劳动；所谓导向特征是指编辑行为的目的性很明确——希望对读者对社会施加某种影响。编辑人员在编辑活动中对社会对读者施加影响的作用是编辑活动的本质，“无论如何也不能用‘为人作嫁’来轻描淡写的”①。不言而喻，编辑人员如果把编辑工作看成只是为作者服务的职业，如果把自己仅仅看作是装饰、美化作者稿件的人员，那么，他从事编辑工作的时候就会缺乏主动性、能动性、创造性，甚至会不负责任。最终，他很可能就会满足于当一名“编书匠”（事实上，这样的编辑人员往往当编书匠都不会称职），而不会立志做一名编辑家。

对作者是出版人员“衣食父母”的观念，出版人员也不能将其庸俗化。作者确实是出版人员极其重要的资源。图书市场的竞争往往是作者资源的竞争，出版人员尊重作者是很自然的事情。但真正的作者，无需也不要出版人员把他们视为“衣食父母”。出版人员既不应把自己凌驾于作者之上，也不必把作者视为“衣食父母”，二者应该成为平等的朋友关系。

---

① 皋永利，胡春雨．“为人作嫁”说不能揭示当代编辑的本质特征［J］．编辑之友，2001（4）．

（二）在精神产品的生产活动中，编辑人员与作者的地位、作用因书因人而异，不能一味地认为作者起主导作用，而编辑人员只起参谋作用

已有的编辑出版学教材、著作都认为，在编辑工作中，作者起主导作用，编辑人员则起参谋作用。例如，某权威教材说：

> 在书稿的创作和编辑过程中，作者始终处于主体的地位。编者提意见，提修改方案，要从作者的实际出发，从作者提供的书稿的实际出发，帮助作者实现写作计划和完善书稿；不是抛开作者，由编者去写作，或者把编者的观点强加到书稿中去，用编者的风格去代替作者的风格。①

笔者以为，这种看法在一般情况下毫无疑问是正确的，但并非放之四海而皆准。编辑人员与作者究竟处于什么地位起着什么作用，则要具体情况具体分析，不能片面地认为作者总是主角，而编辑人员总是配角。

出版学术理论著作和原创文学作品时，作者肯定起主导作用，而编辑人员只起参谋作用。但出版通俗普及读物时，编辑人员就必须充分发挥自己的作用。编辑人员要站在读者和社会的立场引导作者写作，要向作者特别是专家学者型作者介绍图书市场信息，介绍广大读者的阅读需求与审美心理，以促使作者的写作风格、表达方式符合社会大众的需要。例如，北京301医院的一位权威牙医出了本牙医著作，卖不出去，出版社要他包销，以致他的办公室堆满了积压的书，他为此苦恼不已。金盾出版社的编辑人员再次向他组稿，告诉他，书滞销不是因为读者不需要防治牙病的书，而是因为写法不对路，过多地写了牙病产生的原因，而具体防治牙病的方法过于简单，所以实用性不强。这位编辑承诺，如果按照他的建议去写，书肯定畅销，届时不但不要他包销，而且照付稿酬。于是这位牙医按照金盾出版社“少讲为什么，多讲怎么做”的要求，以通俗易懂、直白浅显的体例与表述方式撰写了《牙病防

---

① 阙道隆，徐柏容，林穗芳．书籍编辑学概论［M］．沈阳：辽海出版社，2000：156－157.

治》，结果首印20多万册，以后年年重印。再如，1982年，中国青年出版社出版了《通俗哲学》（韩树英主编，方成配漫画），到1998年发行了252万册。韩树英是我国著名的哲学家，其他撰稿者也都是专家学者，对哲学有精深的研究，但缺乏写作普及读物的经验，对青年读者的情况也不很了解。于是，编辑部组织座谈会，帮助作者了解青年的思想状况和阅读要求，从而使这部书在科学性和通俗化相结合方面取得了成功。

尤其是策划出版畅销书时，编辑人员应该担任主角，对作者的稿件作出必要的甚至是实质性的修改，总之应该真正有所作为。当然，编辑人员这样做的时候，应该尽可能地经过作者的同意，如果实在无法与作者沟通时，可以“先斩后奏”。例如，原中央电视台“实话实说”节目主持人崔永元的《不过如此》卖到104万册，就得益于金丽红的“先斩后奏”，请看她的回忆：

> 后来，我们跟着小崔签名售书，每到一处他都说，我之所以选择华艺，是因为他们把我的第一稿给毙了，说明他们对我负责任。确实，书写完后，我们又作了大段的改动。比如书中有一段关于影片《风暴》的非常精彩的演讲，被我们删了，他非常生气，他说这不行，不能动。我说小崔，这个必须动，要不你再写一章，说明这《风暴》是怎么回事。你的书是写给当代年轻人看的，可他们没看过《风暴》，没有这个背景他们根本不知道你在说什么。这也是一个满足读者期待的问题，你要了解读者的期待，你说一些人家不懂的事，你和读者就呼应不起来。到最后，小崔也觉得删对了。他原来给我们定了一个原则，动任何一个字，都要跟他商量，后来，有些我们觉得跟他商量不通，就偷偷拿掉了，他拿回来看，也觉得舒服，就不说了。①

从上例也可以看出，除了极少数畅销书作家以外，作者都是从个人

① 金丽红．畅销书与营销策划［J］．出版广角，2002（11）．

的角度去创作，不会或很少会考虑读者的需要、阅读兴趣和接受能力。作者创作的个人化倾向与畅销书传播的大众化指向是矛盾的。所以，编辑人员如果想策划运作畅销书，就不能唯作者是从。哪怕是出版名人作者的书，编辑人员也不能无所作为，更不用说出版新作者、普通作者，特别是少年儿童作者、工农兵作者的书了。少年儿童作者是20世纪90年代后期以来兴起的一种新的作者群体，身心尚不健全，要求出版人员必须履行起自己的社会责任，要以良知和理性正确引导少年儿童作者健康成长。鲁迅曾说，要毁灭一个人，有两种方法，一是“骂杀”，二是“捧杀”。出版人员要特别注意不要“捧杀”了少年儿童作者，不能不负责任地将他们捧起来推出去之后就撒手不管，而应该真诚地指出其作品中的显而易见的缺点，应该诚挚地指出小小年纪出书可能对他们造成的负面影响，并给予他们实实在在的爱护。由于文化程度和专业水平的局限性，工农兵作者无疑希望在写作方面得到编辑人员的具体指导与帮助。在《红岩》的创作、修改过程中，先后有7位编辑人员参加编辑工作，他们从全书的主题、结构到每一个人物和具体情节的修改，都与作者罗广斌（1924—1967）、杨益言（1925—2017）充分交换意见。通过反复修改，作品出版后获得巨大成功，作者和编辑人员也结下了深厚友谊。

二、出版人员与作者合作的基本要求

出版人员（尤其是编辑人员）与作者合作的基本要求有以下四点：

（一）总的原则是，本着平等、互助、互惠的精神，以朋友的关系共同做好出版工作，实现双赢

编辑人员与作者之间除了在书稿方面的利益联系之外，还应该有经常的交往和真诚的友谊。真诚的友谊是编辑人员赢得作者稿件的强大武器。金丽红以亲身经历谈到过“人情因素”在出版工作中的重要性：

> 作家刘恒（《贫嘴张大明的幸福生活》的作者）和我们的关系一直很好，但向他要稿子，他历来就是一句话：我的稿子是给某某出版社那个姓王的编辑的。我知道，那个编辑已经很

老了，干了一辈子，收入不多，有一只眼睛几乎失明了。刘恒这个人非常悲天悯人，无论你出多高的印数他都不动心，就是把书稿给那位姓王的编辑。所以，有时候人情的力量非常巨大。我们从中也体会到，我们和作者的关系，不能仅仅是一种生意关系，更是一种朋友关系。①

20世纪90年代后期以来，国内越来越多的出版社喜欢与名作家签订独家出版其全部作品的合同，然而这是不道德的，在法律上也是无效的。德国专家认为："稳住自己的作者的最好办法是：实事求是的合作，按时支付作者的稿酬，让作者参加公关宣传活动，为提高作者的声誉共同努力，日渐增进双方的信任。"②此言甚是。中国专家也有类似看法："获得作者的作品不过是第一步，获得作者作品之外更广泛的信息也仅仅是第二步，获得作者全心全意对出版全力而无私的支持才是编辑在出版中，特别是在选题策划上所要达到的理想目标。"③

（二）树立良好的编辑作风

总的要求是：热情、谦虚、诚恳。④不管遇到什么样的作者，编辑人员都要热情待人，不能用市侩主义的态度对待作者，不能唯作者名气、地位、身份是从；编辑人员要虚心向作者学习，对于作者的选题与稿件，不能随意发表意见，尤其不能嘲笑；编辑人员的热情与谦虚应该是真诚的、实事求是的。要真正做到热情、谦虚和诚恳是很不容易的，例如，编辑人员在著名作家、著名学者、著名科学家面前没有不谦虚的，看一个编辑人员是不是真谦虚，不要看他与名作者打交道时的表现，而要看他与普通作者、新作者甚至是工农兵作者、少年儿童作者交往时的表现。不耻下问，真谦虚也。"不羞上问"，几人做不到？

---

① 金丽红．畅销书与营销策划［J］．出版广角，2002（11）．

② 霍尔格·贝姆，加布里尔·哈特，赫尔曼·舒尔茨，约亨·韦尔纳．未来的出版家——出版社的管理与营销［M］．邓西录，译．邢爱华，校．北京：商务印书馆，1998：160．

③ 赵航．选题论［M］．沈阳：辽宁教育出版社，1998：175．

④ 阙道隆，徐柏容，林穗芳．书籍编辑学概论［M］．沈阳：辽海出版社，2004：87．

（三）要有磨合意识

所谓磨合，是指出版人员通过耐心细致的说服、沟通工作使双方的意见一致，也就是以“磨”求合。例如，译林出版社原社长李景端策划出版西方意识流小说名著《尤利西斯》（十分晦涩难懂，是世界上有名的“天书”“奇书”“怪书”）的中文全译本时，在物色译者的过程中颇费了一番周折后，终于找到了合适的译者——萧乾（1910—1999）与文洁若夫妇。他多次上门“游说”翻译《尤利西斯》的必要性，但萧老（时已80高龄）没有答应，他就迂回先说服文洁若。文洁若终于被他的“磨劲”感动了，答应先译一章试试。很快她就把第一章译出来了，李景端送请时任南京大学外文系主任、后任联合国教科文组织代表的钱佼汝教授审阅，得到的评价是，虽然有些译文用词还可以斟酌，但原文意思基本表达出来了，而且有些难点处理得颇有创意。试译的成功，大大增强了文洁若的信心，她不但自己同意译，而且答应设法把萧乾“拖下水”。为此，李景端同文洁若商定：（1）约稿合同上先写“文洁若译”“萧乾校”，等上了马，实际上就是萧、文合译了；（2）把交稿时间写长一点，免得萧乾感到压力大，但上马后力争提前交稿；（3）合同先由文洁若签字，待后再请萧乾补签。文洁若对萧乾非常了解，她认定，萧乾一定会接受挑战，而且一旦上手，一定会全力以赴。事实上确实如此，萧乾很快主动地成了积极的合译者，他把当年捐赠给中国社会科学院外国文学研究所的一批有关作者乔伊斯（1882—1941）的书再借回来；发动海外的亲友多方收集有关《尤利西斯》的各种参考书；认真核定、修改文洁若翻译的第一章，先在《译林》杂志上发表以听取反应；谢绝除《尤利西斯》以外的一切约稿；着手向国内外报刊撰写有关《尤利西斯》的评介文章；并终于在约稿合同上签了字。①

（四）要掌握与作者沟通的技巧、艺术

与品性高洁、性格孤僻、恃才傲物的作者打交道时尤其要掌握与人

① 李景端.《尤利西斯》获奖又畅销的启示//张芬之. 出版策划：理论与实践［M］. 南宁：广西教育出版社，2000.

沟通的技巧、艺术。

请先看笔者给编辑出版专业的学生出过的一道期末考试试题：

先阅读材料，然后回答问题：

2000 年 12 月，江西教育出版社出版的《梵竺庐集》荣获中国图书奖。该书作者金克木（1912 年 8 月—2000 年 8 月），历任武汉大学哲学系教授、北京大学东语系教授，是梵学研究、印度文化研究大家，学贯东西，通晓多国语言，对东西方文化很多领域有广泛研究。在向金先生组稿的过程中，责任编辑文恒益、晏筱梅经历了一番甜酸苦辣。请看他们的回忆：

1996 年 7 月，在一次会议中，我们结识了后来成为《梵竺庐集》编者之一的中国社会科学院现代文学研究所研究员张大明先生和黑龙江社会科学院的刘以焕教授。我们谈到了学贯中外的大儒金克木先生，张大明先生还提到他的一位朋友刘福春先生与金老有私交。也就在那时我们忽然萌发了为金先生出文集的念头。当我们透露这一想法时，他们马上表示赞同，而且愿意为我们穿针引线、出谋划策。会议结束后，我们便投入了紧张而细致的策划工作。一方面我们与张大明先生联系，要求他尽快组成一个由熟悉金先生作品的同志参加的编委员，并寻找机会与金先生见面；另一方面我们开始收集有关金先生的资料和著作文章，掌握第一手材料，以便将来能与金先生在学术上进行对话。

1996 年 12 月选题刚通过，我们便动身去北京，一是与编委会协商文集的收集、分类整理及其他出版事项，二是专程拜访金克木先生，听取他本人对文集出版的意见。与金先生的第一次见面给我们留下的印象非常深刻。那是一个寒冷的冬日，我们一行四人顶着凛冽的寒风，在编者之一的刘福春先生的引导下，来到了北京大学朗润园金先生的家。在去金先生家的路上，我们都有些紧张，因为要探访先生，与当年人们硬要去寻找自讽为“下蛋的鸡”的钱钟书先生一样困难。而且我们也听说了一些关于先生性情的传闻，先生不爱开会，哪怕是十分重要的会，他也只去半天，第二天、第三天便决意不再去了；先生不喜欢与传媒打交道，所以报纸和电视上很难见到“金克木访谈”这样的内容，对于把他当名人看的记者，他一概拒绝，时间一长，恐怕就让人对先生敬而远之了。我们也不免有些担心金先生会拒绝我们出文集。走进金先生家，一位慈眉善目的老者正在摆棋谱，这便是品性高洁、从不与人对弈的金先生，一如邻家普普通通的老爷爷。金先生微笑地同我们一一握手，我们紧张的心情缓和了许多。一阵寒暄过后，先生一再追问我们的来意，我们只得直奔主题，把我们此行的目的告诉了他，谁知先生连想也没想便断然拒绝道：“不可能！不可能！我生前不可能出文集！”语气如此坚定，没有一点回旋的余地。这既出乎我们的意料之外，又在我们的意料之中。接着金先生又告诉我们：在此之前已有安徽、辽宁、山东、河北等地的多家出版社来谈过出版文集之事，都被他一口回绝了。原因很简单，老先生不愿意在生前出文集。我们左磨右缠，金先生的老友刘福春也帮我们做工作，可先生就是不松口，我们这才真正领会到了金先生的个性。看来“强攻”是不会有结果的，只能日后“智取”了。于是我们改变了“战术”，不再谈出文集的事，而是同金先生闲聊。金先生虽已是84岁高龄，但仍精神饱满，风趣健谈。他才思敏捷，天马行空，我们年轻人注意力不高度集中便跟不上他的思维。金先生同我们谈梵文、文学、哲学、翻译、中印历史文化关系等，也谈他的个人生活和社会活动，从童年谈到读书，从留学谈到教书，还谈他同陈寅恪、吴宓等知名学者的交往……谈到高兴之处，老先生发出阵阵爽朗的笑声，我们也深受感染。时间不知不觉地已到下午一点半，为了不影响老先生的正常生活，我们只得起身告别谈兴正浓的金先生。这样，第一次拜访金先生虽未达到出文集的目的，但我们感到与老先生的距离拉近了。

回社后，我们把情况向社领导作了汇报，以争取社领导的继续支持，同时安排编者做前期准备工作。与此同时，我们还不断地同金先生保持联系，以期进一步建立感情。我们经常写信和打电话给金先生，只字不提文集出版，只探讨学术问题，谈论工作和生活，渐渐地我们成了“忘年交”。每逢节日我们都给他寄精美的贺卡，并在他过生日之时寄上礼仪电报和鲜花。先生十分感动，致信我们：“花谢了，我也该谢你们了！”精诚所至，金石为开。经过半年多的交往，金先生终于被我们的真诚打动了，终于放心地把书稿交给我们了。于是在1997年6月，我们二上北京，同金先生面谈文集出版。第二次踏进金先生家，金先生见到我们就像见到了久别的朋友。此时金先生已经85岁，他不仅亲自拟好了文集的编排目录和分卷方案，提供了一些已经散佚的珍贵文稿，还对一些早年创作的文稿作了修改、补充，并亲自为文集确定书名和题词。捧着先生的书稿，看着先生颤抖的字迹，我们深感肩负重担，暗下决心：一定要尽全力编好这套书，一定不能辜负先生。就这样在我们锲而不舍的努力下，金先生的《梵竺庐集》开始正式运作，我们也有幸在先生的有生之年为金先生出版了他生前唯一的一套文集。①

回答问题：联系材料，结合所学知识，谈谈编辑人员应该如何处理与作者的关系。

请看一份笔者判了满分的考生答案：

很多时候，不得不佩服“情”这个字的分量与魔力。在此文中，又是它一个展现的舞台。金先生从拒绝到答应再到热情地备稿、搜稿，很大程度上是基于对编辑的信任，但其基础

① 文恒益，晏筱梅．梅花香自苦寒来——《梵竺庐集》出版始末［J］．中国出版，2001（4）．

是交往，是“情”。

1. 作为编辑，首先要了解作者的有关情况，包括生平、兴趣爱好、著作及思想等，并与之经常保持联系。文中编辑始终未忘记这一点，这是成功的第一步。

2. 试着与作者建立互助合作的朋友关系。当金先生矢口不提出书之事时，编辑以他的智慧转变策略——用“人情弹”来摧毁坚韧的“隔离墙”。从后来编辑与金先生的交往中以及他们点滴的关怀与付出中，我们看到的是那种除了单纯的利益关系之外的更令人感动的东西。

3. 用谦虚、热情、诚恳的态度与作者交往。要想出版名人的书，这是法宝之一，像金先生这样的大儒，更要让他倍感真诚，才能拉近彼此之间的距离。

4. 努力提高自身文化修养，提高与作者对话的能力。文中编辑在与金先生的交往过程中，不断寻找共同点、碰撞点，终于成为忘年交。

总之，作者既然写书，那么不想发表、出版而只想自娱自乐的只是极少数。不肯发表、出版的很大原因是因为还没有找到可以“托付”的人。作为编辑，我们应从各方面完善自己，不仅仅是技能专业技术方面，很多时候，人际感情能助我们一臂之力。所以，我们应不断完善自己，成为让作者可以放心托付的人，此文便是此观点的一个很好例证。①

上述试题所示事例生动地反映了编辑人员与作者沟通的重要性，该生的答案完整地阐明了编辑人员与作者（特别是品性高洁、性格孤僻、恃才傲物的作者）沟通的技巧和艺术。

---

① 这份答案是湖南师范大学新闻与传播学院编辑出版专业2004级本科生易玲英在大学一年级第一学期解答期末考试试题的答案，这里只改动了个别文字。

第九章

出版效益

主要观点：

1. 归根结底，处理出版社会效益与出版经济效益的关系实质上就是处理二者之间的矛盾。

2. 宏观经济效益也是出版社会效益的题中应有之义。有些出版物的宏观经济效益不局限于一个国家，还扩展到全世界。

3. 出版社会效益与出版经济效益的关系经常表现为矛盾，这是不以人的意志而转移的客观事实。这是因为，在可以预见的时间里，有些出版物天生不会有人喝彩，但你绝对否认不了它们的重大价值，而有些出版物注定赚钱，但肯定不会有什么社会价值。以书养书这一战略性的出版策略，正是为了解决出版的社会效益与经济效益之间的矛盾，正是为了履行出版的神圣使命，没有理由不坚持之。

4. 从我国出版实践来看，把出版的社会效益放在首位的底线是：决不出版反动书、淫秽书、色情书。

5. 学术理论著作的雅俗共赏实质上是学术平民化、文化普及化。努力使学术理论著作雅俗共赏，意义有二：一是人文意义——普及文化，提高国民素质；二是功利意义——扩大发行，获取利润。

第一节　出版效益的涵义

一、出版社会效益的涵义

可从三个层面来理解出版社会效益的涵义：

（一）出版社会效益是一个正概念

出版社会效益是指出版工作（通过出版物）对读者对社会所起的有益的影响与作用。反之，如果产生了有害的影响与作用，那就表明出版工作没有社会效益。衡量这种有益影响与作用的标准是多方面的，但“最关键的只有两条：一是有利于社会稳定，二是有利于社会发展”。①

（二）出版社会效益由多种效益构成

出版社会效益具体包括以下四种效益：

1. 政治效益

在我国，政治效益是出版工作最实在的一种社会效益，是指通过出版物宣传了党、国家和政府的方针、路线、政策、法规，增强了人们的法制观念，提高了人们的思想觉悟与道德水平，培养了人们正确的世界观与人生观等。原新闻出版署署长于友先认为，我国新闻出版业所追求的社会效益主要体现在意识形态领域，就是在政治上、思想上始终要与中央保持一致，坚持以经济建设为中心，严格遵循党和国家的大政方针、治国方略，坚持正确的政治方向和舆论导向，努力为现代化建设和提高国民素质提供强大的出版智力支持。②

2. 文化效益

出版工作必须对文化传播与文化积累起到应有的作用。这是出版工作最重要也是最崇高的一种社会效益。

3. 宏观经济效益

宏观经济效益是指“通过出版发行活动，促进社会生产力的发展，使

---

① 罗紫初．出版学原理［M］．武汉：武汉大学出版社，1999：260.

② 王建辉．新出版观的探索［M］．武汉：华中师范大学出版社，2002：46.

出版发行者以外的其他国民经济部门、单位及其成员获得经济上的利益”,①这种效益也是出版社会效益的题中应有之义。例如，金盾出版社出版发行的农村实用科技图书使很多农民发了家致了富。再如，浙江余姚县马渚区农民不懂养兔的技术，致使幼兔死亡率达到40%以上，严重影响了养兔业的发展。后来，书店人员在该区大力宣传发行《长毛兔》一书，结果幼兔死亡率下降到2%，兔毛收购量增加了8倍。在这个事例中，《长毛兔》一书获得了显著的社会效益，这种社会效益显然是通过宏观经济效益体现出来的。有些出版物的宏观经济效益不局限于一个国家，还扩展到全世界，例如，袁隆平的《杂交水稻育种栽培学》惠及海外，美国科学家当年出版的控制论、系统论、信息论著作恩泽全球，它们对人类社会生产力发展所起的作用有目共睹。

4. 娱乐效益

在今天，出版物在消除人们的疲劳、调节情绪、愉悦心理方面发挥着越来越大的作用。

（三）出版社会效益强调的是社会整体效应

出版社会效益不强调社会成员的个人效应，也不强调出版经营者的个体效应。《三国演义》对读者的积极作用是众所周知的，但也有个别读者利用它来犯罪。例如，“湖南祁东惊天枪案”的主犯邓文斌随身携带两件“宝物”：枪和《三国演义》。他把《三国演义》放在枕边随时翻看，翻卷了翻烂了。据说他20岁时就能把全书背下来。他特别崇拜诸葛亮（181—234）的计、周瑜（175—210）的谋、曹操（155—220）的诈、关羽（161—220）的勇，并“学以致用”，运用到作案中，使他的犯罪行为具有智能化的特点。②不言而喻，我们绝对不能因为个别读者的歪学歪用而否定《三国演义》的社会效益。也就是说，出版社会效益是指对多数读者所起的积极作用。出版社会效益的实现取决于多数读者的素质。同样，出版社会效益不是指对个体的出版经营者所起的有益的影响。出版界有一种认识上的误区：把是否获奖或是否获得重大级别的奖励作为衡量图书是否具有社会效益或是否具有重大社会效益的首

① 罗紫初．出版学原理［M］．武汉：武汉大学出版社，1999：260－261．

② 陈乘．湖南又灭一“张君”［N］．湖南广播电视报，2003－08－13．

要标准甚至唯一标准。然而，毋庸讳言，获奖并不一定代表着高质量。所以，有的获奖图书虽然给一家出版社、一个出版人员带来了很高的荣誉，但是不能给社会给读者带来显著的社会效益。总之，出版社会效益强调的是社会整体效应。

二、出版经济效益的涵义

出版经济效益是指出版物以商品的形式销售出去以后为出版发行单位和国家所创造的利润与税收。

在理解出版经济效益的时候，必须明确两点：

1. 不能把经济效益狭隘地理解为具体的经济数字。经济效益实际上是指投入与产出的比例关系，要求以最小的成本消耗，获取最大的经济报酬。所以说经济效益的内涵是管理。

2. 不能把经济效益仅仅理解为微观效益。就整体而言，讲经济效益并非要求每一种出版物都获得经济效益，而是追求一种相对的宏观效益——一种丰歉互补的经济效益。

出版的经济效益最集中地体现在畅销书上。销售200多万册的《富爸爸 穷爸爸》（简体中文版）一书使世界图书出版公司北京公司当年的销售码洋从5000万元上升到1.2亿元。出版业不仅为出版社、作者、出版物的批发、销售人员和国家直接创造经济效益，还可以间接地为读者为社会创造经济效益，后一种经济效益就是上文所说的宏观经济效益。出版的宏观经济效益是难以用数字来估量的。

第二节　出版社会效益与出版经济效益的关系

一、对立统一关系

出版社会效益与出版经济效益之间的关系是一种对立统一的关系。

（一）对立关系

包含两层涵义：

1. 出版社会效益与出版经济效益是两种不同性质的效益，是一个事物之中对立着的两个不同方面。

2. 具有社会效益的出版物不一定具有经济效益，而具有经济效益的出版物也不一定具有社会效益。准确地说，社会效益显著的出版物经济效益不一定显著（可能保本甚至亏损），而经济效益显著的出版物社会效益不一定显著（社会效益一般甚至产生负社会效益）。

（二）统一关系

也包含两层涵义：

1. 在一家出版单位或者在一个编辑人员所编辑的出版物的整体中，社会效益与经济效益缺一不可。而且，从整体情况来看，只有具有社会效益才能具有经济效益，也只有具有经济效益才能具有社会效益。

2. 从我国出版的实际情况来看，大部分出版物的社会效益与经济效益能够协调一致。

社会效益与经济效益的对立统一是出版工作的一个重要规律，这个规律对出版工作的发展起着决定性的作用，“要做好图书编辑出版工作，最基本的功夫就在于掌握运用社会效益和经济效益的对立统一这条重要规律，使两个效益达到和谐统一”①。

不难理解，当今中国出版业之社会效益与经济效益之间的关系实际上就是文化与产业的关系。在出版实践中，则体现为文化追求、文化贡献与商业追求、经济利润之间的关系。从整体上看，它们之间的关系是对立统一的关系。

二、两者之间关系的具体情形

从理论上看，出版物的社会效益与经济效益之间的关系只有以下四种典型的情形：

1. 既具有社会效益，又具有经济效益。
2. 具有社会效益，但没有经济效益。
3. 没有社会效益，但具有经济效益。
4. 既没有社会效益，也没有经济效益。

---

① 黄治正在其著作《图书编辑学》中用了一章的篇幅详细论述了图书的社会效益与经济效益之间的关系，笔者在这里参考了他的有关论述。

从实践来看，第一种情形是理想的，因为两个效益的关系是统一的、协调的，二者水乳交融、交相辉映：社会效益越大，经济效益就越大；经济效益越大，社会效益也越大，如优秀畅销书。在这种情形中，出版物的经济效益是实现社会效益的重要条件。也就是说，当出版物的社会效益与经济效益能够统一的时候，卖得越多，赢利越多，对读者对社会产生的积极影响也越大，即社会效益也越显著。出版人员苦苦追求的就是社会效益与经济效益都非常显著的出版物，但经常可遇而不可求。

第二种情形主要是指学术理论著作（从现实来看，大多数学术理论著作是保本或亏本的）；第三种情形主要是指反动出版物、色情出版物、淫秽出版物。这两种情形常常困扰着出版人员，因为这个时候两个效益的关系是对立的、矛盾的。

第四种情形在理论上应该有，但在实践中应该没有。就算有，出版人员也根本不要去考虑。理由很简单，这样的出版物还有存在的必要吗？这样的稿件还有出版的必要吗？

至此，不难理解，所谓正确处理社会效益与经济效益之间的关系问题，落到实处，落到实践工作中，就是要求出版人员正确对待上述第二种情形与第三种情形。换句话说，当社会效益与经济效益发生对立、产生矛盾的时候，怎么办？不可否认，出版工作的社会效益与经济效益之间的矛盾，是经常出现的客观事实，有道是：“出版工作的矛盾永远都是社会效益与经济效益的矛盾。”①如此看来，所谓处理社会效益与经济效益的关系实质上就是处理社会效益与经济效益之间的矛盾。

第三节　正确处理社会效益与经济效益之间的矛盾

一、处理社会效益与经济效益之间矛盾的总原则

必须遵守《出版管理条例》第四条的规定：“从事出版活动，应当

① 王建辉．新出版观的探索［M］．武汉：华中师范大学出版社，2002：49.

将社会效益放在首位，实现社会效益与经济效益相结合。”①这是在出版活动中正确处理社会效益与经济效益之间矛盾的总原则。如果说社会效益与经济效益是一对矛盾，那么矛盾的主要方面是社会效益。在保证了社会效益的前提下，经济效益越大越好（卖得越多，对社会的积极贡献就越大，如优秀畅销书）；如果没有社会效益，那么经济效益越大就越糟（卖得越多，对社会的危害就越大，如反动书、淫秽书、色情书）。2000 年，改革出版社因为卖书号和出版了有严重错误观点的《新官场秘经》而受到了撤销的处罚。《新官场秘经》由该社与北京天石文化发展有限公司合作而成，出版社向其收取书号管理费 3.2 万元。该书的出版、印刷、发行基本上由公司控制。《新官场秘经》宣扬庸俗、腐朽的做官、保官、升官之道，在社会上产生了不良影响。另外，该社在 1998 年至 1999 年的两年中，卖书号出版的书达到 127 种，数量很大，情节严重。出版社都被撤销了，赚了钱又有何用？皮之不存，毛将焉附？

就图书出版而言，把出版的社会效益放在首位的基本要求是：要出版好书、优质书，不出版坏书、劣质书。从我国出版实践来看，把出版的社会效益放在首位的底线是：绝不出版反动书、淫秽书、色情书。

反动书，是指对国家、政府、中国共产党和各族人民产生极大危害的书。例如，四川某社 1993 年出版的《中国军队能否打赢下一场战争》和《中国军队制胜兵器与现代战争》，泄露国家军事机密；上海某社 1989 年出版的《性风俗》，有侮辱穆斯林的内容，引起了他们的强烈不满；黑龙江某社 1994 年出版的《乱世鸳鸯梦》，恶毒污蔑、攻击老一辈无产阶级革命家和中国共产党、国家领导人；甘肃某社 1994 年出版的《人是太空人的试验品》，推翻了马克思主义关于人类起源的思想；北京某部属出版社 1994 年出版的《转法轮》极力宣扬邪教、迷信、伪科学。这些书都存在严重的政治问题，甚至触犯了法律。淫秽书与色情书是读者身心健康的腐蚀剂。新闻出版署 1988 年 12 月颁布的《关于认定淫秽及色情出版物的暂行规定》对什么是淫秽出版物、什么是色情出版物作出了明确界定。

① 社会效益与经济效益“相结合”也经常被表述为“最佳结合”。

在当今社会主义市场经济条件下，出版的社会效益与经济效益的关系经常表现为正确导向与市场运作的关系。脱离正确导向，无视市场规律，都是同社会主义市场经济背道而驰的。出版工作的艺术就在于找到二者的最佳切合点。作家出版社就找到了这个切合点。该社强化社领导班子、编辑室主任的阵地意识和守土有责的思想，在图书的三审过程中，做到了每一审都是过滤器，都是筛选机。同时，又以广大读者的利益和自己出版社的利益为出发点制订营销策略，力争满足多层次读者的阅读需要，又使全社年年保持合理的选题结构，从而实现了社会效益和经济效益的双丰收。

二、坚持以书养书的战略性策略

（一）以书养书的涵义与必要性

以书养书的意思是：以经济效益好的书所赚的钱来贴补经济效益差但社会效益显著的书的出版。从实践来看，主要是指以优秀畅销书来养活学术理论著作。以书养书的思路是：以丰补歉，综合平衡，从整体上实现社会效益与经济效益的有机结合。这是世界出版业经营的通则。例如，1994 年 10 月，纽约威廉·莫罗出版公司向到访的中国代表团透露：该公司一年出书 250 种，而利润的 80% 是靠其中的 10 种赚到的，这 10 种书只占出书总数的 4%！兰登书屋出版的许多高品位的书也是赔钱的，该社被《纽约时报》列入“1993 年最重要的图书”有 29 种，它们赔了 79 万美元；被列入“美国图书馆协会名著”的图书有 8 种，它们赔了 37 万美元。这两部分书共赔了 116 万美元，但是，有两本畅销书赚了 140 万美元，把亏损都补回来了！①在国内，华艺出版社每年出版的畅销书品种只占全社图书品种的 20%，但所创利润占全社图书所创利润的 80%，即 20% 的品种创造了 80% 的利润，这是相当普遍的现象。

要特别指出，有人认为，不宜提“以书养书”，理由是，“以书养书”容易让人以为出版社会效益与出版经济效益之间是对立的，这样的话就不利于出版工作的开展。这种看法用心良苦，可以理解，但并不能反映出版工作的实际情形。正如上文所述，出版社会效益与出版经济效

① 赵航．选题论［M］．沈阳：辽宁教育出版社，1998：224.

益之间的关系很复杂，二者在一定条件下可以协调一致。然而，协调一致只是二者关系的一种情形，事实上，在出版实践中经常产生矛盾以至冲突。出版社会效益与出版经济效益之间的关系经常表现为矛盾，这是不以人的意志而转移的客观事实。从出版史来看，在可以预见的时间里，有些出版物天生不会有人喝彩，但你绝对否认不了它们的重大价值。例如，美国海洋学家蕾切尔·卡逊（1907—1964）的《寂静的春天》在作者生前饱受非议，然而此书引发了现代环境保护运动，被评为影响历史进程的10部重要著作之一；我国作家王小波（1952—1997）的《时代三部曲》到作者死后才在大陆走俏（生前在港台热卖）。超前的思想家、作家是孤独的，伟大的著作是寂寞的，但它们是人类文明需要的。而有些出版物注定赚钱，但肯定不会有什么社会价值，如色情书、淫秽书、反动书和暴力题材书。从出版现实来看，社会效益显著的图书常常赚不了钱甚至要亏本。例如，中医古籍出版社推出的大型系列线装古籍丛书《中医古籍孤本大全》，收录全国各地行将绝本的孤本、善本中医古籍200多部，分期分批陆续出版。这项巨大工程显然要花费巨资，但对于弘扬我国古代科技成就，抢救中华民族文化遗产，发扬中国传统医学功德无量！

英国著名出版家斯坦利·昂温说："如果赚钱是你的首要目的，那就不要从事出版业。出版业的报偿远不只是金钱。"① 出版理所当然地要传承精神薪火，但出版的社会效益与经济效益经常发生矛盾，于是，出版人员只能有一种选择，这就是以书养书。以书养书，正是为了解决出版的社会效益与经济效益之间的矛盾，正是为了履行出版之神圣使命，没有理由不坚持之。原新闻出版总署副署长、中国编辑学会原会长刘杲认为，对出版业来说，"文化是目的，经济是手段"。② 以书养书就是为了实现这一理想。

以书养书是一种战略性的出版策略。不光是出版社的社长、总编辑在制订选题计划的时候必须考虑以书养书，就算是编辑个人也必须考虑以书养书，以使出版工作获得健康而持续的发展。

---

① 斯坦利·昂温. 出版概论［M］. 谢琬若，吴仁勇，译. 北京：中国书籍出版社，1989：202.

② 刘杲. 出版：文化是目的，经济是手段——两位出版人的一次对话. 中国编辑，2003（6）.

（二）以书养书的操作要求

要做到以下四点：

1. 想方设法使选题的效益结构科学、合理

畅销书选题、保本书选题、亏损书选题在一定时期的选题计划中必须比例协调、有机统一。科学、合理的选题效益结构要达到的最终目的是：单个选题可以有盈有亏，但整体上必须做到盈亏相抵之后有盈余，而且盈余越多越好。为此，必须从整体上找到社会效益与经济效益的平衡点。

从实践来看，找社会效益与经济效益平衡点的一般做法是：既出经济效益显著的畅销书，也出有重大学术理论价值、文化积累价值的亏损书和保本书。出版人员必须“两手都要抓”——一手抓畅销书，一手抓精品书；借用日本出版学会前会长清水英夫的话说，出版人员必须具有“双重性格”——既讲理想色彩，又讲资本法则；既追求利润，又追求利润之外的理想；在文化艺术与金钱之间维持着平衡。① 出版人员必须学会用两眼看待出版，一只是“生意眼”，另一只是“文化眼”。

作家出版社的经验是：“在图书出版的文本系统的建立、宏观选题结构的调控中，注意主旋律图书、纯文学精品图书、优秀畅销书并举，以优秀畅销书带动主旋律图书、纯文学精品图书的销售，以打造品牌，形成图书出版发行中的良性循环。”②其中，主旋律图书、纯文学精品图书占全年选题的90%，优秀畅销书占10%。在选题的宏观调控上，该社既强调图书的文化含金量，又强调图书的市场含金量。对于主旋律作品、纯文学作品，充分利用市场机制，扩大市场覆盖面，满足需求，引导消费，培育读者。在追求社会效益的同时，追求经济效益；对适销对路、适合大众阅读的优秀畅销书，严格把关，保证高品位、高格调、高档次，创出名牌效应，凸现作家出版社特色。合理的选题结构，科学的营销运作，使作家出版社在获得丰厚回报的同时，也极大地促进了严肃文学与主旋律作品的发行。

再如，复旦大学出版社的选题结构号称“721”工程（教材占70%，学术著作占20%，社会文化读物占10%）。译林出版社（成立于

---

① 清水英夫. 现代出版学［M］. 沈洵澧，乐惟清，译. 北京：中国书籍出版社，1991：149－150.

② 张胜友. 图书出版业改革中的制衡战略［N］. 文学报，2001－06－07（6）.

1988年）首任社长兼总编辑李景端的做法是，对于价值高的作品，不受旧观念的约束，敢于出版，就算赔本也要出版，例如，独家翻译出版了法国现代派小说名著《追忆似水年华》（七卷本），接着翻译出版了意识流小说名著《尤利西斯》的全译本。另一方面，译林出版社建社初期经济相当困难，于是，他一面主动开发英语教材教辅，一面支持美术编辑大力组织外国幽默漫画的出版，自己还在《人民日报》上发表《幽默的美 美的幽默》的书评，积极推介这套漫画书，引起了人们的极大兴趣。现在译林版的幽默漫画书已成了该社的一种畅销品牌书。①

2. 千方百计加强优秀畅销书的策划

畅销书已成为当代中国出版产业的发动机。“畅销书好比是出版产业的领跑者和加速器，促进了出版产业的优化升级，推动、拉动着出版及相关产业的发展。”② 畅销书为出版产业以至整个书业创造高额利润。畅销书在出版社的出书品种中所占的比重大约在10%至30%之间，但它创造的销售收入和利润占了80%左右。畅销书对于壮大出版社的经济实力具有决定性的作用，可谓“书不在多，畅销则灵”。20世纪90年代以来迅速崛起的出版社无不擅长畅销书的策划与运作，华艺出版社、作家出版社、中信出版社、接力出版社、世界图书出版公司北京公司、长江文艺出版社、上海人民出版社、山东画报出版社、知识出版社等，莫不如此。作家出版社以卓越的畅销书运作蜚声海内外。杨红樱的《女生日记》《五三班的坏小子》等系列儿童文学作品累计发行430万册，至今已连续出版九年的《全国新概念作文大赛获奖作品选》累计发行300多万册，《哈佛女孩刘亦婷》及其姊妹篇《刘亦婷的学习方法和培养细节》共发行250多万册，余秋雨的《霜冷长河》《千年一叹》等书发行230万册，韩寒的《三重门》《像少年啦飞驰》等书发行210多万册，安妮宝贝的《八月未央》《莲花》等书发行135万多册，海岩的《永不瞑目》《深牢大狱》《舞者》等长篇小说发行100多万册。③这些畅销书为作家出版社积聚了财力，奠定了家底。有道是，财大才能

① 李晓燕．译海兴伟业　静室有书香——记翻译出版家李景端［J］．出版广角，2003（8）．

② 朱胜龙．畅销书已成出版业的发动机［N］．中国经济时报，2002－06－28．

③ 作家出版社简介．http：//www．zuojiachubanshe．com/intro．aspx，2007－09－26．

气粗；中国近代著名商人胡雪岩（1823—1885）说，钱是人的胆。正是因为有经济实力作后盾，作家出版社才敢于出版一大批主旋律图书和严肃文学图书（这二者占了全年选题的90%）。畅销书是出版社的财富支柱，没有畅销书的出版社只能靠垄断的出版权生存，一旦垄断被打破，这样的出版社将面临消亡。诚如王建辉所说：“畅销书是出版社的经济命脉。”①

毫无疑问，策划出版畅销书必须坚持一个底线：不策划出版坏书、劣质书，绝不策划出版反动书、淫秽书和色情书。长于畅销书运作的作家出版社是这样做，译林出版社首任社长兼总编辑李景端在选题决策时也是如此。有人拿来美国畅销书作家谢尔顿的一部小说的译稿希望译林出版社出版，虽然原书已有别的出版社出版过中文版，但他发现书中有许多利用高科技进行盗窃的内容，他认为该书副作用明显，就坚持不予出版。

3. 竭尽所能使学术理论著作也能实现赢利，至少不亏本

要做到这一点很难，但并非不可能，关键是要运作好、策划好，可从以下六个方面努力：

（1）优化选题质量，提高编校质量。图书的质量与它的经济效益之间虽然有背离的情况，但从整体从长远来看，只有质量高、有再版价值、有生命力的书（所谓比作者比出版人员的寿命还长的书），才能给出版社和出版人员带来稳定可靠的经济效益。一些前沿的科技课题和一流的科技成果本身蕴含着巨大的社会效益与经济效益，例如，湖南科学技术出版社1988年出版的“杂交水稻之父”袁隆平的《杂交水稻育种栽培学》，于1990年获得第五届全国优秀科技图书一等奖，1994年又获得首届国家图书奖，并取得了显著的经济效益。江苏教育出版社1995年推出的《东史郎日记》（东史郎曾是侵华日军）出版两个月即印刷11万册。

（2）设立学术理论著作出版基金。早在1988年，山东科学技术出版社为了摆脱学术著作出版的困境就设立了“泰山科技著作出版基金”，并向全国公开征集学术书稿，邀请著名科学家钱伟长领衔组成评委会，对书稿的学术价值进行评审。在征集到的数百部书稿中，有几十部向海外转让了版权，获得了双效益。此举带动了我国学术著作出版基

---

① 王建辉．新出版观的探索［M］．武汉：华中师范大学出版社，2002：298．

金的迅速发展。据研究，我国设立的各类学术出版基金应在200项上下，筹集资金数亿元。根据基金设立主体的不同，我国学术出版基金可以分为出版社基金、政府部门基金、高校与科研机构基金、社会或个人基金，其中高校设立的基金数量占总数的80%以上。出版社设立的基金也相当可观，例如，清华大学设立的基金就有4项：计算机学术著作出版基金、清华大学学术著作出版基金、清华大学教材建设与出版基金、清华大学社会科学学术著作出版基金；商务印书馆设立了“商务印书馆语言学出版基金”；江苏科学技术出版社设立了“江苏金陵优秀科技专著出版基金”；电子工业出版社设立了“电子科技专著出版基金”。各类学术出版基金的设立极大地繁荣了学术著作的出版，但其运作存在问题，如管理主体众多，缺乏必要的协调，造成资助选题的重复，而且资金规模少，资助力度小。①

（3）自费出版或协作出版也是解决学术著作出版亏损难题的一个有效办法。20世纪80年代初，学林出版社出版了梁漱溟（1893—1988）的著作《人心与人生》，是由作者自费出版的，但后来成为畅销书，一版再版。

（4）严格成本核算，厉行节约。经济效益的内涵是管理，要向管理要经济效益。

（5）努力使学术理论著作雅俗共赏。学术理论著作的雅俗共赏实质上是学术平民化、文化普及化。人类创造了知识，但如今又为知识的重负所累，人类的大脑已难以承受与日俱增的知识之重。“作为新时代的出版工作者有责任在专家和公众之间寻求沟通，打破横隔在知识和需要之间的障碍，让高品位的学术文化为具有一般文化程度的人所理解，让少数人的专利品成为大众看得见摸得着的享受。”②一句话，出版人员有责任把学术资源转化为大众的知识财富，有义务让平民也能享受到文化的沐浴。学术理论著作不能总是像七八十岁的老太太一样老气横秋，也可以像十八九岁的姑娘一样“花枝招展”。

学术理论著作完全可以雅俗共赏！已故美籍华人历史学家黄仁宇

① 徐丽芳．中国学术出版基金研究［J］．出版发行研究，2006（10）．

② 吴源，姜渭渔．面向大众的高品位学术文化——《野骡驼译丛》编辑札记［J］．书与人，1998（2）．

（1918—2000）的《万历十五年》以散文式笔法写史，体例新颖，表达流畅，如行云流水；美国历史学家房龙（1882—1944）的《人类的故事》（或译《人类征服的故事》）和法国科学家、文学家法布尔（1823—1915）的《昆虫记》也是雅俗共赏的典范。美国著名历史学家和哲学家威尔·杜兰特（1885—1981）这样评价房龙：

> 房龙一手执钢笔，一手握铅笔，两只眼睛炯炯有神，轻松自如地活跃在同一领域内。他才不管什么尊严不尊严，逗乐是他的拿手好戏。他谈笑风生，一路走过了多少个世纪，时不时地用绘画和微笑向人们点明故事的教益。成年人为自己的孩子买下《人类的故事》，自己背地里也悄悄地翻阅。一下子，世人都令人讨厌地变成历史通了。①

努力使学术理论著作雅俗共赏，意义有二：一是人文意义——普及文化，提高国民的素质；二是功利意义——扩大发行，获取利润，因为几乎所有的畅销书的文本都是通俗化的。历史研究著作大多只能印刷3000册左右，但《万历十五年》畅销海内外。英文版于1981年由美国耶鲁大学出版社出版后，受到欢迎，被美国多家顶级大学历史系指定为教科书；中文简体字版于1982年由中华书局首版，至1996年总印数达20万册；三联书店于1997年推出新版，迄今印数达到80万册。该书还被译成德文、日文、中文繁体字等数十种语言。该书畅销的主要原因就在于其雅俗共赏的文本风格。

（6）强化为读者服务，切实做好为书找读者与为读者找书的工作。学术理论著作的读者群体是客观存在的，哪怕是纯而又纯的学术理论著作，潜在的读者群体也并非很多出版人员想象的那么少。不少读者需要学术理论著作，但常常苦于出版信息不通，销售渠道不畅，购买途径不便。所以，学术理论著作的发行、销售、推广与服务工作必须做到家、做到位，必须做精做细。以图书俱乐部的方式向专业读者直销学术理论著作，是行之有效的办法。利用互联网的网络直销，也是扩大专业学术

---

① 吴源，姜渭渔．面向大众的高品位学术文化——《野骡驼译丛》编辑札记［J］．书与人，1998（2）．

图书销售的有效办法。

4. 国家与政府要大力扶持学术理论著作的出版

英国政府扶持学术出版的做法非常值得我们借鉴。早在1571年，英国议会就颁布法令给予出版社以慈善机构待遇，旨在扶持教育与学术出版。直到今天，牛津大学出版社（创办于1478年）除了和其他出版社一样享受图书零增值税待遇外，还免交营业税和所得税。牛津大学出版社主管销售的经理西蒙·莱顿说，这种特权是对那些市场小但学术价值高的学术著作出版的一种强有力的扶持。① 除了减免税收，国家、政府还可以采取拨款、优惠贷款、设立学术文化出版基金等方式大力扶持、资助学术理论著作的出版。

① 余敏．出版集团研究［M］．北京：中国书籍出版社，2001：304．

新闻与传播教育丛书

出版学概论

3

Part 3

业务篇

第十章

出版物编校

主要观点：

1. 出版信息工作要坚持十六字方针：时时注意，处处留心，眼观六路，耳听八方。为此，要执行两项基本原则：一是眼中有读者，肚内装市场，心里想选题；二是腿勤、眼勤、手勤、耳勤、嘴勤、脑勤。

2. 选题策划的具体目标有四个层次：创造利润、传播文化、积累文化和打造品牌。将这四个具体目标落实到出版实践工作中，大体上就是策划出版四种类型的图书：畅销书、常销书、精品书和品牌书。

3. 直觉审稿法虽有其天然的合理性，但更有其先天的缺陷性，千万不可夸大它的作用。直觉审稿法基本上适用于大多数文艺类稿件，但基本上不适用于非文艺类稿件。不能套用审美的方法来审稿。审稿者最需要的是理性、理智、冷静，而不是感性、感觉、冲动。

4. 编辑人员没有义务把文字质量低劣的书稿提高到出版水平的义务，但是，对确有出版价值的新作者、普通作者特别是工农兵作者、少年儿童作者的书稿，就应当打破常规，付出非同一般的精力、时间来加工。不少好书、名著就是这样诞生的。

5. 稿件电子化最终促成了编校合一，但编校合一的实质是编辑部门与校对部门的合二为一，并非编辑工作与校对工作的合二为一。高新技术在出版工作中的应用，使编、排、校一体化成为大势所趋。高新技术的应用大大减少了编辑人员的事务性劳动，但同时对他们的创造性和责任心提出了更高的要求。

第一节　采集信息与选题策划

一、采集信息

（一）采集信息的涵义与重要性

采集信息，是指从信息资源方面为出版物的出版所做的准备工作，包括收集信息、处理信息和开发、利用信息。

采集信息的工作贯穿于编辑工作的始终，无论选题、组稿、审读、加工及后续工作，都离不开对信息的了解、积累和利用。采集信息是选题策划的先导与基础性工作。只有充分了解出版物的生产、流通及消费特点，充分了解当前出版形势和出版物市场，才能把握整个出版的方向，掌握读者需求的特点，从而找到正确的市场定位和读者定位，策划出有特色的、适应读者需要的选题。出版的竞争，说到底是选题的竞争；而选题的竞争，说到底是信息的竞争。根据采集到的信息，编辑人员才能更好地物色作者。在一定出版信息的指导下，编辑人员才能正确地判断稿件的价值。只有准确而全面地把握同类出版物的出版情况，对稿件的加工才能恰到好处。采集信息还有利于把握出版物市场，制定灵活有效的营销方式。

（二）采集信息的内容与途径

编辑人员采集信息的内容非常广泛，详见第六章“出版资源”第二节“出版资源的类型”对信息资源的分类。

编辑人员采集信息的途径有以下八种：

1. 调查研究

调查研究是采集信息尤其是采集出版物市场与读者信息最有效的途径。深入到市场与消费者当中去，耳闻目睹，这样获得的信息才最真实、最鲜活、最可靠。调查研究的方法有访问法、座谈法、问卷法、统计法、实验法和观察法等。

2. 文献检索

无论过去，还是现在，抑或将来，传统的文献检索都是编辑人员获取信息的基本途径。编辑人员应该充分利用报刊特别是出版类专业报刊来搜集信息。《中国新闻出版广电报》《中国出版传媒商报》《出版商务周报》《中国出版》《出版参考》《出版人》《中国图书评论》《新华书目报》《全国新书目》与《中国新书》等报刊都可以利用，一些内部发行的出版类报刊也值得利用。

3. 上网搜索

自从有了互联网，文人翻身得解放。互联网的出现，使“秀才不出门，能知天下事”的梦想真正变为现实。通过互联网，可以非常快捷地找到所要的信息，还可以通过网络与网友交谈，了解他们的阅读需求。出版专业网站（如世界出版网、北京开卷信息技术公司网、中国出版工作者协会网、中国出版信息网）、读书网站（如中华读书网）、网上书店（如当当书店、亚马逊书店）、文化传播网站（如三石图书文化传播网）、创作网站（如起点中文网）、文稿交易网站（如中国作家网、中国出版交易网）、出版竞争对手的网站（尤其是著名出版社、杂志社的网站）、著名大学的网站（如北大网、水木清华网）、著名门户网站（如新浪网、搜狐网、网易网、雅虎网）、博客中国网等，是编辑人员从网上搜集信息的主要网站。出版与读书方面的论坛、贴吧、博客、微博、微信公众号等都是采集信息的有效途径。

4. 参加学术会议、图书博览会（书展）和图书交易会（订货会）

参加学术会议是获取作者信息、学术和科技文化发展信息最可靠的途径。安徽人民出版社 1990 年出版的《公共关系学》被评为全国优秀畅销书，这个选题的最初创意就产生于编辑人员参加“全国首届高等学校公共关系教学研讨会”的时候。参加图书博览会（书展）和图书交易会（订货会）是收集信息尤其是读者需求信息和出版竞争对手出版信息的有效途径，参加国际图书博览会特别是参加法兰克福国际图书博览会是获取国际出版信息的重要途径。

5. 作者提供

作者不仅是选题的完成者，而且是选题信息的重要来源，尤其是专家学者型的作者，可以及时地、准确地为编辑人员提供某一学科、某一领域的学术与科技文化发展信息。广东教育出版社出版的优秀畅销书

《健康忠告——洪昭光在中直机关所做健康报告的最新版本》就是由作者提供选题信息的，该书策划者在《代序》中说：

> 今年（笔者注：指2002年）春节期间，有一位好心的作者，给编辑部送来了一份珍贵的贺年厚礼——本书最初的民间文本复印件，题目是《生活方式与健康——洪昭光在中直机关“健康讲座”的演讲稿》。这份堪称“把医学科普做到了极致”的健康箴言，委实让人“一看就懂，一懂就用，一用就灵”，因而，在出版社内广为传阅，争相复印，一时间洛阳纸贵，被纷纷寄给远方的亲朋好友。……我们当即拍板：一定要把这份有益于大众健康的“地下手抄本”转化为公开出版物。

6. 读者反馈

读者的反馈是编辑人员获得信息的又一重要来源。编辑人员要随时倾听社会的反响和读者的心声，虚心听取读者的反馈意见。收集读者的反馈信息，既是对前一轮编辑工作的总结，又是后一轮编辑工作的开始。著名出版家邹韬奋非常重视读者的反馈意见，他在《生活》周刊开辟“读者来信”专栏，并把处理读者来信当作一项重要工作来做。1991年春，福建某市新华书店经理反映农村植树很多，农民出售木材不会计算圆木的体积，因而建议金盾出版社出一本这方面的书。编辑部及时采纳了这个建议，组织出版了《木材材积计算手册》，当年销售20万册，至1999年印刷了15次，累计发行100万册。

7. 中介机构提供

借助于版权代理公司、出版信息咨询公司和出版经纪公司来获得出版信息，也是一种行之有效的途径。北京开卷图书市场研究所自1998年成立至今，已成为国内图书产业信息和咨询服务第一提供商，与全国书业机构（包括出版社、书店、书业媒体）建立了长期而稳定的合作关系。

8. “道听途说”

任何时候任何地点的任何所见所闻，都可能是获得出版信息的来源。图书策划人张健鹏曾经策划过一套《小中见大智慧文丛》。这个选题的创意，源于他听朋友讲的一个故事：马戏团里有许多被铁链束缚着的大象，虽然它们的力量很大，完全有能力挣脱铁链，但由于从小就受束缚，小的时候力气小，不能把铁链挣脱开，于是它们一生都以为这个铁链是挣脱不掉的，甚至不愿意去试一试。张健鹏说："这个故事说明一个道理，就是昨天做不到的事情不见得今天还做不到。这个故事不但对当时正处于困境的我鼓动很大，而且让我找到了一个以'小故事中的大智慧'为思路的选题。于是，我策划了一套以自创小故事为主并加上一句话点评的启发性图书。"①

采集信息之后，要对信息加工处理，进行筛选、分类，使其条理化、有序化。

（三）采集信息的基本要求

编辑人员采集信息的基本要求有以下四点：

1. 搜集信息必须踏踏实实，绝不走过场、搞形式主义

调查研究是获取信息最有效的途径。但是，调查研究一定要深入、细致！诚如策划出版过《哈佛女孩刘亦婷》与《先锋戏剧档案》等畅销书的著名编辑杨葵所说：

> 选题的确立往往是一瞬间完成，好似偶然性很大，背后却有很多必然性。这种必然至少包含两个部分，一是关注，二是调研。关注是直观性的，比如跑书店，甚至观察买书人的表情（我就曾经站在某家书店的收银台前，看了两个小时读者交款那一瞬间的表情，里边内容之丰富，比电影好看多了）。光有这种表面的关注是不够的，还应该静下心来，做一些理性的研究工作，尽量多看一些统计数字，比如各地各主要书店的畅销书排行榜，市场主要流行门类动销情况，甚至包括你的一些主要竞争对手产品的市场动销状况，看看那些曲线图，认真琢磨琢磨，你会发现，某些选题当时虽然很热门，但它已进入下降曲线；反过来，有些书可能当时走势一般，但它迈进上升通

① 李涛，庞丽．图书策划人：灵感与灵魂的工程师［N］．北京青年报．2003－03－10.

道。套用股民们的话，当然买涨不买落嘛。①

2. 处理信息必须坚持真实性

在信息时代，信息如潮水般涌现。通过互联网提供的海量信息更是鱼龙混杂。所以，在利用信息之前，首先必须辨别清楚哪是真实的信息，哪是虚假的信息；哪是纯正的信息，哪是掺了水分的信息。商品有假冒伪劣的，信息也有假冒伪劣的；经济工作要“打假”，信息工作也要“打假”。本应一尘不染的学术信息竟然也有虚假的，其他信息就更不用说了。新闻媒体炒作的流行，又滋生了不少虚假信息。因而，编辑人员必须对收集到的原始信息进行筛选，去伪存真，去粗取精。

3. 对时效性强的信息必须及时开发、利用

大多数信息有时效性，在出版竞争十分激烈的今天，对这一点务必要高度重视。打开笔者的“选题灵感备忘录”笔记本，翻到2001年11月19日晚上记下的这一页，可以看见下面的记录：

> 今天下午到师大帮学生办事，晚上要在师大参加多媒体课件培训，所以到姚老师家去吃饭。在沙发上发现一份复印材料：《生活方式与健康、老龄化和心血管病——国家心血管病科研领导小组副组长洪昭光教授在南昌市讲话》（约2.3万字）。她母亲（73岁）刚在看。我翻了翻，起初没在意，后来仔细看了看前面两页，结果被吸引住了，感觉文中观点，介绍的预防疾病、保健知识给人很大启发，表达口语化，流畅、生动、有亲和力，显得大气、洒脱。问姚老师从哪里得来，告之：从熟人那里借来，据说是从师大老年大学传出来的，已有四五人从她这里借去复印。我当即决定：借去复印，给我父母看看。我看后感觉对年轻人也很有用。出于职业敏感，想到这是策划图书选题的好素材，初定书名为《与老年朋友谈预防疾病》。可请主讲人或再请三个人一起写稿，范围不局限于防病，

① 杨葵．我理解的图书策划与营销．http：//www. nanfangbook. com，2005－03－02.

可扩大到老年家庭生活等。

遗憾的是，笔者当时虽然感觉到那份材料是策划图书选题的好素材，也确实为此兴奋了一阵子，但并没有真正去做（客观原因是自己并不是编辑），没有作进一步的调查，比如，没有去调查作者（笔者当时对洪昭光的情况一无所知），没有去调查报告的具体反响情况（笔者当时虽然感觉报告对年轻人也会很有用，但并不清楚报告的影响实际上远远超出了老年人的范围，所以，仍然初定书名为《与老年朋友谈预防疾病》）。将近一年之后，笔者在书店意外发现了《登上“健康快车”——讲课经典·健康行动》（北京出版社）和《健康忠告——洪昭光在中直机关所做健康报告的最新版本》（广东教育出版社），出版时间均为2002年8月，北京出版社版的主要内容正是笔者看到的那份材料。广东教育出版社版的内容与笔者看到的那份材料竟然完全一样，看了书中的《代序》谈到本书的出版缘起时，笔者更是后悔不已（这篇《代序》是本书的总策划人写的，他之所以策划了这个选题，就是因为意外得到了洪昭光报告的复印材料，他发现这份材料的时间比笔者晚了两个多月，可是，他毫不犹豫地付诸行动了）。后来得知这两本书都发行了100多万册，笔者差点“气死了”。这就告诉我们：对信息的利用和开发一定要及时，决策一定要果断，行动一定要迅速。

4. 信息工作重在平时的日积月累，必须持之以恒

例如，建立信息库的工作就需要坚持不懈。有了互联网和计算机以后，建立信息库的工作很方便，但通过传统的手段也可以进行。笔者一旦发现有价值的文献资料，就分门别类地做成剪报，如“畅销书出版信息剪报”“畅销书作家剪报”“畅销书策划案例剪报”“精品书与品牌书信息剪报”“图书市场动态剪报”“版权引进剪报”“图书发行促销剪报”与“少年儿童作者及其作品剪报”等。笔者还有一本“选题灵感备忘录”，一旦有什么选题的想法、创意，就及时记在这本专门的笔记本里，以免遗忘。

前苏联著名编辑伏尤科娃说：“编辑这种职业，是一种复杂的、困难的、需要具有多方面才能的职业。它需要经常学习，需要紧张的、充

满灵感的劳动。”① 编辑人员必须在平时的实践与学习中，多积累经验、知识与素材，多锻炼创造性思维。总之，要长期地、不断地修炼。

总之，信息资源无处不在，无时不有。对开发与利用者来说，关键是要感知到信息，捕捉到信息。否则，就会身在宝山不识宝。如何感知到、捕捉到信息？要坚持十六字方针：时时注意，处处留心，眼观六路，耳听八方。为此，要执行两项基本原则：一是眼中有读者，肚内装市场，心里想选题；二是腿勤、眼勤、手勤、耳勤、嘴勤、脑勤。

二、选题策划

（一）构成选题的基本要素

整体来说，构成选题的基本要素有以下9个：

1. 书名

单本书只有一个书名。丛书、系列书、套书的书名，既包括总书名，又包括每本书的书名。根据具体情况，书名在正式出版时可以修改。

2. 出版宗旨

出版宗旨是指出书的目的和意义。选择自投稿或采用社外选题也要根据出版社的出书宗旨来确定。

3. 内容简介

要说明稿件内容所属知识门类、范围、层次和写作角度等。如果是文学类选题，则要说明题材、主题、主要人物和基本情节等。最好让作者提供章节提纲和样稿。

4. 读者对象

选题策划必须明确读者对象，以便根据读者对象的阅读需要和接受能力，研究书籍的内容、篇幅、表现形式、发行范围、促销发行方式等问题。

5. 作者人选

酝酿比较成熟的选题，一般事先选定了作者；有的选题虽未确定作者，但应该有作者人选的设想。要了解作者的观点、学术水平、研究成果和写作能力等。

---

① 塔·波·伏尤科娃. 八十五次喜与忧——一个编辑的思考［M］. 屈洪，宁宝双，译. 北京：中国书籍出版社，1990：231.

6. 主要特点

要明确本选题有哪些特色，特别是与同类书相比有何不同之处。没有特色的选题不值得出版。

7. 效益预测

要对选题的经济效益和社会效益作出正确的估计。

8. 编撰与设计要求

编撰与设计要求的内容既包括对书籍内容方面的要求，如思想性、艺术性、科学性和实用性、通俗性、可读性等，还包括对书籍表现形式方面的要求，如体裁、体例、结构、叙述风格等。此外，对于书籍的篇幅、装帧方式、装帧档次、完稿时间等问题，也应在策划选题时一并考虑。

9. 宣传促销措施

每个选题，尤其是注重经济效益的选题，必须重视如何宣传、促销。

（二）选题策划的涵义与程序

选题策划有狭义与广义之分。狭义的选题策划可称为策划选题，是指对将要出书的题目及其构成要素进行策划，也就是对上述八个构成选题的基本要素进行策划。广义的选题策划，还包括对选题计划的策划和对选题战略的策划。不同层次的选题策划，由不同层次的编辑人员承担，一般编辑人员所从事的选题策划主要是狭义的选题策划。

出版社开展选题策划的基本程序是：确定选题目标—采集与加工选题信息—产生选题创意，策划初拟选题—选题论证—选题决策，形成选题计划—上报审批选题—实施选题。

选题策划的具体目标有四个层次：创造利润、传播文化、积累文化和打造品牌。将这四个具体目标落实到出版实践工作中，大体上就是策划出版四种类型的图书：畅销书、常销书、精品书和品牌书。

采集信息是选题策划的基础。在提炼信息的基础上，编辑人员产生选题创意，对构成选题的八个基本要素进行构思，最后撰写出选题策划方案（选题策划报告、选题策划书）。

选题论证，是指通过集思广益，对所有①的初拟选题进行选择和优

① 这里之所以说“所有”，是因为有待于论证的选题除了编辑人员策划的选题外，还有作者主动提出的选题（自发来稿）和有关部门交来的指令性选题（任务稿）等。

化。选题论证的内容有两项，一是选择，即弄清楚哪些初拟选题适合出版，从而保留；二是优化，即对保留下来的选题作进一步的完善。选题论证的方式一般有三种：召开选题论证会议，这是最主要的方式；提请权威专家学者鉴定，但千万不能迷信他们的意见；还可以试用数学方法，以增强科学性。

选题决策，是指出版社社长与总编辑在选题论证的基础上从宏观上、全局上对选题进行把关、定夺和进一步优化。选题决策的直接目的是为了制订出科学的选题计划。科学的选题计划应该具有三个优点：一是选题结构合理，二是从整体上兼顾社会效益与经济效益，三是特色鲜明。选题决策的方法是先民主，后集中。较之于选题论证，选题决策是一种由上而下的行为，表现为社长与总编辑的"拍板"。选题决策者应该具有冒风险的勇气与智慧。

选题计划形成之后，必须履行我国有关上报、审批、备案的手续。审批通过之后，在实施选题策划方案和选题计划的时候，可以根据具体情况的变化，适当地作出调整与修订。

（三）选题策划的原则与方法

选题策划的原则有八个：导向原则、市场原则、读者原则、创新原则、特色原则、超前原则、时机原则、可行性原则（可操作性原则）。

选题策划的方法，可以从不同的角度来概括。从图书市场热点的角度，有捷足先登法、趁热打铁法、弃金找水法（弃金贩锹法）；从与同类书比较的角度，有新瓶旧酒法、旧瓶新酒法、培育杂交法、价廉物美法；从读者的角度，有有的放矢法、雅俗共赏法、读者反馈法、一见钟情法；从作者的角度，有小材大用法、大材小用法；从策划者自身的角度，有慧眼识珠法、敢为人先法；从版权贸易的角度，有引进选题法、输出选题法；从做大做强文化产业的角度，有滚雪球法、草船借箭法、多元转化法。①

---

① 选题策划的原则与方法的具体内容，详见易图强的《选题策划导论》（中国人民大学出版社于2016年3月出版）。

第二节　组稿与审稿

一、组稿

（一）稿件的类型

从稿件的来源即获得稿件的途径来看，稿件有以下 6 种类型：

1. 自投稿

自投稿也称自然来稿、自发来稿，是作者主动投寄到出版单位的稿件。自投稿的作者一般没有什么名气，选择出版单位的标准是出版单位的出版定位、出版特色和社会知名度。这类稿件数量多，质量参差不齐，处女作占很大一部分。

2. 推荐稿

推荐稿是由有关部门、学术团体和专家学者、作者向出版单位推荐的稿件。这类稿件实际上又有两种情况，一是有关人员主动向出版单位推荐稿件，二是出版单位约请有关人员推荐稿件。编辑人员要加强与有关科学文化部门、学术团体和专家学者、作者的联系，争取获得有价值的推荐稿。但要坚持质量标准，避免单纯的人情稿。

3. 引进稿

引进稿是出版单位通过版权贸易或出版交流方式获得的稿件。随着我国出版业的发展和出版国际化趋势的加强，引进稿的比重越来越大。出版单位要及时掌握国际出版信息，按照我国的出版方针、出版政策和自己的出版宗旨、出版定位等进行选择。一般有三种途径：一是与海外出版单位建立合作关系并经常保持联系，直接获取版权；二是参加国际书刊展，与参展的出版单位当面洽谈获取版权；三是通过版权代理公司获取版权，如风靡全球的《哈利·波特》，人民文学出版社就是通过作者罗琳的版权代理商引进其中文简体字版权的。

4. 任务稿

任务稿是指出版社的主管部门交来的稿件，或者根据规定应该出版的稿件。任务稿多为会议文件、政策法令汇编、情报资料与科研课题研究成果等。利用这些稿件出版的出版物，西方国家叫政府出版物。在我国，这种出版物一般是由直属于新闻出版总署的人民出版社和各省市自治区的人民出版社出版，人民出版社的重点出书范围之一是“党和国家的重要文件、文献”，各省市自治区人民出版社的重点出书范围之一是“当地党委、政府责成出版的宣传方针、政策的读物和时事宣传读物”。任务稿是出版社稳定可靠的稿源，一般有比较固定的读者对象，有的发行量大（如会议文件），有的发行量虽小（如政府部门立项的科研课题成果），但一般由政府机关拨款资助出版。

5. 出版经纪人提供的稿件

西方国家很早就有出版经纪人，作为出版社与作者的中介，他们将作者的稿件推荐给出版社。英美等国有图书生产承包商，日本有编辑承包公司，他们按照出版社的意图进行工作。有的承包选题、组稿，有的从选题到看校样一包到底。出版社依靠他们扩大了稿源。从 20 世纪 90 代开始，我国也有越来越多的人，或以工作室的形式，或以个人兼职的形式，为出版社策划选题、提供书稿。例如，四川成都的“古古工作室”专为出版社策划并提供通俗经济读物书稿，获得成功。目前我国名义上还没有出版经纪人，但事实上已经存在。

6. 约稿

约稿是指由出版单位根据选题计划，主动物色、联系作者，组织作者完成的稿件。这是出版单位经常性的业务工作，可分为个别约稿、群体约稿和社会约稿等。采取这种方式，出版单位有较强的主动性，可以约请某方面最适合的作者。在稿件完成的过程中，编辑人员要与作者进一步细化约请的选题，使选题趋于完善和更具实践性。重要的、重大的选题，通常采用约稿方式。一般而言，蕴含文化创造性内容的作品，如文艺作品、科学著作，自投稿占多数，而致力于文化积累的稿件，尤其是大型丛书、辞书、资料集之类的稿件，约稿较多。

（二）组稿的涵义

组稿，是指编辑人员按照选题计划组织作者进行稿件的撰写或作品的翻译工作，目的在于获得符合选题要求的合适的稿件。稿源是出版工作的血液和生命，而组稿就是开辟稿源的工作，相当于“巧妇”找“米”的工作。

组稿是落实选题计划的首要工作。出好书首先要有好的选题，但选题好并不等于书稿好。要把好的选题转化为好的书稿，关键在于编辑人员要发现和组织最合适的作者来撰写书稿。从精神文化产品的整个生产过程来看，组稿“是精神文化产品从观念形态到物质形态的第一步”。①

（三）组稿的程序

编辑人员应该遵循以下组稿程序：

1. 研究选题要求，明确编写要求

编辑人员要对选题的价值、效益和可行性理解透彻，以便向作者传达选题，帮助作者理解选题，明确稿件的编写要求，如主题思想、出版宗旨、质量要求、篇幅大小、编写体例等。另外，由于选题涵盖的专业面非常广，编辑人员常常会遇到一些自己不甚精通的专业领域，因此应该做些专业方面的准备。同时要了解市场上同类图书的出版情况，避免重复出版。要拟订组稿方案，其内容包括作者人选、组稿线索和交稿时间的确定。组稿方案应送编辑室（编辑部）主任和总编辑审批。

2. 寻找理想作者

要组织到符合出版要求的高质量稿件，寻找理想的作者是关键。要对拟请的作者进行多角度的考察，了解他的学识水平、写作能力和创作态度，选择能按时保质地完成作品的人承担著译工作。要根据选题的内容与读者对象选择合适的作者，不能迷信名人名流。在组稿这个问题上，“一流作者”并非就是合适的作者。例如，一流的专家、学者、作家不一定写得出一流的少年儿童读物，不一定写得出一流的中学生读物，不一定写得出一流的通俗普及读物。江苏教育出版社 1999 年出版的《成语学习词典》是一部面向中小学生的工具书，出版半年内印行 6.5 万册，被评为文教类全国优秀畅销书，发行成功的重要经验之一是按市场观念精心选择了作者，请看本书责任编辑的自述：

---

① 向新阳．编辑学概论［M］．武汉：武汉大学出版社，1995：131.

> 选什么样的作者，我们曾酝酿了好久。最初，我们想请全国知名的一流学者当主编。但后来，我们经过反复考虑，放弃了这个想法。我们觉得，编写这样一本《成语学习词典》，知名度当然要考虑，但更要看其是否熟悉这个领域，是否了解我们的读者。这本书的主要读者是中小学生，作者应该对中小学生比较了解，对他们学习和运用成语的情况比较清楚。这样，编写出来的词典才能符合我们的思路，才能有特色，有针对性。我们最后请了一位在普通师范院校任教的中文系教授担任主编。这位作者称不上是一流的学者，知名度也不很高，但他在成语词典这个领域颇有建树。他 20 世纪 70 年代就开始研究成语，积累了大量资料，是在我国辞书界产生过相当影响的《成语词典》（江苏人民出版社 1981 年版）的主要作者，后来还主编过其他不同类型的成语词典，包括以学生为对象的成语词典。近几年来，他一直在搜索有关成语的资料，做了大量的卡片，光买来用于引例的各种名著就有上百种。此外，他还有一支擅长编写词典的基本队伍。由这样一位作者来担纲编写《成语学习词典》应该是比较合适的，是可以胜任的，无论在质量上还是时间上，应该是有保证的。事实也证明，在作者的选择上，我们是选对了。①

这个事例告诉我们，最合适的作者才是最佳的作者。

3. 审读写作提纲和试写（试译）稿

确定作者后，编辑人员要将选题主旨和编写要求对作者交代清楚，最好让作者写出提纲，或者试写（试译）。编辑人员要尊重作者在内容结构、写作风格和学术观点上的意见，同时，作者也应听取编辑人员在出版和市场方面的建议。

4. 确定约稿关系

编辑人员可以通过发正式约稿函或口头约定方式与作者确定约稿关

① 马镇兴，冯建军，胡文平.《成语学习词典》是怎样成为全国优秀畅销书的［J］. 出版发行研究，2000（8）.

系。协议内容一般包括编写要求、篇幅与交稿日期等。与作者达成共识后最好签订约稿合同，以明确双方的权利和义务。另外，为保证作者的稿件符合出版规范和国家标准，编辑人员应该根据选题和所在出版社的实际情况编写《著译者须知》，并交给作者，以提高稿件的质量，减轻以后编辑加工的工作量。

5. 约稿后的联系工作

约稿后，编辑人员应参与到稿件的写作之中去。不是直接干预，而是经常与作者联系，了解写作进度，帮助作者解决在写作过程中遇到的困难和问题。督促作者按时交稿，保证写作顺利进行。还应为作者收集有关资料、信息并及时通报给作者。特别是对一些写作时间长的选题，当情况发生重大变化时，编辑人员一定要及时将新情况、新信息传递给作者。例如，一本研究婚姻家庭的著作，正当写作期间，新的婚姻法颁布了，编辑人员就要将新旧婚姻法中的重大变化尽快通报给作者，并要求作者在著作中作出相应反映。

6. 交稿

根据约稿合同对稿件进行验收，验收合格后进入编辑人员的审稿环节。

（四）组稿的方式

组稿有以下 6 种方式：

1. 带题组稿

带题组稿也可叫命题组稿，是指在已确定作者的情况下，带着选题和组稿方案去组织作者写稿。时效性强和写作时间较短的读物，如学习参考书；一般的通俗普及读物，如通俗政治理论读物、科普读物，可以采用这种方式。①

2. 跟线组稿

跟线组稿是指编辑人员在与作者、与社会的交往中发现了书稿线索，于是沿着这个线索去进一步调查了解，最后获得书稿。运用此法，关键是要发现线索。为此必须广泛获取信息。《中华读书报》曾以“2002 年中国作家做什么”为题，报道了王蒙、王安忆、陈村、贾平凹

① 黄治正．图书编辑学［M］．长沙：湖南出版社，1997：291.

等知名作家在新的一年的创作计划与打算，类似这样的信息，编辑人员要及时获得。学术著作和文艺作品多采用跟线组稿方式。1979 年中国青年出版社出版《第二次握手》即是采用这种方式获得书稿的。党建读物出版社总编辑看到《中华读书报》（2001 年 10 月 17 日）的报道《十五年写就七千行长诗〈中山颂〉待字闺中》之后，当天赶往作者家中拿到初稿，并很快签订了出版合同。

3. 选用自投稿

自投稿的数量很大，但被采用的比例很小。一般来说，在图书出版领域，是 1% 以下，在报刊领域，是 5% 左右。一些有才华的作者在成名之前，会主动向出版社投稿。编辑人员要有敏锐的洞察力，从自投稿中挖掘出好的稿件，发现和培养有潜力的作者。丁玲的成名作《莎菲女士的日记》是叶圣陶从自投稿中发现的，从此决定了她一生的文学道路。如果不是拉萨姆·布雷（1935 年任美国麦克米伦出版社副社长）的热情负责，风行世界的《飘》也许永远不见天日。沙中有金，石中出玉，编辑人员应该是自投稿的最大受益者。

4. 媒体征稿

媒体征稿是指在媒体上刊登启事，向社会征求所需要的稿件。运用此法组稿，不但可以获得相当数量的稿件，而且可以促进销售。1936 年，生活书店出版了茅盾主编的《中国的一日》，立即轰动全国。该书成功的首要原因在于富有宣传性的组稿手法。它选定 1936 年 5 月 21 日这一天在全国各地发生的事情为题，通过媒体向全社会征文，得到热烈响应。撰稿者既有鼎鼎大名的陈独秀、黄炎培（1878—1965），也有从没动过笔的店员、小商人、公务员、士兵、警察等中下层人物。最后收到 3000 多篇应征稿，编辑精心挑选 490 多篇，编成一部 80 万字的大书。该书在发行之前就已造就了一定的社会声势。20 世纪 90 年代，甘肃少年儿童出版社针对《少年绝境自救故事丛书》的选题，设计了 10 种很惊险的生存绝境，发表在《故事作文》上，向全国的少年儿童征集自救方案，然后结集出版。此外，《中华文化通志》《教育孩子的艺术》《我在北京打工》等书，都在媒体上征稿。

5. 招标组稿

某些重要的套书、教材等，可以先在媒体上把选题公布出去，然后通过招标的方式选择作者撰写书稿。例如，1999 年经济科学出版社投资20万元公开招聘MBA教材作者。1995年8月23日,《中华读书报》头版显著位置刊出一条前所未有的“悬赏”——译林出版社社长公开以5万元人民币征求优秀选题,“如果谁提供的选题能在译林出版社出版后获得国家图书奖,我们将以5万元人民币予以重奖”。广东旅游出版社策划出版“酷驴丛书”时,向社会招聘30名文笔好的自助游爱好者,并出资相助,以获取第一手鲜活资料。

6. 随机组稿

随机组稿是指意外发现了好选题,就抓住机遇,及时拍板组稿。例如,湖南美术出版社出版的好书《海外藏中国历代名画》(8卷本)就是编辑彭本人意外发现选题并立即组稿的。请看经过:

> 1996年4月,彭本人到南京师范大学看望当代著名雕塑家吴为山先生,与他就《肖像雕塑理论与技法》书稿进行商榷。……为了扩大作者队伍,寻觅新的选题线索,他又请吴先生找几位从事艺术研究的专家、教授、博士生对国内外的艺术动态进行座谈。无拘无束、内容丰富的谈话,在南京师范大学专家楼上整整进行了三天。……第三天,南京艺术学院林树中教授主动打来电话,说想见见湖南美术出版社的彭编辑。……彭本人和林教授有了“美术”这个相同的话题,谈起来自然融洽随和。在那极为丰富的书斋里,彭本人猛然发现:就在他坐的沙发旁的书柜上放有一口箱子,不由问道:“这箱子里装着什么?”林教授回答:“这是我多次出国收集到的中国流失到海外的历代名人画135反转片。”彭本人眼睛一亮,请求让他看一看。林教授小心翼翼地把尘封已久的箱子打开,彭本人随手抽出一张反转片在灯下一看,啊,这是他从未见过、慕名已久的中国古画,心中顿时涌起如同淘金者发现金矿一样的狂喜,激动地说:“出版!”林教授十分意外:“怎么出版?”彭本人坚定地回答:“按《中国美术全集》规格,由我们湖南美术出版社出版。”“你们社就不怕亏损么?”“这样好的画册,我们亏得起,亏得有价值!”“有了这句话,我就心安了,这就了却了我心中多年的夙愿!”……林教授谈起一件件往事。他家里每天有人来访问、求教。空不了几天,就有美术出版社

的编辑来组稿，但一谈起出版的事，总是以经济承受能力不够而搁置。只有湖南编辑没谈到钱没谈到亏损，这使他喜出望外。当天，就在书斋里，林教授在组稿合同上郑重地签了名。……1996 年 10 月，这一选题得到了出版社的鼎力支持，……选题顺利地经过几次论证，很快被列入国家“九五”重点出版规划。①

编辑人员组稿时当记住两句话：“发现、选择、组织、培养著作者队伍的途径是多种多样的，总的来说不外乎了解情况、量才而用两条。通过了解情况去发现、选择，通过量才而用去组织、培养。”②还当记住一首诗：“慧心慧眼最重要，佳言佳语离不了。诚心诚意聚英才，优质优酬抢好稿。兼备兼容少禁忌，慎删慎改多商讨。勤催勤逼屡灵验，效率效益步步高。”③

二、审稿

（一）审稿的涵义

审稿，又称稿件审读，是指出版社组织人员审查、阅读著译者的稿件，对稿件的内容与形式进行判断、评价，决定是否出版，并对决定出版的稿件提出修改意见。

审稿是一项重要的编辑业务工作。通过审稿，可以判断稿件的质量，对稿件作出恰如其分的评价，决定稿件的取舍；可以对稿件提出修改意见，提高稿件的质量；可以发现创作人才，扩大作者队伍。

（二）我国审稿制度——三审制

在审稿的程序方面，我国实行“三审制”，即将审稿的整个过程划分为三个依次相连的程序：

1. 初审（一审）

初审（一审）是审稿工作中的第一个环节。由具有“编辑”专业

---

① 何新波．书香梦［M］．长沙：湖南人民出版社，2001：166－168.

② 向新阳．编辑学概论［M］．武汉：武汉大学出版社，1995：135.

③ 王晓宁．赢得好稿七“秘诀”［J］．编辑之友，1999（5）.

技术职称或具备一定条件的“助理编辑”担任。初审编辑要认真通读原稿。首先，看稿件是否属于本出版社的出版范围，但也要注意出版范围的外延扩展性。中华书局一贯的出版范围是传统古籍整理，但在2003年，该社同仁达成共识要“守正出新”，即既要把传统古籍的传承作为立身之本，又要把本社已有的丰富资源有效地转化，使之成为大众喜闻乐见的通俗历史文化读物，最成功的案例是《于丹〈论语〉心得》的出版。这不仅增强了中华书局的品牌效应，而且为中华书局赢得了很好的经济效益。其次，对稿件的政治思想、学术或艺术价值、篇章结构、撰写体例、文字水平、行文风格等进行审查，从政治性、知识性、文字表现力等各方面，对稿件质量作出实事求是的评价，同时也从社会效益和经济效益两个方面对稿件的出版价值做出初步评价。最后，写出全面细致的书面审读报告，提出明确的取舍意见，对准备采用的稿件要提出修改意见。

2. 复审（二审）

复审（二审）是第二级审稿。一般由具有正、副编审专业技术职称的编辑室主任担任。复审者也要通读全部稿件，在初审的基础上对稿件的内容进行宏观的审核和把关，作出总的评价，解决初审提出的问题。复审的重点是审查原稿的政治思想性与科学性等，要特别注意审查原稿有无抄袭和剽窃他人研究成果的行为。复审者还要审核初审意见是否公正、中肯以及初审时是否遗漏了某些问题，必要时可以退还给初审者重新审查。仍有不能解决的问题或者解决方式与初审存在分歧，则留待终审，复审者要充分阐述自己的意见和理由，以便终审参考。

3. 终审（三审）

终审（三审）又称决审，是最后一级审稿。一般由具有正、副编审专业技术职称的正、副社长或正、副总编辑担任。终审者根据初审和复审意见认真审读内容，对重要观点、重大政治性或科学性问题进行审核，最终决定稿件能否出版。终审者要在宏观上把握思想政治关和质量关。对于那些重要的稿件或内容复杂、难以把握的稿件，可由多人审读，必要时还应请社外专家审读。

（三）审稿的方法与具体步骤

1. 审稿的方法

审稿的常用方法有分析、比较、综合等。分析法是指编辑人员通过把握稿件的整体与部分的联系、内容的主次结构表现、主题思想脉络和叙述的流畅性等，剖析稿件的思想倾向是否准确、观点是否正确、内容是否切题、结构是否合理、文字是否通顺、体例格式是否一致等。比较法是指编辑人员把要审读的书稿与已经出版的同类图书进行比较，来判断书稿的内容、形式的特点与水平；要对稿件所表达的思想政治倾向与先进思想文化、党的方针政策等进行比较，分析书稿的思想倾向是否正确。在审稿过程中，要养成随读随记的习惯，以发现稿件中是否存在前后不一致甚至自相矛盾的地方，从而更正错误。综合法是指编辑人员在分析、比较的基础上对稿件的质量进行综合归纳，作出最后评价。

有专家还提到了“直觉审稿法”。所谓直觉审稿法，是指审稿编辑根据“初读文稿未对文稿进行深入的分析、判断、推理时所得到的初步的整体印象和基本的判断”来判定稿件质量的优劣，并由此取舍稿件。①说白了，就是根据对稿件的直观感觉与第一印象来评价和选择稿件。对此，笔者的看法有三点：②第一，直觉审稿法虽然“有其存在的天然的合理性”，但更有其先天的缺陷性，千万不可夸大它在审稿工作中的地位与作用；第二，直觉审稿法基本上适用于大多数文艺类稿件，③基本上不适用于非文艺类稿件，千万不能滥用；第三，审美是一种情感活动，但审稿是一种认识活动，所以不能套用审美的方法来审稿。审稿者最需要

---

① 王华生．程序审稿法　直觉审稿法［J］．编辑学刊，2002（1）．

② 易图强．也谈直觉审稿法——兼与王华生先生商榷［J］．湖南大众传媒职业技术学院学报，2002（4）．

③ 直觉审稿法适用于文艺类书稿的一个典型例子：《当代》杂志社的编辑洪清波和人民文学出版社的编辑高贤均取到陈忠实的长篇小说稿件《白鹿原》后，迫不及待地在火车上看开了，结果还没有看完就拍手叫好了；终审编辑何启治看该书稿时有一种“兴奋感”和“幸福感”。（参见：何启治．文学编辑四十年［M］．北京：人民文学出版社，2001）直觉审稿法不适用于某些文艺类书稿的一个典型例子：西方意识流小说的开山之作《尤利西斯》写法十分怪诞，文字十分晦涩，十分难懂，被视为“怪书”“天书”“奇书”。这样一部看都看不懂的文学作品，会使阅读者产生什么美感、快感？然而，谁也不能否认它在世界文学史上的不可磨灭的地位。

的是理性、理智、冷静，而不是感性、感觉、冲动。有专家精辟地指出："有些书稿，乍看起来会使你觉得还有意思，但是经过分析综合，就会发现它华而不实，像一碗清汤寡水。有些书稿，只看头遍，会叫你弄不清它讲些什么，如果多看上两遍，像剥竹笋那样一层层地剥下去（分析），再回过头对它的方方面面加以归纳，梳成'辫子'，使它呈现出一副全貌（综合），就终于能够使你看清其中有的是深层次的真学问，有的是故弄玄虚的伪科学。"① 还记得《儒林外史》中那个主考官周进评卷的故事吗？同样是评判范进的考卷，第一遍的评语是："这样的文字，都说的是些什么话，怪不得不进学！"从头到尾看了第二遍，才"觉得有些意思"。看完第三遍，竟然叹道："这样的文字，连我看一两遍也不能理解，直到三遍之后，才晓得是天地间之至文，真乃一字一珠！可见世上糊涂的试官，不知屈杀了多少英才！"今天的审稿编辑绝不能当糊涂的审稿"官"！

编辑人员在审稿工作中，要关注国家、党和政府的思想、方针、政策的发展动态，要关注出版政策的调整和变化。比如对中国共产党的十九大（2017 年 10 月召开），就要深刻领会十九大报告提出的新思想、新观点，以便在审稿中把握好政策方向和思想动向。要及时把握出版业的动态，了解最新的出版政策，掌握语言文字、标点符号、注释等各项规范的最新要求，以确定书稿是否可以出版以及书稿修改的难易程度有多大。

2. 审稿的具体步骤

审稿一般有以下四个步骤：

（1）从宏观上把握稿件是否符合本出版单位的出版方针和发展方向，不符合的应直接退稿。

（2）审稿前的准备工作。首先，对稿件进行登记备案；然后，熟悉与稿件有关的材料和信息，对涉及稿件内容方面的知识、研究现状和趋势作一个比较全面的了解，还要了解同类题材出版物的出版状况；最后，为审读稿件准备相关的工具书等。

---

① 黄治正．图书编辑学［M］．长沙：湖南出版社，1997：311.

（3）审稿过程中的工作。首先，对稿件进行初步阅读，了解稿件的主题、观点、论据等，判断稿件的真实性，评估稿件对于目标读者的意义。然后，审读稿件的题目。看题目是否简洁明了，是否反映了内容主旨，是否起到了画龙点睛的作用。最后，仔细阅读稿件。编辑人员应完整地、认真地阅读稿件，抓住稿件的内容和篇章结构，判断材料、事例是否具有典型性，考察逻辑性是否紧凑、语言文字是否通畅等，要特别注意从读者的角度分析稿件是否能满足读者的需要，是否有一定的市场。在此过程中，编辑人员要随时记录。

（4）撰写审读报告。编辑人员要将审稿意见写出书面报告。审读报告要对书稿的来龙去脉、基本情况等进行概括性的表达，分析稿件的优缺点，表明取舍态度；对采用的稿件要提出明确的修改意见，不能空发议论，不能不分主次地全部罗列。根据三审制，审读报告分为初审报告、复审报告和终审报告三种，终审报告最终确定稿件的取舍。

稿件经审读后，编辑人员根据审读意见，对稿件要及时作出明确的处理：录用，退修，或者直接退稿。退稿时，要提出有说服力的退稿理由，并注意语气与措辞，不要挫伤作者写稿和投稿的积极性。决定采用的稿件，应按照《著作权法》的规定，及时与著作权人签订出版合同，明确双方的权利和义务。

第三节　编辑加工

一、编辑加工的涵义与步骤

（一）编辑加工的涵义和必要性

决定采用的稿件还不能达到出版要求，必须进行编辑加工。编辑加工是很重要的一项编辑业务工作。通过编辑加工，对审稿中发现的问题和提出的建议给予解决与落实，并且按照出版方针和出版要求，在内容、文字和技术上进行全面细致的加工与整理，使稿件从内容到形式都符合出版质量要求。

编辑加工是审稿的继续，又是与审稿相对独立的编辑过程中必不可少的工作。审稿工作是从宏观方面对稿件进行初步的评价和修改，不可能全面地发现书稿中的问题，而作者也不可能保证所有内容的准确性和规范性，所以编辑加工要对采用的稿件从微观上细致地检查，作批注性的加工和规范化处理。在编辑加工过程中，编辑人员不仅要根据出版要求、出版标准对稿件的政治性、科学性和技术性进行深入的审核，还要具体检查稿件内容上的问题，并予以更正、修改、润色，使内容完善，主题明确，论据真实，文字逻辑符合要求；还要对稿件的形式按照规范标准进行整理，消除技术性差错，以达到发稿要求。

（二）编辑加工的步骤

编辑人员应该遵循以下编辑加工步骤：

1. 充分的准备工作

编辑人员要把书稿准备齐全，包括正文部分、辅文部分和图、表等。根据书稿内容拟订编辑加工方案，对编辑加工的内容、标准、重点、方法和完成时间等作出安排。不同类型的书稿需要进行不同的准备工作，特别是丛书，要了解全套书的体例、规格等，保证加工的书稿与其他书稿内容的相关性和体例规格的一致性。

2. 精读稿件进行加工

在进行加工时，第一步要通读书稿内容，了解目录标题，开头与结尾，章节与章节、段与段之间的联结，等等。第二步则逐字逐句地阅读原稿，发现书稿中存在的问题并加以解决，必要时要反复查阅相关资料或工具书。编辑加工的内容主要包括对书稿内容的加工，对概念、原理、定义和论证等说理性问题，事实性材料，图表、数据和公式、代号等的检查。完毕后，再从头至尾通读一遍，注意修改的地方是否与其他内容存在矛盾，是否保留了原稿的思想、风格，书稿前后内容与形式是否一致。在加工稿件的过程中，最好随手记下读后感和书稿内容的闪光点，以便为图书的宣传与推广做准备。

3. 填写编辑加工记录或撰写编辑加工小结

在编辑加工的过程中，编辑人员对发现的问题、问题解决的方法和未能解决好的问题要做好记录，完成加工后再整理好记录并填入记录表中。还应该对编辑加工的情况进行综合归纳，写出编辑加工小结，以保存相关资料和积累经验。

此外，编辑人员还要注意，不能把审稿与编辑加工同时进行，标注时应选用不同于原稿墨色的色笔等。

必须指出，计算机技术在编辑工作中的应用对编辑加工提出了新的要求。电脑稿（磁盘稿与电子邮件稿）编辑加工的步骤自然不同于纸质稿。电脑稿的编辑加工可分为三个步骤：第一步是检查与复制原稿；第二步是用文字处理软件 Microsoft Word 进行加工；第三步是保存打印文件。其中第二步又可以分为三道程序：首先设置修订显示；其次设置审稿者颜色；最后加工稿件。①

二、编辑加工的原则与方法

（一）编辑加工的原则

编辑加工要遵守以下四个原则：

1. 尊重作者的劳动，不改变作者的风格

《中华人民共和国著作权法》规定：图书出版者经作者许可，可以对作品修改、删节。报社、期刊社可以对作品作文字性修改删节。所以，对内容的修改，应当经作者许可。在修改过程中，编辑人员要准确地把握原稿的主题、风格，理解作者要表达的思想内容，不能把自己的意志强加于作者。

2. 可改可不改则不改，非改不可一定要改

编辑人员要正确处理好编辑把关和作者文责自负的关系。编辑人员要对社会和读者负责，在内容上要把握好方向，非改不可的地方一定要改，而且一定要改对改好。必须作较大修改处应与作者商量，最好请作者自己修改。同时，又要尽可能地保留作者的观点和原稿的风格，做到可改可不改则不改。

3. 既宏观把握书稿的内容和形式，又全面细致地提高书稿的质量

编辑人员首先要从宏观上对书稿的政治性、学术性、文字和技术处理方面把好质量关，又要对书稿的细微处，如引文、数据、事实的准确性，甚至标点的使用都要认真细致地把好关。加工完毕后，要对稿件进

① 高敬泉．“电脑稿”的编辑加工步骤［J］．科技与出版，2000（4）．

行全面的检查整理，如检查稿件的页码是否连贯，是否有缺页，辅文是否完整，目录与正文是否一致，图稿是否齐全，等等。

4. 打破常规，大幅度加工确有出版价值的新作者、普通作者的书稿

不难理解，既要把好书稿质量关，又要减轻加工负担，这是编辑加工的一个基本要求。正如著名编辑出版家林穗芳所说："编辑工作是创造性劳动，但是编辑的工作不能代替作者的创作。编辑有发现、培养作家的责任，但没有把质量低劣的书稿提高到出版水平的义务，有一部分书稿难免要多花时间加工、整理，但不应当成为常规，而要设法创造条件使编辑的主要精力从加工、整理工作转移到选题、审稿工作上来。"①

这里，笔者要特别关注的正是那些不是"常规"的特殊情况，正是那些"难免要多花时间加工、整理"的"一部分书稿"。这"一部分书稿"是指什么书稿呢？显然是指新作者、普通作者尤其是工农兵作者、少年儿童作者的书稿。受文化程度和专业水平的限制，工农兵作者的书稿往往文字粗糙，甚至根本达不到出版要求，但如果选题本身确有价值，或者市场效益较大，那么编辑人员就应当打破常规，付出更多的精力、时间帮助他们修改、加工。1983 年，湖南科学技术出版社出版了《湘菜集锦》，后来成为常销书。它的作者是位老厨师，出书时 66 岁了，而且只读过两年小学。该书责任编辑说："在处理书稿的过程中，我的工作一直不轻松。"怎样的不轻松呢？请看他的回忆：

> 铅印书稿比手抄稿（笔者注：作者第一次拿去的是手抄稿）自然好看一些，但中间的问题仍然不少，不仅文字粗糙，差错百出，而且编排结构也不大合理，要达到公开出版的要求，还要下很多工夫。由于文化水平和工作繁忙等原因，要石师傅动手加工是有困难的，这任务就义不容辞地落到我的头上了。我对烹调技艺一窍不通，要把烹调原理、制作方法改写得文从字顺、一目了然，不得不入厨"学艺"，有些用料繁多、操作复杂的菜点，就请石师傅一边操作、一边讲解，我一边观

① 阙道隆，徐柏容，林穗芳．书籍编辑学概论［M］．沈阳：辽海出版社，2000：347.

察、一边记录，书中500多道菜点，就是这样同石师傅合作加工整理出来的。①

在出版史上，如此辛勤加工出来的好书还有不少。20世纪80年代初，（天津）百花文艺出版社收到一部关于津郊抗日游击队的书稿，80万字，小说主题很好，但内容写得很混乱，故出版社打算退稿。有两个老编辑看出，书稿如果大改大修，还是可以出版，也会取得良好社会效果，就主动请缨。他们与作者研究如何删减，并亲自修改，经常熬到深夜一两点，终于改成40万字，其中近20万字是这两位老编辑重新写的。这部名为《血溅津门》的小说出版后，很快销售一空，并被拍成电视连续剧。20世纪50年代，上学不到一个月的文盲战士高玉宝写成自传体小说书稿《高玉宝》后，解放军总政文化部和《解放军文艺》杂志社的领导十分重视，特意请老作家艾芜指导高玉宝一再修改。20世纪60年代出版的著名小说《红岩》也是七位编辑反复修改的结果。

（二）编辑加工的方法

编辑加工有以下7种方法：

1. 更正

首先，检查书稿有无政治性差错，如有则一一更正。其次，对稿件中的错字、别字以及逻辑、语法甚至事实、知识等方面的错误进行更改。再次，对不合适的标题进行修改，并按出版要求统一标题层次编码。

2. 润色

在不改变原稿内容与风格的基础上，对文字进行必要的润色，使行文简洁、流畅、有条理，内容表达更符合读者对象的需要，又使作者意图得到更清晰更准确的表达，从而使作品达到内涵性与可读性的统一。

3. 充实

编辑人员在编辑加工的过程中也要充分地发挥自己的创造性，在明确稿件的优缺点之后，要对稿件的主题、内容、观点进行充实，使观点更加明确，内容更加饱满，主题更加集中。

① 江汀．厨师写书的启示［J］．湖南新闻出版，1992（5）．

4. 调整

在结构上、逻辑上，要对书稿的篇、章、节、条、款、段等不同层次结构与顺序进行必要的调整。

5. 压缩

要从读者阅读心理的角度对稿件进行必要的删除，使主题、重点更突出，又尽可能地节约印张，降低成本，促进销售。对自投稿尤其要重视压缩。

6. 核对

要核查原稿中引用的资料是否恰当和准确。这些引用资料主要包括时间、人名、地点、事件、数据、公式、引文出处等，要对这些方面的内容重点核对。若问题较多或没有把握，应交予作者重新审定和更正。

7. 统一

要按照国家或国际标准，对标题编排、封皮制作、人名、标点符号、时间、数字、注释、参考文献、度量衡单位的使用等进行规范统一，保证编辑技术、编辑加工的效果和质量，达到出版要求。要确保全书编排格式的统一和前后相关内容表达的一致。还要注意表格与插图中的文字、数值、符号等是否与正文一致。表格与插图较多时，要按章、节或全书统一顺序编号，要注意图与文、表与文的一致性。

三、辅文的编辑加工

辅文是正文的补充与说明，为读者的阅读与检索服务，不容忽视。辅文包括内容提要（内容简介）、目录、作者简介（作者小传）、出版说明（出版缘起）、前言（序）、后记（跋）、注释、参考文献、索引、附录、凡例、译名对照表等。

根据具体情况，辅文可以请作者写，也可以请他人写，还可以由责任编辑写。不管何人写，责任编辑都要进行加工。辅文要紧紧配合正文内容，不能喧宾夺主，文字上要简洁明了，与正文的表述要协调一致，这些是辅文加工的基本要求。有的辅文（如内容提要与目录）的编排，需要责任编辑与装帧设计人员共同完成。

读者选书的一般过程是：一看书名，二看封面，三看内容提要与目录，四看正文。内容提要与目录是影响读者阅读与购买的重要因素，所以，这里专门探讨这两种辅文的撰写、加工与编排。

（一）内容提要（内容简介）

内容提要的作用有二：一是概述内容，即告诉读者这是一本什么内容的书；二是宣传促销，即刺激读者的阅读与购买欲。前一种作用人所共知，而后一种作用未受到普遍重视。好的内容提要具有一箭双雕的作用。

内容提要应该短小精悍（不超过300字）、鲜活生动（特别是文学作品）。具体内容除了介绍书中内容，还可以发表对书的评论、展示书的影响力（如销售发行状况、获奖情况等），甚至可以反映创作或编辑出版的背景情况。例如，“五角丛书”（20世纪80年代非常畅销的一套丛书）中的《人性的弱点》（1986年12月版）的内容提要是这样写的：

> 这是一本译成十四国文字，印行一千万册的世界畅销书。作者运用大量心理学知识，对人类共同的心理特点，进行细致入微的探索和分析，提示人们待人接物的处世之道。全书分“怎样使别人喜欢你”“怎样赢得友谊和事业成功”“怎样不伤感情、不引起憎恨而改变他人”三大部分。包括“使你更容易交到朋友”“使你更容易受到欢迎”“使你更容易获得别人的同情和支持”“使你更容易增加影响力”等二十余个专题。通过这本书，可以从中获得新思想、新意念、新目标。

这则内容提要用短短的210字交代了它是世界畅销书，概述了它的主要内容，指出了阅读该书的意义，兼顾了广告的作用，又标新立异地置于封面，特别醒目，能不赢得读者的心吗？看来，“五角丛书”的畅销绝不只是由于价格便宜。

内容提要通常放在勒口（前勒口或后勒口），但也有放在封面或封底的。“五角丛书”（上海文化出版社）每一本的内容提要都放在封面。把内容提要放在封底的图书，现在渐渐多起来了。优秀畅销书《方与圆》（广州出版社1996年11月版）与《交锋——当代中国三次思想解放实录》（今日中国出版社1998年3月版）的内容提要就放在封底。放在封底的内容提要往往是摘录书中的精彩话语，并与广告宣传语有机结合起来。

内容提要是一本书不可缺少的组成部分，有人认为内容提要是书籍的心灵之窗——“眼睛”。① 遗憾的是，很多编辑人员忽视它，甚至干脆取消它。

(二) 目录

如果说内容提要或许可以取消，那么，目录绝对不能没有（长篇小说除外）。目录好比一个人的应聘简历，一本书到底有些什么内容，值不值得阅读或购买，读者在很大程度上靠目录来判断。

目录的功能有二：基本功能是标示书的内容结构，让读者一目了然；更大的功能是激发读者的阅读与购买欲。做到前一点不难，把各章各节标题列上去就行了；进一步做到后一点，就比较难了，因为，必须高度提炼书中观点，把最精彩的内容展现给读者。好的目录“一箭三雕”：既标示章节结构，又概述内容，还宣传促销。

目录设计的基本要求有两条：一是脉络清晰——各章各节各款的标题层次清楚，二是主次分明——正文的标题与非正文（如附录、相关链接之类）的标题泾渭分明。总之，要给读者醒目、清新、舒适的感觉。优秀畅销书《健康忠告》（广东教育出版社 2002 年 8 月版，发行 130 万册）的目录设计充分运用字体、字号、色彩等，版式新颖，错落有致，篇题之下还独辟蹊径地写了一段按语性质的文字，对于引导读者、诱导读者起了很好的作用。

目录中的标题一般不超过三级，最小级标题的字级一般与正文字级相同。目录中标题的字体按由重到轻的原则选择；相邻级别的标题，也可以采用字级相同而字体轻重不等的印刷字；标题过长，需要转行时，转行后应缩进一格，且保持词义完整；标题较长，则标题和页码之间用“/”间隔；字数较少的二级或三级标题可做接排处理，中间用“/”间隔。

目录放在目录页，在此基础上，还可以从中选择主要的标题（章题）或重要的标题（节题）放在封面或封底，以便在第一时间吸引住读者的眼球。优秀畅销书《大败局》（浙江人民出版社 2001 年 1 月版）封面的左上端印上了该书目录的 10 个章题，可谓独具匠心！优秀畅销书《登上“健康快车”》（北京出版社 2002 年 8 月版）和《素质教育在美国》（广东教育出版社 1999 年 12 月版）的封底也都印上了章题或节题。

---

① 彭路路．“内容提要”——书籍的心灵之窗［J］．出版发行研究，2002（10）．

第四节　发稿与校对

一、发稿

（一）发稿的涵义与要求

发稿是指编辑人员对经过编辑加工之后的稿件进行整理，是交付印制部门之前的最后一道编辑工作程序①。这个环节要求编辑人员整理好书稿，填写完相关手续，再交复审者、终审者审查并决定是否可以发稿。

发稿的要求是齐、清、定。

发稿的“齐”，是指编辑人员发出付印稿时，要确保一次发齐。书稿的各个部分都要齐全，即正文与辅文，包括文稿、图稿、封面、版权页、插图、前言、内容提要、参考文献、索引、后记等，都要按照流水线顺序完整齐全，无缺页，没有留下应该填补的空白；而且要有齐全的编辑流程记录，以便查找。

发稿的“清”，是指文稿和图稿清楚，包括涂改勾画描绘清楚，技术规格批注清楚。“清”的内容有三个方面：一是书稿规格清，包括字迹、大小写、繁简字、字体字号、标点符号、标题格式、正文格式等，都要清楚、规范；二是稿面勾改清晰，包括笔墨单一、符号正规、图表与正文配合清楚、各个部分次序分明等；三是注释、时间用法、数字用法清楚，包括注释统一、注符对应，时间概念、数字概念、度量衡单位、名词术语等都要明确、统一。

发稿的“定”，是指书稿从内容到形式都已改定，无遗留问题。“定”的内容主要包括：选题定、采用定、质量定、规格定和时间定。当然，如果遇到特殊情况，例如形势发展变化了，书稿中的某些内容或

---

① 发稿历来被视为编辑工作中的一个独立环节，但也有人把书稿整理视为编辑加工的范畴，即把发稿看作是编辑加工的最后一道工序，如山东教育出版社出版的《现代编辑学》（李海崑、刘光裕主编）第135页就是这样认为的。

提法已经不合时宜了，就要及时作出修改。①

齐、清、定是印制部门对编辑人员提出的最基本的要求。书稿如果没有做到齐、清、定，就势必对印制工作产生消极影响，就会延长出书周期，使出版社的整个工作陷入混乱。例如，书稿如果在发排后还要反复修改，就会增加排版、校对的次数。

（二）发稿的手续

各出版社的发稿手续规定不完全一致，一般说来，应具备以下手续：

1. 审读报告和编辑加工报告

在这两个报告中，简要说明书稿的价值以及加工过程，扼要介绍书稿中主要问题及其处理方法，加工后的书稿质量如何，是否还有问题需请示领导。

2. 填写编辑室发稿预告单

发稿预告单供制定全社发稿计划使用。出版社一般每月召开一次发稿会，讨论下月的发稿计划、发排计划。

3. 填写书籍装帧设计通知单

装帧设计通知单供美术编辑使用，要求是：（1）一般要早于文字稿发，编辑人员须留底；（2）最重要的内容是要填写好“内容提要和设计要求”，若能提供一些可供参考的图案或样品则更好；（3）篇幅字数一定要填写准确，因为，美术编辑要根据字数设计书的厚度（书脊）。

4. 填写图书在版编目（CIP）数据申报单

CIP 数据申报单的内容有著录数据和检索数据两部分。著录数据包括书名与作者项、版本项、出版项、丛书项、附注项、标准书号项。检索数据包括图书识别特征的检索点和内容主题的检索点。申报单交中国图书馆 CIP 数据中心，由该中心核发图书在版编目数据，再配置在版本记录页上。

5. 填写图书发行征订单

发行征订单供发行部门征订使用。特别要注意三点：（1）含义不明显的书名要解释一下其含义；（2）最主要的是要说明本书与同类书相比有哪些特点，新版与旧版有什么不同，适合于哪些读者阅读；（3）

---

① 黄治正．图书编辑学［M］．长沙：湖南出版社，1997：362－364．

估价要尽量与定价一致，要慎重填估价。如定价超过估价太多，订货单位有权不接受。

6. 认真填写发稿单

在发稿单中要全面填写出版事项和书稿印制要求。发稿单是总编室编制各种报表和出版业务部门安排生产计划的依据，所填写的各项内容必须准确。特别要注意：（1）不要写错作者姓名；（2）字数要填准确，因为字数是计算印张和估价、定价的依据。如有部书稿发稿字数填为60万字，实际排出的字数为146.5万字，定价要比估价高一倍以上，这就使得出版发行工作很被动；（3）要写清楚关于排版的特殊要求或提醒排版人员要注意的地方。

发稿单由责任编辑填写签名，有关编辑部主任或编辑室主任复审签名，有关社领导终审签发。发稿单一式三份（编辑部或编辑室、总编室与出版业务部门各留一份）。出版业务部门按照发排计划，将书稿发至印刷厂排印。

二、校对

（一）校对的涵义与任务

1. 校对的涵义

“校对”是从古代“校雠”或“雠校”一词引申而来的。在现代汉语中，“校对”既可指校对工作、校对劳动，即以发排的原稿为准，把经印刷厂或激光照排室排版后印出来的样张（称为校样）与原稿进行核对，找出样张中的错误；又可指校对人员，即从事校对工作的专职人员，简称校对员。出版社一般设有专职校对员。现在越来越多的出版社实行编校合一（编辑人员兼做校对工作），但不能因此而削弱甚至废弃校对工作。

校对工作是出版工作中的重要一环，对保证出版物的质量，使其获得好的社会效益以至经济效益，具有不可忽视的作用。例如，某商标将“乌鲁木齐”误作“鸟鲁木齐”，损失几十万元。某外交公函把“大使”误作“大便”，酿成外交事件。古书也不例外，如中学课本中有篇课文“触龙说赵太后”，《战国策·赵策四》作“触讋”，《史记·赵世家》作“触龙”。2000多年来对这个问题莫衷一是，直到1974年在马王堆汉墓中发现帛书《战国策》，才知道“讋”是“龍言”二字直行连写之误。古籍中这种抄写错误、校对错误的现象很普遍，于是形成一门专门的学问——校勘学。校对工作是杜绝谬误流传、实现质量优化的最后程序，因而历来受到高度重视。宋版古籍为何非常珍贵？就是因为经过了再三校勘，差错很少。列宁（1870—1924）甚至认为：“最重要的出版条件是，保证校对得非常好。做不到这一点，根本用不着出版。”①毛泽东亲自校对《论持久战》和在中共六届六中全会上的报告。

2. 校对的任务

总的来说，校对工作的任务是要消灭校样甚至原稿中一切可能存在的错误，以确保出版物的质量。具体来说则有以下三项：

（1）消除校样上不符合原稿（指发排后的稿件）的各种差错。如错别字、多余字、漏字、外文字母和标点符号的差错等。

（2）消除排版的技术性差错，如字体字号不统一，版式不一致，图表位置不对，标点符号、数字和外文的排法违反规则等，使校样符合美术与版式设计的要求。

（3）发现原稿的差错或不妥之处，提请编辑或作者解决。

根据原《图书质量管理规定》（新闻出版署 1997 年 3 月颁布）第六条的规定，我国图书编校（编辑加工与校对）的质量分级标准是：

优质：差错率低于 0.25/10000（含等于）

良好：差错率超过 0.25/10000，未超过 0.5/10000（含等于）

合格：差错率超过 0.5/10000，未超过 1/10000（含等于）

不合格：差错率超过 1/10000

根据最新的《图书质量管理规定》（新闻出版总署 2004 年 12 月修订颁布），图书质量分为合格与不合格两个等级，差错率不超过 1/10000 的图书其编校质量为合格，否则为不合格。

校对人员与编辑人员必须熟悉校对符号、标点符号、数字、时间、度量衡等的用法，必须熟悉经常容易出错的字词、成语等。1998 年中国出版工作者协会校对研究委员会提出了关于校对工作的两个建议：

---

① 列宁. 致玛·亚·乌里扬诺娃和安·伊·乌里扬诺娃//列宁. 列宁全集：第 53 卷［M］. 北京：人民出版社，1988：134.

《关于加强校对工作 实施〈图书质量保障体系〉的建议》和《图书编校质量差错认定细则》，这两个材料尤其是后一个对校对工作以及编辑工作很有帮助。

（二）校对的程序与方法

1. 校对的程序

编发稿在正式印刷之前，一般要经过毛校、初校、二校、三校、通读和校红等阶段。习惯上，毛校与校红不算正式校次。故校对程序俗称“三校一通读”。

毛校，由印刷厂或照排室的校对员负责。

初校、二校与三校，由出版社的专职校对员负责。

一般情况下，经“三校一通读”之后即可出片付印了。出版社可根据具体情况增减校次。

校红（又称核红、对红、比红）一般是指，复核三校样中所标明的校改字符是否已经改正无误。因为校对经常是用红笔改正校样上的错误，因而称为“校红”。校红是校对的最后一道工序，对保证校对质量起着最后的把关作用。校红既是具体的校对任务，又是具体的校对方法。事实上，从毛校以后的第一个校次开始，每进行一个校次，首先都要做好比红的工作。先比红，然后再进行正式校对，这样可避免上一次校对发现的错误重复出现，以便把注意力集中在未曾发现的那些错误上。

这里必须提到一个术语：付印样。付印样是指校红改后打印出来的纸样，又称付型样。它是用于印刷出版物的样本，不得再作改动。责任编辑一般在付印样上签字同意出片、付印。

必须指出，在稿件电子化的情况下，上述校对的程序同样存在，当然校对的具体方法发生了变化。

2. 校对的方法

现代校对是古代校雠的继承与发展，陈垣（1880—1971）先生在其著作《校勘学释例》（中华书局1959年版）中对古代校雠方法作了总结、概括。现代校对继承了传统校雠方法，可按不同标准来划分：

（1）按是否把校样比照着原稿来进行校对，校对的方法可以分为比校法和非比校法。

比校法，又叫对校法，由一人把校样与原稿逐字逐句地进行校对，改正其中不符合原稿的地方。比校法是用来校异同的。比校法包括两种具体的方法：一是点校法。又叫对校法，即把原稿放在左边，把校样置于右边。先默读原稿的若干字（七八字）或三五个词或一两句话，再默读校样中相应的部分。右手执红笔随目光移动，发现错误即用红笔改正。点校法费眼神，不宜长时间采用；二是折校法，又称迭校法，即把原稿摊平在桌面上，手持校样，把校样放在原稿上面上下移动，从左到右逐字比照，发现与原稿不符之处即执红笔改正。校完一行后，拇指向下推移一行，接着校下一行。为使校样与原稿紧密叠合，就需要在校样的文字下方逐行地压折一下，故叫折校法。也可以反过来，把校样摊平在桌面上，手持原稿，把原稿放在校样上面上下移动逐行校对。

非比校法，是指不把校样与原稿进行比照的校对方法。非比校法是用来校是非的。非比校法又有四种具体方法：本校法、他校法、理校法和通读法。本校法，是指原稿内容之间相互比较、证伪等，找出相互矛盾的地方，并进行订正的校对方法；他校法，是利用其他出版物的内容对原稿中相关内容进行对照，以解决疑难问题的校对方法；理校法，是对原稿内容进行判断、推理的一种校对方法。理校法与本校法联系密切，不同之处在于，本校由专职校对员进行，而理校一般交给其他学有专长的人员进行；通读法，是指离开原稿通读校样。使用通读法时应注意：要在进行了多个校次，几乎完全消除了排版中的差错的基础上才进入通读；通读者要有比较高的知识水平和文字能力；在通读过程中遇到了任何疑问，都必须找原稿核对，而不能想当然地加以改动。通读可由专业校对员进行，也可由责任编辑进行。由责任编辑进行的通读，就是看清样，或叫审读清样。专职校对员进行了通读后，责任编辑仍须以通读的方式看清样。

（2）按是否由一人进行校对，校对的方法可以分为单人校对、双人校对和多人校对。

比校法一般是由一人完成的，双人校对或多人校对的方法叫读校法。读校法是指一人读原稿，另一人或另几人看校样（或反过来也行），发现校样与原稿不符之处，立即停下来在校样上用红笔改正。很明显，读校法实际上也要比照着校样与原稿，但必须由两人或两人以上才能完成，故视为一种独立的方法较为妥当。

除一些特别重要的政治读物、文件外，读校法一般较少采用。此法基本上不适用于科技稿件。使用此法，对于同音字、谐音字、近音字和难字，要特别准确地念读，必要时在念读中要解字。

随着计算机技术和数字化技术的发展，出现了新的校对方法——人机结合法。

（三）计算机网络时代校对工作的变化

从20世纪末特别是进入21世纪以来，计算机的普及和互联网的兴起，使校对工作发生了重大变化，校对的理论与实践需要创新，并已基本实现了创新。主要体现在以下两个方面：

1. 写作与排版计算机化、校对客体无纸化是校对工作发生重大变化的前提背景

在20世纪90年代末，作者手写的纸介质稿件逐渐被计算机输入的磁介质稿件取代。到2000年，磁盘稿件迅速在出版业普及，许多出版社的磁盘书稿占到了书稿总数的50%～80%。今天几乎都通过电子邮件或电子投稿系统发送稿件。出版单位或印刷厂的排版也是通过计算机进行（而不是选用现成铅字排版）。因此，不但编辑工作一般直接在电子原稿上进行，而且校对工作也往往直接在电子校样上进行。换言之，校对工作的两个客体（作者原稿与校样）都是电子化的。

显而易见，电子原稿与电子校样的出错情况不同于手写的原稿和传统的铅字打印校样。在电子校样中，存在各种各样的差错，如作者的差错、转录的差错、编辑加工的差错、计算机操作失误或病毒引起的差错等，从某种程度上说，电子校样的差错甚至比传统校样的差错还要多。通过计算机排版的校样，不仅会出现传统铅字排版方式下常见的差错（如录入人员因阅看原稿失误而导致的误植同音字、近音字和近形字的错误），还会出现与计算机及其输入方式有关的错误，如击键错误、拆分字根错误、破体字（杜造的错字）概率增大、简化字与繁体字转换错误、计算机系统不兼容造成的差错等。

2. 校对的理念、功能、制度与方法发生了相应的重大变化

写作与排版计算机化、校对客体无纸化导致校对的理念、功能与方法等发生了相应的重大变化：

（1）校对理念从对原稿负责转变为对读者负责、对社会负责。相比而言，传统校对理念强调对原稿负责，校对员的职责是“为人们读书治学提供符合或接近原稿的阅读材料”。如今电子稿件将原稿与校样合二为一，已无原稿可资比照，对原稿负责就失去责任依凭。加之市场竞争日益激烈，编辑加工普遍粗放，稿件留错增多，仅仅对原稿负责往往意味着将大量差错留给读者。因此，当今校对工作要强化“对读者负责、对社会负责”的理念，把消灭一切差错作为校对的终极目的和道德责任。校对过程存在的价值，不仅表现在消灭作者劳动成果在转移过程中出现的差错，而且表现在发现并弥补作者劳动成果本身的不足。

（2）校对的功能从校异同为主变为校是非为主，相应地，校对的方法也以比校法为主变为本校法、他校法和理校法为主。

校对工作的两大基本功能是校异同和校是非。“校异同”的对象是原稿与校样，以原稿为依据校核校样，其方法是机械比照（改异使同）；“校是非”的对象是原稿，主要运用是非判断，发现并改正原稿上的差错。稿件电子化使传统校对的两个客体（作者原稿与校样）合二为一，传统意义上的原稿与校样之间的异同不再存在，校异同也就无从谈起。用来校异同的比校法就失去作用,①用来校是非的本校法、他校法和理校法成为校对的主角。电子稿件存在两种“是非”：一种是录排“是非”，另一种是原作（编辑文本）“是非”。录排差错一般容易捕

---

① 有人认为，在稿件电子化的情况下，“校异同”的功能依然存在，用来校异同的比校法在校是非中依然可以运用，例如上下比照、前后比照、图文比照、文注比照、校样与国家规范标准比照，都具有“校异同”的特征。这种说法看似有道理，但没有看到此异同与彼异同的本质区别。纸质稿条件下的异同是指校样与原稿之间的异同，比照这两者进行校对的方法是比校法。而所谓上下比照、前后比照、图文比照、文注比照、校样与国家规范标准比照，这种异同是稿件本身不同内容之间的异同，是稿件与其他出版物之间的异同，如上文所述，这种对照异同的校对方法是本校法、他校法和理校法。稿件电子化情况下“校异同”依旧存在，但主要是指这样三种情况：一是文档格式转换（如把 Word 文件转换成北大方正文件）过程中出现了新的错误；二是由于排版人员的粗心大意造成了重文、删文等错误；三是作者在形成原稿之后又作了改动，输出的校样可能不是最后的定稿电子文件。遇到这三种情况，都要对照原稿（指定稿）校异同。

捉，属于“显性差错”；而原作差错多数似是而非，属于“隐性差错”。“隐性差错”的增多，对校对人员的水平提出了更高的要求。

（3）校对制度尤其是校对体制逐步发生了改变

校对工作与编辑工作相互依存、相互促进、相互结合，在某种程度上可以将其视为编辑工作的组成部分。所以，解放前的出版社（当时一般称书店）大都实行编校合一的体制，即编辑人员兼管校对工作，校对人员当编辑人员的助手，学做编辑工作。开明书店就是实行这种体制取得显著效果的机构之一。解放后成立的第一个国家出版管理机构——出版总署，在1952年制定了一个关于国营出版社体制的条例，将校对人员定名为“校对编辑”，归于编辑系列。不知从何时开始，校对变成了技术工作，归于出版生产部门，从此，校对人员任职条件和专业职称都随之降低，校对的职责也降低到“对原稿负责”。这种体制沿袭了几十年，并且形成了“校对是字对字的简单劳动”的传统观念。这种传统体制如不改革，这种传统观念如不改变，必将制约校对功能的提升。校对功能的提升，要求校对部门成为特殊的编辑部门，履行并完善编辑工作的职能。稿件电子化促成了编校合一。越来越多的出版单位改革现行的校对体制，实行编校合一的体制。例如，广西师范大学出版社设置“校对编辑室”，即取消“责任校对”，设置“校对编辑”，并从新形势的实际出发，重新规范编校分工。他们将图书的质量内涵分为两大类：一类是“内容质量”，即图书的思想文化内涵；另一类是“文字质量”，即字、词、语法、标点等方面的质量。据此，他们将编校分工做了重新规范：责任编辑主要对内容质量负责，校对编辑主要对文字质量负责。其次，他们对“校对编辑”的工作原则与内容做了明确规定：以“为人们读书治学提供符合出版规范要求的阅读材料”为原则，其内容包括文字改错和技术整理。①要特别指出，编校合一的实质是编辑部门与校对部门的合二为一，而不是编辑工作与校对工作的合二为一，它们性质不同功能不同，“如果说编辑的修改加工是‘清源’，那么校对的工作就是‘净后’，清源与净后相辅相成，共同构筑图书质量保障体系。”②

---

① 刘哲双．新技术条件下校对做什么［J］．出版广角，2002（2）．

② 周奇．试论校对理论与实践创新［J］．出版发行研究，2001（6）．

（4）校对的方法有了新的发展

过去校对工作一直由人工单独完成，可如今采用人机结合的校对法。人机结合校对，是指在校对工作中利用校对软件，实行人校与机校的结合。目前出版单位使用的校对软件有两种：一种是由专门的软件开发商研制的专业软件，另一种是出版单位自主研发的软件。目前校对工作中多使用前者。中文校对软件有“黑马编校2000”“工智校对通”“金山WP2000”“文捷”和“三欧”等，英文校对软件有“WORDXP/2003”等。从使用的实际情况看，校对软件提高了工作效率，但只能作为校对的辅助性工具，传统的人工校对仍旧是校对质量的根本保证。现有校对软件检查常见错别字和人名、地名、成语的差错，效果相当好。但是，对辨别语法、逻辑及标点符号、数字、度量衡单位等用法的错误几乎无能为力。还有，计算机校对软件所采用的语法模型，不可能同汉语语言完全吻合，机器怀疑有错的地方不一定错，误报率通常在50%左右，机校的报错需要人去一一判断。人有机器所不具备的智慧，却往往因为生理疲劳、注意分散、先入为主以及个人知识局限性的影响，也存在漏校、错改，而机器不存在上述障碍，人机结合正好优势互补。问题在于要寻找有效的结合模式。北京出版社校对科长陈明达创造了“二三连校+清扫”人机结合模式。所谓“二三连校”，即在人工一校改样之后（由于机校误报率高，而一校样上差错多，如果交由机校，会出现满版报错，再由人逐一判断，费时费力），由机器担任二校，机校后不改样，接着由人工三校。人工三校的任务是：对机器的报错进行是非判断，然后通读一遍，发现并改正残余差错。三校改版后，再用校对软件快速清扫一次，以发现人校遗漏差错，最后改版打出付型清样。这样做，既坚持了三校制，又省去人工的一个校次，还省去了一次改样，因而减轻了人校的负荷，缩短了校对周期，又提高了校对质量。同其他人机结合模式比较，“二三连校”有明显的优势。

从上文看到，以计算机和互联网为中心的高新技术改变了传统的编辑加工与校对工作。事实上，新技术不仅影响了这两个环节的工作，而且影响了整个出版工作。由于新技术的应用，通常所说的编辑“六艺”

（选题、组稿、审稿、加工、发稿、读样）都发生了变化，具有新的特点。例如，现在可以采用电子邮件和视频聊天组稿，可以采用专门的软件审稿，可以用北大方正软件排版，不熟悉计算机键盘操作的人可以运用手写输入法或使用笔式计算机，可以使用校对软件辅助校对，可以采用网络出版，等等。新技术的发展与应用，使原来需要多人完成的编辑出版工作集中于责任编辑一人，使编辑出版工作各个环节之间的界线逐渐淡化，在流程上区别它们变得越来越困难。换言之，编、排、校一体化是大势所趋。然而，尽管如此，我们必须看到："新技术的运用并没有改变编辑工作的基本内容，只是操作方式发生了很大变化，甚至有的环节由原来的顺序进行变成同时或交叉进行，从而减少了编辑的事务性劳动，大大缩短了编辑出版所需的时间。如果编辑'六艺'在传统意义上讲是编辑流程的六个步骤，现在则可以说是编辑工作的六个基本要素。"①还必须看到，新技术的应用虽然减少了编辑人员的事务性劳动，但对他们的创造性和责任心提出了更高的要求。例如，计算机系统的故障，不同文件格式转换过程中，计算机排版人员的粗心，都可能导致新错误的产生，这就要求编辑人员、校对人员更细心更负责；网络信息的海量性、网络媒体的开放性，使网络编辑人员的选题创意能力和把关意识显得格外重要。

---

① 包晓云．新技术下的编辑"六艺"［J］．编辑学刊，2002（1）．

第十一章

出版物整体设计

主要观点：

1. 出版物整体设计必须针对内容、读者甚至作者的不同特点设计出不同的个性。与众不同，才能在同类图书竞争中令人耳目一新，脱颖而出。

2. 封面应该是一位不说话的推销员。畅销书大多有一个“畅销书式”的封面设计，如一般设计了广告语。封面设计既是工艺流程技术，又是图书营销思想的外在体现。

3. 人之穿衣戴帽，要讲究恰到好处，否则东施效颦；书之装帧设计，也要讲究恰如其分，否则适得其反。“浓妆淡抹总相宜”，在切题的基础上，如果有实力有条件，把装帧设计做得考究些、高档些、豪华些也未尝不可。

4. 版式设计的最终要求是完善版面的阅读功能，因此，清晰性、易读性、和谐性是版式设计的基本要求。

5. 随着科学技术的迅猛发展，印刷新技术、新设备层出不穷。最引人注目的印刷新技术当属数字化、网络化印刷。

第一节　出版物整体设计概说

一、出版物整体设计的涵义

出版物整体设计是指对出版物的载体的艺术性、工艺性的设计，包括出版物的外部装帧设计和内部版式设计两大部分。出版物的外部装帧设计包括出版物形态设计、美术设计与制作工艺设计。出版物形态设计的内容包括出版物的开本、结构、装订样式等；出版物的美术设计包括封面设计、护封设计、环衬设计、扉页设计、插页设计等；出版物制作工艺设计包括印刷工艺的运用和材料的选择。出版物的内部版式设计包括字体和字级的选择、版心的确定、文字的版式及图文在版式上的编排等。

优秀的出版物整体设计能够引起读者的阅读与购买欲望，具有很强的经济效果。出版物的整体设计不仅具有实用性，而且具有审美性。出版物的整体设计是衡量出版物质量的一个重要方面，《图书质量管理规定》专门对其质量作了明确的规定。

二、出版物整体设计的基本要求与原则

出版物整体设计要求在有限的空间内，按照造型艺术的原理，将出版物的各种要素组合成与出版物的内容、性质相匹配，符合印刷工艺要求的设计方案，直接目的是要使出版物达到最佳的视觉效果。具体来说，要遵循以下基本要求与原则：

（一）出版物整体设计的基本要求

1. 实用要求

出版物整体设计要因出版物的内容、性质等的不同而有所区别。如少儿图书因其读者对图像、色彩等的特殊性要求，版式设计可以活泼多变，比如字体的选择、图文比例结构应该富有变化，不宜一板一眼，仿佛教科书一般。再如字典词典、百科全书等工具书，为了检索方便，开本可以偏大偏厚。

2. 艺术要求

艺术，即不同角度的美感。出版物整体设计追求的美感不是脱离实用性的美感，更不是脱离出版物的内容和性质的美感。达·芬奇的《蒙娜丽莎》很美，但如果用它作为一本政治性读物的封面，不仅不实用，而且与图书的内容、性质完全不符。

（二）出版物整体设计的原则

出版物整体设计要遵循以下三个原则：

1. 整体性原则

出版物整体设计中各个部分的设计在工艺选择、技术要求和艺术构思等方面必须紧密配合、协调一致。在确定技术、工艺、材料的时候，必须体现配套、互补、协调的原则；在艺术构思时，必须体现图书形式与内容的统一、审美价值和实用价值的统一、设计创意艺术化与图书主题内容抽象化的统一。出版物的整体设计“首先要有一个表现主题的独特的创意，其次构图要简洁新异，色彩要醒目、单纯，开本要新颖、富有个性，并注意各种设计要素的整体性、节奏感和秩序美”。①

2. 个性化原则

出版物整体设计必须针对内容的不同、读者的不同甚至作者的不同设计出不同的个性，要充分考虑不同读者对象的个性化审美需求与各自的经济承受能力。与众不同，才能在同类图书竞争中令人耳目一新，脱颖而出。

出版物整体设计的个性化原则十分重要，尤其是封面的设计必须要有强烈的个性。例如，优秀畅销书《正说清朝十二帝》（中华书局）有三个版本：图文版、漫画版与增订彩图珍藏版，读者定位分别为一般历史爱好者、少年儿童和历史图书收藏者。读者不同，封面设计也明显不同。图文本的封面，按照一般历史大众读物的要求来设计，采用中国传统的红色，主题为清朝历代十二位皇帝的画像，小的装饰为乾隆帝的“十全老人之宝”印，印四周刻有乾隆帝手书，叙述其为君之道，设计的怀旧色彩浓厚。增订彩图珍藏版的封面，摆脱老套路，摒弃十二帝画

① 孙宪勇．让读者“一见钟情”——谈图书装帧设计应把握的问题［J］．出版发行研究，2004（11）．

像，而选用紫禁城一处宫殿作为背景，显得厚重、庄严，但又通过历代帝王的一个交点——宫廷，来突出“十二帝”这个主题。漫画本的封面，清朝十二帝改用活泼、生动的漫画来演绎，轻松、有趣、想象力丰富，但还是符合主题。三本同一主题但读者定位有别的书，封面设计既有共性更有个性。三个版本封面的鲜明个性满足了各自目标读者的视觉需求，因而市场效果很好。

再如，《时尚》系列杂志的封面设计既有共性（紧紧抓住“时尚”这个主题而设计），但又根据不同的读者定位而进行有差别的设计。如在色彩的选择上，针对男性的杂志（《时尚·男人装》、《时尚·先生》、《时尚·健康》男士版）一般选用冷色调，如蓝、黑等，以彰显男性的冷静、理智、力量等，同时又以白色衬托出高雅；针对女性的杂志（《时尚·健康》女士版、《时尚·好管家》、《时尚·Cosmopolitan》、《时尚·芭莎》、《娇点·Cosmo GIRL》）一般选用暖色调，如红、黄、绿等，象征女性的感性、热情、愉快、高贵、清新，以彰显年轻女性的青春、活力等。

3. 经济性原则

出版物整体设计必须考虑生产成本和消费者的购买能力。否则，必定影响读者的购买欲望与出版物所能获得的最终利润。当前我国的书籍装帧设计有一种“贵族化”的倾向，追求高档、豪华似乎成了一种风尚，这是书籍装帧设计上的误区。① 人之穿衣戴帽，要讲究恰到好处，要适合每个人的具体情况，否则就会东施效颦；书之装帧设计，也要讲究恰如其分，要适合每本书的具体内容，否则就会适得其反。“淡妆浓抹总相宜”，在切题的基础上，如果自己有实力有条件，把装帧设计做得考究一些、高档一些、豪华一些也未尝不可。

---

① 有专家从文化的角度指出当前我国书籍装帧设计中存在的问题是弱化中国文化选择，认为：“如果书籍设计没有自己的普遍的文化根基，没有自己的浓郁民族特色和对本土的关注，你将会失去自己的声音”，主张书籍装帧设计“要表现出文本的意境和精神意义”“要表现出文化涵义及特质”。这值得引起高度重视。刘铁薇．中国现（当）代书籍装帧设计中的文化选择——对书籍装帧设计中弱文化态势的思考［J］．出版发行研究，2005（11）．

第二节　出版物的封面设计

封面设计虽然只是出版物装帧设计的一个部分，但无疑是最重要的部分。所以这里重点介绍封面设计。

一、封面的构成

封面又称书皮或封皮，是书的门面。广义的封面，包括前封面、底封面、封里、封底里、封脊、勒口、扉页等不同的组成部分。狭义的封面仅指前封面。前封面，即书刊封面中的正面，也称“封一”“正封面”，是封面中最先接触读者的部分。底封面，是书刊封面中的底面，又称“封底”“后封面”“封四”。封里，又称“封二”，即前封面的背面。封底里，又称“封三”，即底封面的背面。封脊，又称“书脊”“脊封”。封面的各个部分分别承担各自的功能。前封面印书名、作者名、出版社名等文字。底封面的右下角一般印书号、定价、图书条形码等，左上角一般印封面设计者与责任编辑的姓名。封里与封底里一般为空白页。书脊上印书名、册次（卷、集）、作者名、出版社名。勒口可印作者简介和内容提要。

根据材料和加工方式的不同，封面的装帧形式有平装、精装、假精装等。

二、封面设计的特征与程序

（一）封面设计的特征

封面设计是指“通过装饰、色彩、形象、字体来揭示书的一般内容，概括书的基本精神，并以艺术感染力帮助读者理解书籍内容”①，是一种空间艺术，但又不是纯粹的艺术。它有自身的特征：

1. 封面设计所表现的内容是为出版物的内容服务的，是一种从属性艺术。

---

① 邱承德．书籍装帧设计［M］．北京：中国美术学院出版社，1988：2.

2. 封面设计必须在出版物规定的开本内进行设计，具有空间局限性。

3. 封面设计要兼顾出版物的整体设计，与内文的版式设计要保持一致、协调。

4. 封面设计要与印刷工艺和装帧材料相结合。

（二）封面设计的程序

有以下九个步骤：

1. 审读全书，与作者、编辑交流、沟通，提炼全书主题思想；

2. 收集设计素材，准备相关图形、绘画及摄影资料；

3. 构思、设计体现主题思想的表达形式；

4. 根据成本选择印刷方式，如纸张的选择等；

5. 确定封面的字体、字号；

6. 设计初稿，交出版社审定；

7. 根据审定意见修改设计初稿；

8. 交出版社再审，如合格则交付出版，严格检查校样；

9. 设计者和责任编辑对检查无误的校样签署意见、建议，交付印刷厂开机印刷。

上述第三步显然很关键。封面设计的表现手法有写实、写意、象征、装饰等。封面只能反映出版物内容的一个面、一个点，因此必须抓住本质和典型。对于某种类型的图书，读者在长期的观赏过程中形成了一种固定的审美习惯，封面设计应该尊重这种审美习惯。①

三、封面设计的原则及其趋势

（一）封面设计的原则

封面设计应该坚持三个原则：

1. 切题——与书的内容、题材、体裁、写作风格和读者对象吻合

曾有这样一则报道：

参加全国青年自学经验交流会的广东代表王辉通过自学英

① 吴寿林．书刊装帧大辞典［M］．上海：东华大学出版社，2003：140.

> 语，当上了南海石油勘探指挥部外事翻译。当他读英语《托福》（*TOEFL*）一书时，书的封面设计对他有启发。在封面人头的眼、耳和嘴三个部位，有三个手指点着，意指学习英语要在这三个方面下工夫。从此，他坚持眼睛多看，看记；耳朵多听，听记；嘴则是多读、多讲和多背。①

报道中提到的书，其封面设计是切题的，因而对读者的阅读起到了启发作用。上文所说《正说清朝十二帝》三个版本的封面设计也都是切题的。切题是封面设计必须坚持的首要原则。香港资深装帧设计师陆智昌为上海译文出版社设计“米兰·昆德拉系列”之前坚持把昆德拉的著作一一看过，道理就在这里。

2. 引起读者高度注意，激发读者的阅读与购买欲

在这方面，封面应该成为读者挡不住的诱惑。那些令人心旷神怡的封面，会让人情不自禁地产生共鸣，使人产生阅读与购买欲。第一眼看上去很美，读者才会心动。出版物竞争日趋激烈，封面设计的独特性、视觉冲击力是促进出版物销售的重要手段。封面应该是一位不说话的推销员。

畅销书大多有一个“畅销书式”的封面设计。② 例如，畅销书的封面（包括封底）一般设计了广告语。《容斋随笔》（中州古籍出版社）的封面广告语是“毛泽东生前读的最后一部书”；《把创新当成习惯》（中央编译出版社）的封面广告语是：“创新大师告诉你，创新其实很容易！”“一本精妙的书，让你日日感受创新；一本轻松的书，天天改换你的面貌”；《登上“健康快车”——讲课经典·健康行动》（北京出版社）的封面广告语是“曾经68种‘手抄本’风靡全国”。《健康忠告——洪昭光在中直机关所作健康报告的最新版本》（广东教育出版社）的广告语放在封底，设计得很出色。封面设计既是工艺流程技术，又是图书营销思想的外在体现，是图书能否卖出去的条件之一。

---

① 毕琦．待业青年当上了翻译［N］．北京晚报，1982-01-11.

② 湖南师范大学新闻与传播学院编辑出版系2004级研究生戴莹同学在一篇分析《达·芬奇密码》畅销原因的作业中说，有一个“畅销书式”的封面设计是该书畅销的重要原因之一。笔者认为这是很有价值的观点，“畅销书式”的封面设计的特点值得深入探讨。

3. 愉悦读者，为读者营造温馨而美丽的阅读空间

好的封面本身就是一件艺术作品，能够通过视觉感染读者，使之获得美的享受。例如，《大败局》成功的原因之一是“有一个大气、简洁的封面设计”。①该书封面红、黑、白三色对比强烈，立意新颖。“大败局”三个粗体白字在红色的背景衬托下格外醒目，茫茫书海中它是那么出挑，可以立即引起读者的注意。封面广告语“迄今唯一一本关于中国企业失败的MBA式教案”，分红、白两种颜色排列三行，起到了很好的促销作用。这样的封面设计对读者形成了书名之外的第二轮视觉冲击波。

（二）当前图书封面设计的趋势

从读者需求的角度来看，当前图书封面设计呈现四种趋势：一是强调上架效果。或者从色彩对比上增强封面的跳跃感，或者从字体变化和排列上增强封面的视觉冲击力，或者从画面构思的个性上增强封面的吸引力。如《富爸爸 穷爸爸》一书，书名字体为有变化的美术体，以大字号放在中央位置，以浓厚底色与鲜亮字色反衬。在画面安排上，以金钱标志做暗花，在右上角以金榜图案加注宣传语，不仅单本看立体感强，而且放在书架上也有很强的视觉冲击力。二是强调表现图书的权威性。凸显知名作者的姓名、可观的印数等；三是强调表现图书的价值。主要通过画面和宣传语来表现；四是强调美感。尤其是面向城镇读者的生活休闲、养生保健、文化教育类图书，他们希望拿到手里能学知识，上了书架可作装饰，带在身上能体现个人品位。②

第三节　出版物的用料、开本与装订

一、出版物的用料

出版物用料的选择直接影响到出版物整体设计的质量，并给读者以不同程度的视觉冲击。不同类型的出版物，由于内容、性质、读者对象

① 杨念迅.《大败局》的九大成功之处 [J]. 出版广角，2001 (9).

② 郭德征. 简析当前图书读者的新需求 [J]. 编辑之友，2006 (6).

与印制装订工艺等的不同，在材料选择上也有差别。这里主要针对图书用料的选择来介绍。

出版物用料选择包括对书壳、封面、环衬、缝订、胶粘、贴背、书芯等材料的选择，主要集中在封面、环衬、书芯的用纸上。封面材料和书芯材料一般不同，在印制工艺和成本计算上常常分开进行。

封面用什么纸，应根据封面设计追求的效果，出版物的内容、性质，印制装订工艺和读者对象来确定。漆布、棉织物、丝织物、麻织物、特种纸、染料纸、化纤织物、塑料等都可以作为封面材料，选择余地很大。

环衬是设置在封面（书壳）与书芯之间的衬纸，两页相连环，故称“环衬”，也叫“蝴蝶页”。在书芯前面的叫前环衬，在书芯后面的叫后环衬。环衬的作用有两个：一是使书芯不易脏损；二是可以与书壳牢固连接。它通过纸质、色调等表现实与虚、明与暗、密与疏等设计风格，从而让人感受视觉韵动的内在张力。衬页可与正文用纸一致，也可单独选用纸料，用纸选择余地很大。

书芯是图书的主体，是承载图书主体内容（包括正文及部分辅文）的部分。一定规格的纸张经正反两面印刷并经若干次折页后成为“帖”（一帖由若干书页折成），若干帖套或叠帖组合装订后，即成为书芯。书芯的材料主要是纸张。

出版物材料的选择应以内容为主、形式为辅。要考虑材料本身的特点和表现力，要考虑材料与出版物的内容、性质、设计思想、读者等因素的切合度，同时要充分考虑出版物的成本问题。

二、书刊印刷常用纸张

（一）纸张的分类标准

纸张是保证纸质出版物质量的重要前提之一。纸的表面强度、伸缩率、不透明度、松厚度、定量、平滑度、白度、表面吸收重量、含水量、抗张强度、断裂度、横向耐折度、施胶度等都是衡量纸张质量的标准。

根据印刷需要可将纸分为平板纸和卷筒纸。一般按等级衡量纸的质量标准，如新闻纸一般分为A、B、C、D四级，胶印书刊纸一般分为A、B、C三级，胶版（印刷）纸一般分为A、B、C三级，铜版纸一般分为 A、B、C 三级。A 为国际先进水平，B 为国内先进水平。

（二）纸张的类型

纸的类型很多。传统印刷用纸的类型主要有麻纸、皮纸（又称棉纸）、竹纸、宣纸、连史纸、毛边纸、新闻纸、凸版纸、字典纸、胶版印刷涂布纸（又称铜版纸）、胶版纸、书写纸等。现代特种纸张，多以长纤维木浆为原料，面层纹路多样，耐磨，耐折。特种纸主要用于封面、环衬、护封、腰封、书签等。纸的平滑度、密度、孔隙度、光泽度和重量等都会影响油墨吸收、上光等工艺的印制效果。

常用的纸有以下 8 种：

1. 胶印书刊纸。一般用于图书与期刊的正文印刷。一般为卷筒纸和平版纸。

2. 胶版印刷纸。一般用于书刊封面、高档书刊正文、画册正文、中档商标宣传资料等的印刷。一般为卷筒纸和平版纸。

3. 胶版印刷涂布纸。即铜版纸，分为单面铜版纸、双面铜版纸和无光泽铜版纸（亚光）。主要用于画册、美术印刷品、挂历、细网点印刷品、精品的印刷。一般为平版纸。

4. 新闻纸。俗称“白报纸”，主要印刷报纸、期刊以及小册子、课本、教材等，其特点为纸质松软，吸墨性好，但易变脆发黄，不易长久保存。

5. 字典纸。是一种轻薄、不透明、有韧性、有弹力的纸。纸面洁白细致，质地紧密平滑，吸墨性好，有一定的抗水性能。主要用来印刷字典、词典、工具书或大部头的专著等。

6. 轻质纸。是一种色泽柔和、纸质松厚、不透明度高的特种纸。采用 100% 进口木浆精制而成，具有如下特点：浅米色的柔和光泽使图像更加清晰、不透明度更高、纸质超轻超厚即松厚度大、重量小、平滑、无光而细腻、不含荧光增白剂等。

7. 蒙肯纸。产于瑞典一个叫蒙肯戴尔（Munkdkal）的地方，是我国最早引进的轻型胶版纸。蒙肯纸具有松厚、轻型、颜色自然、细腻光滑、寿命长且环保等特点。

8. 书写纸。介于凸版纸和胶版纸之间。其厚度和密度不一，质量也不一，尤其是不同的生产厂家所用材料不同，也造成纸的质量不一。

书写纸是供手写用的纸张。书写纸主要用于印刷练习本、日记本、表格和账簿等。

在用纸方面，出版人员对全彩书习惯用105克的铜版纸或较厚的胶版纸，实际上对那些面向基层农村或无长期保存价值但又必须用彩色印刷的图书，也可以用80克的铜版纸，甚至对那些绘画性的彩图，也可以用60克的胶版纸。这样既体现了彩色性质，又降低了成本，也能满足这一层次读者的需要。现在有不少图书选用轻质纸，因为这种纸既显档次，又使用轻便，价格也比较合适，整体效益较好。

三、出版物的开本

出版物形态设计的首要内容是开本。

开本用开数来区分，开数是指一全张纸开切成的纸页数量。出版物开本类型多种多样，但其大小、规格和设计又有一定的标准与原则。开本是用多少开表示的，如4开、8开、16开、32开等。开本是在全开印刷用纸上平均裁切的，裁切的数目就称为多少开。一张全开纸裁切为4份称为4开，裁切为8份称为8开，裁切为16份称为16开，依此类推来确定出版物的开本数。

（一）纸张开切法

常见的纸张开切法有三种：

1. 几何开切法

将一全张纸反复等份开切，呈几何级数，如4开、8开、16开、32开等，开数规整，纸张利用率达100%，是最经济、最实用的一种开切法。但开数跳跃性大，可选择性相对差。

2. 直线开切法

将一全张纸纵横向均按直线开切，开数可选择性大，如20开、24开、36开、40开等，纸张利用率达100%，但某些开切数有单页，印刷装订不便。

3. 纵横混合开切法

将一全张纸的大部分按直线开切法开切，另一小部分按单页开切。这样能开切出所有开数，但是纸张利用率低，装订不便，而且会影响出书周期。

（二）开本的类型和规格

出版物开本的类型，以 787×1092 mm 的纸来说，按其大小可分为大型本（12 开以上）、中型本（介于 16 开到 32 开）、小型本（40 开以下）。图书的开本按其开数可以分为不同类型，同一开数的开本，幅面大小又有不同的规格。

参照国际标准《印刷技术——教科书与期刊——未裁切单张纸与已裁切单页的尺寸》（ISO 6716－1983）制定的《图书和杂志开本及其幅面尺寸》（GB/T 788－1999）是我国开本规格的国家标准，它适用于一般的图书和杂志，不适用于需要采用特殊开本的图书和杂志。

出版物开本裁切的大小与全开印刷纸张的大小规格有密切的关系。全开纸规格是印刷用纸的规格，往往用宽度（mm）×长度（mm）表示，如 787 mm×1092 mm 就是指全开纸的一种规格。国际标准开本规格如下表所示：

图书和杂志开本及其幅面尺寸① 单位：mm

系列	未裁切单张纸尺寸	已裁切成开本	
		代号	公称尺寸（允差 ±1 mm）
A	890×1240M	A4	210×297
	890 M×1240	A5	148×210
	890×1240M	A6	105×144
	900×1280M	A4	210×297
	900 M×1280	A5	148×210
	900×1280M	A6	105×144
B	1000M×1400	B5	169×239
	1000×1400M	B6	119×165
	1000M×1400	B7	82×115

注：表中 A、B 表示开本尺寸系列代号；A 和 B 代号后面的数字表示将全张纸对折长边裁切的次数；未裁切单张纸尺寸后面的 M，表示纸张的丝绺方向与该尺寸边平行。

① 新闻出版总署科技发展司，新闻出版总署图书出版管理司，中国标准出版社．作者编辑常用标准及规范（第二版）［M］．北京：中国标准出版社，2006：545.

开本的规格一般要记录在出版物版权页或版本记录页上，并注明全开纸的规格尺寸。它的用途主要是根据印刷用纸的规格大小，可以确定出版物的具体尺寸。

（三）开本的选择

开本设计是封面设计、版式设计等设计的基础。开本设计应该综合考虑出版物的性质、内容、读者对象、篇幅、功能以及现有的开本规格等各方面因素。要根据纸张裁切利用率及适合机器折页、印刷和装订等情况考虑开本大小。

乐谱、地图、画册、摄影集等特殊出版物应当用特殊的开本。

在开本选择上，出版人员习惯于用大小 32 开本、16 开本和 64 开本，但实际上有些图书如菜谱书、少儿书用大小 24 开本和 20 开本，更便于表现图书内容和方便读者阅读。有些手册、资料性工具书用 48 开本，更方便读者携带和使用。

四、出版物的装订

（一）装订方式

出版物的装订方式主要有以下 5 种：

1. 骑马订

装订时封面与书芯各帖配套在一起成为一册，经订联、裁切后即可成书，装订后的书册钉锯外露在书刊最后一折缝上。由于订书时书芯是骑在订书机上装订的，故称骑马订。骑马订订书方式牢固性不强，容易散页，因此比较适用于页数较少、装订要求不高的书刊、小册子等，而且它是用铁钉装订，易产生铁锈。

2. 平订

平订是将书帖顺次排列，在订口离书脊五毫米处用线或铁丝订牢的装订方式。这种方式曾使用了很久，但现在已很少使用。因为这种装订方式适用于页数不超过 100 页的书刊，不能将书页完全打开，也容易散页。平订出版物的封面往往是粘上去的，封面与书芯容易散落。

3. 无线胶背订

无线胶背订又称“无线胶粘”，是一种用胶粘剂代替金属或棉线等，将散页帖的书芯联结成册的装订方式，书帖与书帖、书芯与封面等完全用胶粘的方式粘合在一起。这是一种较先进的工艺，使用范围广，省工节料，提高效率，无论书籍薄厚、幅面大小或精、平装均可采用，并能配套进行联动和高速生产作业。它很好地保持了出版物的平整度，也能很好地固定一些书页较多的出版物。胶的质量决定无线胶背订质量的好坏。

4. 锁线订

锁线订又称为“串线订”，是一种用棉或丝线经上蜡加工后，在书帖的最后一折缝线上，按照页码和版面的顺序逐帖穿联起来的装订方式，又可分为平锁和交叉锁两种。这种订联方法用途很广，适合精装、平装、合订本等。可订联特厚书籍，机器、手工均可操作，订联后的书籍翻阅平整，经久耐用，但相对影响到出版物的平整度。它常常与无线胶背订一起使用，形成锁线胶背订。

5. 锁线胶背订

锁线胶背订是一种将“锁线”和“胶背”两种手段结合起来使用的装订方式。先用锁线订方式将书帖订锁成册，然后用胶粘的方式将书帖与书帖、书芯与封面粘贴在一起。这是目前出版物装订中最常用的方式。这种方式加强了出版物的牢固性，使书页、封面等不容易散页。

（二）装订样式

出版物的装订样式有以下五种：

1. 平装

平装是根据现代印刷的特点，先将大幅面页张折叠成帖，配成册，包上封面后切去三面毛边，就成为一本可以阅读的书籍。这是图书最常见的装订样式。平装又可分为普通平装和勒口平装。平装的封面一般用软质纸，而且封面和书芯的大小保持一致。

2. 精装

精装书是在书的封面和书芯的脊背、书角上进行各种造型加工后制成的。精装加工的方法和形式多种多样，如书芯加工就有圆背（起脊或不起脊）、方背、方角和圆角等；封面加工又分整面、接面、方圆角、烫箔、压烫花纹图案等。精装书的封面结构和制作工艺比平装书复杂得多，封面一般要大于书芯。封面材料的选择余地很大，如皮质的、丝织的、布料的等都可以。精装书根据书脊口的形状可分为圆脊和平脊两种。

3. 线装

线装书出现在明朝初年（公元14世纪中后期），是我国装订技术史上第一次将零散页张集中起来，用订线方式穿连成册的装订方法。线装书的出现表明了我国的装订技术进入了一个新的阶段。线装主要用于古籍的装订。

4. 散页装

散页装是指书芯、封面等没有被粘接起来，而以单页形态存在。散页装的出版物一般放在袋子、盒子里，或用夹子加以固定。

5. 套装

套装是指有些平装、精装或散页装的出版物被放在书函或书套里。多卷书或多册书有时使用套装的方式。它一方面是为了保护书籍，另一方面是为了强调出版物的整体性，加强出版物装帧设计的效果。

一般而言，现代图书装订样式主要使用平装和精装。

第四节　出版物的版式设计

一、版式设计概说

（一）版式设计的涵义与类型

1. 版式设计的涵义

版式，是指出版物除封面之外的全部版面内容的编排格式。版式设计是指在一定的出版物幅面内对版面各要素进行确定和处理，是出版物技术设计的重要组成部分。版式设计要以出版物的性质、内容、读者对象、篇幅大小和可供使用的工艺技术手段等为依据，使出版物内文版式和外部装帧相协调，既方便阅读，又增强审美感。版式设计的最终要求是完善版面的阅读功能，因此，清晰性、易读性、和谐性是版式设计的基本要求。

2. 版式设计的类型

出版物的版式设计，主要有图书版式设计和报刊版式设计。

图书版式设计的要素包括书眉、版心、周空、页码、印刷字规格、版面字数、排式、图表位置等。图书版式设计的具体内容包括确定版心的尺寸、位置，书眉和页码的编排，文字的编排形式、字体、字级、字距，图片与表格的位置及排版形式，版面装饰物的使用，等等。确定和处理印刷字规格、字体、版心、订口、页码、脚注、书眉、图文等要素在版面上的编排格式时，同样要以出版物的种类、内容、性质、读者对象、篇幅大小等为依据。

报刊丰富多彩的版面设计风格主要来源于版式的变化。版面的行数变化是报刊版式设计变化的主要表现形式。先构思好基本栏，在此基础上运用破栏、并栏等手段，再加上对标题、图表等的灵活应用，赋予版面生机。破栏是指把几个基本栏打破，不按基本栏的整数排版而是重新等分的变栏形式，如把四个基本栏合并后，重新组合成三个新栏，将五个基本栏重新组合成四个新栏（通常称为四破三、五破四）。并栏是把几个基本栏合并成一个新栏，如将两个基本栏合并成一个新栏，三个基本栏合并成一个新栏（通常称为二合一、三并一）。

（二）版式设计的形式

版式设计的形式主要有古典式、网格式和自由版式三种。

1. 古典式

古典式版式设计，是以德国人古登堡为代表的欧洲设计艺术家确立的图书版式设计形式。其特点是：以订口为轴心左右两面对称，字距、行距具有统一尺寸标准，天头、地脚、订口、切口、版心按照一定比例关系组成出版物版面。文字油墨的深浅和版心内图片的黑白都有严格的对应标准。

2. 网格式

网格式设计起源于20世纪30年代的瑞士，它运用固定格子，将版心分为规定尺寸的不同栏数，并规定标题、图文等在网格中所占的比例，以表现出版面的节奏、韵律、对称、均衡之美。

3. 自由版式

激光照排技术的发展是自由版式设计诞生的基础，其代表人物是美国设计师戴维·卡森，他将线条、形态、色调、色彩、肌理、光线和空间等进行合理利用，开创了版式设计的新理念。自由版式设计的特点是：版心无疆界性、字图一体性、解构性（指将古典排版秩序肢解、破坏，从而重组新型的版面）、字体的多变性、局部的非阅读性等。

当今多媒体出版物形式的演变，使得版式设计中各种视觉、听觉等元素不断增多，版式设计的原理和技巧更多地注入了艺术的成分。人们对版式设计的认识，已超越了传统的界限，结合自由版式设计与电脑技术，开创了划时代的设计新理念。但一些最基本的要求是不会改变的。"版式设计风格应当与内容的性质保持一致。要弄清内容是学术性的、随笔性的、通俗性的、科普性的还是娱乐性的；是外向性的，还是内向性的；是凝重的，还是明快的等。这些都应在版式设计中体现出来。"① 版式设计要实现从属性与独立性的统一、文化性与商品性的统一、艺术性与科学性的统一、时代性与民族性的统一。

二、印刷字规格的设计

印刷字规格包括行距、字距、字体、字号的使用，它们对读者的视觉感受和阅读都有一定影响。如行距、字距排得太密，用字规格小，会发生错读、跳行等阅读错误；行距、字距太宽，用字规格较大，又造成浪费。印刷字的大小与形体各有不同的规格，分别用字级和字体表示。

（一）字级

字级是指印刷字的大小级别。国内字级的表示经历了号数制、点数制和级数制三个历史发展阶段。在铅字排版时代，字的大小采用号数制，即初号、小初号、二号、三号、四号……七号等号数来表示铅字的

---

① 师曾志. 现代出版学［M］. 北京：北京大学出版社，2006：254.

大小，号数越大，字越小。国外铅字不分号。后来我国引入世界通用的点数制，1958年规定点的单位长度为0.35 mm。电脑照排兴起后，出现了级数制，即以级（K）作为字的计算单位，其单位长度为0.25 mm，从6级（1.50 mm）到100级（25.00 mm）分成30个级别。①号数制、点数制和级数制三者之间没有直接的对应关系，只有一个近似的对应关系。

字级大小不同，会对读者的视觉产生不同的冲击效果。出版物中字级的使用是有规定的，如正文用字不应当小于五号字，五号以下的字主要用于引文、说明、注释、图表中；工具书可以用小字号；少年儿童和老年人的读物适合用大字号；标题与正文应有所区别，用字应大一些，使得内容层次分明，重点突出。字级使用规格对报刊尤为重要。

（二）字体

字体包括两层涵义，一是指文字的书写形式，二是指书法的流派或风格特点。这里主要介绍一下印刷文字的书写形式。中文印刷字字体一般分为基本字体、基本字体的变体和艺术体三类。

1. 基本字体

基本字体有宋体、仿宋体、楷体、黑体四大类。它们是印刷书刊中最常用的字体，而且是其他字体形成的基础。宋体又称“老宋体”，笔画横细竖粗、工稳端庄，一般用于图书正文；仿宋体笔画较细，起落笔均稍加装饰，隽秀清丽，多用于诗集、短文、休闲读物；黑体笔画粗细一致，多用于标题和着重突出的文字；楷体与正楷相似，多用于低幼读物和教科书。

2. 基本字体的变体

由基本字体变化而来，有宋三体、圆头体、等线体、秀丽体等。计算机技术的发展为基本字体的变体提供了前所未有的技术条件，如将字体拉长、拉斜、压扁等。

---

① 30个级别为：6、7、8、9、10、11、12、13、14、15、16、17、18、20、22、24、26、28、30、32、34、36、40、44、50、60、70、80、90、100。

3. 艺术字体

艺术字体是将书法艺术和美术字的写作技巧融入到印刷字中，有综艺体、魏碑体、隶书体等。外文字体有正体、斜体、黑体等式样。

在设计出版物的字体、字级时应充分考虑出版物的性质、内容、读者对象以及视觉效果等，做到因书而异。在同一本书中，不同部分如标题、正文、引文、书眉等，所用的字级、字体应该有所不同。

三、版心设计

（一）版心的涵义及其构成要素

版心，是指版面中除去切口所剩余的容纳文字和图画的部分，一般不包括书眉、中缝和页码，由文字、图表和间空（包括字空、行空和段空）组成。

版心的构成要素有：

1. 版心率与版心大小。版心所占版面的大小比例称为版心率。版心大小以及版心在版面中的位置是版式设计的重要内容，它与周空大小相互制约。版心大小 = 版心宽度 × 版心高度。

2. 版面字数。是指版心上容纳的字的总数，与版心大小、字级、行距级等相关。版心排字多少在实际工作中有一定规律，不同的书按不同的要求去执行，如科技类和文艺类出版物，由于其内容和性质不同，使用字级、间距、字体等各不相同。

（二）版心设计的基本要求

版心设计有三个基本要求：

1. 正确选择版心在版面上的位置

按照周空白边的大小变化，版心在版面上的位置有以下六种情形：

版心居中，即上下左右白边相等；

版心偏上，即地脚空白增大；

版心偏下，即天头空白增大；

版心向订线靠拢，即订口空白缩小，翻口空白增大；

版心均靠左侧，右侧留出大的空白，即单码面的翻口和双码面的订口空白增大；

版心均靠右侧，左侧留出大的空白，即双码面的翻口和单码面的订口空白增大。

鉴于人们的视觉对同一版面中不同视域的注意程度和产生的心理感受不同，对版心进行设计时应当尊重阅读者视线落点先左后右、先上后下的规律。如版面的上部最引人注意，并给人高大、上扬、漂浮在上的感觉；下部则相对低矮、沉重、稳定，甚至给人压抑的感觉；左边往往让人感觉自由、轻便、舒展；右侧给人局促而又沉重的印象。因此，版心在版面的位置应根据出版物的内容、性质、用途等的不同选择相应的形式。

2. 合理安排版心文字的排式

版心主体文字主要有两种排式：直排与横排。古籍常用直排，现代出版物一般用横排，据此出版物分别被称为横排本和竖排本。横排又根据对版心上下通体的分割，分为单栏、双栏、多栏等排式。

3. 科学选择版心字体和引文、正文的编排方式

版心文字字体的选择：正文主体文字一般采用宋体或楷体。宋体是出版物采用的基本字体，楷体主要用于少儿教科书、少儿读物。

引文的编排：引文主要有短句引文和长句引文。短句引文一般与正文字体、字级保持一致，长句引文一般分段编排，用与主体文字不同的字体、字级，且每行行头缩进两格，或每行行头、行尾各缩进两格。

正文文字的编排：应该遵循“一字不占行，一行不占页”的原则。

四、切口、书眉与标题的设计

（一）切口的设计

切口，即周空，是指版心四周留出的空白，一般最大值为2cm。根据其所在位置的不同可分为上切口、下切口、内切口和外切口。

上切口，又称天头、上白边，是位于版心上方的白边。下切口，又称地脚、下白边，是位于版心下方的白边。内切口，又称订口、内白边，是位于版心内侧的白边，因书页在这一侧装订，故称订口。外切

口，又称翻口、外白边，是位于版心外侧的白边，因书页在这一侧翻动，故称翻口。

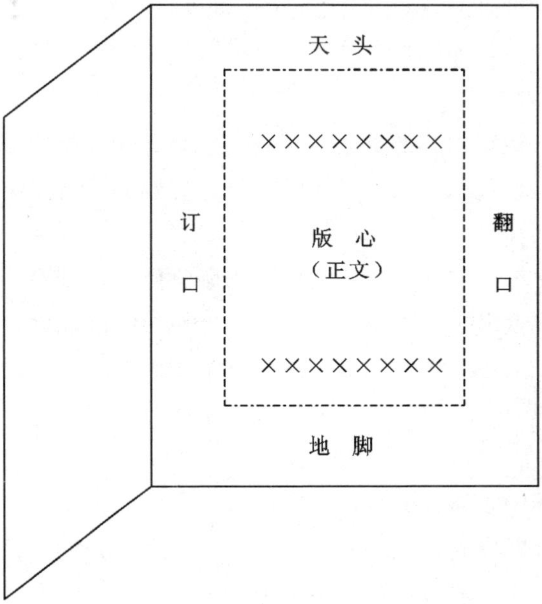

切口及版心示意图

切口的设置，既可以让读者阅读时视力不受周围环境的影响，又可以给读者留下批注的空间。传统直排本是天头大于地脚，横排本最好外切口与下切口大于内切口与上切口，这样更便于读者阅读和批注，也给人视觉上的沉稳感。出版物的性质可以决定切口的比例，切口与装订方式也是相互影响的。切口与版心的位置比例是实现版面表现力的主要手段，是构成版面设计的重要内容。

（二）书眉的设计

书眉，即页眉，一般是指版心上方空白（天头）处印的书刊名或章节名。现代版式自由化设计的理念打破了书眉位于版心之上的传统做法，现在很多书眉设计在翻口上。书眉在单页码所印标题一般应小于双页码，如在单页码处印章节名，双页码处应印书刊名。书眉文字之下印的一条线，俗称“书眉线”。书眉的作用主要是充当方向标，即打开出版物的任何一页，都可以让读者知道所处的位置，既方便翻检阅读，又起到美化、装饰的作用。书眉的设计应灵活多样，如学术性图书应凝重、简洁，文学作品应具有活泼、跳动的韵律。

（三）标题的设计

标题是出版物内容的重要组成部分，浓缩和强调了出版物的内容。标题的设计一般包括字级、字体的选择，标题的位置、字空、占行、转行等的设计。

标题的字级、字体、位置要依据出版物性质、开本、标题等级的不同而不同，要遵循字级大小有序、字体轻重相间的原则。

标题字级大小与正文字级大小的比率叫做跳跃率，跳跃率越大，版面活泼程度越大。标题与正文的字级、字体要有所差异，标题字级应大于正文字级。

标题有居中、靠左、靠右三种位置。

重要的标题应放在版心三分之一到六分之一处的上方。

标题与正文一般应排在同一页上。

标题字数太多而导致转行时，应把握不破坏文义的原则，应保持词义的完整，不把虚词转为下一行的第一个字。标题的长度一般不超过版心宽度的五分之四。

标题要注意保持字距与字距相等。

多层标题可依其顺序用不同的字级或字体表示，可使用对称或不对称的方式来表示，可用顺序符号。

要保证标题序号的统一性和连续性。

同类别标题的字级、字体和所占行数一旦确定下来，则应保持一致。

五、表格和图片的设计

表格和图片在很多出版物中属于正文的必要组成部分。

（一）表格的设计

表格主要由表题、栏头、表项和表框等构成。表题就是表格的名称，一般由顺序编号和解释性文字构成，一般编排在表格之下。栏头表示的是表格各项目类别的名称，一般位于表格的首行或首列。表项是表格中横向或纵向的一组项目栏。表框是表示表格尺寸大小的外部框架，采用加表框线或不加表框线的方式表示。表框线一般采用较粗的反线，区分栏目往往采用较细的正线。出版物中的表格，按表述内容可分为数据式表格和文字式表格，按形态样式可分为有线表、无线表和挂线表。表格有直式、横式与和合式三种样式。一般表格竖向项目大于横向项目时采取直式编排法，反之，则采用横式编排法。直式样式中文字与正文文字编排方向是一致的；横式样式则在阅读时需要转 90 度；和合式主要指表格较大，占双数页码到单数页码两个版面的编排方式。表格文字字级一般应小于正文的文字字级。

（二）图片的设计

图片版式设计包括两方面问题：一是图片在版面位置中的设计；二是图文的合成。图片的排式也分为直式、横式与和合式（指图片在两个或两个以上版面上编排）三种（见下页图片），但图片有时可超版心，甚至超版面。按图文比例划分，图文合成出版物有以文字为主、图文并重和以图片为主三种类型。以文字为主的图书，采用通栏的排式，图文并重或以图为主的图书在排式、颜色、字句等方面可采取灵活的方式。在以文字为主的出版物中，图片被称为“串文图”或“伴文图”，其版式设计应遵循“图随文走”“文先图后”的原则，并以编号加强图文之间的联系。图文并重的版式设计一般应遵循图文合成在一个版面上的原则。以图为主的出版物，文字一般是用于解释图片的，因此，图文合成时以图为主，其文字字级一般不宜过大，并尽可能合成在一个版面上，也可将解释文字集中排列，可以同图片放在同一版面或相邻版面上，但是必须做好必要的编号，实现图文内容的紧密结合。

六、其他版式设计

版式设计还包括页码、序言、后记、附录等的设计。与目录一样，它们都必须遵循在版心、字级、字体等方面与正文应有一定区别的原则。

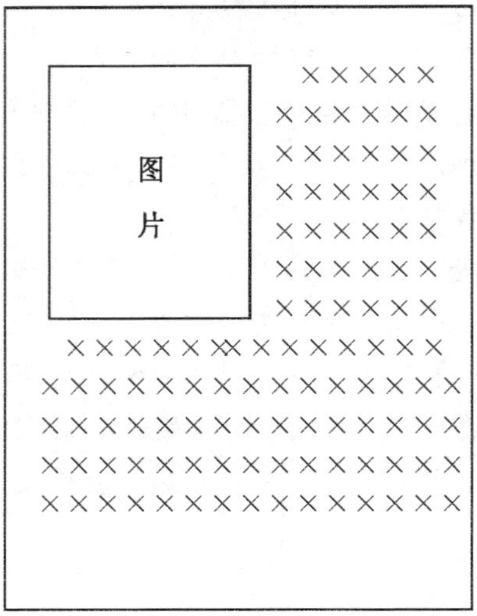

直式图片

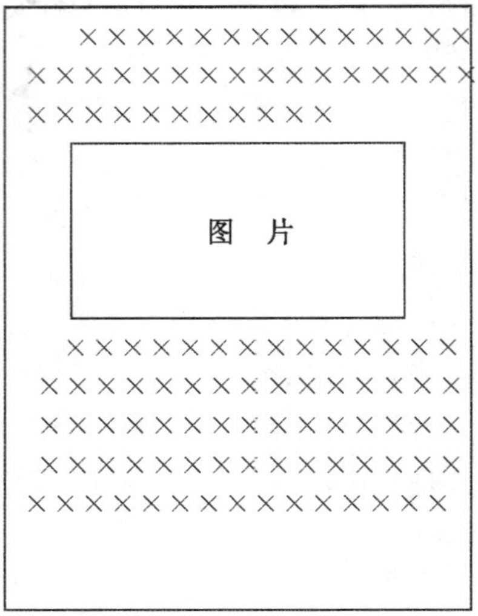

横式图片

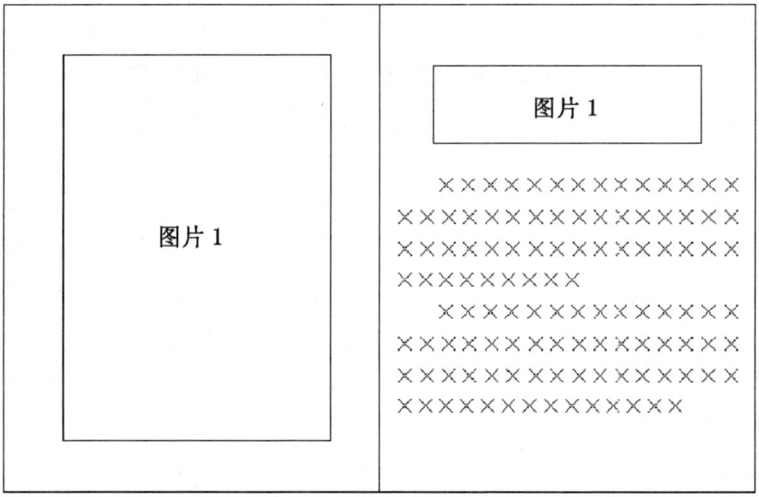

和合式图片

（一）页码

页码是表明出版物版面顺序的序号，可以放在天头右侧、地脚右侧、地脚居中、翻口中间等。字体常用罗马体、白体、黑体。页码周边可以加些装饰。

（二）注文

注文是出版物（一般指图书）中相关内容的注释性文字。按其所处位置划分，有位于正文之中的夹注、位于地脚的脚注、位于篇与篇之间的篇后注，还有集中放在全部正文之后的书后注、位于段与段之间的段后注、位于章与章之间章后注。注文一般要求用与正文不同的字级、字体，字级一定要小于正文的字级。夹注用括弧括起来，其他注文形式用注码表示出注文与正文之间的对应关系。

（三）序言和后记

序言和后记的字体、字级可以与正文文字保持一致，但不宜小于正文，版心可以根据序言和后记的篇幅而灵活变动，一般应略小于正文版心。

（四）附录

附录字级一般小于正文，也可以与正文保持一致。

第五节 出版物的印刷

出版物的印刷是出版物质量的最后保证。在出版物送往印刷厂印刷之前，出版人员必须根据出版物的性质、内容、质量要求、印刷的技术要求、出书周期等，对拟选承印单位的技术与设备条件、实际生产能力、质量保证措施、印刷管理水平等，进行必要的了解和审核。

出版物的印刷实际上包括印前（prepress）、印刷（press）与印后（postpress）三个环节的工作，这里主要介绍印刷（press），包括印刷工艺技术及印刷新技术。

一、印刷工艺

印刷工艺是指将文字、图片、图像、图形等视觉形象配置在一定水平面上进行复制的艺术性或技术性的操作方法和过程。印刷工艺按照印版类型可以分为凸版印刷工艺、凹版印刷工艺、平版印刷工艺和孔版印刷工艺四类。现在书刊印刷主要采用平版，这里重点介绍平版印刷工艺。

（一）凸版印刷

凸版印刷简称“凸印”，是印版着墨部分上凸的印刷方式，其印刷部分高于空白部分，因空白部分低于印刷部分，所以不能粘附油墨。印刷时，在印刷部分敷以油墨，使纸张等承印物与印版接触，并加以一定压力，使印版上印刷部分的油墨转印到纸张上而得到印刷成品。凸版印刷在现代印刷中用得比较广泛，如很多不干胶标签印刷机、柔版印刷机都属于凸版印刷。凸版印刷成品的表面有轻微的不平整度。

（二）凹版印刷

凹版印刷简称“凹印”，是印版着墨部分下凹的印刷方式。最早出现于15世纪的欧洲，以手工在金属板上雕出凹陷的图文，印刷时敷上油墨，把版面所着油墨去净，只让留在凹下部分的油墨转印到纸张上。后来，出现了照相腐蚀凹版（旧称影写版）及机械雕刻凹版（包括用电子雕刻机雕刻的）、激光雕刻凹版、电子束雕刻凹版等；凹版形状也由平板型发展为弧型。现代凹印多为轮转印刷。凹版印刷品色泽鲜艳、反差适中、形象逼真、立体感强，质量相当高，印刷之后还能够进行复合和上光处理。凹版印刷是一种简便、灵活多样的工艺，多用于彩色图像、广告、包装装潢以及专业纸钞印刷。

（三）孔版印刷

孔版印刷是印版着墨部分通过孔洞透墨的印刷方式。印刷部分由大小不同的孔洞或大小相同但数量不等的网眼组成，孔洞能透过油墨，空白部分则不能透过油墨。印刷时，油墨透过孔洞或网眼印到纸张或其他承印物上，形成印刷成品。印版主要有誊写版、镂孔版、丝网版等。孔版印刷成品墨量厚实，主要用于有关特殊印刷类、玻璃瓶、塑胶瓶、铁皮、金属板、布花、纸张印刷和其他立体面印刷。

（四）平版印刷

1. 平版印刷工艺的原理

平版印刷是由早期石印发展而来的，采用的是油水相斥原理。印刷部分与非印刷部分处于同一平面，利用水油不相混合原理使印纹部分保持一层富有油脂的油膜，而非印纹部分上的版面则可以吸收适当的水分。在版面上油墨之后，印纹部分便排斥水分而吸收油墨，而非印纹部分则吸收水分而形成抗墨作用，建立在这种工艺原理上的印刷就称为“平版印刷”。

2. 平版印刷工艺的特点

平版印刷工艺可广泛用于海报、简介、说明书、报纸、包装、书籍、杂志、月历及大数量之印刷物。这种工艺优劣并举。优点是：制版工作简便，成本低廉；套色装版准确，印刷版复制容易；印刷物柔和软调；可以承印大数量印刷。缺点是：因印刷时水胶之影响，色调再现力减低，鲜艳度缺乏，版面油墨稀薄，特殊印刷应用有限。

3. 平版彩色印刷的呈色原理

彩色印刷利用减色法来完成颜色复制。彩色印刷要求每一色在纸面上墨层厚度均匀，以三原色叠加套印，纸面上可以呈现八种基本颜色：一次色：黄、品红、青；二次色（双色叠加的颜色）：红、绿、蓝；三次色（三色叠加的颜色）：黑色和纸张本色。

彩色印刷采用最基本的网点呈色原理，通过对颜色的不同色相、明度、饱和度的不同排列可以呈现成千上万种颜色；而网点的引入能使印刷品上的色相、明度、饱和度产生排列组合变化，从而呈现与原稿相对应的各种颜色。利用网点在单位面积上的覆盖率不同，使印刷品在色相、明度和饱和度上产生变化，从而呈现千变万化的颜色。

印刷品颜色的鲜艳程度取决于颜色的饱和度、明度，饱和度越高，明度越大，颜色越鲜艳。印刷品颜色是否鲜艳与纸张、油墨、墨层厚度、叠印率、网点扩大等因素有关。纸张的白度、光泽度是印刷品色彩鲜艳与否的基础，纸张吸收性的大小也会影响颜色的饱和度。三原色油墨的颜色特性直接影响印刷品颜色鲜艳的程度，不同生产单位、不同型号的三原色油墨，其色偏、灰度和效率是不同的，所以油墨颜色的鲜艳程度也是不同的。墨层厚度（印刷过程中用实地密度间接表示）与颜色的饱和度有直接的关系。在实际印刷过程中，墨层厚度不仅要兼顾颜色的鲜艳性，而且必须兼顾画面的层次是否符合印刷的要求。一般而言，网点扩大得小，纸张的反射相对增多，亮度增大，颜色相对鲜艳，反之，颜色的鲜艳程度就会受到影响。

4. 平版印刷机的分类与用途

平版印刷机，按照一次可印的颜色种数多少可分为单色机、双色机、多色机；按照一次印刷的面数多少可分为单面印刷机和双面印刷机；按照输纸方式可分为单张纸印刷机和卷筒纸印刷机。

单面单色平版印刷机有印版、橡皮、压印三个滚筒。印刷时，印版上的图文先转印到橡皮滚筒上，承印物在橡皮滚筒与压印滚筒之间通过，完成图文的印刷。这种印刷机印出的网点结实，适合印刷单色或双色的封面、插图等印刷品，在书刊印量较少时，也可以印刷正文。但不适宜印刷彩色画册、挂历等多色印刷品。

单面多色平版印刷机主要有机组型三滚筒平版印刷机、机组型五滚筒平版印刷机和卫星型平版印刷机三种类型。机组型三滚筒平版印刷机，每个机组有三个滚筒，机组的印刷原理类似单面单色平版印刷机。因其机组个数而分为双色印刷机、多色印刷机。在特殊情况下，机组型印刷机通过翻纸滚筒也可以完成双面印刷。三滚筒多色印刷机的优点是印出的网点结实，一次就可以完成印刷品的全部套色，印刷效率高，最适合印刷色彩精美的画册、挂历和精致的封面等印刷品。

机组型五滚筒平版印刷机，每个机组有五个滚筒，分别是两个印版滚筒、两个橡皮滚筒、一个压印滚筒。两个印版上的图文转印到两个橡皮滚筒上，承印物先在第一个橡皮滚筒和压印滚筒之间通过，然后在第二个橡皮滚筒和压印滚筒之间通过两个颜色的套色。如果只有一个机组，称为“双色印刷机”，有两个机组称为“四色印刷机”。五滚筒多色印刷机的优点是占地面积小、印刷效率高，制造成本也相对较低；缺点是每个机组两种颜色容易产生混色。这种印刷机主要用于单面印刷，与机组型三滚筒平版印刷机一样，也非常适合印刷精美的画册、挂历和精致的封面等印刷品。

卫星型多色平版印刷机，在一个共用的压印滚筒周围，配有各色组的印版滚筒和橡皮滚筒，多个印版上的图文转印到相应的橡皮滚筒上，承印物绕着压印滚筒转一圈，完成多个颜色的套色。这种印刷机的优点是占地面积小，套印准确；缺点是印刷品比较容易混色。因此，一般用于彩色报纸印刷，很少用于书刊印刷。

双面平版印刷机又称为“B－B型平版印刷机”。它有两个印版滚筒、两个橡皮滚筒。两个印版上的图文转印到两个橡皮滚筒上，承印物在两个橡皮滚筒之间一次通过，双面印刷。由于没有专用的压印滚筒，承印物是在橡皮滚筒与橡皮滚筒之间完成印迹转移，故称为“B－B型”。双面平版印刷机也可以采用机组串联方式连接。如果只有一个机组，称为“双面B－B型印刷机”；如果有四个机组就称为“双面八色B－B型印刷机”。双面平版印刷机的最大特点是一次通过，双面印刷，特别适合印刷一般书刊的正文、彩色期刊、普通彩色画册等。但是网点扩大相对较大，印制精美画册不如机组型单面平版印刷机。

单张纸印刷机，每台印刷机都有一个输纸器，纸张呈堆叠状态，通过连续式输纸装置完成纸张的分离，并将分离的纸张平稳准确地送到滚筒之间。其特点是印刷精度高、承印物种类多、纸张浪费少，但是印刷速度比卷筒纸印刷机慢，主要用于印刷精度高、印数不多的书刊等。

卷筒纸印刷机，采用卷筒纸印刷，绝大部分都是一次通过，双面印刷。速度比单张纸印刷机要快得多，特别适合印刷大印数的书刊。

二、印刷新技术

随着科学技术的迅猛发展，印刷新技术、新设备层出不穷。当前，最引人注目的印刷新技术当属数字化、网络化印刷。目前，世界上著名的印刷机厂商都在研发数字化印刷技术。数字化、网络化印刷使个体印刷、少量印刷成为满足市场少数群体个性化需求的主要手段。

（一）数字化印刷

数字化印刷是指印刷前不需要提供印版、装版，只要提供电子文档就能即时制作印版或者直接印刷的印刷技术。①

常用数字化工艺主要有彩色桌面出版系统（DTP）、计算机直接制版（CTP）技术、在机直接成像制版（DI）、数码打样、数码印刷等。

① 全国出版专业职业资格考试办公室．出版专业理论与实务（中级）［M］．上海：上海辞书出版社，2004：252.

数字化印刷工序少、周期短、即时印刷，能够及时提供可变数据印刷和按需印刷，与当前市场短版、按需、个性化需求相吻合，有效地减少了图书库存。

（二）网络化印刷

网络化印刷过程是：在数字化技术基础上，异地客户将用于印刷的文件上传至服务器上，平面设计师对文件处理、数码打样，确认无误后，生成 JDF 文件放置在网络上，由客户在当地下载，并进行数码打样，若有质量问题，则由客户在网上提出修改意见，平面设计师根据修改意见进行修改，并由客户最终确认完成。服务器再向网络中的数字化印刷机发出指令，进行印刷。同时管理人员通过网络密切监视印刷过程，发现问题及时解决。成品出来后，由营销网点迅速将印刷品送到客户手中。①

网络化印刷是网络技术与印刷技术的结合，它使生产者能够通过数字化技术读取、分析、记录、修改生产环节的相关信息，使用户能够通过网络在异地获取产品，及时提出对产品的反馈意见。

① 胡涛．数字化网络化印刷［J］．广东印刷，2004（3）．

第十二章

出版物市场营销

主要观点：

1. 改革开放尤其是20世纪90年代以来，我国图书市场发生了由印数向品种的战略性转移。多品种、低印数是我国图书市场的发展趋势。在此背景下，出版人员只有细分市场，才能找到自己的目标市场。

2. 以发展的眼光来看，当今我国读者群体可以划分为两种基本类型：传统读者群体和新兴读者群体。新兴读者群体是出版物消费的生力军。出版人员必须在继续满足传统读者群体需求的同时，高度重视并及时挖掘、充分满足新兴读者群体的需求。

3. 改革开放尤其是20世纪90年代以来，我国读者的需求形成了鲜明的多元化倾向——在传统需求继续存在并得以发展的基础上出现了新需求。新需求主要有功利性需求、个性化需求、时尚性需求和非阅读性需求。这些新需求，最终反映在出版物的选题角度、内容、表述形式、书名、封面、版式、开本与用纸等各个方面。

4. 每一种出版物都是一种个性化产品，每一种出版物都应该有为它量身定做的宣传促销方式。出版物宣传促销的方式可以不拘一格，但最终目的都要落实到怎样吸引新闻媒体和大众的注意力上。

5. 如今，人们几乎随处可以看到书，在许多场所可以买到书，买书的方式日益增多，图书流通渠道呈现了“泛化”的特点。

1995年，美国营销协会将市场营销定义为：市场营销是为创造交易、达到个人和机构的目标，而对产品、服务、定价和销售等进行策划、决策与实施的过程。市场营销学理论形成于20世纪二三十年代的美国。发展到今天，它经历了一个不断变化的过程，大体说来，最初以关注生产为中心，然后以关注销售为中心，随后以关注市场需求的大众化满足为中心，如今则以关注市场需求的个性化满足为中心。市场营销的核心理念是以市场需求为导向，市场营销的实质是让企业获得竞争优势，取得短期、中期和长远利益。

出版物市场营销，"是借助于市场营销理论，从全程出版理念出发，以消费者为中心，将出版物和服务分销转移到消费者手中，并使出版企业在市场竞争中处于优势的全过程"①。在这里，我们不打算对出版物市场营销作全面的介绍、探讨，只挑其主要内容加以论述。

第一节　出版物市场细分与读者需求

一、出版物市场细分的涵义与必要性

（一）出版物市场细分的涵义

市场细分是营销学中的重要理论，是指根据消费者对产品的需求、购买力、购买行为与习惯等把整体市场分割成不同的子市场，以便为已经生产的产品寻找最佳消费者，或者为新产品的开发开拓目标市场。

出版物市场细分，是指根据书、报、刊的读者或电子网络出版物的消费者对出版物的需求、购买力、购买行为与习惯等，将整个出版物市场分割成不同的出版物子市场，也就是将某类读者群体划分为不同的子群体。然后，出版人员根据各自的具体情况从中选择一个子群体，作为自己潜在的目标市场。例如，高中生读物市场，可以细分为高一读物市场、高二读物市场和高三读物市场三个子市场，其中每个子市场又可以

① 师曾志．现代出版学［M］．北京：北京大学出版社，2006：276.

细分为不同的子市场，如高三读物市场可以根据高三学生的不同需求细分为高考复习读物市场（包括高考复习资料、模拟题）、高三学生心理辅导励志读物市场、高考招生信息咨询读物市场等不同的子市场。经过对出版物市场的不断细分，就可以找到市场空隙，这个市场空隙就是目标市场。

（二）出版物市场细分的必要性

改革开放尤其是20世纪90年代以来，我国出版物市场发生了前所未有的变化。请看下表：

1978—2017年我国图书出版品种与印数统计表①

项目 年份	品种（种）	总印数（万册、张）	每种平均印数（万册、张）	出版社数（家）	每社平均出版品种（种）	每社平均印数（万册、张）
1978	14987	377424	25. 18	105	143	3594. 51
1979	17212	407178	23. 66	129	133	3156. 42
1980	21621	459298	21. 24	169	128	2717. 74
1981	25601	557830	21. 79	191	134	2920. 58
1982	31784	587903	18. 50	214	149	2747. 21
1983	35700	580382	16. 26	260	137	2232. 24
1984	40072	624816	15. 59	295	136	2118. 02
1985	45603	667328	14. 63	371	123	1798. 73
1986	51789	520299	10. 05	395	131	1317. 21
1987	60213	625210	10. 38	415	145	1506. 53
1988	65962	622458	9. 44	448	147	1389. 42
1989	74973	586442	7. 82	462	162	1269. 35
1990	80224	563626	7. 03	462	174	1219. 97
1991	89615	613940	6. 85	465	193	1320. 30

① 1978至1999年的出版品种数、总印数与出版社机构数摘自《1949—1999全国图书出版统计》（载《中国出版年鉴（2000）》，中国年鉴出版社，2000年，第36页），其他数据由笔者算出。2000—2017年的相应数据，出自相应年度的《中国出版年鉴》，或者出自原国家新闻出版总署或原国家新闻出版广电总局官网。

（续表）

项目 / 年份	品种（种）	总印数（万册、张）	每种平均印数（万册、张）	出版社数（家）	每社平均出版品种（种）	每社平均印数（万册、张）
1992	92148	633750	6.88	480	192	1320.31
1993	96761	593372	6.13	505	192	1174.99
1994	103836	600775	5.79	514	202	1168.82
1995	101381	632179	6.24	527	192	1199.58
1996	112813	715776	6.34	528	214	1355.64
1997	120106	730528	6.08	528	227	1383.58
1998	130613	723859	5.54	530	246	1365.77
1999	141831	731629	5.16	529	268	1383.04
2000	143376	627400	4.38	528	272	1186.36
2001	154526	631019	4.08	526	294	1199.66
2002	170962	687000	4.02	532	321	1291.35
2003	190391	667000	3.50	535	356	1246.73
2004	208294	641300	3.07	538	387	1192.01
2005	222473	646600	2.91	539	413	1199.63
2006	233971	640800	2.74	539	434	1188.87
2007	248283	629300	2.53	544	456	1156.80
2008	275668	693600	2.52	545	506	1272.66
2009	301719	703700	2.33	545	554	1291.19
2010	328387	717100	2.18	548	599	1308.58
2011	369523	770500	2.09	547	676	1408.59
2012	414005	792500	1.91	547	757	1448.81
2013	444427	831000	1.87	549	810	1513.66
2014	448431	818500	1.83	550	815	1488.18
2015	475768	866200	1.82	551	863	1572.05
2016	499884	903700	1.81	551	907	1640.11
2017	512487	924400	1.80	552	928	1674.64

注：本表中的图书包括书籍、课本与图片，出版品种包括新书与重印书，出版社机构数不包括副牌社。每种书平均印数与每社平均印数按四舍五入法取小数点后二位数，每社平均出版品种数按四舍五入法取整数。

据上表可知，从1978年至2017年的40年中，我国图书出版品种从不到1.5万种增长到51.2万多种，增长了约33.2倍！总印数从约37.7亿册（张）增长到约92.4亿册（张），增长了约1.4倍。出版社的数目（不含副牌出版社数）从105家增长到552家，增长了约4.3倍。绝对数量的增加，显然反映了我国出版业的发展成就。同时，还必须看到另一面，在这40年中，图书出版的品种虽然日益增多，1980年突破2万种，1986年突破5万种，1994年突破10万种，2004年突破20万种，2009年突破30万种，2012年突破40万种，2017年突破50万种，但是，每个品种的平均印数日益减少，1982年减为不到20万册（张），1988年减为不到10万册（张），1994年减为不到6万册（张），2005年减为不到3万册（张），2012年减为不到2万册（张）。2017年每个品种的平均印数，大约只有1978年的7.1%，1987年的17.3%，1994年的31.1%，2004年的58.6%。这就是说，改革开放以来我国出版业发生了品种不断增加但平均印数不断减少的变化，这种变化的背后反映的是出版竞争日益激烈的事实。改革开放以来，我国出版业和图书市场的重心确实发生了由印数向品种的战略性转移，这种转移尤以20世纪90年代以来最为明显。针对这种转移，我国出版行政管理机关及时提出了从数量规模型到优质高效型的发展战略。

多品种、低印数是我国出版物市场的发展趋势。这种趋势反映的是读者的需求越来越多元化。在此背景下，出版人员除了细分市场，还能有别的办法找到自己的目标市场吗？

二、影响出版物市场细分的因素

影响出版物市场细分的因素主要有四个：

（一）人口因素

人口因素包括读者的年龄、性别、职业、收入、受教育程度等。

按照人口的年龄特征，可将读者划分为儿童读者、青年读者、中年读者和老年读者；按照性别，可将读者区分为男性读者和女性读者；按照所受教育程度，可将读者分为低层次读者、中等层次读者和高层次读者；按照职业的不同，可将读者分为公务员、知识分子、企业白领、工人、农民等不同读者群体。当然，细分市场时需要把多个因素综合起来考虑。

（二）心理因素

心理因素包括读者的个性、生活态度和购买动机等。

根据个性的不同，可将读者分为可诱导型读者、固执型读者和逆反型读者。根据生活态度的不同，可将读者分为传统读者、现代读者和另类读者。就出版物的载体设计而言，传统读者偏好平实的设计，现代读者偏爱靓丽的设计，另类读者喜爱张扬个性的设计。不同读者的购买动机也不同，有的为自己购买，有的为孩子购买，有的为送礼而购买。为自己购买者一般重视书的实用性，为孩子购买者一般强调书的可读性和导向性，为送礼而购买者一般强调书的包装和品位。

（三）购买行为因素

购买行为包括购买态度、购买时机、购买频率和购买目标。

购买态度是指读者对图书产品、出版社、书店的了解程度，对图书品牌、出版社和书店的忠诚度。按照购买态度可将读者分为坚定型、犹豫型和冲动型。坚定型购书目标单一，犹豫型购书目标模糊，冲动型购书目标易受宣传、促销、服务等外界因素的影响。购买时机是指读者购书的时间选择，有季节购买者、节日购买者和经常购买者。学生购买教辅有很强的季节性，公务员、企业白领喜欢利用节假日购书，教师、研究人员、自由职业者则经常购书。

（四）地理因素

地理因素是指读者所处的地理位置与地理环境。所处地理区域不同（沿海、内陆，城市、乡村，国内、国外），读者的阅读偏好也不尽相同。图书消费的地域差异是客观存在的，有时甚至很大。《爱因斯坦文集》与《顾准文集》这样的学术著作在北京的销售额是上海、广州的7倍多，高价位宠物书在沿海地区的销路明显好于内地。所以，出版人员不仅要考虑读者是谁，还要考虑读者是哪里的。

上述影响出版物市场细分的因素不是孤立的，出版人员在进行市场细分时，必须把这些因素结合起来。究竟选用哪些因素作为细分市场的依据，必须结合自己的资源状况和发展目标仔细研究。正如专家所说：

“市场细分的理论，几乎没有哪家出版社不知道，但并不是所有的出版社都能够科学地、创造性地进行市场细分。”①

三、读者群体的划分

从上文可以看出，出版物市场的细分实际上就是对读者群体的划分。对读者群体的划分有多个标准，如年龄、地域、性别、职业、文化程度等。这种传统的分类见于所有的有关论著、教材之中，这里不再赘述。

笔者认为，以发展的眼光来看，当今中国读者（尤其是图书读者）群体可以划分为两种基本类型：传统读者群体和新兴读者群体。②

传统读者群体是指长期以来形成的、较稳定的、一贯受到出版人员高度重视的读者群体，如教师、学生、研究人员与公务员读者（按职业和身份划分）、城市读者（按户籍所在地域划分）、青少年读者（按年龄划分）、男性读者（按性别划分）等，就属于传统读者群体。

新兴读者群体是指改革开放尤其是20世纪90年代推行社会主义市场经济以来产生的读者群体，又可以划分为以下两个部分：

（一）在新时期出现的读者群体

这又有两种密切联系的类型：一种是从传统读者群体中分化出来的，另一种是由新兴的社会阶层（社会群体）转化而来的。读者群体的分化是指原来某一个稳定的读者群体（可称为母群体）不断分解为两个以上相对独立的读者群体（可称为子群体）。读者群体的分化与社会阶层的分化息息相关。例如，“工人阶级”原来是一个非常稳定的阶层，而改革开放特别是20世纪90年代中期以来，这个阶层发生了急剧的分化。现在的国有企业职工、民营企业职工、三资企业职工（外企员工）、下岗职工、农民打工仔打工妹等构成了当今中国的工人阶级。当今工人阶级中的不同组成部分，文化程度、经济状况、价值观念明显不一样，阅读与购买图书的兴趣、动机与经济条件自然也不一样。在社会

① 刘拥军．现代图书营销学［M］．苏州：苏州大学出版社，2003：104．

② 易图强．当代新兴读者群及其需求［J］．出版广角，2002（11）．

阶层日益分化的同时，新的社会阶层不断产生，如中产阶级、个体户、民营企业家、策划人、经纪人、股民、彩民、基民、网民、“追星族”、球迷等。

不管是从传统的大型社会阶层中分化出来的小阶层、小群体，还是新出现的阶层、群体，都已经或正在成为相应的新读者群体。股市的迅速发展，造就了股民群体，他们转化为股票书的读者群体；乡镇企业的异军突起和民营企业的蓬勃发展，造就了打工仔打工妹队伍，他们转化为打工文学作品的读者群体；计算机技术和计算机产业的迅猛发展，造就了庞大的计算机从业人员和电脑爱好者群体，他们转化为计算机图书的读者群体等。

由新兴社会群体转化而来的新兴读者群体往往是潜在的读者群体，谁能及时发现他们的需求，并及时策划相应的出版物适应之、满足之，谁就能抢先开辟一个新市场。君不见，最早或较早出版打工文学作品书、股票书、经商致富实务书、上网手册、彩票书、基金书、计算机图书的出版社大多取得了丰厚的回报么？

（二）原已存在但在新时期获得迅速发展的读者群体

这一部分具体包括农民读者群体、女性读者群体、老年读者群体等，他们在计划经济时代就已经存在，但其特点、规模显然今非昔比。

当代农民读者对出版物的需求日益迫切。广阔农村大有人才，喜欢阅读的农民大有人在，渴望科技致富的农民大有人在！农民读者考虑的是，能否方便地买到书，是否买得起，是否看得懂，是否真正对他们的生产、生活有用。谁能解决这些问题，谁就能从农民读者那里获得优厚的回报。金盾出版社重点出版发行农民实用科技书所取得的成绩有目共睹，例如看似很专业的《木材材积计算手册》，在首次出版的1991年就销售20万册，后累计印刷160多万册。你能说农民不需要书吗？你能说农村图书市场不大吗？

再看女性读者群体。放眼市场，女性已成为当今消费的生力军。在文化消费方面，有女性电视频道、女性话题节目、女性网站、女性杂志、女性文学等。女性图书也已成为图书市场的亮丽风景。女性读者是一支颇具潜力的出版物消费群体。女性文学、女性实用生活、婴幼儿子女教育、女性时尚、女性休闲、女性美体美容、女性修养等各类女性出版物的前景颇为光明。女性读者群体的需求需要精心呵护。遗憾的是，从整体上看，我国女性图书的出版尚处于游兵散勇式的状态，未形成出版女性图书的品牌出版社。

老年读者群体的规模与需求也在不断扩大。2010 年第六次人口普查的结果显示，60 岁及其以上人口占我国大陆总人口的 13.26%，比 2000 年普查时上升了 2.93 个百分点，这说明我国老龄化进程加快。不少大城市已经成为老年社会。不论是从关怀老年人的角度，还是从开辟新的经济增长点的角度，都不应该忽视老年读者群体的需求。现有老年读物基本上是养生保健方面的，难道老年读者就没有别的需求吗？针对老有所好、老有所学、老有所为的不同需要，应该可以策划出版多种图书。1987 年，美国有人自费出版了一本女性老年人诗集 *When I Am an Old Woman, I Shall Wear Purple*（直译为:《即便我老了　我也要穿紫衫》;意译为:《青春不再　光彩依旧》）。这样一个看似十分冷僻的书首印即获成功，以后重印 42 次，销量达 150 万册。①蓝天白云属于所有的人，属于所有热爱生命的人。老年读者群体的需求同样丰富多彩。

还有两种容易被人忽视的新兴读者群体：特殊读者群体和中年读者群体。所谓特殊读者群体，是指由特殊的社会群体转化而来的读者群体，从事与特殊社会群体有关工作的人，关怀、关注特殊社会群体的人也可视为特殊读者群体。绝症患者（如癌症病人）、性病患者（如艾滋病人）、吸毒者、同性恋者、心理变态者、赌博者、劳教人员、网络成瘾者、交通肇事者、囚犯、离异者、孤儿、私生子、乞丐、三陪女等，都属于特殊社会群体。对这些社会群体的了解、认识和研究，既是他们自身及其亲属，也是政府有关人员所需要的，又是社会上所有对此关怀、关注的人所需要的。特殊读者群体的出版物消费需求是客观存在的，没有理由成为出版人员遗忘的角落。例如，天津人民出版社的《毒品预防教育》在 1998 年春季北京图书订货会上竟以 393.5 万册名列订货排行榜榜首！南方日报出版社的《独闯毒穴》（揭示贩毒吸毒问题的

---

① 杰罗德·R·杰肯斯，马丁·林克. 畅销书内幕［M］. 冯利，译. 天津：天津人民出版社，1998：81 - 84.

纪实文学）与《世纪之痛——中国首份艾滋病人完全纪录》（首次透视国内艾滋病人的心路历程）、中国青年出版社的《我的28岁和白色恶魔》（戒毒成功者坦言戒毒经历）和华艺出版社的《生命的留言——〈死亡日记〉全选本》（癌症病人在生命的最后100天写的日记）都成了热销书！

对于中年读者，理论界与实践界都有意无意地忽略了这个群体，极少有人探讨中年读者需求的特点，很少有专门面向中年读者的图书。中年读者的需求与其他年龄段的读者究竟有何不同，怎样开发专门面向他们的出版物，尚有待于进一步的探索。可喜的是，近20年来，国内已有近20家出版社出版了面向中年读者的图书，包括河北大学出版社的《如何规划中年生涯》（从台湾引进）、海天出版社的《中年危机》（法国人马莱尔著）、新世界出版社的《中年心境》、中国青年出版社的《中年危机》（包括《男人卷》与《女人卷》）、春风文艺出版社的《中年底线》、汉语大词典出版社的《谁害怕中年》、国防科学技术大学出版社的《珍重中年——中年人健康必读》、上海人民出版社的《驾驭中年——女人成为自己》、人民文学出版社的《中年——浪漫之旅》（从美国引进）、中国物资出版社的《男人40岁必读书》和《女人40岁必读书》、中国华侨出版社的《44岁必读书》和漓江出版社的《40岁登上健康快车》，等等。2002年，沈阳市创办了国内首份定位于中年人的《中年人》杂志（2007年更名为《中年读者》）。①

总之，新兴读者群体是出版物消费的生力军。出版人员绝不能漠视他们的存在，应该在继续满足传统读者群体需求的同时，高度重视并及时挖掘、充分满足新兴读者群体的需求。

四、读者需求

无论是对出版物市场的划分，还是对读者群体的划分，首要的划分

① 湖南师大新闻与传播学院编辑出版系2001级学生周瑛丽在笔者的提议下，撰写了毕业论文《关于中年读者群体的分析》，初步研究了中年读者群体阅读与购买图书的特点，在图书消费方面与青年读者、老年读者的差异，并提出了策划中年读者图书选题的建议。有必要指出，“中年读者”并不等于所谓的“成人读者”。

标准是读者的需求。

读者的基本需求（或曰普遍需求）有求知需求、实用需求、消遣需求、审美需求、探索（研究）需求，这是众所周知的，这里不再赘述，只谈谈当今我国读者的新需求。

新需求是相对于传统需求而言的。在计划经济时代和政治运动频繁的时代，我国读者阅读与购书的目的主要是为了学习政治思想理论与了解现行方针政策（可称为政治思想教育性需求），获取科学文化知识（可称为求知性需求），解决学习中、工作中与生活中遇到的实际问题（可称为实用性需求）。这些需求，可称为传统需求。改革开放尤其是20世纪90年代以来，我国读者的需求形成了鲜明的多元化倾向——在传统需求继续存在并得以发展的基础上出现了新需求。

新需求主要有以下四种：①

1. 功利性需求

功利性需求是指阅读、购买出版物的目的非常明确——希望从中直接获得有利于自己发展的有用的知识，以达到某种功利目的。功利性与一贯所说的实用性有较大区别。书的实用性有两个意思：第一，能为读者提供实用的知识，能帮助读者解决学习中、工作中和生活中所遇到的实际问题；第二，使用便利、携带方便、用途多，如"微型书"、"口袋书"、多功能字帖、多功能成语词典等，实用性都很强。功利性无疑包含了第一种实用性，但更强调读者对其所读之书的功利性取向，如发财、升官与出人头地等。在新时代，心理自助、人生励志、谋略智慧等成功学方面的书，如《人性的优点》《人性的弱点》《方与圆》与《致加西亚的信》等都很畅销；大众商业财经书也受到读者青睐，如《短线是银》系列股票书、《富爸爸 穷爸爸》系列理财书也非常红火。20世纪90年代中期读书界流行的顺口溜"当官要读《曾国藩》，经商要看《胡雪岩》"就是当今读者功利性需求的集中反映。

2. 个性化需求

市场经济时代是崇尚个性的时代，反映在出版物消费上，就是读者

① 易图强．当代读者的新需求［J］．出版广角，2002（9）．

的个性化需求十分突出。这主要表现在两个方面：其一，不同的读者群体之间，对出版物需求的差异泾渭分明。年老的宠物爱好者偏爱养鱼、养鸟书，年轻的宠物爱好者偏爱养狗、养猫书；股民青睐股票书，彩民垂青彩票书。真可谓“萝卜青菜，各有所爱”。其二，对出版物的新颖性、独特性要求很高，以至于挑剔。特别是那些跟风出版的书、重复出版的书，如果没有什么特色和别致的地方，就不能激发起当今读者的阅读与购买欲望。人无个性不立，书无特色不畅！当今女性图书集中反映了读者的个性化需求。现在的女性图书已经远不止于原来的服饰、化妆的层面，已深入到当今女性的深层次、个性化需要的层面。如南方出版社从英国引进的《乳房健美保健全书》虽然价格贵至99元，但仍然受到女性读者的欢迎；上海三联书店从英国引进的《个性色彩搭配》看起来很专业，却获得广大白领女性的喜爱。

3. 时尚性需求

当今读者尤其是年轻白领读者把阅读与购买图书视为一种时尚，当作一种高雅的、惬意的休闲方式。当今社会很多读者读书的目的不再是为了单纯地获取知识。很多时候，读书成了一种休闲、一种享受。在竞争压力越来越大的当今社会，对于不少读者来说，阅读的目的与其说是为了学习知识，还不如说是为了放松自己。现在再也看不到排长队抢购紧俏物资的现象，但经常可以看到排长队竞相买畅销书、名人明星书的景象。许多书店专门设置了精品礼品书柜，甚至出现了专门的礼品书店。购书已成为当今文化消费的新时尚，已成为稳定的时尚消费方式。

4. 非阅读性需求

图书的使用价值主要是阅读，但它还有阅读之外的使用价值，可称之为非阅读性使用价值。当今不少读者购书的目的或主要目的不是为了阅读，而是为了收藏，或者是为了附庸风雅，或者是出于从众的心理，或者是由于“追星”的需要，或者是为了送礼，等等。20世纪80年代中期，上海书店影印全套“二十五史”出版后，一些青年工人也争着购买。记者问及其动机，说是为了布置结婚新房，使家庭增添一些文化气氛。笔者记得上大学时，不少同学购买《性格组合论》《戴尼提自我心理调节技术》和《情爱论》等畅销书的动机就是因为从众和炫耀。有个老乡两次对笔者说："你买了《情爱论》吗？好多人买了。"笔者买书有主见，但最终还是买了一本。法国学者明确指出："书籍的消费不能跟阅读混为一谈。常常有这样的情况：一个消费者买（或者更少见的是借）一本书，并不是专门想读它。"①阅读不是买书的唯一动机。在许多时候，读者即使根据阅读需要而买书，也往往含有非阅读的动机在内，如很可能会考虑这本书的封面、插图、版式是否美观，作者是否有名气。

非阅读性需求在任何时候都存在，但在当今市场经济时代无疑更普遍、更突出。这是因为，人们的生活水平大大提高了，有收藏图书的经济条件；我国已经形成中产阶级，其中有一些文化程度不高者以购书、藏书来附庸风雅，国外就有专门用于家庭装饰的假书和假书制造业。20世纪90年代中期以来，我国不少出版社热衷于出版金版书，如民族出版社和中国佛教协会联合出版了我国首部黄金版康熙帝（1654—1722）手书的《金刚经》，还有金版的《周易》《伟人邓小平》与《毛泽东诗词手迹》，丝绸版的《孙子兵法》，等等。有些著名作家的手稿本也被出版，如巴金的《随想录（手稿本）》与贾平凹的《西路上——贾平凹手稿珍藏版》。这些都是为了满足日渐增长的非阅读性需求。

当今商业时代、娱乐化时代是生产明星与名人的时代，催生了一批又一批的"追星族"，基于爱屋及乌的心理，他们自然会对明星、名人写的书、写明星名人的书感兴趣。明星、名人签名售书时，许多读者的购书动机就是想请其签个大名，并一睹其尊容。据报道，2002年4月初，有读者专程赶到湖南图书城，把身上的500多元钱全部买了某广播电台知名主持人柴静写的《用我一辈子去忘记》，共28本，他说，有其签名的书，拿去送人有意义。

上述当今读者的新需求，最终通过出版物反映出来。换言之，当今读者在选题角度、内容、表述形式、书名、封面、版式、开本与用纸等

---

① 罗贝尔·埃斯卡皮．文学社会学［M］．于沛，编译．杭州：浙江人民出版社，1987：89.

各个方面，都有不同于以前计划经济时代的新要求。例如，当今读者的功利性需求、个性化需求与时尚性需求，既体现在图书内容方面，又通过书名表现出来。《解读彩票——百万富翁生产线》《十年一个亿》《轻轻松松上哈佛》《玩学习——三个博士姐妹的家庭教育》《3000 美金，我周游了世界》《我的儿子是“小爱因斯坦”》与笔者策划的《名牌大学轻松进》等书名，充分反映了当今读者的功利性需求。个性化、时尚化的书名日益受到读者特别是城市读者的欢迎。《网络美眉》《点击恐怖战争》《天堂里的小资们》《人气密码》《OK 十八岁》《HAPPY 数学》《在大理的星空下接吻》与《烧·COM》（网络经济泡沫内幕纪实书），书名不时尚吗？《我把青春献给你》《笑死你不偿命》《小餐馆挂牌食谱》《吃出美丽与健康》《61 ×57》《痛并快乐着》《水与火的缠绵》和《左手倒影，右手年华》等书名，无不张扬个性。

不难理解，当今出版人员既要继续满足读者的传统需求，更要高度重视读者的新需求。

第二节　出版物的成本与定价

一、图书的成本

图书成本是图书作为商品在生产和销售过程中所耗费的生产资料价值和必要劳动价值的货币表现，是图书价格的最低界限。图书的全部成本由生产成本、销售成本、管理成本、稿酬和税金等构成。其中，生产成本包括编辑费、校对费、封面设计费、排版费、拼版费、晒版费、印刷费、装订费和纸张材料费等；销售成本包括宣传费、推广费（如广告费、参加订货会费等）、运输费、仓储费和发行折扣等；管理成本包括固定资产折旧的分摊费、行政支出等。

生产成本和稿酬属于直接成本，即可以直接结算到每一册书，可以做到一书一账。销售成本和管理成本为间接成本，即不能直接结算到每一册书，只能隔一定时间（如三个月、半年或一年）结算一次。

生产成本又可以划分为固定成本和可变成本。固定成本包括编辑费、校对费、封面设计费、排版费、拼版费、晒版费。另外，一次性稿酬、基础稿酬也属于固定成本。固定成本的总额不受印数的影响，而单位固定成本则与印数成反比，即印数越大，单位固定成本越低；印数越小，单位固定成本越高。可变成本包括纸张费、装帧材料费、印刷费和装订费，版税和印数稿酬也属于可变成本。可变成本的总额与印数成正比，但单位可变成本保持不变。

图书总成本与总印数之比，即每册图书的成本费用，就是这种书的平均成本。这个平均成本是图书定价的下限。

二、图书的定价

图书的价格受到许多因素的影响和制约。影响图书定价的因素主要有成本与利润、图书印数、市场需求、同类图书市场竞争状况和读者的消费心理等。不言而喻，图书如果要盈利，它的价格就不能低于平均成本。利润多少取决于平均成本、价格和销售量。每册利润 = 每册价格 - 每册平均成本，总利润 = 每册利润 × 销售数量。

整体来说，出版社通过图书定价所要达到的预期目标主要有这样几种情况：获得利润、占有市场（为了迅速占领市场，价格可以低于成本）、体现质量与品位（对追求高质量和高品位的读者，价格过于便宜，反而会影响他们的接受程度）、在市场竞争中获胜（价格虽然不是唯一的竞争方式，却是最具杀伤力的竞争手段。要想把价格策略运用到位，就要权衡相同定位、相邻定位和相近定位的竞争对手情况）、反映品牌与出版社形象、维持再生产。

出版社必须针对不同的定价目标，综合考虑各种影响定价的因素，科学合理地给每种图书定价。概括起来，图书定价的基本方法无非两种：

1. 成本导向定价法

成本导向定价法是以成本为定价基础的定价方法，具体的方法又有按印张定价法、成本加成定价法和成本比例定价法三种。具体操作起来比较复杂，出版业界人士总结出一个简便的图书定价公式：图书价格 =

单册图书平均总成本×3。①

2. 市场导向定价法

市场导向定价法是以读者需求、读者心理和同类图书市场的竞争为依据而定价的方法，具体的定价方法又可分为理解价值定价法（以读者对图书价值的感受和理解程度为定价依据）、需求差别定价法（根据读者需求的差异及其紧迫程度的不同，对同一种图书制订两种或更多种价格）、随行就市定价法（按照出版行业的平均现行价格水平来定价）。有专家指出："理论上讲，图书价格的上限取决于该类图书的市场需求，图书价格的下限取决于该类图书的成本费用。在价格的上下限之间，出版社可以把图书价格定多高，取决于其他出版社同类图书的价格水平以及出版社的整体竞争策略。"②

根据具体情况可以采取不同的图书定价策略。新书的定价策略有撇脂定价策略（高价格策略）、渗透定价策略（低价格策略）和满意定价策略（中间价格策略）。从读者的购买心理考虑，可分为整数定价策略（不带零头）、尾数定价策略（如《另一半中国史》定价49.80元）和声望定价策略（知名度大的出版社和作者的书可定价高一些）等。还可以采用连带图书定价策略（所谓连带图书是指必须与主要图书一起使用的图书，如教辅之于教材、外语磁带之于外语图书、炒股光盘之于股票书等）和折扣定价策略。

三、期刊的定价

文本期刊定价的方法与策略可以参考图书的定价方法与策略，所不同的是，必须考虑广告商的因素。2006年，国内文本期刊的价格一般在2.5元至10元之间，但影视娱乐类、汽车类和时尚类等高端期刊的定价高达20元左右。高端期刊一旦在市场上立住了脚跟，就以巨额广

---

① 笔者2007年在北京大学做访问学者时，听北京大学出版社的商鸿业博士讲课时说过，图书的价格由总成本、出版社利润和书店利润三个部分构成，其中每个部分大约各占33%。又说，每册书的定价大约=每册书的生产成本×6。这里的生产成本包括排版费、拼版费、晒版费、印刷费、装订费和纸张材料费，属于直接成本。

② 刘拥军．现代图书营销学［M］．苏州：苏州大学出版社，2003：198.

告收入作为获利的途径，因而不会盲目扩大发行量。

电子期刊是新兴期刊，具有不同于纸质期刊的特点，例如，固定成本比纸质期刊高，但可变成本比纸质期刊低。有专家认为，电子期刊的定价方法有以下 4 种：①

1. 固定式定价方法

固定式定价方法是电子期刊发展初始阶段较常用的一种方法，使用者每月或每年交纳一定的固定费用（订购费）即可使用。这个固定费用对所有用户都一样，与用户使用时间的多少无关。这种定价方法不太科学合理，但简单实用，被广大消费者接受。

2. 相对变动式定价方法

相对变动式定价方法比较合理、灵活。首先，它区分单位用户和个人用户，采取不同的标准；其次，对各种用户依其使用月数，以及使用电子期刊的内容是部分还是全部，采取捆绑式相对固定的定价方式。用户捆绑的数量越多，价格越优惠，而单买则贵。

3. 线性定价方法

线性定价方法把价格分为两部分：一部分是固定的，另一部分是可变的，其表示公式为：$P = a + bx$。式中 a、b 为常数，x 为变量。有时把 x 考虑为时间变量，有时考虑为字节变量。a 一般指用户订购费，b 一般指用户单位使用费。a 是所有用户必须先交纳的部分费用，而不管后来是否使用，如使用还需交纳 bx 费用。这是一种事后定价的方法，因为最终价格要看用户使用情况。该方法较为合理和科学，但需要跟踪所有用户的使用情况，因而要有较高的技术支持。

4. 非线性定价方法

非线性定价方法考虑因素复杂多样，各种模型多，要看基于哪些因素考虑。

① 陶长琪．电子期刊的定价研究［J］．中国物价，2003（8）．

第三节　出版物宣传促销

一、出版物宣传促销概说

（一）出版物宣传促销的重要性

在市场经济时代，出版物的宣传促销十分重要。有些书有可能不经过宣传促销就意外地畅销起来，然而，如果想要最大限度地扩大其销量，就必须宣传促销。在《穷爸爸　富爸爸》《细节决定成败》《谁动了我的奶酪》《学习的革命》和《哈利·波特》等书的畅销中，都可以看到宣传促销的重大作用。号称“天书”“奇书”和“怪书”，十分晦涩难懂的《尤利西斯》，南京译林出版社硬是把它运作成了畅销书，湖南科学技术出版社引进出版的《时间简史》由滞销变为畅销，也充分证明了宣传促销的重要作用。“酒香不怕巷子深”的观念不适合今天出版物的运作。宣传促销活动开始于连锁反应。人们起初听说某本书，读到有关它的评论，看到它，然后购买，告知他人。就像扔到池塘里的鹅卵石会激起层层波纹一样，宣传促销会引起读者口头上的议论，会产生连锁反应。它一般不会立即奏效，而是随着时间的推移渐进地展开。

“宣传真的很重要”“还是要宣传宣传再宣传”“宣传也是一种服务”，这些都是金丽红的名言。全国年出书品种已达50多万种，平均每天上架的新版书籍有600多种，一本书出版后，不做宣传，读者怎么知道它？哪怕是名人写的书，也需要宣传。如若不信，请看金丽红的回忆：

> 白岩松的《痛并快乐着》在2001年春节投放市场，我们到书店一看，出了一身冷汗，卖不动。原来，一般读者认为，无非又是一本名人书而已。在白岩松之前，中央电视台主持人出书现象已经遭到非议。用白岩松的话讲：名人出书正处在老鼠过街人人喊打的时候，我到街上来溜达了。我们紧急动员，

在春节之后开了一个会，请了刘恒、余华，还有崔永元、敬一丹等人。那次会议开得非常有意思，刘恒说，要我参加，我得先看看书再说，没想到他一看就看到凌晨2点。说实话，白岩松这书写得不错，这也是我们觉得有底气的原因之一。刘恒说，他的“贫嘴张大民”就是一个“痛并快乐着”的人。余华说了一句，因为白岩松的这本书，改变了我对主持人不能写作的看法。这话很有分量。小崔呢，有点不正经，他说，我崔永元装扮成孕妇，然后白岩松装扮成记者，拿着一个话筒，问我，你现在是什么样的感觉，我说，现在我“痛并快乐着”。三天之内，几乎所有的网站都在转载这次会议，《北京晚报》用了半个版摘录了这些人的发言，一下子，书就热了起来。①

大名鼎鼎的白岩松写的书都需要宣传，更不用说普通作者的书了。

（二）出版物宣传促销的宗旨与原则

1. 出版物宣传促销的宗旨

出版物宣传促销的宗旨是：尽量以最少的投入取得最大的效果，也就是要讲求实效。有的书虽然发行量非常大，但由于宣传促销的成本过大，实际获得的利润并不高，这样的宣传促销算不上成功。除非另有其他商业意图，如《学习的革命》投入7000万元宣传促销，卖了600万册，卖书没赚到钱，但使运营商科利华公司家喻户晓，为其经营教育软件作了铺垫。宣传促销应该适度。台湾经济学家高希均把出版营销手段运用适度的称为“现代推广”，过度的称为“强势操作”，破坏市场秩序的称为“恶性竞争”。②出版物宣传促销固然很重要，但随着出版物市场的不断完善，出版业的竞争最终是出版物的质量与综合实力的竞争。

2. 出版物宣传促销的原则

出版物宣传促销的原则是：必须有章法，也就是要有层次和针对性。金丽红有一套宣传经：

---

① 金丽红．畅销书与营销策划［J］．出版广角，2002（11）．

② 师曾志．现代出版学［M］．北京：北京大学出版社，2006：295．

我们把宣传分成四个量级。全社的年度重要书，重中之重，就是10万册以上的畅销书，要做第一量级的宣传。这个量级，有四个回合宣传攻势。《水与火的缠绵》起印15万册，作为文学类图书是比较高了，我们为它的宣传就定位在第一量级。今年3月份，就是出书前的半个月，池莉来到北京开人大代表大会，池莉非常低调，不愿意宣传。我对她说，你必须接受宣传，接受采访，否则，谁知道你出书？无奈，池莉接受了。我们安排了《北京青年报》《北京晨报》《京华时报》等重量级媒体，分别对她进行单独采访。这是首轮宣传，不报书名的，目的是让读者知道池莉要出书。几大报纸都在谈池莉的创作体会，就是不知道书名。这么做既防盗版，又给下一轮宣传留下余味。第二轮宣传的基本主题就是书名大曝光。第三轮宣传是打盗版。第四轮是在专业媒体上写书评。这就是我们的重点宣传。对于发行量在两三万册的次重点的书，宣传一般是一次性的，但规模比较大。比如说，今年梁左的《笑忘书》，起印2万册，作为文集，已经很不错了。所以我们就开了一次会，他生前的很多好朋友都来了，效果比较好，现在这本书发行了3万册。对于一般性的书，我们就发个书讯，刊在一般报纸上，作个告知。而大量的书不做宣传，和其他出版社一样，这些书属于某个范围内的书，印量不大，市场需求不高，不必宣传，也没人愿意为你宣传，因为没有关注点。这种不宣传的书占我们全年出书的90%。这就是我们做宣传的量级层次，用海岩的话说，华艺的宣传是比较有章法的，该宣传的宣传到位，不该宣传的就不宣传。因为报纸不是你家办的，稿子不能说上就上。有些编辑根本不会写书讯，或者是应付差事，内容都大同小异，只是换个书名而已，这样的书讯谁发？①

每一种出版物都是一种个性化产品，每一种出版物都应该有为它量身定做的宣传促销方式。

① 金丽红．畅销书与营销策划［J］．出版广角，2002（11）．

二、出版物宣传促销的方式

出版物宣传促销的方式可以不拘一格，但最终目的都要落实到怎样吸引新闻媒体和大众的注意力上。

归纳起来，出版物宣传促销的方式有以下5种：

（一）利用新书推荐词和书评促进销售

如果行业精英能为你的书说些赞美之词，那么将会促进销售。确定了你要找的人之后，就向他介绍你的书，因为他往往没有时间去读整本书。你该主动提供一份合适的自我推荐词，与书的目录和封面一起呈交给推荐人。推荐词可以放在封底，或放在扉页前，还可组合到宣传材料中去。如果推荐人是一位大人物，则可考虑将他的推荐词置于封面上。同时，邀请一位为目标读者所熟知和尊重的人来作序也是件非常重要的事情。

书评家未必有时间阅读你的书，所以，你想邀请他们评论你的书时，不如提供一份精细的自拟新闻稿和自拟评论，这比邮寄一本书有用得多。好的评论不仅有助于在短期内得到订单，如果运用得当，还具有长期的销售动力。可以从评论中摘录一段陈述做宣传，同时，还可将这些赞美之词运用于每一种可能的宣传途径中。与做广告相比，一份杂志或报纸说你的书如何好更能给人们留下深刻的印象。

（二）利用新闻媒体进行宣传

可以在报纸上发表书评、书讯。在《达·芬奇密码》中文版推出之前，《万象》杂志发表了著名评论家严锋的书评《好看》，很快被网络转载。《达·芬奇密码》的译文也开始在网上流传，一些爱好者在网上追问在哪里可以找到中文版图书。接着，《文汇读书周报》《上海青年报》与《新闻晨报》等媒体开始集中报道该书以及相关信息，形成了出版之前的良好预热。2004年1月出版后，负责策划运作该书的文景公司通过上海世纪出版集团的发行中心，在全国选择了100家重点经销商，并将样书、各家媒体发表的相关消息迅速传给他们。这一做法影响不小，北京的一家书店本来只订了400本，看到样书和资料后马上决定改订2000本。3月，文景公司专门建了达·芬奇密码中文网站，网站开放一周内，点击量超过100万人次。7月，在上海举行的沪版图书展销会上，文景公司又精心制作了《达·芬奇密码》活体雕塑展演，引起了不小反响。

可以在新闻媒体上打广告。1936年生活书店出版了由茅盾主编的《中国的一日》，立即轰动全国。该书成功的重要原因之一是，茅盾撰写了精炼有力的广告词："这里有富有者的荒淫与享乐，饥饿线上挣扎的大众，献身民族革命的志士，女性的被压迫与摧残，落后阶层的麻木，宗教迷信的猖獗，公务人员的腐化，土豪劣绅的横暴。从本书18篇章中所收的500篇文章里，可以看出中国的一日或不仅限于此一日的丑恶与圣洁、光明与黑暗交织成的一个总面目。"国内利用电视做图书广告最有名的是，1998年科利华公司请当时中国最著名导演之一谢晋（1923—2008）为《学习的革命》一书做广告。这个不像广告的图书广告在中央电视台黄金时段打了一个月，在上海的两个电视台和凤凰卫视台打了三个月，耗费广告费2000多万元。这个广告当时非常引人注目，是中国电视史上第一次有公司为一本书做广告。①

作者或出版人员还可以参加电台、电视台的有关访谈节目。第八章谈到，《谁动了我的奶酪》的畅销就得益于中央电视台《对话》节目的宣传。

（三）与商家或其他组织合作推动销售

可与商家（可以是书店也可以是其他商家）或其他组织（如学校、教育主管部门）合作，举办各种形式的活动，以推动图书销售。国外一家百货商店零售商联合了一位出版商主办"美丽如画"活动，给5~16岁的年轻女孩上礼仪课，课程包括形象姿势、个人修饰和社会礼仪，所用教材当然是《美丽如画》。

在与商家或其他组织合作时，可以请作者（尤其是畅销书作家、知名作者）举行签名售书活动。不少人对签名售书持反对态度，认为这种活动耗时费力但宣传效果不显著。其实，只要避免乏味，多创新，活动丰富多彩，如先举行朗诵、新书演讲报告会之类的活动，然后签名售

---

① 刘拥军．图书营销案例点评［M］．苏州：苏州大学出版社，2005：171－172.

书，效果就会比较好，如果再邀请媒体采访，效果会更好。还要注意选择合适的时间与地点。2006 年 8 月 5 日，上海书展开幕，易中天签售其《品三国》，3 小时 15 分钟竟然签售 4000 本；2007 年 3 月 3 日，于丹在北京图书大厦一口气签了 10 个小时，一共签售 15060 本《于丹〈论语〉心得》。

（四）发放赠品、宣传手册来拉动销售

可以把书作为宣传品、赠品用于促销。每件产品、每项服务都需要宣传材料来让潜在的买家相信它的价值，图书也不例外。出版社一般是用图书目录作宣传材料，这种图书目录主要发放于书店、批发商和图书馆。也可以专门针对某一种书（一般是大型的丛书、套书、系列书）制作一本手册或一份广告传单。例如，20 世纪 30 年代，赵家璧为宣传促销《中国新文学大系》，专门为预约征订客户编辑了一册《大系样本》，厚达 40 多页，内容包括：《编辑〈中国新文学大系〉缘起》一文；蔡元培《总序节要》手迹，10 位编选者的《编选感想》，并将手迹制成锌版，上印近影一幅，下面简介每集内容；设计书影、制订预约方法、分发预约单；请文艺界知名人士冰心、叶圣陶和林语堂等作正面评价宣传。①

好的宣传手册应该包括如下 4 个要素：一是要吸引潜在读者的注意。通常用大字标题和引人注目的图片吸引读者阅读宣传手册；二是作者介绍，陈述作者写这本书的资格，最好附上一张照片；三是保证书，给你的预期客户可以信赖你的理由。毕竟你所企盼的是：他们在从没有见过你或与你打过交道的条件下掏钱给你；四是订购单和订单优惠券。②

（五）利用互联网促进销售

要与网络书店密切合作。全球最有名的网络书店是亚马逊书店。我国最有名的网络书店是当当书店，另有卓越网络书店、博库网络书店、蔚蓝网络书店、互动出版网 China-Pub 网上书店和中国教育图书网等，

① 赵家璧．编辑忆旧［M］．北京：三联书店，1984：207－210.

② 玛丽莲·罗斯，汤姆·罗斯．售书攻略［M］．张静，译．石家庄：河北教育出版社，2005：140－141.

台湾有金石堂网路书店。可以利用网络展现你的书，如销售烹调书，可在网上放几种菜谱和几张精美的餐具照片。可以在网上做一些广告，网上广告的价格一般不高，但速度快。

应该充分利用网上聊天、BBS、E-mail、博客、微博与微信。可将E-mail设计成一个自动销售的商务工具。依靠博客可以为图书出版发行做持续深度的营销。2007年4月，畅销书《求医不如求己》的作者中里巴人在知名网站上开有多处博客，点击量持续攀高。总之，应该充分利用互联网传播出版物信息，以促进销售。

第四节　出版物流通渠道

40年来中国书业改革的一个不变的重点是流通渠道。经过新华书店、出版社、民营书商及国外出版集团的共同开发，我国出版物市场出现了许多新的渠道。从发展趋势来看，我国出版物的流通渠道主要有以下四种：

一、借用其他商品流通系统的渠道

通过分担销售成本和市场风险，出版物借用其他商品的流通渠道，使得出版物进入了超市、百货商店等场所。各大城市的家乐福、普尔斯马特、好又多等大型超市内都出现了图书销售区。各地基本上都有专门的超市图书供应商。北京京精华图书经营中心是家民营企业，拥有10家超市网点，经营的图书品种达1000种左右；上海久远出版服务有限公司早在1994年就做起超市图书供应商，超市图书年销售码洋达4000万元。基于超市的环境特点、人流特点等综合因素，超市书店销售的多是大众类读物。南京好又多超市内就设立了畅销书、文学读物、文化教育、生活用书、社会科学五类图书专架。中信出版社、作家出版社、上海译文出版社等出版社的书是超市卖场的主力军。邮局书店与百货商店图书销售区在这几年也是屡见不鲜。上海人民出版社更有创意，在推广《我为歌狂》一书时进入了麦当劳渠道，让在那里用餐的年轻人举手就买到了这本专门为他们出版的书。

二、各种人流流通场所的书店渠道

地铁、车站、机场等场所人流量大，其潜在的经济价值也受到了书业人士的关注。1995 年上海外文书店开起了国内第一家地铁书店，如今上海各地铁站站厅内都开有一两家书店，地铁 1 号线上海火车站和明珠线换乘通道短短 30 米内更是聚集了 5 家书店。上海季风书园在地铁内已有四家连锁店，其中陕西南路站的书店营业面积达 930 多平方米。北京、广州等地的地铁、轻轨各车站内也都开起了书店或书摊，规模多在 10 平方米左右，多是经营大众类畅销书。相对于地面，地下的租金较便宜，加上巨大的人流带来的商机，使得地铁书店渠道得以催生。与此同时，车站、机场、码头等流通场所也出现了一批新书店。更有意思的是书店开进了宾馆。南京凤凰台饭店的每一间客房内均设有小型书架，放有十几种书供宾客阅读、选购，同时宾馆五楼设有“开有益斋”书吧，这家 2000 年开设的宾馆书店经营的图书在 1500 种左右，尽管销售码洋不高，但从向商务人士作展示这一意义上说，宾馆渠道的开发很有价值。

三、运用新技术新形式开发的渠道

网络技术在书业的应用之一就是出现了网络书店。1997 年开张的杭州市新华书店网站成为国内第一家网络书店，现在做得很有影响的有当当、亚马逊中国、孔夫子旧书网等网络书店。以当当书店为例，这家 1999 年正式开业的网络书店号称拥有 20 万种图书，依靠各地新华书店批销中心的库存为其作后方支持，2002 年当当书店的零售额达到了与北京王府井书店一样的规模。读者俱乐部在西方国家早已司空见惯，但在国内还是进入 21 世纪后才真正兴起。最有影响的要属德国贝塔斯曼集团的“贝塔斯曼书友会”。1997 年，该书友会在上海建立了我国第一个中外合资书友会，到 2001 年，在全国拥有 150 万会员（当时我国 30 多家本土图书俱乐部的会员都不超过 10 万人），2003 年营业收入达到 1.5 亿元，成为我国最大的图书俱乐部。2007 年初，“贝塔斯曼书友会”

在北京落地，举起了进军全国的大旗。遗憾的是，由于水土不服、网络书店兴起和运营成本居高不下，从 2008 年 7 月 8 日起，贝塔斯曼集团停止其中国书友会的全部运营。①

四、直接对读者销售的渠道

出版社原来的直销仅限于邮购和自办书店，但进入 21 世纪以来，直销渠道有了新气象。不少出版社实行了批发业务和直销业务的剥离。从 2002 年 1 月开始，人民邮电出版社发行部只负责批销业务，而把直销业务交给北京邮电图书公司负责。法律出版社的中国法律图书公司在 2002 年 7 月成立了直销中心，在全国已拥有上千家客户，政法院校、律师事务所、法院等单位都是它的直销客户，目前每月销售码洋都超过 100 万元。出版社做直销的折扣高于做批发，先款后书的买卖模式还使出版社避免了催款这个老大难问题。商务印书馆从 1999 年开始开起了只卖本版书的真正专卖店。商务印书馆的品牌优势、质量优势与品种数量，使其在上海、武汉、太原、长春等地找到了合作伙伴，开办了 4 家专卖店，专卖店面积约 150 平方米，只经营商务版图书，2002 年专卖店营业额都达到了三四百万元。

除了以上介绍的之外，图书流通渠道还有图书批发市场、区域代理、上门推销等。如今，人们几乎随处可以看到书，在许多场所可以买到书，买书的方式日益增多，图书流通渠道呈现了“泛化”的特征。

---

① AI 财经社. 贝塔斯曼书友会：曾是国内最文艺乐园，后撇下 150 万书友败走中国，http：//3g. 163. com/news/article_ cambrian/EKHFN41J0519D3BI. html，2019 - 07 - 20.

第十三章

出版的其他业务

主要观点：

1. 出版合同的签订非常必要，用一句中国俗话来说，就是要做到先小人后君子。引进或输出版权，更要认真签订出版合同。

2. 签订出版合同时，出版者要避免与不拥有著作权的组织或个人签订假授权的出版合同。出版者不仅要与作品提供者约定侵权归责条款，而且应当要求作品提供者提供著作权的有关证明文件，并认真审查和核实。

3. 在选题论证与选题决策方面，引进精品书与引进畅销书应有所不同。对精品书选题（侧重科技、学术、文化价值），应多听专家学者的意见，而对通俗性、普及性的畅销书选题（侧重经济效益），则不能只听专家学者的意见，有时甚至不能听专家学者的意见。

4. 在版权贸易中，要特别注意区分版权与所有权、版式设计权、商品化权、商标权的不同，千万不能将它们混淆。

5. 出版社要强化全球化意识，可以针对国际出版物市场量身定做选题。

除了第十章至第十二章所介绍的业务外，出版工作的业务知识与业务能力还有重印、再版、出版合同与版权贸易等。限于篇幅，本章只介绍出版合同与版权贸易。

第一节　出版合同及其签订

从事出版工作，了解出版合同及其签订十分必要。为了更好地协调著作权人、出版者以及公众的利益，出版人员必须掌握出版合同及其签订的知识与业务能力。

一、出版合同概说

出版合同是最常见的著作权合同。出版合同包括图书出版合同和报刊出版合同，但在我国通常是指图书出版合同。

在出版合同中要明确许可使用的具体权利，可以约定使用著作权人的复制权、发行权、出租权、展览权、表演权、放映权、广播权、信息网络传播权、摄制权、改编权、翻译权、汇编权等，以及其他在原始版权基础上衍生出来的附属版权。

出版者所获得的出版许可方式究竟是专有出版权还是非专有出版权，法律上没有明确规定，但事实上，出版者在与作者签订出版合同时一般都约定为专有出版权。专有出版权的内容由出版合同约定，如果在出版合同中存在著作权人未明确许可、转让的权利，这些权利仍属于著作权人所有，未经著作权人同意，合同另一方不得行使这些权利，也不得同意第三方行使这些权利。但如果双方同意允许第三方使用，第三方则需要付给著作权人和图书专有出版权拥有者一定的报酬，报酬的分配由双方在出版合同中约定或口头约定。我国著作权法规定，出版者享有专有出版权的期限不得超过 10 年，合同期满可以续签。出版合同中对许可使用的地域范围未作约定时，“一般指在整个大陆的出版权，著作权人不能在不同的省份之间作市场分割，但他对台湾、香港和澳门地区另外享有独立的出版权”。①

出版者在稿件采用和出版后对著作权人的劳动要支付一定的经济报酬。支付报酬的标准和方式并没有统一规定。在我国，付酬方式主要有基本稿酬加印数稿酬、版税和一次性付酬三种方式。

基本稿酬加印数稿酬，包括基本稿酬和印数稿酬两部分。基本稿酬是指出版者按照作品的字数，以千字为单位向作者支付的一定报酬。与此相似，印数稿酬是指按照图书的印数，以千册为单位，以基本稿酬的某个比例向著作权人支付的一定报酬。在作品重印时出版者只需付印数稿酬，而不需再付基本稿酬。

版税，是以版税率为基础的一种计酬方式。确定版税率是计算版税时最重要的环节。版税率的多少并无定规，根据作品种类、作者名气、图书销量等因素在出版合同中事先约定，但一般在1% ~15%之间，只有个别畅销书作者的版税率超过15%。版税的计算方式为：版税 = 图书定价 × 版税率 × 发行量或实际销售量。

一次性付酬，是指根据作品的质量、篇幅、价值等情况计算出报酬，由出版者一次性向著作权人付清。相对于上面两种付酬方式，一次性付酬是一种简便的付酬方式，一般在签订出版合同时双方就约定好了一次性付给著作权人的报酬，它与图书的销售量或篇幅的多少关系不大。

在出版实践中，付酬方式的使用十分灵活，有时会出现交叉的情况，如将版税和基本稿酬两种方式结合使用，也会出现一些不同于以上三种方式的付酬方式，但以上面三种为主流。版税是西方国家普遍采用的付酬方式。中华人民共和国成立后我国主要采用基本稿酬加印数稿酬的方式，改革开放尤其是20世纪90年代后期以来，版税又成为我国主要的付酬方式。

二、出版合同的签订

出版合同是出版社获得图书专有出版权的法律依据，是防止发生侵权纠纷的关键环节。对经过了审稿决定出版的稿件，出版社应该按照著

---

① 韦之．著作权法原理［M］．北京：北京大学出版社，1998：102．

作权法的规定及时与著作权人（一般为作者）签订出版合同。双方要慎重对待，严密把关，仔细推敲，精心措辞，站在双方的立场上公平合理地签订出版合同。

出版人员要掌握著作权知识，树立版权意识，在签订出版合同时应尽量细化，避免出现争执。应注意以下10个方面：

（一）要充分认识签订出版合同的必要性

中国加入WTO和中国出版的产业化为时不算很短了，但仍有一些出版社对出版合同不够重视，有些出版人员认为已和作者达成了口头协议，特别是与长期合作的作者，彼此信任，因而不签订出版合同。但是，一旦发生版权纠纷就无法可依，双方利益都得不到保护。出版合同的签订非常必要，用一句中国俗话来说，就是要做到先小人后君子。引进或输出版权，更要认真签订出版合同。出版合同签订后出现的变更，也要签订书面补充协议。

（二）要掌握好出版合同的签订时间

出版合同一般是在审稿之后签订，这是比较稳妥的做法，也可以在组稿阶段先签订一个意向性的约稿协议，确定出版时再签订正式的出版合同。如若在组稿阶段便与作者签订出版合同，为了避免稿件不符合出版质量要求时出现纠纷，合同内容必须含有类似“如果作品达不到可以出版的质量要求，出版者有权无偿退稿”的免责条款，同时还要明确约定作者的交稿时间。出版合同可由责任编辑代表出版社与作者共同协商后起草，但责任编辑不能越权签订合同，出版合同须由出版社法定代表人审核后正式签署。

（三）要核实合同签订者的身份，确认其有权行使著作权

对以下五种情况，出版人员要特别留心：

1. 合同签订者的著作权如果属于继承而来，则要核查是否还有其他继承人，如果还有其他继承人，签订者就必须出具其他继承人的文字授权，出版人员进行确认；若其著作权是委托而来的，则要出具双方的《委托创作协议》，出版人员予以审查。

2. 对于合作作品，签订者是创作者之一的，签订者必须出具其他合作作者的书面授权，出版人员进行确认。

3. 签订者既非作者又非著作权人，只是代理人时，出版人员更要对其提供的作品的来源进行调查核实，要求代理人提供授权书，并在出版合同上写明授权书是由代理人提供的。出版者要避免与不拥有著作权的组织或个人签订假授权的出版合同。授权方没有著作权，却向出版者授权的出版合同是无效的。著作权人的亲属或不拥有著作权的出版社向其他出版社授权，即为假授权，台湾、香港地区向大陆的出版授权不时出现这种情况。

4. 签订者是改编、翻译、注释、汇编等演绎作品的著作权人，必须出具原作品著作权人的书面授权，出版人员要加以核实。

5. 对于职务作品，必须是法人或其他组织的法定代表人本人为签字者，并加盖法人单位公章。

（四）要确定作品和作者的署名无误

出版合同签订以后，一般还会对作品进行编辑加工，会有所改动，因此签订出版合同时，要注意作品和作者的署名。合同上作品的名称与正式出版的图书书名应尽量一致。作者在图书上的署名一定不能误印。否则，一旦对簿公堂，出版社将会十分被动。

（五）要确认出版社取得的是专有出版权，并争取更多的附属版权

根据我国《著作权法》的规定，专有出版权是指“在合同有效期内和在合同约定地区内，以同种文字的原版、修订版和缩编本的方式出版图书的独占权利”。在合同有效期内，作者不得许可第三方以相同的方式出版。图书著作权的附属版权是潜在的权利，包括租型权、合作出版的版权、重印权、连载权、缩写和节录权、选集和语录权、图书俱乐部版权、影视改编权和书中形象使用权等，对附属版权的开发利用会让双方获益，因此，在互惠互利的基础上，出版者应该在出版合同中争取更多的附属版权。

（六）要确保合同内容的合法、详尽、准确

双方在签订出版合同时，要充分考虑清楚内容条款，切不可草草了事，要注意合同的有效性，要做到内容合法、主体合格、形式合法、主要条款完备，措辞要准确。签订出版合同时可以参考国家版权局颁布的图书出版合同标准样式。

（七）要对图书的重印与再版进行约定

为了应对图书出现脱销现象，双方要对图书的重印与再版进行约定。根据我国《著作权法》的规定，作者在发现作品脱销时，有权向出版社提出重印或再版的要求。如果在一定期限内出版社仍未重印或再版，或者拒绝重印或再版，作者就有权终止合同。但是，作者不能一发现脱销就单方面终止合同，要经过双方协商。

（八）不要滥用“免责条款”

在出版合同中，为了保证作品的著作权合法，出版社往往要求著作权人签订著作权担保条款，规定若出现著作权纠纷则由作品提供者承担全部责任，想以此来免除自己的审查义务。但从法律和法理上讲，甲乙双方签订的协议不能对抗第三人。因此，在司法实践中，法院往往判决出版社负连带责任。如果出版社没有尽到自己的审查义务而侵犯他人权利，依然要根据《著作权法》的有关规定承担赔偿责任。根据我国《最高人民法院关于审理著作权民事纠纷案件适用法律若干问题的解释》的规定，出版社对其出版之有合法授权应当承担举证责任。因此，出版社在签订出版合同时不仅要与作品提供者约定侵权归责条款，还应当要求作品提供者提供有关著作权的证明文件，并认真审查和核实。

（九）要重视信息网络传播权

随着互联网的日益普及，网络信息传播权的问题日益突出。我国现行《著作权法》规定，著作权人享有信息网络传播权，除法律、行政法规另有规定的之外，任何组织或个人将他人的作品、表演、录音录像制品通过网络（不仅仅是互联网）向公众提供，应当取得著作权人的许可，并支付一定报酬。所以，出版者签订出版合同时应注意信息网络传播权，可考虑将其变成自己的专有出版权。①

（十）要在作品出版之后退还原稿

根据我国《著作权法》的规定，作品的原件，特别是美术作品原件，属于作者的个人财产。如果合同中没有免责条款，若出版社由于保管不善，将作品原件损坏或者遗失，就应对作者适当赔偿。赔偿的数额

① 师曾志．现代出版学［M］．北京：北京大学出版社，2006：211－212.

由双方协商，协商不成的由司法机关裁判。若出版社需要将原稿保留一段时间存档待查，或作者自愿放弃原稿的所有权，都应在合同中明确约定，以免引起不必要的纠纷。①

第二节　版权贸易

在我国出版日益产业化和国际化的情况下，出版人员还要了解版权贸易的相关知识，要具有输出版权和引进版权方面的业务技能。

一、版权贸易概说

（一）版权贸易的涵义与类型

版权，即著作权，是知识产权的一个重要组成部分。版权贸易，又叫著作权贸易，是指通过合同，版权所有人将自己的全部版权或者版权中的一项或多项权利，授权给他人所有或使用，从而获得相应报酬的经济活动。

从贸易主体的角度来看，版权贸易可以划分为3种类型：

1. 著作权卖断

著作权卖断是指著作权中的部分或全部财产权一次性无时限地有偿转让，有关财产权的所有权发生永久转移，被转让方成为新的著作权人。众所周知，这种情况极少出现。

2. 著作权有时限转让

著作权有时限转让是指著作权中的一项或多项财产权的所有权暂时有偿转让。在合同约定的期限内，被转让方成为有关权利的所有人。西方有些国家认为著作权是作者的人身权利，因而规定著作权不可转让，我国允许著作权转让。

3. 著作权许可使用

著作权许可使用是指著作权中的一项或多项财产权的暂时有偿授权

---

① 王葆柯．在签订出版合同时如何把好著作权关［J］．编辑之友，2007（2）．

使用。在合同约定的期限内，被许可方可以使用有关财产权。许可又分为专有许可和非专有许可。显而易见，著作权许可使用是版权贸易最常见的方式。

（二）版权贸易的意义

版权贸易是世界贸易组织协定中服务贸易的一个重要组成部分，也是文化贸易的重要内容。进入 21 世纪以来，版权贸易异常活跃，已成为世界出版市场经营活动中的核心内容。英国、美国、德国、法国、俄罗斯、意大利、中国台湾、中国香港等国家或地区的国际版权贸易较为发达。

优秀的科技、文化作品是全人类共同的精神财富。随着全球化的日益发展和我国加入 WTO，版权贸易尤其是国际版权贸易逐渐成为我国出版产业的重要组成部分，是促进我国出版产业进一步发展繁荣的重要环节。只有国内、国际的版权贸易活跃起来了，出版领域才会充满生气，出版产业也才会更快地发展起来。西书中渐，中书西渐，中西互补，是当今出版业发展的大趋势。在引进国外版权方面，20 世纪 90 年代尤其是进入 21 世纪以来，我国出版业取得了骄人成绩。例如，北京大学出版社引进了比尔·盖茨的《未来之路》，海南出版社引进了《数字化生存》，湖南科学技术出版社引进了包括《时间简史》在内的“第一推动丛书”，人民文学出版社引进了世界超级畅销书《哈利·波特》，译林出版社引进了《尤利西斯》，外语教学与研究出版社引进了《新概念英语》等，都取得了显著效益。名不见经传的中信出版社依靠其引进的一本薄薄（近 4 万字）的《谁动了我的奶酪》而异军突起。及时引进国外优秀选题，既满足了我国经济建设和科技发展对有关信息的需求以及人们日益增长的文化消费需要，又使我国出版业获得了新的经济增长点。大力输出版权与选题，既有利于世界了解中国，促进中国的改革开放，更有利于传播中华文化，并维护国家、民族的文化安全。

（三）版权贸易中容易混淆的概念

要特别注意版权与以下 4 种相关概念之间的区别：

1. 版权与所有权

版权属于无形财产权，所有权属于有形财产权，然而，当无形的权利附属在有形的载体之时，就容易混淆它们之间的界限。例如，某人请摄影师为其拍了一张照片，摄影师将洗出来的照片给了被摄者，就这张照片而言，版权属于摄影师，照片的所有权属于被摄者。在版权贸易中，出版物中的图片不仅要有合法来源（是图片所有人提供的），而且要有图片版权人的明确授权。

2. 版权与版式设计权

版权是著作权人对其作品所享有的排他性的专有权利，而版式设计权是出版者对其版式设计所享有的专有权利，两者有很大差异。版权的权利主体是著作权人，版式设计权的权利主体是作品的出版者。两者的权利保护期限也不同，署名权、修改权、保护作品完整权之外的著作权，保护期限为作者终身及其死后 50 年，而版式设计权的保护期限为 10 年。因此，在国际版权贸易中，这两项权利是分开许可的，如果在版权引进合同中，仅仅获得对方图书的专有出版权而没有引进版式设计权，那么中文版图书的封面装帧设计等就不能借用原有的设计，否则就是侵犯对方的版式设计权。同样，在输出版权时，也要合理保护自己的版式设计权。

3. 版权与商品化权

商品化权是指将能够创造商业信誉的人物或动物角色、形象，著名作品的名称或片段，广为人知的标志或它们的结合进行商业性使用的独占权。例如，迪士尼公司的动画形象是米老鼠与唐老鸭，迪士尼公司对这两个动物形象享有商品化权，他人未经允许，不得使用。一家出版社出版了一本研究迪士尼王国兴起的书，编辑从网上选了一张典型的米老鼠与唐老鸭的图片作封面的主图案，结果引起迪士尼公司的强烈不满。

4. 版权与商标权

版权与商标权也有很大差异。以传统的眼光来看，版权代表的是文化产业，而商标权属于工业领域。版权自动产生，而商标权是经过国家商标局的注册以后才产生的。著作权有保护期限，而商标权期限届满可以不断续展。两者又有一定联系。商标的标识本身有可能成为享有版权的作品；有的版权可以给它注册商标，如“布老虎丛书”“红镜头丛书”“梦剧场丛书”和“双博士文教系列书”就注册了商标。在引进版权时，要特别小心版权产品的一些重要标识是否注册为商标，如果注册为商标，使用它就要经过对方许可。例如，一家出版社从英国引进一本有关007的书，在中文版封面上加上007的标识，结果引起国外版权所有人的不满，理由是未经允许，在封面上使用了其享有商标权的007标识。①

二、获取国际版权贸易信息的途径

版权贸易分为国内版权贸易和国际版权贸易，通常是指国际版权贸易。国际版权贸易包括版权的输出和引进两个方面，版权输出是指将本国生产或加工的版权输往国外市场的版权贸易活动，版权引进是指将国外创作、生产或者加工的版权购买后输入本国市场的版权贸易活动。无论版权引进还是版权输出，第一步的工作都是搜集国际版权贸易信息。

我国出版社获取国际版权贸易信息的途径有以下5种：

（一）直接与国外出版机构建立合作关系

选择那些出版范围同本社相似且有世界性影响的国际出版机构，与其建立合作关系，经常保持联系，让其定期通报出版信息，推荐选题。在第57届（2005）法兰克福国际书展期间，上海外语教育出版社与国际著名的50多家出版机构建立了长期的合作关系。

（二）登陆国际出版网站

经常登陆著名国际出版机构的网站和世界性的网络书店（如“亚马逊书店”），是出版人员获得国际出版信息的最便捷的途径。辽宁人民出版社2001年引进出版前俄罗斯总统的传记《叶利钦传》，就是责任编辑从外文网站上发现选题的。人民文学出版社也是从网上搜索到《哈利·波特》在国际上畅销的消息的。美国的《纽约时报》畅销书排行榜和《出版商周刊》畅销书排行榜，是引进国外畅销书选题的重要依据。

（三）参加国际书刊展览

参加国际书展或国际刊展是寻求国际出版信息的最有效的方式，也是进行国际版权贸易的最重要途径。国际图书博览会不少，其中德国法兰克福国际书展被誉为出版商的“朝圣”之地，迄今举办了69届，每届约有30万名参观者，其中约有12万名书业界决策人士为了达到贸易目的或寻求合作机遇而来，世界上约75%的版权贸易是通过法兰克福

① 虞正春．图书版权贸易的七个常见误区［J］．编辑学刊，2007（3）．

国际书展达成的。①世界图书出版公司北京公司就是在法兰克福书展上发现《富爸爸 穷爸爸》的。

（四）借助于国内外的版权代理机构

这种办法比较省事。上海版权代理公司成功地为国内出版社代理引进了500多种图书，该公司是海明威作品全球中文版权独家代理者。美国的约翰·布洛克曼公司是著名的科普图书代理公司，《2000年来最伟大的科技发明》就是该公司提供有关信息并帮助我国出版社进行版权贸易的。著名出版经纪人王炜的雨霖铃文化信息咨询中心也开展国际版权代理业务。

（五）通过留学生、国外访问学者等相关人员推荐

例如，湖南科学技术出版社从霍金的学生吴忠超的手里获得了译稿《时间简史》。三联书店曾经出过一本叫《复杂》的科学译著，这本书讲的是一群美国不同领域科学家的新思维的故事。中国科学院领导读了这本书，注意到书中的新思维，在几次学术会议上提到这本书。这个选题是怎么得来的呢？有一位在英国读书的留学生，清早起来在邮箱里发现了推销此书的宣传材料，便买了一本。回国后与她的同学（三联书店的一位编辑）谈起此书，新的科学观立即引起这位编辑的注意，于是提出选题。

不管通过哪种途径引进选题，最后都要与对方交涉谈判，最终能否取得对方的授权，既靠实力，又靠诚心。《第一次的亲密接触》在网络文学纸质本的出版中具有里程碑意义，知识出版社是怎样获得简体中文版权的呢？当时大陆有许多出版社在与作者和原出版者接洽。知识出版社策划了一套完整而严密的系列营销方案，包括定价、开本、宣传以及出版时机等，不但关注《第一次的亲密接触》的营销，还涉及作者痞子蔡当时在台湾出版的第二部作品《7-ELEVEN之恋》的营销策划。最终，他们以诚信和执著争取到了版权。策划者、时任知识出版社副社长谢刚总结经验说：

在引进版权方面，同类出版社完全不必相互诋毁，相互竞

① 张志强．现代出版学［M］．苏州：苏州大学出版社，2003：276.

价。授权方更在乎对方的信任程度以及在内地出版的成功与否。给对方完整的营销方案，将整个运作过程透明化，授权方才相信你的能力与诚意。①

三、引进版权的操作要点

笔者认为，引进版权有八个操作要点：

（一）在出版导向方面，不管是引进精品书还是引进畅销书，都必须以不违背我国现行的法规、方针与政策为前提

在出版导向方面，必须特别地细心，稍有疏忽，就很可能出大问题。如某社曾经引进一套儿童科普读物《恐龙》，很受读者欢迎，但其第六册误把原版中分裂中国领土的地图也“引进”过来，因而造成不良影响。再如，陕西某社曾引进一种教育方面的电子音像出版物，发行之后，有人发现里面隐藏了色情内容。这都是工作做得不细之故。在引进畅销书选题时，更要注意选题的导向问题。如果单从经济效益考虑，有的选题肯定值得引进，但明摆着偏离了正确的导向。例如，1989 年 3 月，东南大学出版社引进出版了日本人五岛勉所著的《诺查丹玛斯大预言》，认为它“学术价值大，并有极大的探索意义”。该书援引 16 世纪法国“预言家”诺查丹玛斯（1503—1566）的“理论”，预言人类将在 1999 年 7 ~ 8 月会遭受一场毁灭殆尽的空前大灾难，一度在社会上引起严重恐慌！该书无疑是当年的畅销书，但它的不良影响可想而知。

（二）从国外引进选题时要特别注意国内外文化环境的差异

1905 年 2 月，商务印书馆引进出版《迦茵小传》（林琴南译），是中国近代一大著名畅销书。有人甚至把中国革命说成是由两部小说造成的，一部是《巴黎茶花女遗事》，另一部就是《迦茵小传》。②可是，《迦茵小传》在英国本土是一部反响平平的小说。在今天看来，它只是一部非常平淡的爱情小说，描写平民女子迦茵与贵族子弟亨利邂逅而一见钟情，最后，为了成全亨利与未婚妻爱玛的婚事，迦茵毅然以牺牲自己的感情与生命来换取亨利的幸福。这部小说引进中国后引起轰动，显

① 舒晋瑜．做畅销书版权引进“快枪手”有三招［N］．中华读书报，2003－09－17．

② 陈源．西滢闲话［M］．新月书店，1931：57．

然与当时中国社会的环境有关，它向近代中国人尤其是思想解放的青年人形象地展示了渴望恋爱自由、希望婚姻自主、向往爱情至上的美好憧憬。再如，爱尔兰的革命文学作品《牛虻》在本国不甚著名，但在新中国影响巨大。另一方面，有的作品在国外深受欢迎，可是来到中国后“水土不服”。例如，美国王牌畅销书作家斯蒂芬·金（Stephen King）的作品在中国长期受到冷遇。这就告诉我们，是否从国外引进某选题，不能光看其在本国的销售情况与社会影响，更要考虑国内外文化环境的差异。

（三）在选题论证与选题决策方面，引进精品书选题与引进畅销书选题应有所不同

对精品书选题（侧重科技、学术、文化价值），应多听专家学者的意见，而对通俗性、普及性的畅销书选题（侧重经济效益），则不能只听专家学者的意见，有时甚至不能听专家学者的意见。例如，世界图书出版公司北京公司当初想引进《富爸爸　穷爸爸》，但拿不定主意，就先用了三四个月的时间做市场调查，征求各方面的意见。他们邀请了中国人民大学、清华大学的教授审读、评价原书，得到的反应平平；他们又请政府机关官员、公司管理人员看这本书，没想到反响很热烈，一致评价这本书非常好，积极建议出版，认为必将在中国掀起一种理财“革命”。幸运的是，他们没有听专家学者的意见。就算是对学术理论选题，专家学者的意见有时也不可取，如爱因斯坦的广义相对论起初就被许多科学家否定。

（四）引进选题要有预见性，那些在国内外尚未走红但有市场潜力的作品也值得引进

漓江出版社在出版德国作家格拉斯（1927—2015）的作品《铁皮鼓》《猫与鼠》与《狗年月》时，作者还没有获得诺贝尔文学奖。但德文编辑吴裕康很早就了解到格拉斯的作品，认为格拉斯是位有潜力的作家，他的作品值得向中国读者介绍，并对他获诺贝尔文学奖充满信心。果然，格拉斯在1999年荣获了该奖。随后，漓江出版社又引进了他的《比目鱼》。如今，格拉斯的作品在中国持续热销。清华大学出版社从1992年起从美国微软公司引进计算机图书版权，美方提出了苛刻的条

件，计算机当时在我国并不热（到20世纪90年代末期才火爆起来），但该社仍引进，因而使清华大学出版社版计算机图书的技术含量进入了与世界同步的行列。清华大学出版社后来成为出版计算机图书的龙头老大，显然与其远见卓识有关。可见，出版人员一定要懂行，要有高瞻远瞩的眼光，要慧眼识珠，看准之后还要锲而不舍。

（五）引进选题不能存在任何版权上的漏洞

例如，《学习的革命》新版本后面添加的16页没有取得新西兰作者（两位作者之一）的授权，结果引发了版权纠纷。出版人员要在签订版权引进合同时就考虑周详，在合作一开始就要设法避免任何版权上的漏洞。

（六）一定要邀请优秀的翻译人员来翻译

译林出版社出版的、由萧乾与文洁若夫妇翻译的中文全译本《尤利西斯》获得了巨大成功，该社原社长李景端总结其成功的第一条经验是："译名著呼唤名译者。"① 在翻译这部书的四年中，萧乾与文洁若夫妇每天五点钟起床，先后查阅了上百部词典及参考书，做了五万多张卡片，请教了几十位各个领域的专家，终于为中国读者提供了《尤利西斯》的中文全译本。李景端深有感触地说：

> 现在看来，萧、文译《尤利西斯》中文全译本的出版成功，既有《尤利西斯》本身的文学价值和它的传奇经历，但也不能无视萧乾夫妇作为名译者所产生的特殊效应。特别是像《尤利西斯》这样难译的书，如果不是约请到一流的翻译家来翻译，读者难免缺乏信任感，就不可能一出版就获得如此大的反响。《尤利西斯》的事例再次证明，"好马还要配好鞍"，译名著需要严谨的名译者。

（七）努力提高译作的编辑含量

所谓编辑含量，是指编辑人员为了提高图书的整体质量，为了扩大

① 李景端.《尤利西斯》获奖又畅销的启示//张芬之. 出版策划：理论与实践［M］. 南宁：广西教育出版社，2000. 下文所引关于该书翻译出版的材料均出自该文。

图书的影响而进行的再创造。“精心设计名著的编辑含量”是译林出版社版《尤利西斯》获得成功的第二条经验。《尤利西斯》在国外名气很大，但有个先天缺陷：实在太难懂了。因此，李景端与萧乾夫妇密切配合，从以下六个方面努力提高编辑含量：

1. 从国外收集到《尤利西斯》的30多种参考书，既解决了许多翻译难题，还利用这些材料在译作中加了6000条（约10万字）的注释。

2. 请萧乾写了一篇长达1.5万字的序言，详细评述了乔伊斯的创作意图和这本书的艺术特色，还附录了文洁若写的两篇文章《〈尤利西斯〉与〈奥德修纪〉（对照）》和《詹姆斯·乔伊斯大事记》。

3. 说服作家冰心的女婿陈恕（爱尔兰文学研究专家）撰写了一本《〈尤利西斯〉导读》，并赶在与《尤利西斯》译本同时出版。专门为一本书出一本“导读”，在国内出版业罕见。这本导读出版不久就印了两次，并被台湾买去版权，1996年还荣获北京市优秀社科成果二等奖。

4. 打造译林版特色。要求萧乾夫妇在忠实原文意思的基础上，力求译文流畅和口语化；对某些翻译和编辑的技术处理，也敢于有所创新，例如，第十章开头，乔伊斯用的是古英语，翻译时也模仿译成半文言半白话的汉语；第十八章原文各句之间没有标点符号，为了既尊重原文又使读者多少好懂一些，就采取了句与句之间空一格的变通办法。

5. 封面设计别具一格。几经易稿，最后采用有强烈朦胧感的抽象构图，给人留下丰富的联想余地。出版精装本时，考虑到有些读者收藏的需要，又设计了一种以表现乔伊斯奇特神态为特征的新封面，简洁而端庄，不仅受到书店和读者的欢迎，还在华东地区图书装帧设计评奖中得了奖。

6. 为了力求做到与众不同，也为了防备盗版，不惜加大成本，选用特殊的进口纸做封面，精装本采用国际高档书通用的米黄纸来印刷。

上述种种做法，从不同角度增加了《尤利西斯》的编辑含量，丰富了它作为精品书的形象，从而明显地增加了它在图书营销中的优势。

（八）引进版图书要高度重视书名的翻译

从国外引进翻译出版的书，书名更要斟酌，不宜一味直译。西方名片《出水芙蓉》如按原名直译为《游泳的女人》，《魂断蓝桥》如按原名直译为《滑铁卢桥》，会让中国读者产生美感吗？有本引进版的书，书名直译应为《婚姻中的第三者插足是可以原谅的》，出版时意译为《外遇——可饶恕的过错》，意译的书名显然要时尚、生动得多。新华出版社引进出版过三本书：《敲开智者的脑袋——当代西方50位著名思想家的智慧人生》《穷人的资本》与《女性的情绪》，书名不是相当精彩吗？

四、输出版权的战略战术

我国国际版权贸易额虽然增长迅速，但版权输出仍严重落后于版权引进，版权贸易长期处于逆差地位。2006年，我国引进图书版权10950种，输出图书版权2050种，进出口比例约为5.3∶1。2017年，这一比例约为1.6∶1。虽然大有进步，但逆差仍然存在。这标志着我国出版业还远没有走向世界，中国文化也没有走向世界。在版权输出方面，我国任重而道远。

针对我国国际版权贸易的现状，可在以下8个方面不懈努力：

（一）政府应该建立扶持机制，为版权输出提供优惠政策

我国出版业具有很强的意识形态性，加之我国出版业的产业化时间不长，版权贸易的“走出去”战略刚实施不久，版权输出又需要投入很大的人力、物力和财力，且收益相对较小，所以，版权输出不仅需要业界的努力，更需要政府的大力扶持。政府可以制定相关法律法规，在版权输出的政策和物质上给予大力倾斜与支持。我国政府已经设立了专门的对外翻译基金，凡购买或获赠国内出版单位版权的国外出版机构，经申请批准后均可得到翻译费资助。

（二）出版企业可以联合组建版权集团，合力强势推出版权

版权输出是一项系统性很强的复杂工程，单个出版企业开展版权输出力不从心。因此，“版权输出业务较大的出版企业可以联合起来组建自己的版权集团，以形成合力，壮大版权输出的资源力量、人员力量、渠道力量，共同打造能够远行海外的、不沉的版权‘航母’”。①出版企业还可以联合起来，共同参加大型国际书展，集体推出自己的版权。在

---

① 潘文年．版权输出的五项策略［J］．出版发行研究，2006（9）．

第57届（2005）法兰克福国际书展上，包括中国出版集团、辽宁出版集团、上海世纪出版集团、上海新闻出版发行公司、山东出版集团、广东出版集团和外语教学与研究出版社等单位在内的中国展团集体亮相，取得了引进版权881项，输出版权615项的可喜成绩，引进与输出的比例首次降为1.43∶1，两者基本达到了平衡。在第58届（2006）法兰克福国际书展上，我国展团首次实现版权的输出大于引进。

（三）出版社要强化全球化意识，可以针对国际出版市场量身定做选题

与引进版权相比，输出版权更不能守株待兔，而要主动出击，转守为攻。至少要做到以下三点：

1. 在内容策划上要有全球化意识

出版人员要充分了解国外目标读者的文化背景、阅读心理和审美情趣等，编创出真正让他们感兴趣的出版物。选题题材除了中国传统文化以外（如中医、武术、气功、菜谱、风土人情），还可以多关注一些全球性话题，如环境保护、情感世界、人与自然等。

2. 在整体设计上要有全球化意识

应结合选题内容和国外目标读者的审美情趣，精心设计出他们熟悉的、乐于接受的版式、封面、插图、装订、印刷等，充分满足他们的阅读口味。

3. 在营销模式上要有全球化意识

可以借鉴国外出版的成功案例，采用全球化营销方案，包括前期的多渠道造势，后期的宣传推广以及售后服务，等等，可以选择网上销售、按需印刷等现代销售模式。

小说《狼图腾》之所以在短时间里就出版了英语、韩语、法语与德语等版本，就是因为选择了人、动物、自然三者互动这一全球化题材，版式设计简单明了，并进行了国际性的宣传推广。由于适应了国外读者的阅读心理和审美趣味，《狼图腾》在版权输出方面获得了巨大成功。

（四）充分利用国内外版权代理公司，大大提高版权输出的成功率

目前，我国一些实力较强的出版社设立了版权部、国际合作部等机构，专门负责版权的引进与输出，这一做法在一定程度上分散了出版社

的人力、物力和财力，不值得全面推广。出版社要充分发挥版权代理公司在国际版权贸易中的作用。据悉，英国有200多家版权代理公司，美国有600多家，而我国不足30家。20世纪90年代以来，贝塔斯曼集团、DK公司、汤姆森学习出版集团、培生教育集团、约翰·布洛克曼公司等纷纷在中国设立代表处，我国的中华版权代理公司、上海版权代理公司等也在不断发展壮大。出版社充分利用国内外版权代理公司的优秀版权贸易专业人才、丰富的国际版权信息资源、科学规范的业务运作模式和经营管理模式，可以降低版权输出的交易成本，可以扩大版权输出的地域范围，从而大大提高版权输出的成功率。

（五）与国外出版公司共同搭建战略合作平台，努力开发国外出版资源

国内出版企业应该主动走出去，在资源共享、优势互补的基础上积极在国外寻找战略合作伙伴，共同策划、共同制作，努力开发国外出版资源。具体有以下五种方式：

1. 可与国外出版公司开展版权合作

在第57届（2005）法兰克福国际书展期间，外语教学与研究出版社和牛津大学出版社签署协议，正式结成“辞书编纂战略合作伙伴”关系，在辞书编纂领域开展合作。上海世纪出版集团与海外出版密切合作，牛津大学出版社和汤姆森学习出版集团等国际出版巨头主动从上海世纪出版集团引进英语学习读物，输出到其他国家与地区。

2. 可与国外出版公司共同开发出版项目

在第57届（2005）法兰克福国际书展期间，中国出版集团与麦克米伦教育集团、托比伊迪公司达成合作意向，根据国际图书市场的需要共同策划适合国际市场需求的出版项目。2006年10月，外语教学与研究出版社与美国汤姆森学习出版集团共同出版发行《汉语900句》，并与多个国家达成授权意向，用14种语言在全球50个国家推广发行。这种国际合作可以利用外方的海外渠道进入国外市场。

3. 可与国际出版公司组建海内外合资公司

在第57届（2005）法兰克福国际书展期间，外语教学与研究出版社与培生教育集团、麦克米伦教育集团成立“对外汉语出版工程”海

外合资公司，共同开发选题。这种合作有效地提高了国内出版企业的国际知名度，为其出版物进入国外主流销售渠道打下了基础。

4. 可与国际出版公司在国外组建出版企业

在这方面，辽宁出版集团同样走在了前面。在美国，它注册了大中华出版公司；在加拿大，它与一家国际出版公司合作组建了威斯塔出版公司，直接在加拿大进行选题策划、组稿和出版。中国外文出版发行事业局联合香港联合出版集团，收购美国的中国书刊社，在美国携手成立长河出版社，直接聘请当地美国人与华人做编辑，系统介绍我国的传统文化、语言与社会发展，很受当地读者的欢迎。

5. 可与国际出版公司组建中外翻译搭档

语言障碍可谓中国出版物走向世界的最大瓶颈，中国出版物要真正“走出去”，必须解决翻译问题。日本作家村上春树的作品中文版绝大部分是林少华翻译的，他翻译的《挪威的森林》风行中国。读者认为村上春树作品在中国受欢迎的一个重要原因是“翻译得好”“文笔美妙”，许多网友甚至认为是林少华赋予了村上春树文学大师的地位。

然而，既精通外语，又通晓汉语，还有扎实的专业理论知识，翻译态度又严谨的翻译人才凤毛麟角。相比之下，把中文译成外语的翻译人才更少。可由一位国外的汉学家和一位中国的翻译家组成搭档，合作翻译有关作品，这样既符合国外的阅读习惯，又能更好地阐释作品本身。

（六）充分利用国际书展，加强版权输出宣传

出版产业离不开宣传，版权输出离不开国际宣传。国际书展是国际版权贸易最重要的场所。国内出版社可以充分利用国际书展，进行版权输出的宣传活动。在第57届（2005）法兰克福国际书展上，外语教学与研究出版社隆重推出自己的“对外汉语出版工程”，积极促进对外汉语类图书的版权输出。

（七）加强版权人才培养，提高版权从业人员素质

国际版权贸易对从业人员的要求很高，只懂外语和法律远远不够。一个优秀的版权贸易人才，不仅要能够熟练使用相关语言，掌握国内外的各种公约，而且要及时洞察国内外出版业的动态，准确把握国际出版市场的行情，正确分析国际读者的阅读需求，了解国际版权贸易的程

序。建立一支高素质的版权贸易专业人才队伍可从两方面努力：一方面，版权局可以通过制定相关的法律法规和行业规范，大力扶持版权代理业的发展；另一方面，在高校的编辑出版学专业中增设相关课程，在出版业举办各种形式的版权贸易研讨班、培训班等。①

（八）成立版权贸易协会，建立版权公共服务平台

在版权贸易面临重大发展机遇的今天，我国应该尽快成立全国性的版权贸易协会。这样做的好处有二：一方面可以建立信息完备的专业网站，促进各版权贸易机构的深入交流，提高版权使用的透明度，规范版权有序使用；另一方面可以维护我国出版单位的合法权益，尤其是可以规范和解决我国出版单位在版权引进时互相抬价、无序竞争的问题，使版权贸易更趋理性。在此基础上，尽快建立健全版权公共服务平台。2004 年下半年，我国政府启动了“中国图书对外推广计划”，每年出版《“中国图书对外推广计划”推荐书目》，“中国图书对外推广网”也已开通。此举是我国政府实施中国出版“走出去”战略的重要举措，为我国版权输出搭建了一个便捷的公共服务平台。

① 兰月，乔东亮．我国图书版权贸易的现状及思考［J］．北京印刷学院学报，2006（5）．

Part 4

前景展望篇

第十四章

出版媒介与出版形态的变化

主要观点：

1. 一部出版史就是一部出版技术史。新技术的发展最终导致新的传播方式的产生。多媒体化和移动化是互联网技术发展的必然趋势，这对出版业的影响将是立竿见影的，数字出版物的种类、数量将呈几何级数增长，质量也将大为提高。

2. 手机已跻身为大众媒介，手机传媒发展的黄金时代已经来临。随着4G的规模化和5G的启动，手机传媒发展的前景将愈加光明。手机出版的商业空间广阔，出版人员没有理由袖手旁观。

3. 在每类出版物所占的市场份额缩小，而各种媒介日益融合的状态之下，各类出版物之间的界线逐渐变得模糊。在以“内容为王”的前提下，相同内容的各种版本同步或相继发行成为出版的常态，多元化阅读和多元化出版成为现实，出版业呼唤新型的出版人才和出版管理模式。

4. 在可以预见的时间中，传统出版和数字出版的关系不会是你死我活的关系，而是彼此融合的关系。能否融合，怎样融合，关键取决于出版从业者和出版管理者的观念与态度。

5. 面对数字出版的冲击，传统的印刷出版应该积极介入、抢滩占地。受数字出版的冲击，出版物市场将重新洗牌。先期进入者开始了新的圈地运动，培育着品牌和市场，也将成为数字出版的领跑者。

随着媒介技术的不断革新，时至今日，所有的传播技术都快速地融合成一种普通计算机可读的数字形式，这给传统出版业带来了巨大的冲击和挑战。自造纸术与印刷术发明并广泛使用以来，纸质出版物一直是人们传播知识和各类信息的主要载体。而如今，存储内容的不仅有纸质媒介，各种新型的数字化的出版物也陆续出现，如电子图书、电子期刊、电子报纸、博客和播客等，吸引和抢夺着受众的眼球，并带动出版资源的不断更新和快速累积。这引发了出版业在数字出版领域的较量。在新型出版物层出不穷之时，传统出版业一方面积极探索对各类技术的应用，另一方面也在寻求应对网络出版冲击的良策。今天，纯粹意义上的传统出版已不复存在，即使是纸质出版物，其出版过程中的某些环节也已经实行数字化操作。

第一节　媒介技术革新与数字出版的兴起

一部出版史就是一部出版技术史。出版技术的不断更新，使新的出版形态不断涌现。

一、新技术革命与数字出版的产生

从 20 世纪后半叶起，新技术革命席卷全球，最显著的变化是信息处理技术、通信技术和计算机技术的迅猛发展和普遍运用。声音、图像和数据的数字化是这次新技术革命的本质，由此促成信息的存储与处理技术上的突破，从而使移动网络和因特网（Internet 的中文音译，现在译为“互联网”）得到普及并逐渐实现两者的融合。新技术的发展最终引起新的传播方式的产生，表现在出版业中，就是数字出版（Digital Publishing）的兴起。数字出版经历了三次大的技术革命：告别“铅与火”的桌面出版（Desktop Publishing），集影、视、声于一体的多媒体出版（Multi-media Publishing），互联网出现后的网络出版（Network Publishing，Net Publishing，Web Publishing）。桌面出版实现了书报刊编辑手段、内容资源、印刷以及发行与分销手段的数字化；多媒体出版则将图、文、声、像融于一体，极大地丰富了内容资源，也将人类带入了读图时代，视觉传播空前活跃；网络出版则使任何时间、任意地点进行可靠的传播，提供丰富的视觉享受和个性化内容的传播过程得以实现。

从1946年世界上出现第一台电子计算机开始，研究人员就开始了将计算机用于文献信息处理的可行性和实验性开发。20世纪中下叶，由于计算机与音像技术紧密结合，电子出版应运而生。在电子出版的基础上出现了数字出版。数字出版物最早出现在20世纪60年代的美国，当时它的主要内容是医学、法律的文献资料数据库，用于联机的情报检索，当时的载体是数据磁带。1961年，美国化学文摘服务社用计算机来编制《化学题录》（Chemical Titles），由此产生了数字出版物的雏形。在我国，武汉大学图书情报学院和武汉大学出版社于1991年合作出版《国共两党关系通史》，这是一部以软磁盘（FD）为介质的数字出版物，被称为我国第一部正式发行的数字出版物。2003年，日本数字出版市场产值达到2407亿日元之多，2004年超过2500亿日元。①数字出版被认为是继中国的毕昇发明活字印刷术和德国的古登堡（J. G. Gutenberg）首创铅字印刷术后出版领域中的一次最大的革命，“是出版业的一个新里程碑”。②

1978年4月，在卢森堡召开了“科技社会的出版未来”研讨会，J. A. Urqart首次提出了“电子出版”(electronic publishing)的概念，它是指利用电子技术创建、管理、传播出版物的过程。电子技术既包括模拟电子技术，也包括数字电子技术。数字出版则是指在出版的整个过程中，所有的信息都以统一的二进制代码的数字化形式存储于光、磁、电介质中，信息的处理与传递须借助计算机或类似设备来进行的一种出版形式。数字出版强调内容的数字化、生产模式和运作流程的数字化、传播载体的数字化和阅读消费、学习形态的数字化。数字出版物是指以数字代码方式将图、文、声、像等信息编辑加工后存储在磁、光、电介质上，通过计算机或者具有类似功能的设备读取使用，并可复制发行，用以表达思想、普及知识

---

① 陈镜波．日本电子出版市场涌动新浪潮［N］．中国新闻出版报，2005－11－21．该文所说的电子出版实指数字出版。

② 谢新洲．电子出版技术［M］．北京：北京大学出版社，2006：20．

和积累文化的出版物。运用模拟电子技术制作发行的出版物不属于数字出版物,但是,随着 LCD 等模拟电子出版物被逐渐淘汰,数字出版和电子出版无论其内涵还是外延都逐渐趋同,这两个概念的界线逐渐变得模糊,甚至被视为一体,有专家就认为:“电子出版是数字出版的另一种说法,两者在本质上是一样的。”①但一般认为数字出版是电子出版的一种最新的形式。

数字出版物包括封装型数字出版物和网络出版物。封装型数字出版物(或称实体型数字出版物)形态多样,包括软磁盘(FD)、只读光盘(CD-ROM)、交互式光盘(CD-I)、照片光盘(Photo-CD)、高密度只读光盘(DVD-ROM)与集成电路卡(IC-Card)等。数字出版物最初以磁带、磁盘等载体形式出版发行,随着存储技术的快速发展,光盘成为高性价比的出版载体,从 20 世纪 80 年代中期起逐步成为主流。1993 年,《邮票上的中国——历史与文化》光盘出版,这是中国最早的 CD-ROM 数字出版物。如今,很多生活实用类图书(如股票书)和教材教辅(特别是外语类、计算机类)附带了光盘。迄今为止,我国以工具书的光盘数量最多,如《中国大百科全书》与《汉语大词典》等,其次是著名古籍,如《四库全书》、二十四史等。在“非典”肆虐期间,北京出版社在出版印刷本《非典型肺炎防治手册》的同时,与中国疾病防治中心联合出版了 10 万张预防“非典”的光盘。

数字出版不仅大大丰富了出版物的内容和形式,而且改变了传统出版物的生产方式和消费理念,直接创造了一些新的出版媒介形式。与此相关,光盘复制产业、手机出版以及网络游戏出版的研发和推广都纷纷被提上日程。

二、互联网技术的发展和网络出版的兴起

随着计算机的普及、互联网技术的快速发展及其与出版业的结合,上述封装型数字出版物被视为过渡性产品,甚至被推至传统出版物的界内。随着互联网的普及而兴起的网络出版逐步成为数字出版的主流,新型数字出版形态如网络游戏、博客(Blog)等逐一涌现。1994 年,我

① 谢新洲. 电子出版技术[M]. 北京:北京大学出版社,2006:9.

国正式接入互联网，1997 年 10 月我国第一次互联网调查时用户数量为 62 万人，①到 2018 年 12 月，我国网民总人数增至 8.29 亿，普及率达到 59.6%，其中手机网民有 8.17 亿，占上网人数的 98.6%。②如今，网络已成为人们获取信息的重要渠道。除了互联网技术之外，与出版相关的其他技术，如二维条码技术③、全汉字字符集、元数据和软件接口的标准化、数字版权保护技术和电子纸等技术的研发与应用，为网络出版提供了更进一步的契机和保障。

网络出版作为数字出版技术的高级和成熟形态，从 20 世纪 90 年代起主导了出版业的变革。网络出版是指出版者采用一定的技术手段将作品存放在网络服务器上，以有偿或无偿的方式提供给用户的出版形式。从广义来讲，信息通过互联网向大众传播的过程都可以叫做网络出版；从狭义来讲，网络出版是指出版单位通过互联网向大众传播信息的过程，即出版主体限定为出版单位。网络出版是数字出版与信息网络传播相结合的产物，具体是指具有合法出版资格的出版单位，以互联网为载体和流通渠道，出版并销售数字出版物的行为。网络出版以网络为介质，大幅度简化出版程序，读者通过网上支付系统完成下载图书或实现在线阅读。与一般的数字出版物相比，网络出版物是开放式的，出版、销售等通过计算机网络来进行，阅读也借助于计算机。流通网络化是网络出版物区别于其他类型出版物的本质特征，也就是说，它通过互联网以数字形式向终极用户（网民）直接传送。网络出版物也可以说是通过互联网来进行传播的数字出版物，但显然比一般的数字出版物（封装式的数字出版物）具有信息量更大、交互性更强、生产成本更低、内容更新更快等优点。目前网络出版主要有在线出版（Online Publishing）、电子书（E-book）和按需印刷（Print on Demand，简称 POD）等形式。

---

① 中国互联网络信息中心. 第 1 次中国互联网络发展状况统计报告. http://www.cnnic.net.cn/download/2003/10/13/93603.pdf，1997 年 10 月.

② 中国互联网络信息中心. 第 43 次中国互联网络发展状况统计报告. http://www.cac.gov.cn/2019-02/28/c_1124175686.htm，2019-02-28.

③ 二维条码是一种高密度、高信息含量的数据文件，是实现证件、卡片及表单等大容量、高可靠性信息自动存储、携带并可用机器自动识读的手段。张立，陈含章. 数字技术与数字出版［J］. 编辑学刊，2006（3）.

通信技术与互联网的结合及其对出版业的渗透，又催生了手机短信、手机小说、手机新闻、手机报纸、手机音乐、手机游戏，甚至手机视频等新的媒体。第四次信息革命后，人类铺设了三大信息网络：电信网、广播电视网和互联网，传统的三大网络是分别独立的。IT 业的发展改变了各网完全分离的局面，把原本迥异的各载体同质化，进行基因转换，最后整合在电子数码平台上。这样，电视、电影、电话、广播、互联网等有了同质的媒体，工作机理趋同，从而促成三网融合或三网合一。随着三网融合进程的加快，多媒体宽带网逐渐成型。三网融合的本质就是要建成国家信息高速公路，实现网络从传输、接入到交换各个层面的宽带化。4G 手机的普及和 5G 手机的启动，互联网的移动化，又为手机出版提供了成熟的技术条件。截至 2018 年 12 月底，我国移动宽带 3G 和 4G 用户达到 13.1 亿户，约占移动电话用户总数（15.7 亿户）的 83.4%，其中 4G 用户达到 11.7 亿户（约占移动电话用户总数的 74.5%），5G 试验正在规模展开。① 4G（4rd Generation 的简称，指第四代移动通信技术）手机的普遍使用已成为现实。多媒体化和移动化是互联网技术发展的必然趋势，这对出版业的影响将是立竿见影的，数字出版物的种类、数量将呈几何级数增长，质量也将大为提高。

第二节　数字出版物的类型

总体来说，数字出版物可以分为电子出版物和网络出版物（前面说过，数字出版实际上是电子出版的新形态）两大部分。在每个部分之下，又可划分出各种不同的类型。数字出版物种类繁多，划分的依据与标准不同，分类的结果自然不同。例如，对电子出版物的分类，根据是否连续的特点可将其分为连续型电子出版物（又可分为电子杂志、电子报纸、电子特种文献等）、非连续型电子出版物（又可分为电子图书、

① 任笑元. 工信部报告：去年我国移动电话用户总数达到 15.7 亿户. https://tech.sina.com.cn/t/2019-03-26/doc-ihtxyzsm0596713.shtml，2019-03-26.

电子音像、软件读物等）；根据存储载体的不同可将其分为磁载体出版物（又可分为磁盘电子出版物、磁带电子出版物）、光载体出版物（又分为 CD-ROM 电子出版物、CD-I 电子出版物、CD-G 电子出版物、Photo-CD 电子出版物等）、硅片载体电子出版物（集成电路卡电子出版物）；根据信息服务方式的不同可将其分为网络型电子出版物和单机型电子出版物；根据媒体信息的不同种类可将其分为文本型电子出版物、图像型电子出版物、音像型电子出版物、多媒体电子出版物等。①对网络出版物，也可根据不同的标准来分类，如根据是否连续的特点可将其分为连续型网络出版物（又可分为网络杂志、网络报纸等）与非连续型网络出版物。

下面逐一介绍 8 种常见的数字出版物。

一、数据库

数据库是历史最久、影响最广的一种电子信息资源，也是一种主要的数字出版物。数据库产生于 20 世纪 50 年代末 60 年代初，70 年代得到迅速发展，80 年代逐步走向成熟。现有的数据库提供的信息内容几乎涉及自然科学、社会科学、人文科学的各个领域，尤其侧重于经济领域的经济信息、产品信息、金融信息、专利信息和标准信息。按照数据库所收集的媒体信息的类型，可将数据库分为文本数据库、数值数据库、图像数据库、声音数据库、视频数据库和多媒体数据库等。按照信息处理的层次，可将数据库划分为书目数据库和全文数据库，前者如 OPAC 等，主要提供查询、检索功能；后者可以直接从中获得原文信息。知名的外文数据库有 Reviews. com 数据库、OCLC FirstSearch 联机数据库、INSPEC 数据库、ACM 美国计算机学会全文数据库和 Lexis-Nexis 法律数据库等；我国影响大的数据库有中国期刊全文数据库、读秀知识库、人大复印资料全文数据库、龙语瀚堂典籍数据库和中国生命科学文献数据库等。

---

① 谢新洲．电子出版技术［M］．北京：北京大学出版社，2006：14－16.

二、电子书与数字图书馆

（一）电子书（E-book）

电子书是一种较新的数字出版形式，最早于 1998 年出现在美国。它是将文字、声音和图像等多元化信息以数字代码的形式存储在磁、光、电等介质上，通过计算机或专用的便携式阅读设备及阅读软件阅读、使用的新型数字出版物。电子书可以通过互联网或局域网向公众销售，并实现收付费。电子书包括单机型电子书和网络型电子书。单机型电子书的载体主要为磁盘和光盘，现以光盘最常见。网络型电子书的载体主要是计算机硬盘等，出版者将内容存储在网络服务器上，供用户付费或免费使用。

电子书的阅读可以借助一些电子书阅读器，通过这些阅读器，用户可方便地对电子书进行类似纸质书的操作，如做标记、写感想、夹书签、搜索特定字词、查字典、突出显示某段文字等。如果读者眼睛有疲劳之感，还可以让阅读器诵读出需要阅读的文字。有些介绍时尚前沿资讯的电子书更是直观方便，比如，一部介绍首饰的电子书，可以通过旋转、展开等功能全方位、多角度地了解某一首饰的外观以及佩戴效果，具有很强的交互性，这是纸质书做不到的。电子书的翻页按钮不同于电脑的滚屏方式，完全可以像翻动纸质书那样方便和人性化。一个电子书阅读器通常可以装进 18000 页内容，相当于 45 本 400 页厚的纸质书，存储量大，且便于携带。同时 EINK（美国一家公司的简称，它开发了一种名为“iRex iLiad”的屏幕电子书阅读器，还推出了“电子墨水”技术）的神话逐渐成为现实，即通过调节屏幕阅读的清晰度和舒适度达到纸质书阅读的视觉效果，阅读器还可以做得跟纸一样薄。

自电子书出现之后，专门的电子书手持式阅读器如雨后春笋般涌现，国外的如软书（Softbook，1998）、火箭书（Rocketbook，1998）、玻璃书（Glassbook，1999）等，国内的如辽宁出版集团的掌上书房、天津津科的翰林电子书、新华 E-Book 等。2004 年，中国 E-Book 阅读器的销量突破 5 万台，以天津津科的翰林 M 型手持阅读器和方正科技的 E312 阅读器为主。除此之外，还可借助 E-Book 阅读软件在计算机或者类似设备上阅读，如 MS Reader，Adobe Acrobat Reader，Palm Digital Media（PDA），北大方正的 Apabi Reader，北京华康信息技术有限公司与博库联手推出的 DynaDoc for Bookoo 以及超星公司的 SSReader 等。

2000 年 3 月 14 日，美国著名畅销书作家斯蒂芬·金与西蒙·舒斯特出版公司合作，将其新作《骑弹飞行》（Riding the Bullet）发表于互联网，且只在互联网发售，“以其独特的方式给 E-book 的出版注入了新的活力”①。西蒙·舒斯特、兰登书屋、时代华纳、哈柏·柯林斯等各大出版集团均先后投入 E-book 的出版。从 2003 年开始的网络读书在 2004 年达到高峰，门户网站的读书频道非常火爆。

由于出版社的积极参与，各国的电子书出版总量在持续增长中。2005 年，全球 E-book 的销售额约占出版业总销售额的 6% ~10%，截至 2005 年 12 月 31 日，中国电子书的数量已经达到了 21 万余种。以北京大学出版社为例，该社 2005 年出版的电子书数量相当于 7 年来出版的纸质书的总和。截至 2006 年底，中国规模很大的出版社和出版集团都开始深度介入网络出版，约 160 家出版社实行电子书与纸质书的同步出版。使用电子书的图书馆用户数量突破了 1900 家。②日本电子书数量的增长也十分迅速，电子书销售额 2002 年为 10 亿日元，2003 年增加为 18 亿日元，增幅高达 80%，2004 年为 45 亿日元，是上一年的 2.5 倍。日本电子书的种类 2002 年为 8000 种，2004 年增加为约 4 万种。2004 年日本电子书市场上最引人注目的是，利用手机读取的电子书销售额激增，2003 年不到 2 亿日元，2004 年猛增到 12 亿日元，是上一年的 6 倍多。③ 随着 4G 手机的大规模使用，利用手机读取电子书大大刺激了受众对电子书的消费。从 2009 年至 2017 年，我国电子书（含电子图书和电子阅读器）收入从 14 亿元增长到 54 亿元，增长了约 2.86 倍。④

---

① 朱壮文．漫话电子出版——欧美业内人士谈 E-book 现状与未来［J］．出版参考，2004（3）．

② 《出版发行研究》课题组．我国数字出版产业发展规模［J］．出版发行研究，2006（12）．

③ 陈镜波．日本电子出版市场涌动新浪潮［N］．中国新闻出版报，2005－11－21．

④ 中国数字出版产业年度报告课题组．《2017—2018 中国数字出版产业年度报告》解读［J］．出版参考，2018（8）．

（二）数字图书馆

与电子书密切相关的是数字图书馆。“数字图书馆是指收集、存储、组织数字化形式的信息，通过计算机网络提供各种咨询、检索等服务以及传递信息的系统。”①数字图书馆是网络环境下的信息集散中心，是网络环境下信息传播的一种主要资源和模式。国外的数字图书馆主要有：Ebrary（http：//www. ebrary. com），NetLibrary（http：//www. netlibrary. com），Safari（http：//proquest. safaribooksonline. com），Knovel（http：//www. knovel. com）等。国内的数字图书馆主要有：超星数字图书馆（http：//www. ssreader. com）、方正 Apabi 数字图书馆（http：//www. apabi. com）、书生之家（http：//www. shusheng. cn）、中国数图公司网上图书馆（http：//www. d-library. com. cn），其中超星数字图书馆是我国最早的数字图书馆，也是全球最大的中文数字图书馆，被列入国家“863”计划中国数字图书馆示范工程。目前，超星数字图书馆的数字化图书达到数百万册，涵盖文学、经济、计算机等50多个类别，有文史资料、地方志、院士文库、年画等特色专题库。

三、电子杂志

（一）电子杂志的涵义及其各种形态

伴随着技术的不断进步，电子杂志的内涵和外延在不断改变着。广义的电子杂志包括三种形态：传统杂志的数字版，网络信息的杂志化，以及基于FLASH技术而形成的多媒体网络杂志。QQ杂志平台、龙源期刊网、希网网络、XPLUS互动杂志新门户等提供的内容均属电子杂志。

狭义的电子杂志专指第三种形态，即多媒体网络杂志，其称谓如今多达七八种，如网络杂志、电子期刊、数字杂志、多媒体杂志、数字多媒体杂志、网络互动杂志、互动杂志等。它是根据读者（网民）的需求，由编辑者（个人或专业内容提供者）按一定的编辑方针，集音频、视频、FLASH动画、3D特效等于一体，融图、文、声、像于一炉，兼具超链接、互动性，以数字化方式存储多样性内容，借助互联网传递，

---

① 谢新洲．电子出版技术［M］．北京：北京大学出版社，2006：206.

利用 P2P（Peer-to-peer，即“点对点”，或称“对等联网”）平台发送，通过计算机或类似设备在本地或远程读取，有统一题名，定期或不定期更新的多媒体动态数字型连续出版物。

电子杂志的数量不断增加，尤其是多媒体网络杂志的阅读和下载量逐日攀升。调查显示，2006 年，在网民经常使用的网络服务中，电子杂志占 17.1%。[①] 电子杂志取得这样的地位，除了出版业和科研人员的努力之外，还因为电子杂志本身具有诸多优点，如成本低、出版周期短、信息容量大、使用方便、灵活且交互性强，以及较强的检索功能和超媒体性。

（二）电子杂志的发展历程

电子杂志的发展史应追溯到 20 世纪 80 年代，国外电子杂志的发展已有约 40 年历史，我国起步略晚。20 世纪 90 年代中后期，在经历了快速的网络启蒙之后，各传统纸质杂志纷纷谋求内容的网络出版，初期只是将每期期刊的若干或全部文章简单移至 WEB 页，一般是原版复制或略有增删，是传统杂志简单的数字化。之后，专业的网络期刊代理商出现，传统纸质期刊也乐于将网络版的发布权交给代理商，以方便网民阅读，扩大读者群，传统杂志开始了在网络上的圈地运动。于是，出现一批期刊网络版的发行和展示平台，呈现纸质杂志网络出版的不同方式：或采用纯文本格式整刊呈现，如龙源期刊网（http：//www.qikan.com）；或发布原版杂志的 PDF 格式版，如 QQ 杂志平台（http：//mag.qq.com）等。储存在光盘等介质上的期刊内容也可归入此类。这是第一代电子杂志，也即传统杂志的网络版（完全翻版或略有改动），网络版与印刷版同步更新。截至 2011 年，中国知网的“中国学术期刊网络出版总库”收录国内学术期刊 7700 多种。维普中文科技期刊数据库目前收录 12000 余种期刊；万方数据库收录期刊 7600 种；与龙源期刊网签约的综合性人文大众类期刊 4200 多种。世界一些最著名的大学和大型图书馆纷纷使用数字化的中文期刊。现在传统期刊数字化

---

① 中国互联网络信息中心．第 19 次中国互联网络发展状况统计报告．http：//www.cnnic.net.cn/uploadfiles/doc/2007/1/22/212245.doc，2007 年 1 月．

的技术平台提供商已不单单停留在期刊数字化本身，而是将文献、信息等资源进行分析、加工和整合，进一步深度开发。通过中国期刊网（http：//www. chinajournal. net. cn）、数字化期刊网（http：//www. chinainfo. gov. cn/periodical）等期刊门户网站，用户可以浏览或检索多种电子杂志。

第二代电子杂志是网络信息的杂志化。随着互联网信息量呈几何级数增长，为了缓和面对海量信息的无所适从感，许多网站从诸多信息中筛选出主题类似的内容，按一定的栏目架构，以杂志的形式发布。它“抛弃了以传统印刷型杂志为基础的模式，文章的输入、编辑、审稿、排版、检索和阅读都通过网络由计算机来完成”，用 HTML 格式发布。① 世界上第一份这样的联机杂志是 1991 年 9 月由美国科学促进会（AAAS）和 OCLC（Online Computer Library Center 的简称，即“联机计算机图书馆中心”，创立于 1967 年，是一个不以盈利为目的、提供计算机图书馆服务的会员制研究组织）共同开发的，名为《最新临床实践联机杂志》（*The Online Journal of Current Clinical Trials*）。在我国，公认的第一份这种性质的电子杂志是创刊于 1995 年 1 月的《神州学人》。此外，salon 网（http：//www. salon. com）、希网网络（http：//www. cn99. com）以及早期的索易网和博大网等都提供自己的邮件列表（以 E-mail 形式向注册用户群发送内容相同的邮件，可视为第二代电子杂志的前身）和网络杂志。从更宽泛的意义上讲，新浪、人民网等网络媒体本身就是一份内容齐全的电子杂志。

随着计算机技术、海量存储技术和网络技术的进步，电子杂志得到相应发展。从 2002 年开始，电子杂志在技术运用上实现了历史性突破，多媒体元素的加入使电子杂志在表现形式上有了巨大变革，P2P 技术的应用是产生多媒体网络杂志及其全新传播方式的基础。以 2002 年创立的现代艺术类视觉网络杂志《风格癖》为标志，第三代电子杂志开始出现。2002—2005 是电子杂志技术成型的阶段，也是多媒体网络杂志的起步阶段。

① 谢新洲．数字出版技术［M］．北京：北京大学出版社，2002：64.

第三代电子杂志已具规模。一方面，它不再满足于简单复制和翻版，而是开始注意内容的重新编辑，加强编者与读者的互动，加上检索、超文本链接等，使用户更好地利用网络技术和资源。另一方面，在文字、图片的基础上融入各种多媒体元素，包含音频、视频、动画等，形式体现更为立体，用户可在线阅读或下载后欣赏。它一般是 EXE 格式的应用程序，也可以是 HTTP 格式。如号称全球第一份多媒体日刊的《今日万众》、第一份多媒体女性日刊《天下女人 Her Village》，以及 Xplus，Zcom，Poco 等发行平台上的各杂志，都属于第三代电子杂志。在其他国家，这种出版形式也得到关注，如意大利的 This Is a Magazine（http：//www. thisisamagazine. com）、美国的 Zoozoom（http：//www. zoozoom. com）、日本的 Dima. jp（http：//dima. jp）等都提供多媒体网络杂志。目前，我国各平台和独立网站上提供的此类杂志的数量多达几千种，且仍在逐日增加。2006 年，中国网络杂志用户数量为 4000 万，占网民总数的 30%；中国网络杂志整体市场规模，2005 年为 0. 2 亿元，2006 年增加到 1 亿元。①

各类电子杂志的发展是渐进式、逐渐融合的，三种形式的电子杂志在互联网上并存，拥有各自的受众群，但多媒体网络杂志显然更能吸引众多网民的注意；而且多媒体网络杂志在互联网上日日升温，成为风险投资家关注和投资的一个新热点，并逐步成熟，迈上产业化道路。

四、电子报纸

世界上第一份联机报纸是加拿大的《多伦多环球邮报》（*Toronto Globe and Mail*）。美国第一家网上报纸是加利福尼亚的《圣何塞信使报》（*San Jose Mercury News*），该报电子版创刊于 1987 年。第一家上网的中文报纸是《中国贸易报》（1995 年 10 月 20 日）。如今，国内外的主要报纸，如美国的《纽约时报》、英国的《泰晤士报》、德国的《世界报》、法国的《世界报》、日本的《朝日新闻》、我国的《人民日报》与《光明日报》等，都已上网。中国知网建立了“中国重要报纸全文

---

① 新闻出版总署音像电子和网络出版管理司，艾瑞咨询集团．中国网络杂志出版业调查报告（电子版），2007 年 4 月．

数据库”。世界上最古老的报纸——瑞典官方报纸《英里克斯邮报》（*Post Och Inrikes Tidningar*）自2007年1月1日起停止发行印刷版，改在互联网上发布，每天仅印刷3份保存在大学图书馆中。

五、网络游戏

（一）网络游戏的类型

中国互联网络信息中心的调查数据显示，认为互联网的娱乐功能非常重要、比较重要、一般的网民比例分别占29.3%、30.0%、26.8%，而认为不太重要或很不重要的仅占13.9%。① 在娱乐化时代，产业的成功与否往往在于对娱乐功能的挖掘深度如何。网络游戏作为一种全新的数字娱乐方式，脱胎并超越于电脑单机游戏，且后来居上，成为了网络用户的主要娱乐方式。至2006年底，我国26.6%的网民经常使用的网络服务功能之一就是网络游戏。

网络游戏是指利用TCP/IP协议，以互联网为依托，可以多人通过付费或免费同时参与的游戏项目。可将网络游戏分为角色扮演类（如《传奇》、《魔力宝贝》）、策略类（如《三国世纪Online》）、动作类（如《雷神竞技场3》）、模拟现实类（如《非常男女》）、体育类（如《联众台球》）、桌面类（如《大富翁》系列、《红心大战》）以及竞速类（如《极品飞车》）。网络游戏除了可为玩家提供娱乐的独特体验、打发时间之外，还能提供多元化功能平台、平等互动平台和虚拟世界中的现实生活体验，同时，在富于挑战性的游戏过程中满足交友和竞争的欲望，兼具大众娱乐性、技术领先性、真实竞争性、互动沟通性等特点。

（二）网络游戏的发展过程

世界上第一款网络游戏应是1969年美国的瑞克·布罗米编写的《太空大战》（*Space War*），它与稍后出现的《圣者》《帝国》等早期网络游戏均只能在一台大型主机系统内运行，且机器重启后相关信息无法保存。1978年，英国埃塞克斯大学的罗伊·特鲁布肖用DEC－10编写

① 中国互联网络信息中心. 第19次中国互联网络发展状况统计报告. http://www.cnnic.net.cn/uploadfiles/doc/2007/1/22/212245.doc，2007年1月.

出世界上第一款真正意义上的多人交互式网络游戏——MUD（Multiple User Dimension，Multiple User Dungeon 或 Multiple User Dialogue，译为多人世界、多人地牢或多人对话），它以纯文本方式进行，但凭借 RPG（Role Playing Game，角色扮演）风格、在线聊天互动和引人入胜的情节等优越特性，被尊为网络游戏的鼻祖。从 1991 年开始，The Sierra Network，MPG-Net，TEN，Engage 等一批网络游戏专用服务平台相继架设，专业的游戏开发商和发行商开始介入，MMORPG（Massively Multi-player Online Role Playing Game，大型多人在线角色扮演游戏）概念浮出水面，网络游戏直接进入互联网，并步入商业化运作时代。20 世纪 80 年代，中国台湾地区游戏产业蓬勃兴起，大宇资讯有限公司开发的《仙剑奇侠传》一度广受欢迎。中国内地的游戏出版业开始于 1994 年，2000 年推出第一款网络游戏《万王之王》。2001 年 7 月，上海盛大网络发展有限公司引进韩国网络游戏《传奇》，运营半年后，在线人数即突破 10 万，该公司成为中国内地网络游戏的最大赢家。

从 2005 年起，我国网络游戏产业进入成熟阶段。2005 年，网络游戏用户数达 2634 万，其中付费网络游戏用户数达 1351 万。中国网络游戏市场实际销售收入 2005 年为 37.7 亿元，比 2004 年增长 52.6%；电信业务由此产生的直接收入达 173.4 亿元；IT 行业由此产生的直接收入达 71.6 亿元左右（IT 产业收入的主要来源是 PC、网络游戏服务器、网络及存储产品、软件与服务等）；出版和媒体行业（主要是相关的杂志和书籍）由此产生的直接收入达到 37.1 亿元（不包括有关游戏广告的相关收入）。网络游戏市场中 MMORPG 仍为主流，休闲网游开始崛起。我国网络游戏产业取得长足进展，目前国产网络游戏已占市场总额的 60%。①《剑侠情缘Ⅱ Online》《传奇世界》《剑侠情缘 Online》《大话西游Ⅱ》与《梦幻西游》等民族网络游戏均被列入中国 2005 年度十大最受欢迎网络游戏的榜单。自 2004 年至 2008 年，我国实施“中国民族网络游戏出版工程”，计划出版 100 种自主开发的大型民族网络游戏出版物，该工程将促使中国网络游戏出版产业结构更加合理，产业链更加完善，并逐步提高整体竞争力，使中国民族网络游戏早日走向世界。

---

① 《出版发行研究》课题组. 我国数字出版产业发展规模［J］. 出版发行研究，2006（12）.

网络游戏的发展也给出版管理部门带来了新问题，如打击“私服”和“外挂”①、虚拟财产的立法和保护、网络游戏沉迷问题的监控等，都成为制约网络游戏产业发展的瓶颈和争论的热点。

六、博客、播客与维基

（一）博客（Blog）

博客被认为是“继 E-mail、BBS 和 ICQ 之后出现的第四种网络交流方式”②，也被认为是普通网民表达观点的阵地。Blog 的全名为 Web Log（“网络日志”，简称“网志”），方兴东等人把它音译成“博客”，习惯于使用 Weblog 工具的人被称为 Blogger 或 Web Logger。网民将 Blog 和 Blogger 统称为“博客”。博客是指以个人日记的形式发布文章并可附加评论的网络个人出版形式，内容按照时间顺序排列，并且不断更新。博客实施“零进入壁垒”，即零编辑、零技术、零体制、零成本、零形式，它可以是个人媒体、个人网络导航和个人搜索引擎，是个人性和公共性的结合体，其精髓在于，以个人的视角，以整个互联网为视野，精选和记录自己的所见、所思、所感等，为他人提供帮助，使其具有更高的共享价值。博客的种类众多，一般有战争博客、新闻博客、专家博客、技术博客、群体博客、图片博客、文摘博客等。博客有三大作用：个人自由表达和出版；知识过滤与积累；深度交流沟通。

最早的博客诞生于 1993 年 6 月，是 NCSA（“国家超级计算机应用中心”英文首字母的简称）的“What's New Page”网页，里面的内容是罗列 Web 上新兴的网站索引。1996 年 6 月因为资金的原因被迫关闭。真正意义上的博客出现在 1997 年 12 月，Jorn Barger③运行的“Robot Wisdom Weblog”，第一次使用 Weblog 这个正式的名字。1999 年，Peter

---

① “私服”和“外挂”是指私自设立网络游戏服务器和网络游戏外挂程序（位于网络游戏主程序以外的小程序，直接作用于网络游戏主程序，用以改变、限制或增加游戏功能）。这是一种非法赢利行为，已逐渐发展成一个恶性的地下产业，我国政府已将其列入“扫黄打非”的范畴。

② 胡飞龙，周萍. Blog（博客）与 Blog 出版［J］. 出版发行研究，2006（1）.

③ 在今天的博客领域，Jorn Barger 仍然是一位非常有影响力的人物，可以访问 http：//wane. robotwisdom. com/weblog 了解他的有关故事和 Web Log。

Merholz 以缩略词“Blog”命名博客，成为今天最常用的术语。①之后，Blogger，Pita，Greymatter，Manila，Diaryland，Big Blog Tool 等众多免费软件出现，出版商往往还提供免费的服务器空间。博客的普及应追溯到 1998 年德拉吉通过其个人博客（“德拉吉报道”：http：//www.drudgereport.com）报道克林顿与莱温斯基绯闻，2001 年的“9·11 事件”使 Blog 成为重要的新闻之源，这成为 Blog 发展的两大标志性事件。2002 年 8 月，由方兴东等人发起，中国第一家较有规模的专门的博客网站——“博客中国”（http：//www.blogchina.com）成立，博客被正式引入中国，借木子美风波及新浪名人博客之风迅速在中国普及，并出现了老徐、毒药、按摩乳、狗日报等一系列名人博客。在韩国，著名的博客网站“赛我网”将韩国 1/3 的国民拉到网上开博客。全球参与 Blog 的人数迅速攀升，至 2005 年，全球博客数量突破 1 亿，中国博客量达到 1600 万。② 2005 年被公认为博客的大众化元年。日本出现第一家“博客出版社”——AmebaBooks，哈尔滨报业集团和问鼎传媒公司联合出版《博客》杂志（由博客写、博客编、以“博客”为刊名的杂志）。一批博客文集图书，如梅子的《恋人食谱》、“北京女病人”的《病忘书》、徐静蕾的《老徐的博客》等，也在 2004 至 2006 年相继出版。

移动博客（M blog）被业内人士称为“第二代博客”，是在博客、可拍照手机与移动互联网三者相结合的基础上产生的，是博客在更深层次上的应用。

（二）播客（Podcast）

早在 2000 年《纽约时报》就预言了网络电台的兴旺。随着博客的发展，播客应运而生，短时间内人气急升。播客，英文名为 Podcast 或 Podcasting，是“iPod”（苹果电脑公司推出的一种大容量 MP3、MP4 播放器）与“broadcast”（广播）的合成词，它是数字广播技术的一种，是指在互联网上发布音频或视频文件并允许用户订阅、下载，或者用此方法来制作电台节目。简而言之，播客可谓博客的影音视频版。与传统广播相比，收听播客相对自由，这主要表现在对节目时间和内容的选择

---

① 阎浩，Jimmy. 博客的进化论——从博客到维基、播客［J］. 电脑爱好者，2005（16）.

② 朱秀清．“博客书”出版的传播学观察［J］. 出版发行研究，2006（8）.

上。Podcasting 这一概念最早出现在 2004 年 2 月 12 日英国《卫报》的一篇题为《听觉革命：在线广播遍地开花》的文章中。2004 年 8 月 13 日，IPOD 的发明者美国人 Adam Curry 开通了世界上第一个播客网站——“每日源代码”（http：//www. dailysourcecode. com），Adam Curry 也因此被称为“播客之父”。播客真正开始流行是在 2004 年与 2005 年之交，当时美国一些非营利性广播台发现播客很适合他们制作的讲故事、专访、评论、对话等节目。借助于 RSS 技术（“RSS”是 Rich Site Summary 或 Really Simple Syndication 的缩写，是站点用来和其他站点之间共享内容的简易方式，是一种方便的信息获取工具）将 MP3 音频文件连缀起来，就形成了具有强大生命力的虚拟电波频段，网民可以将网上的广播节目下载到自己的播放器中随身收听，还可以自己制作声音节目，并将其上传到网上与广大网友分享。

自 2004 年底开始，我国先后出现了一批具有相当知名度的播客站点，如土豆网、播客中国、播客天下等，反波、有一说二、聆听雨婷等一批富有个性的音频、视频节目在互联网上广泛传播。中国目前最受欢迎的播客网站是土豆网（http：//www. tudou. com）。根据艾瑞发布的信息，来自 eMarketer 的数据显示：2006 年美国的播客总用户数量达到 1000 万，其中活跃用户数量为 300 万，到 2008 年时美国的播客总用户数量将有 2500 万，其中活跃用户数量为 750 万，2010 年时美国的播客总用户数量将有 5000 万，其中活跃用户数量为 1500 万。①

（三）维基（Wiki）

维基的原名为 Wiki（也译为维客），也是具备博客精髓的完整网站，不过每个浏览维基网站的人都拥有发表言论和修改内容的权力。维基支持面向社群的协作式写作，同时包括一组支持这种写作的辅助工具。维基人也称“维客”，必须具备“维基精神”，即具有原创精神，懂得如何理性地与其他人一起进行知识分享与合作。

1995 年，美国程序设计员沃德·坎宁安创建了第一个维基（WikiWikiWeb）系统，堪称“维基之父”。“维基”这名称来自坎宁安在夏

---

① 刘瑞生．播客 WEB2.0 时代的典型传媒形态——国内播客现状研究［J］．中国传媒科技，2006（5）．

威夷度蜜月的经历。在夏威夷，从机场出发的公交车就叫“Wiki Wiki”。Wiki Wiki 一词源于夏威夷语的 Weekee Weekeee，原意为“快点快点”。吉米·威尔士是互联网上最大的百科全书维基百科全书（http：//www. Wikipedia. org）的创始人。维基百科是目前世界上最大的 Wiki 系统，它是基于 Wiki 和 GNU FDL（GFDL）的百科全书网站系统，其目的是以尽量多的语种建立和发布一个全球范围的免费百科全书，由非营利组织维基媒体基金会运作，基金会的资金来自个人或集体捐赠，捐赠人大多是维基人。该系统于 2001 年 1 月启动，到 2010 年 7 月，维基百科中的英文条目数量达到了 333 万条，是世界最著名的《大英百科全书》条目数的 40. 8 倍；272 种语言的总条目突破 1600 万条，全球注册用户达到 2400 多万余人，总编辑次数超过 9. 3 亿次。中文版维基百科由用户 Ghyll（后来的 Mountain）于 2002 年 10 月 24 日撰写了第一个有意义的条目 HomePage，到 2005 年 12 月已有 50000 多个条目①，后多次被封。2008 年 12 月，中文百科在线建立。

博客、播客和维基等传媒形态的流行，都是在 WEB2. 0 时代的大背景下，以个人为本理念盛行的表现。它们的出版形式虽然存在一定差别，但是精神内核是一致的，即去中心化、民主性和共享性，是“第二媒介时代”②的先锋。它们共同为出版业注入了新的血液，也盘活了出版资源。

七、手机出版物

（一）手机出版物及其类型

发明手机的主要目的是进行语音通话，但手机与互联网的结合已经使其成为重要的新兴大众媒体。手机出版也是一种新型数字出版形式。“所谓手机出版，就是以手机为媒介的出版行为，是网络出版的延伸。……手机与互联网的结合正在使手机媒体成为一个发展潜力巨大的出版

① 何筠红. 在线共享的自由百科全书——维基百科［J］. 新世纪图书馆，2006（4）.

② 波斯特认为，第一媒介时代是由文化精英、知识分子主导的自上而下的文化传播和发布，第二媒介时代则是消灭了传播中心的散点的可逆交流。马克·波斯特. 第二媒介时代［M］. 范静哗，译. 南京：南京大学出版社，2000.

平台。”①手机的便捷性、私密性、时效性等特点使这种出版形式带给人们全新的感受，即时性、互动性、个性化与多媒体化是其优势。手机出版物包括手机读物（手机报纸、手机小说、手机杂志、手机博客、手机群发短信）、无线音乐（手机彩铃、手机铃声、手机音乐）、手机游戏（含手机动漫）等。目前，我国手机出版主要有五种方式：普通短信型、彩信型、WAP型②、彩E型（移动多媒体邮件业务）、掌信型。③手机短信在我国兴起于2000年，深受人们喜爱，我国成为世界上最大的短信消费国。2005年，仅中国移动通信公司用户发送短信息的数量就突破了1000亿条，换句话说，2005年全中国人通过中国移动通信人均发送短信80条。媒体也纷纷利用短信，许多网站因此而扭亏为盈。到2003年上半年，短信业务年收入上亿元人民币的网站有5家，年收入超过6000万元人民币的有15家；许多电视节目、广播节目开辟了短信参与环节；在纸质媒体中，《扬子晚报》《人之初》与《疯狂英语》等都提供相关的短信服务。手机短信也给出版社带来了商机，被引入市场调研、内容生产、信息发布、图书营销、支付电子书、开展互动服务、打击盗版等多个环节。

自2001年以来，一系列手机出版事件让我们目不暇接。2001年7月，《扬子晚报》推出短信版“扬子随身看”，掀开了手机出版序幕；2004年7月，《中国妇女报》推出我国第一份图文并茂的彩信版手机报纸——《中国妇女报·彩信版》；2005年5月，浙江手机报网站正式开通，紧接着与《瑞丽》杂志社联合推出“瑞丽手机杂志”，这是国内第一个用手机彩信方式传播的真正的手机杂志；2005年10月，众多手机用户通过手机短信获悉“神舟六号飞船”上天的即时新闻；2006年3月，《北京晚报》制作手机版“两会”专题，倡导“用手机上网，用手机看报，用手机走遍世界”的新生活方式。不仅如此，手机短信还成为重要的招聘广告媒体，目前，北京、上海、深圳、武汉与长春等城市相继开通了此项服务。

---

① 匡文波．手机媒体概论［M］．北京：中国人民大学出版社，2006：80－81．

② 通过WAP平台可以把互联网上的信息和业务引入到移动电话等无线终端。

③ 安装手机软件，通过移动终端连接互联网，实现各种资讯的动态下载和随身浏览，根据出版物自身的风格特点修改版面，可实现全文出版及“互动广告”“流媒体”等特殊功能。

在我国，“彩铃”这一概念最早是由中国移动通信公司于2003年5月提出的，并于10月开通试行，中国联通、网通和电信也分别推出了彩铃下载服务。2005年国内已有20%的手机用户成为彩铃使用者。手机音乐是新近出现的一种无线音乐形式。2003年9月，中国移动基于Java平台的“百宝箱”业务开始对手机游戏正式收费。此后，中国联通也推出了基于Java和BREW平台的“神奇宝典”业务，手机游戏的产业规模逐步扩大。2005年国内手机游戏市场的整体规模达到12亿元，且保持高速增长。手机动漫或称闪信、手机动画，也是2.5G宽带下非常好的数据业务形式，被视作中国3G热点业务之一。①随着4G在全球范围内的迅速普及以及5G的启动，手机出版日益涌现“娱乐潮”。

（二）手机出版的发展前景

美国著名传播学者保罗·利文森预言，手机将超越互联网，互联网将成为手机的副手。② 互联网的移动化将是大势所趋。尽管非常讨厌手机的美国畅销书作家斯蒂芬·金曾经说过“手机是21世纪的奴隶手铐”，并在小说《手机》中将其刻画成杀人利器，但全球手机用户量仍逐日猛增，2018年，中国手机用户量达到15.7亿。③ 早在2005年初，欧洲国家手机普及率便达到60%至70%，美国为50%，日本为60%，韩国为70%，新加坡为80%，中国台湾地区则超过100%。④随着手机的大量普及和科学技术的不断进步，手机已经成为继报纸、广播、电视、互联网之后的第五媒体。

手机出版在国外发展迅速。在日本，I-MODE诞生于1999年2月22日，是世界上最成功的无线互联网服务之一，用手机接收电子邮件、浏览新闻以及收看天气预报早已是家常便饭，“手机书籍”也正成为一种新兴文化。日本现在约有数万个手机小说网站，其中有大出版社经营的收

① 《出版发行研究》课题组．我国数字出版产业发展规模［J］．出版发行研究，2006（12）．

② 金雯雯．博客发展方向预测［J］．青年记者，2006（20）．

③ 孟哲．工信部：2018年我国手机用户总数达15.7亿．http：//politics.gmw.cn/2019-03/27/content_32685989.htm，2019-03-27．

④ 匡文波．手机出版：21世纪出版业的新机遇［J］．陕西师范大学学报（哲学社会科学版），2005（1）．

费网站，也有免费公开的个人网站，手机小说族已达到200万人以上。2000年春，日本首部手机小说《深爱》（*Deep Love*）在日本高中生中广为流传，一年内“购阅”这部手机小说的用户高达2000万人次。2005年1月，国内首部手机小说《城外》发布，共4200字，被分割为60章节、每篇70个字发送给手机订户，创下了高达80万名手机用户订阅的记录。日本手机小说网站的读者群以20岁以下的年轻人为主，我国手机媒体的受众大部分是18到35岁之间的年轻人。①2005年2月，全球著名的兰登书屋宣布入资美国圣迭戈一家名为Voce的手机软件开发商，并同意后者使用手机接收兰登书屋提供的外语学习课程及电子游戏攻略。

手机已跻身为大众媒介，随着4G的进一步普及和5G的启动，手机传媒发展的黄金时代已经来临。随着科学技术的发展，手机的功能还会越来越多，越来越完善。现在的手机已经成为电话机、照相机、摄像机、录音机、电视机、电脑等多种媒体的完美统一。一切出版形态最终都会走向网络这一个聚合点上，手机成为使用最广泛、最便捷且功能最齐全的PDA（Personal Digital Assistant的缩写，意为“个人数字助理”，可细分为电子词典、掌上电脑、手持电脑设备和个人通讯助理机四大类）。手机出版的商业空间无比广阔，出版人员没有理由袖手旁观。

第三节　传统出版业的应对措施

数字出版尤其是网络出版的兴起从根本上改变了传统出版的运行模式：实现了从出版到发行的同步进行，省去了传统出版工作繁琐的流程；突破了时间和空间的局限，可以即时更新和无空间存储，并可使全球同步出版和发行成为可能，还可做到一天甚至一小时推出一个新版本，网络出版实现了真正意义上的“零库存”。同时，网络出版物的价格仅为传统图书的30%，形成巨大的竞争优势，也大大节省了用于造纸的森林资源，减少了造纸过程中对环境的污染，是真正意义上的绿色产业。数字出版极大地扩展了出版的概念，并改变着人们的消费理念，

① 江翠平．手机媒体孕育书业新宠［J］．出版发行研究，2006（9）．

代表了21世纪出版业发展的方向与潮流。然而，它极速的发展和市场份额的迅猛增长也给传统出版业带来了挑战，传统出版业只有积极应对，并适时调整战略部署才可能在新一轮的出版竞争中成功规避被淘汰出局的危险。

一、高度重视，转变观念

网络出版对传统出版的冲击是客观存在的，而且越来越强。全国国民阅读与购买倾向抽样调查的结果显示：近几年来，我国国民图书阅读率持续下降，1999年首次调查时，国民阅读率为60.4%，2001年为54.2%，2003年为51.7%，2005年为48.7%。而网络阅读率不断上升，1999年是3.7%，2003年增加到18.3%，到2005年已经达到27.8%，每年平均增长率为107%。1999—2005的7年间我国有网上阅读习惯的人数每年递增40%。论坛聊天、阅读新闻和玩网络游戏的网民比例占据网上活动内容的前三位。基本不读书者在回答原因时，选择"没时间"的占43.7%，选择"不习惯"的占29.1%，其中近一半是十八九岁的青年。①中国互联网络信息中心第19次调查数据显示：年龄在18~24岁之间的网民平均每周上网的时间最长，为21.5小时；紧随其后的是年龄在25~30岁之间的网民，平均每周上网时间为21小时。②显然，随着网络普及率尤其是在年轻人中普及率的逐年提高，网络的冲击成了图书阅读率迅速下降的主要原因。

一些国家已经积极采取措施应对阅读危机。如英国设立了由政府主导、民间机构全力参与的全国阅读年，试图转变英国国民的阅读态度；我国政府以及出版社、学校等各类组织也在积极促进国民的阅读行为。与此同时，也应重新定义"阅读"。"阅读是人从符号中获得意义的一种社会实践活动和心理过程，也是信息知识的生产者和接受者借助于文本实现的一种信息知识传递过程。"③传统文本一般指纸质的书、报、刊，随着数字出版成为出版军团的一员，阅读行为呈多元化趋势，不再

① 数据出自中国出版科学研究所主持的首次（1999）至第四次（2005）全国国民阅读与购买倾向抽样调查报告。

② 中国互联网络信息中心．第19次中国互联网络发展状况统计报告．http://www.cnnic.net.cn/uploadfiles/doc/2007/1/22/212245.doc，2007年1月．

③ 贺子岳．从多元化阅读看网络出版的发展方向［J］．出版科学，2006（2）．

仅针对于纸质出版物。我们对媒体的选择应该持开放的态度。Paper Display（纸书），TV Display（电视屏幕）与 Monitor Display（显示屏）均是现代人吸取知识的 Display（显示平台）。对出版业来说，这种观念的转变非常重要。

不同年龄层的网民普及率表

	2003	2004	2005	2006
18 岁以下	44%	67%	74%	82%
18~24 岁	84%	88%	95%	94%
25~30 岁	70%	78%	81%	88%
31~35 岁	48%	59%	61%	68%
36~40 岁	40%	41%	56%	54%
41~50 岁	20%	22%	33%	33%
51~60 岁	14%	9%	18%	17%
60 岁以上	1%	1%	6%	7%

图表来源：中国互联网络信息中心第 19 次中国互联网络发展状况统计报告

二、积极介入，抢滩占地

比尔·盖茨在 2000 年预言："大家高估了这两年网络的影响力，却低估了网络 10 年后的影响力。"①我国首次（1999）全国国民阅读与购买倾向抽样调查报告显示：当时电子出版物在我国城乡居民中的认知率只有 27.7%，而使用过电子出版物的人只有 17.4%。如今，各类数字出版物尤其是网络出版物已经大量涌入人们的阅读视野，并改变着人们的生活和行为方式，这是许多出版人员始料未及的。全球的唱片业，受到网络音乐下载的影响，五年蒸发掉近 20 亿美元的业绩。苹果 iPod 的出现创造了全球使用者通过苹果的 iTunes 音乐商店付费下载了超过 10 亿首歌的记录。一首《老鼠爱大米》彩铃下载的收入就达到了 5000 万元，而这首歌的专辑未必能卖出 500 万元。

西安电子科学技术大学出版社早在 2001 年就与北大方正合作，积极探索网络出版，在一年多的时间内，制作出版近 500 种电子书。该社

① 张振接．传统出版与网络出版 优势互补 携手共进［J］．中国编辑，2006（6）．

社长贺晓军说:“网络出版更大的意义在于未来。”①在数字出版中，先行优势非常明显，没有充分准备，便会措手不及，而若等网络出版发展成熟后再行动，那就意味着已经丧失了网络出版带来的巨大市场机遇。

辽宁出版集团也花大本钱投资电子书的出版，早在 2000 年 8 月，就与美国的秦通公司联手推出第一代中文电子书阅读器“掌上书房”。它像一台手持电子游戏机，可以容纳相当于纸质书 10 万页的内容；它的界面同传统图书一样，有封面、插图、版式；它的阅读方式和传统图书一样，整页显示、翻页、加批注、夹书签、划线。里面的内容可从网上下载，存储在芯片中，离线阅读 40 个小时。其亮度和书页画面可以根据需要自行调节，还有语音功能，可用耳朵来“阅读”，难懂的词汇则可以通过里面预置的辞典来查找解释。国内不少出版社也已逐步介入网络出版领域。高等教育出版社、北京大学出版社、电子工业出版社、清华大学出版社、复旦大学出版社、人民邮电出版社、人民教育出版社、中国电力出版社、中国建筑工业出版社、北京航空航天大学出版社、山东科学技术出版社等出版社已先后与北大方正结成了战略合作伙伴，共同推动网络出版。2005 年至 2006 年间，《瑞丽》《中国地理杂志》等杂志推出了多媒体版。2007 年初，中国最大的报业集团之一——文汇新民联合报业集团与 Xplus 合作，隆重推出电子《文汇报》，之后诸多电子报相继在电子杂志平台推出，多媒体网络杂志平台商与报业集团牵手经营数字报纸领域。

按需印刷（Print on Demand，缩写为 POD，也译为“即时印刷”或“闪电印刷”）是数字技术在印刷环节的极好实践。它始于 20 世纪 80 年代，能满足个性化印刷、减少浪费及印刷品一步到位的要求，实现零库存、即时出书和可选择的个性化印书。“按需出版”特别适合断版图书、短版图书和具有较强个性化特点图书的出版发行。著名的贝塔斯曼出版集团，2000 册以下的图书即用数码印刷来完成。按需印刷的操作分两步：图书内容数字化和高速印刷机高速本地或异地印刷。POD 一出现，发展势头强劲，美国 CAP 印刷调查公司预测：美国的按需印刷零

① 贺晓军. 网络出版　共创共赢［N］. 中华读书报，2003 - 08 - 06.

售额的年增长率将为18%，欧洲年增长率为22%。① 2004年以来是我国按需印刷出版业从概念型迈向生产型操作的标志性时期。知识产权出版社下属中献拓方科技发展有限公司决心打开中国按需出版的市场，2004年正式启动了中国首项“按需出版”工程，安装了目前世界上最先进的数码印刷机之一——富士施乐爱将iGen3数码打印系统，并在北京亦庄经济技术开发区建立“图书数字化及快印工厂”，招兵买马，征集数百名员工，实行流水作业，从事超大规模的图书信息数字化工作，致力于数码印刷在出版行业以及商业领域的应用推广。它为图书馆按需印刷数千种近现代善本图书和期刊，每种印60册，成为出版领域“第一个吃螃蟹的人”。②

对数字出版的选择是出版业的又一次重新洗牌，积极的先期进入者开始了一场新的圈地运动，培育着品牌和市场，也将成为数字出版的领跑者。

三、良性互动，实现双赢

在可以预见的时间里，电子书与纸质书是长期并存、优势互补、相互促进的。纸质出版与网络出版可以互动，共同发展。早在1997年，作家出版社和瀛海威信息通信公司合作，将长篇小说《钥匙》上网，这是中国第一本上了互联网的当代长篇小说。通过瀛海威的网址，读者可以免费阅读这部长篇小说的部分章节。一部小说的内容简介或部分章节在网上发表后，作者和出版社可以对点击、阅读该小说的网民进行调查，分析他们的文化程度、爱好，收集他们的反馈意见，据此判断该小说适合什么样的读者群、小说畅销程度、再版时需要做哪些修改等。

1999年，朝花少年儿童出版社推出了国内第一部传统纸质媒体与现代电子媒体互动的校园小说《你好，花脸道!》。在纸质书出版的同时，还在互联网上推出了“花脸道初中部网站”，其“站点导航”引导

---

① 鸿栋. POD加快出版印刷业改变步伐［J］. 今日印刷，2006（9）.

② 重拳出击——开启中国按需出版市场. http：//www. 2g2g. com/member/zhongxian. htm，2006－10－23.

读者参观校园，从教室、办公室、学生会、操场、食堂一直到小卖部。书中的主人公都有电子信箱，读者可以通过电子邮件的方式与他们交流，还可以在“自由接龙”中按自己的意愿删改或续写情节，来亲身参与故事的发展。它在如何利用网络为读者提供增值服务，如何通过网络收集更多读者信息，如何探索网络时代图书出版的新形式方面，迈出了开创性的一步。

依据名人博客的高点击率，出版社可策划图书选题，如《老徐的博客》（中信出版社）、《潘石屹的博客》（长江文艺出版社）及《勃客郑渊洁》（文汇出版社）先后出版。某些出版社将图书作品放在手机博客上连载，收集信息和评论后进行相关分析，作为编辑、营销和发行的参考。例如，知识出版社推出了“手机短信互动书籍”——《都市“非常规”生活》，有的新华书店开通手机移动论坛功能为读者提供个性化营销服务。互联网上内容资源的高点击率，网络视频的高收视率，数字音频的高收听率，手机内容资源的高转发率，都可以利用来策划出版图书。

四、重视网络版权保护

在版权保护方面，传统出版单位在网络出版的探索过程中，必须注意三个问题：

（一）解决好网络出版的版权

要保护出版社和作者享有的作品网络传播权。对原有的出版合同要进行修改与补充，要加入关于作品网络出版权的有关条款。

（二）选择有技术保障的合作伙伴

北大方正 Apabi 系统在电子书的版权保护、制作技术等方面都有独到之处，而且北大方正对出版业作出了重大贡献，具有品牌优势。所以，选择与北大方正合作应是明智之举。

（三）要完整保留纸质出版物的电子文档

要充分利用电子文档资源，对于保存较好的电子文档，可以通过 Apabi 转换软件比较容易地转换为 E-book，节省人力、物力和财力，使得出版社参与网络出版变得简便易行。

从产业内竞争者、潜在进入者、替代品、供应者和购买者这五种基本竞争力量的状况来看，传统出版产业面临着新进入者和替代品的巨大威胁，如社会资本和国外资本的进入，以及各类新型数字出版物及数字出版商的加盟。在每类出版物所占的市场份额缩小，而各种媒介日益融合的状态之下，各类出版物之间的界线逐渐变得模糊。在以“内容为王”的前提下，相同内容的各种版本同步或相继发行成为出版的常态，多元化阅读和多元化出版成为现实，出版业呼唤新型的出版人才和出版管理模式。

第十五章

我国出版业属性的变化与出版改革

主要观点：

1. 纠缠于我国出版到底是事业还是企业，没有任何意义。无论中外，凡出版活动都是事业，但出版单位不一定属于事业单位，绝大部分出版单位属于企业。

2. 中华人民共和国成立以来，我国出版社的属性先后经历了三个阶段：名义上实行企业管理、属于事业单位但实行企业管理、转变为现代企业。总的来说，当今我国出版业是中国特色社会主义出版产业。

3. 我国出版改革进程的整体态势是：发行体制改革先行一步并急剧推进，出版社改革随后跟进并稳步推进。

4. 要以产业的观点看待出版的改革与发展，要建立起与大出版、大传媒相适应的出版传媒体制，要积极鼓励社会资本向出版产业流动。

5. 政府应该切实转变职能，准确定位，科学而务实地管理出版业。政府应该从具体的事务性管理中解放出来，应该减少和规范行政审批。

第一节　我国出版业属性的变化

一、当今我国出版业的性质

总的来说，当今我国出版业是中国特色社会主义出版产业。

中国特色社会主义出版产业具有以下特点：

1. 是社会主义市场经济条件下的出版产业。也就是说，既有社会主义的原则要求，又有市场经济的一般特征。

2. 既要坚持和巩固马克思主义、毛泽东思想、邓小平理论在意识形态中的指导地位，用“三个代表”重要思想、科学发展观、新时代中国特色社会主义思想的要求来统一出版工作，又要有利于社会主义出版业的改革，还要着眼于世界文化发展的前沿，不断增强社会主义事业的感召力、吸引力。

3. 国家、行政机关对出版业的管理，既要保留行政的手段，更要运用法律的手段和经济的手段促进出版业的发展与繁荣。

在西方国家，新闻出版是一种产业（或者说是信息产业的重要门类），而且是支柱性产业，早已是一种共识。但是，我国出版业长期以来不是产业，只是事业。中共十四大（1992 年 10 月召开）以后，在 1992 年全国新闻出版局长会议（12 月召开）上，宋木文在代表新闻出版署党组所作的报告中指出，出版单位既是思想文化部门，又是文化产业部门。1996 年 3 月的全国新闻出版局长会议明确把出版工作当作产业来设计。①既然是产业了，就要按照产业的规律来运作，除了最大限度地保证社会效益以外，出版产业还必须根据社会主义市场经济的规律，通过市场求生存谋发展，努力提高经济效益。

① 王建辉说：“我们国家的行业领导机关，将新闻出版作为一种产业来发展这样一个思路是在 1996—1997 年开始明确起来的。”参见：王建辉. 新出版观的探索［M］. 武汉：华中师范大学出版社，2002：45.

二、中华人民共和国成立以来出版社属性的演变

首先有必要说明“事业”“事业单位”与“企业”的不同涵义。

（一）“事业”“事业单位”与“企业”的涵义

按照《现代汉语词典》（商务印书馆2016年9月第7版）的解释，“事业”有两个涵义：第一，人所从事的，具有一定目标、规模和系统而对社会发展有影响的经常活动，如科学文化事业、革命事业；第二，特指没有生产收入，由国家经费开支，不进行经济核算的事业（区别于“企业”），如事业单位。

从第一个含义来看，“事业”是个中性词，并不是对人民有益的才称“事业”，对人民有害的不能称为“事业”，对人民有益还是有害，要在“事业”前加定语确认。所以，“出版事业”也是个中性词。不管哪国的出版、什么时候的出版，毫无疑问都是出版事业。1949年10月，出版总署署长胡愈之在全国新华书店出版工作会议上所作《全国出版事业概况》的报告中讲到清末民初基督教教会把出版当作文化侵略的工具，大量印刷《圣经》的情况，但也没有否定它们是出版事业，而是称之为中国“最早出现的大规模的出版事业”；报告还讲到商务印书馆，称其为“中国最早最大的出版事业”。

从第二个含义来看，“事业”与“事业单位”是有区别的。各种事业所属的单位，依据管理方式的不同，可划分为两种。适宜作为事业单位管理的称为事业单位；适宜作为企业单位管理的，称为企业单位。也就是说，“事业单位”是财务管理上的专用名词。“事业单位和企业单位，只说明它的管理方式，并不说明其所属事业重要或不重要，更不说明政治性的强或弱。某一单位是事业单位还是企业单位，由其主管领导机关决定，有时还须与财政部门商定。”①

无论中外，凡出版活动都是事业，但出版单位不一定属于事业单位，绝大部分出版单位属于企业。凡企业，都必须按经济规律办事，必须面向市场，必须讲求赢利。可以说，是否自主经营是企业单位和事业

① 王益. 事业乎　企业乎［J］. 出版发行研究，1999（1）.

单位的根本区别。

（二）中华人民共和国成立以来出版社属性的演变

中华人民共和国成立以来，我国出版社的属性经历了以下三个阶段：

1. 从 1950 年至 1983 年，出版社名义上属于企业

1949 年中华人民共和国成立时，第一届中央人民政府的 28 个组成部门中就有出版总署。1950 年 10 月，中央人民政府政务院作出《关于改进和发展全国出版事业的指示》，认为“书籍杂志的出版、发行、印刷是与国家建设事业、人民文化生活极关重要的政治工作”。虽然有这种强烈的政治意识，但并没有否定出版社是企业单位，本指示还规定：“为了使出版事业能够扩大发展，应允许公私营出版业取得合法的利润，但决不应攫取过分的非法利润。”① 这实际上规定出版单位是营利单位。

1950 年 10 月，出版总署发布的《关于国营书刊出版印刷发行企业分工专业化与调整公私关系的决定》规定：“全国各级新华书店兼营出版印刷业务者，从目前起应即着手分划为三个独立的企业单位，即出版企业、印刷企业和发行企业……人民出版社为直属出版总署的国营出版企业……新华印刷厂总管理处及其所属京津两地厂行为直属出版总署的国营书刊印刷企业……新华书店为直属出版总署的国营书刊发行企业。”出版总署规定直属出版社等单位为企业，当时的政务院是认可的。20 世纪 50 年代末，文化部直属出版社的财务一度归北京市财政局管理，为了“树红旗”，北京市财政局要求出版社逐年递增利润。出版社认为不合理，要求将出版社企业管理改为事业管理，但财政部认为如要改为事业管理，就不能再享受企业的劳保福利待遇，对此出版社又不愿接受。也就是说，企业管理改事业管理未成事实。

必须看到，这一阶段我国的出版社虽然属于企业，但公私合营特别是出版社全部国营后，出版社的市场竞争消失了，出版社并没有成为真正的企业单位。特别是“文化大革命”期间，受极“左”思想的影响，

---

① 中央人民政府政务院关于改进和发展全国出版事业的指示//宋原放. 中国出版史料（现代部分）：第三卷（上册）[M]. 济南：山东教育出版社，武汉：湖北教育出版社，2001：104－106. 下文所引《关于国营书刊出版印刷发行企业分工专业化与调整公私关系的决定》中的材料也出自该书。

新华书店不许说“进货”和“销货”，只能说“进书”和“发书”。“文化大革命”期间甚至有出版社领导声称：“早知道出版社是企业单位，我就不来了。”① 这正反映出当时出版社属性的模棱两可。

一直到1980年4月，中宣部转发国家出版事业管理局制订的《出版社工作暂行条例》。该文件虽然没有明确讲“改革”，但实际上要求对出版社的工作进行改革。例如，第二十六条、第二十七条和第二十八条都是关于经营管理的，第二十六条规定：“出版社要根据科学文化事业的特点，加强和改善经营管理。既要按照出版工作的任务和规律，努力为繁荣科学文化作出贡献，又要按照经济规律办事。”第三十五条规定：“出版社实行党委领导下的社长、总编辑分工负责制。”②

1983年6月，中共中央和国务院联合颁布《关于加强出版工作的决定》，这是中华人民共和国成立以来第一个也是唯一的一个由党中央和国务院联合作出的关于出版业的文件。该决定指出：“我国的出版事业，与资本主义国家的出版事业根本不同，是党领导的社会主义事业的一个组成部分”；但又明确指出：“出版事业的发展，必须贯彻改革精神，打破不能适应新形势的老框框，创立新章法，调动一切积极因素，解放生产力，促进编辑、印刷、发行的能力较快增长并协调发展。”

2. 从1984年至2003年6月，所有出版社都属于事业单位，但实行企业管理

早在1983年，为了争取调整工资的需要，开始把大多数出版社作为事业单位、实行企业管理来对待。1982年底，劳动人事部和财政部决定政府机关和事业单位工作人员普遍提高一级工资。文化部直属出版社认为出版社属于事业单位，要求调资。文化部出版局经中央机关工作人员调整工资办公室同意，将文化部所属6家出版社及新华书店总店、中国印刷公司列入1982年调资范围。1983年2月，文化部出版局发出

---

① 王益. 事业乎　企业乎［J］. 出版发行研究，1999（1）.

② 出版社工作暂行条例//新闻出版署图书管理司. 图书出版管理手册［M］. 沈阳：辽宁大学出版社，1991：21－23. 下文所引中共中央、国务院《关于加强出版工作的决定》《关于图书发行体制改革的若干意见》和《关于当前出版社改革的若干意见》中的材料，均见此书。

《关于出版社、新华书店总店、中国印刷公司列入一九八二年调资范围后的几项规定》，内称："一、出版社的性质属于事业单位，仍实行企业管理。二、出版社的奖金、福利按事业单位标准发放……"中央级非直属出版社和地方出版社也闻风而动，纷纷仿照办理。于是出版社的"事业单位，企业管理"属性深入人心，成为定论。但财政部在 1983 年 6 月发布的文件中仍称出版社为"文教企业"，而在有的文件中笼统地称出版社为"出版部门""出版单位"。

1984 年 9 月，经中宣部批准的文化部党组《关于地方出版工作会议的报告》提出："绝大部分出版社现在是事业单位，实行企业管理。"这就从法规上明确了出版社是事业单位，但实行企业管理的属性。其实，"事业单位，企业管理"的说法不贴切，更准确的说法应该是事业性管理、企业性经营。因为，出版单位的人事制度、分配制度、干部制度等都是事业性的管理制度，财务管理也不全是企业性的，但其产品的生产、销售等经营活动都是企业性的。

1985 年 4 月，在北京召开的全国出版局（社）长会议进一步明确：多数有条件的出版社要作为事业单位，实行企业化管理，通过逐步改进和完善经营管理，不断增强自我发展的能力和主动为社会服务的能力。

1992 年党的十四大确立了建立社会主义市场经济体制的目标。我国出版业也加快了向社会主义市场经济转轨的步伐。

3. 从 2003 年 7 月起，出版社先后转变为现代企业

出版社既是事业单位又是企业单位，这相当滑稽。事业单位和企业单位两者只能择其一，非此即彼，不能兼而有之。既是"事业单位"，又是"企业单位"，"两头沾"合理吗？

1999 年，王益（1917—2009，曾任新华书店总店经理）撰文，对我国出版社究竟是事业单位还是企业单位作了详细考证，理清了各种说法的来龙去脉，最后明确指出："我认为建国初期政务院和出版总署对出版单位的定性没有错，应该重申当年这些规定。"①这一主张对我国出版社的进一步改革具有重大意义。

---

① 王益．事业乎　企业乎［J］．出版发行研究，1999（1）．

从2003年6月起，我国出版单位试行转制。出版单位的转制有两层含义：一是指在计划经济体制迈向市场经济体制的过程中，一部分经营性的事业单位转制为企业。简单地说，就是事业单位转为企业；二是指已经转为企业体制的出版单位，由单一的国有企业转变为股份制多元化企业，即由单一的国有制转变为股份制。只有先由事业单位转为企业单位，才能谈得上股份制改造。

出版业是一种具有双重属性的产业。一方面具有意识形态的属性，所有的出版物都要表达一种文化观、世界观；另一方面又是市场上的一类商品，图书、报刊、音像、电子产品都有商品属性，都要进入流通。党的十六大（2002年11月召开）报告把文化单位分为两大类：一类是公益性的事业单位，即为公共事业服务的、隶属于国家的事业单位；另一类是经营性的产业部门，生产精神产品，并通过市场实现它的价值。前者继续以事业体制来管理，坚持政府主导，而后者则要按照现代企业制度进行体制的创新。“对于经营性的新闻出版单位，不转制就不能走向市场，就不能打破垄断经营，就不能形成新的市场主体，就不能参与国际国内的文化竞争，就不能适应新闻出版事业和新闻出版产业发展的要求。”①

中共中央明确规定，作为事业单位管理的非营利的文化单位主要是指党报、党刊、党台和人民出版社（或者是无盈利能力的政策性出版社），其主要任务是为党和国家的宣传、思想文化工作服务。出版行业目前主要确定人民出版社（包括直属于新闻出版总署的人民出版社和各省市自治区的人民出版社）作为事业单位保留。人民出版社主要担负马克思列宁主义基本理论的宣传和意识形态任务比较重的工作。党报、党刊、人民出版社以外的报纸、期刊、音像电子出版社、图书出版社，都要分期分批转制为企业，都要按照现代企业制度进行内部管理体制、领导机构和运行机制的改造，从而成为一个独立的市场竞争的主体。

---

① 柳斌杰．出版单位改制中的几个重要问题．http://chinabook.gapp.gov.cn/O/Article.aspx? ArtID=046152&CateID=I010401,2004-05-24.

第二节　我国出版改革的简要历程

一、图书发行体制改革先行一步

从1950年10月起，我国出版业实行专业分工，出版社集中精力做好编辑出版工作，图书发行工作则由新华书店独家经营。出版社和新华书店之间，实行征订包销制度。新华书店独家经营发行，环节少、书价便宜，并担负了图书脱销与积压的责任，为出版业的发展作出了重要贡献。然而改革开放后，新华书店独家发行的体制不适应新形势发展的要求，主要问题是：流通渠道太少，购销形式和所有制形式单一，不利于调动各方面积极性，难以做到“货畅其流”。为解决当时普遍存在的“买书难”问题，有关部门开始进行图书发行体制改革。

（一）“一主三多一少”的提出与实施

根据中央领导同志的指示，经过比较充分的调查研究，时任新华书店总店经理的王益主持起草了《关于图书发行体制改革问题的报告》，经中宣部批准后于1982年7月开始实施。这个报告提出：“图书发行体制根本改革的目标是：在全国组成一个以国营新华书店为主体的，多种经济成分，多条流通渠道，多种购销形式，少流转环节的图书发行网，使货畅其流、书尽其用，更好地贯彻出版工作为社会主义服务、为人民服务的方针，最大限度地满足读者对图书的需要。”这就是通常所说的“一主三多一少”改革方案。中共中央、国务院1983年6月发布的《关于加强出版工作的决定》肯定了这一改革政策。

实施“一主三多一少”的具体要求有：

1. 适当改变现行购销形式。改包销为寄销；初版书分配试销，重印书征订包销；出版社自办征订批销，即由出版社自行承担新华书店发行所（发货店）的大部分职能或全部职能。对大中小学教科书，则继续实行现行的征订包销的购销形式。

2. 大力支持出版社自办发行。性质特殊的出版社可以自办全部发行，一般出版社可以自办批发。

3. 积极发展集体书店，适当发展个体书店。

4. 加强和改进新华书店主渠道建设，改善经营管理，提高服务质量，推行经营管理责任制，实现多劳多得。

经过几年的探索和推行，图书发行体制改革初见成效，“一主三多一少”的图书发行格局初步形成。但是，新中国成立以来长期形成的过分集中、统得过死的发行管理体制和经营形式，仍然没有根本改变。

（二）“三放一联”的提出与实施

为深化图书发行体制改革，从1987年下半年开始，新闻出版署领导班子成员和有关部门同中宣部出版局一起进行了一系列调研工作，共同起草了《关于当前图书发行体制改革的若干意见》。经1988年3月召开的全国新闻出版局长会议讨论修改后，于1988年4月由中宣部和新闻出版署联名发布。

《关于图书发行体制改革的若干意见》对图书发行体制改革的指导思想与基本目标作了明确规定。提出要“建立和发展开放式的效率高的充满活力的图书发行体制”，要继续完善和发展“一主三多一少”，并推进“三放一联”：放权承包，搞活国营书店；放开批发渠道，搞活图书市场；放开购销形式和发行折扣，搞活购销机制；推行横向经济联合，发展各种出版发行企业群体和企业集团。

“三放一联”重在一个“放”字。根据所有权与经营权分离的原则，把经营权真正放给国营书店，使之成为有独立法人资格的经济实体，自主经营，自负盈亏。在放权的基础上，国营书店实行责、权、利相结合的经营承包责任制。可以有几条批发渠道：有新华书店的，有出版社的，也有出版社和新华书店联合的。有条件的集体书店，经省一级出版行政机关批准，也可开展批发业务。寄销是推广方向，应该积极试行。还要推行征订包退、试销、期销、发样订货、看样订货等灵活多样的形式。发行折扣也要相应地放开，今后实行浮动折扣，折扣率由出版社和发行部门双方自行商定。在店与店、社与社、社与店之间，社店与其他企业、事业部门之间，可以按照自愿互利的原则，通过投资、参股等办法，联合开办书店、批发中心、图书贸易市场、旧书市场。经批准，也可以组成发行企业集团，在各地建立销售系统。

“从改革的趋势、实质和连续性来看，‘三放一联’同‘一主三多一少’一样，都是在发挥新华书店主渠道作用的同时加强出版社在发行体制改革中的作用，以打破独家垄断，开放多种渠道，搞活发行。”①

二、出版社改革稳步推进

随着图书发行体制改革的不断推进，人们认识到发行体制改革与出版社的改革密不可分。在图书发行体制改革的进程中，出版社改革稳步推进。

（一）出版社改革的启动

1. 长沙会议揭开了出版社改革的序幕

1978 年 12 月，国家出版局在长沙召开了全国出版工作座谈会。这一年的 8 月，时任湖南省出版局副局长的胡真在全国率先提出地方出版社应该“立足本省，面向全国，争取更多的图书进入国际市场”。②这一口号被此次长沙会议采纳，定为全国地方出版社新的出版方针，从而废除了 20 世纪 50 年代提出的、地方出版社执行了几十年的方针——地方化、群众化、通俗化，这是全国出版工作改革开放的先声。到 1983 年 6 月，“地方出版社立足本地，面向全国”被写进了《中共中央、国务院关于加强出版工作的决定》。

2. 哈尔滨会议第一次比较系统地讨论了出版社的改革

1984 年 6 月，在哈尔滨召开了各省、自治区、直辖市的出版局、出版总社或人民出版社负责同志参加的全国地方出版工作会议，即哈尔滨会议。会议围绕开创地方出版工作新局面这个中心，着重讨论了地方出版社如何更好地贯彻执行 1979 年长沙会议确定的“立足本省、面向全国”的地方出版工作方针问题，以促进地方出版事业更快更好地发展。哈尔滨会议第一次比较系统地讨论了出版社改革，一般被视为全国出版社改革的开端。

1984 年 10 月，中宣部批准了文化部党组《关于地方出版工作会议的报告》。该报告比较准确地反映了哈尔滨会议关于出版社改革的讨论，提出了以下主要要求：

（1）适当扩大出版单位的自主权，以提高出版单位经营的主动性。

---

① 宋木文．出版体制改革的历史回顾（上）[J]．中国出版，2006（5）.

② 胡真．我的出版观·增补本［M］．长沙：湖南出版社，1997：23.

“十条”（指1984年5月国务院发布的《关于进一步扩大国营工业企业自主权的暂行规定》）加“一条”（指在国营企业中逐步实行厂长、经理负责制），其基本精神对出版单位都是适用的。书店和书刊印刷厂都是企业单位，绝大部分出版社现在是事业单位，实行企业管理，都要做到奖励基金、福利基金的提取同利润挂钩。要使出版社由单纯的生产型逐步转变为生产经营型。

（2）出版社编辑部应当建立联系奖惩的考核制度。要实行岗位责任制，要规定先进合理的定额，超额给奖；同时实行若干以提高图书质量为主要考核内容的单项奖。要敢于给贡献大的知识分子以较多的收入。要把编辑人员的积极性引导到提高工作效率、提高书籍质量上来。

（3）把解决出书慢、买书难作为出版工作改革的一个重要突破口。出版、印刷、发行、物资、科研等各个环节的改革，要互相配合，同步进行。要上下左右一起动手，千军万马（全民、集体、个体、编印发各环节）齐上阵，进行综合治理，力争缩短出版周期、增加图书供应。

（4）加强思想政治工作。当前要特别注意克服在知识分子政策和按劳分配等问题上的“左”的思想的影响，克服各种不适合新情况的陈旧观念的影响。

（二）两次局长（社长）会议推动了出版社的改革

1985年4月在北京、1986年11月在南宁召开的两次全国出版局长（社长）会议，对出版社的改革起了推动作用。

1985年4月，在北京召开的全国出版局长（社长）会议，是继哈尔滨会议之后另一次以讨论出版社改革为主题的会议。会议总结了出版改革的经验，讨论了出版改革的指导思想，深化了对出版改革的认识，还就发展出版事业和加强出版管理的一些重要问题交换了意见。时任文化部出版局局长的边春光着重阐述了在贯彻党的出版方针中必须正确处理好的三个关系：出版物的经济效益和社会效益的关系、作者的创作自由与编辑的责任的关系、出版物内容中的允许与提倡的关系。时任文化部出版局副局长的宋木文进一步阐述了出版社的属性问题，指出出版社既是文化事业单位，又具有企业属性，“多年来形成了大体两种不同的管理方式：一种是大多数能够保持微利或略有盈余的出版社按企业单位管理；一种是少数亏损出版社按事业单位管理。历史形成的这两种管理方式，是出版社具有两重性的反映，是出版社在经营上存在不同状况的反映…… 改革中，我们倾向于：多数有条件的出版社要作为事业单位，实行企业化管理，通过逐渐改进和完善经营管理，不断增强自我发展的能力和主动为社会服务的活力；对于另一部分不具备实行企业化管理条件的出版社，可以实行事业管理，但也要注意改善经营，逐步由生产型向生产经营型转变，积极创造条件，争取其中的一部分转为企业化管理”。①

1986 年 11 月又在南宁召开了全国出版局长（社长）会议，主题是加强社会主义精神文明建设，开创提高图书质量的新局面。十一届三中全会以后，我国出版工作持续、稳定发展，但在品种数量与质量效益的关系上，品种数量增长过快。1983 年制订的规划提出到 1990 年时全国出版图书五万种，但 1986 年就达到了。针对这种状况，此次会议提出了在改革中开创提高图书质量新局面的任务。时任国家出版局局长的宋木文提出了“一个主调，多种声音”的要求。一个主调，即马克思主义、四项基本原则；多种声音，即学术上的各种流派、观点，只要不危害现实政治，对这类的研究和创作成果，也允许它们存在，在我们的出版物中有一席之地。此外，必须加强和改进对出书选题的管理，着重抓好能够代表国家水平的重点图书，也称之为“骨干工程”。②

（三）指导出版社改革的第一个正式文件

1988 年 4 月，由中宣部和新闻出版署联合发出的《关于当前出版社改革的若干意见》是改革开放后关于出版社改革的第一个正式文件。该文件的主要内容有：

1. 肯定了十一届三中全会以来地方出版社发生的两大变化。这两大变化是：办社方针由地方化、群众化、通俗化改变为立足本地、面向全国，由综合出版社逐步分为各个专业出版社。

2. 提出了出版社改革的目标与措施。目标是：“在发展社会主义有计划的商品经济的条件下，出版社必须由生产型向生产经营型转变，使出版社既是图书的出版者，又是图书的经营者。”为适应这种转变，需要积极而又稳妥地对出版社原来的体制，包括领导体制、经营体制、管

① 宋木文. 宋木文出版文集 [M]. 北京：中国书籍出版社，1996：125 - 126.

② 宋木文. 出版体制改革的历史回顾（下）[J]. 中国出版，2006 (6).

理体制、人事体制、分配体制等进行改革。提出了“优化选题，调整图书结构”“逐步推行社长负责制”“积极推行多种形式的责任制”“坚持按劳分配，敢于拉开差距”“开辟多种渠道，扩大出版能力”“在改革中建设一支高素质的出版队伍”和“加强出版社改革的领导”七项措施。还明确指出：“多出好书是衡量出版社改革成效的根本标志。”

3. 对社会效益与经济效益的关系作了比较完整的表述。这就是：“出版社既要重视社会效益，又要重视经济效益，必须把社会效益放在首位。但作为自负盈亏的出版社，如不讲经济效益，也难以实现社会效益。在具体问题的处理上，如果经济效益与社会效益发生矛盾，经济效益要服从社会效益。总之，要努力使社会效益与经济效益统一起来。”

4. 明确提出出版社可以开辟多种渠道，利用社会力量，扩大资金来源，争取多出好书。对协作出版、自费出版、对外合作出版等给予了肯定，并作了规范性的规定：“确有需要的出版社在办社宗旨和经营主权不变的前提下，经上级主管部门批准，可以吸收全民所有制单位、集体所有制单位的资金，用于发展生产；有条件的科技和学术性出版社，经省级政府和部级主管部门同意，并经新闻出版署批准，可以试行同外资合营，但外资股金必须低于二分之一，编辑部应由我方掌握。”关于中外合资办出版社，当年只批准了个别单位试办。

（四）社会主义市场经济条件下出版体制的探索

1. 提出建立适应社会主义市场经济体制的出版体制

1992 年 12 月，为贯彻不久前召开的党的十四大精神，在北京举行了全国新闻出版局长会议。宋木文代表新闻出版署党组作了《贯彻十四大精神 把新闻出版事业推向一个新的发展阶段》的报告。此次会议提出了建立适应社会主义市场经济体制的出版体制，以及在市场经济条件下加强宏观管理的要求。关于出版单位的属性，报告指出：“出版部门是思想文化部门，但同时是国民经济的一个产业部门。”关于出版社的改革，报告提出：“要增强出版单位活力，使其适应市场，驾驭市场。”为此，要转换出版单位的经营机制，进一步完成出版单位由生产型向生产经营型的转变，具备条件的出版社可以由事业单位转为企业，出版单位的生产活动要按照企业的规范进行；新闻出版行政管理机关要逐步扩大出版单位作为市场竞争法人实体的自主权，包括图书选题决定权、图书定价权、工资奖金分配权、人事权、资金使用权、外贸权等。适当放宽各出版社的专业分工，允许根据市场需要及本身具备的编辑实力，出版相近、相关专业的图书。报告强调，建立适应社会主义市场经济体制的新的出版体制，要切实注意把握好两个方向性问题：一是要同政治体制改革相适应，二是要同社会主义精神文明建设相适应。

2. 出版发行集团化建设全面启动

1993 年，江西出版集团成立。1999 年，上海世纪出版集团、北京出版社出版集团、广东省出版集团成立。2000 年，湖南出版集团（后更名为湖南出版投资控股集团）和山东出版集团成立。2001 年，江苏出版集团（后更名为江苏凤凰出版传媒集团）成立。2002 年，中国新闻出版集团有限公司成立。2003 年，四川出版集团成立。2004 年，辽宁出版集团成立。目前除西藏和新疆外，其他地区都建立了不同类型的出版集团或发行集团。

2001 年 8 月，《中央宣传部、国家广电总局、新闻出版总署关于深化新闻出版广播影视业改革的若干意见》下发，指出新闻出版广播影视业“既有一般行业属性，又有意识形态特殊性”，同时要求“以结构调整为主线”“积极推进集团化建设，把集团做大做强”“实行多媒体兼营”与“实行跨地区经营”等。2002 年 7 月，《中央宣传部、新闻出版总署关于进一步加强和改进出版工作的若干意见》明确提出，出版业改革应“借鉴经济领域改革的成功经验”“重点培育大型出版集团和发行集团”“在国有资本控股的前提下，对发行集团和省级新华书店等，实行股份制改造”。这些文件都针对当时新闻出版业改革与发展的实际情况，肯定了成绩，规范了路径，有着很强的指导与推动作用。

3. 出版转制标志出版改革进入实质性阶段——体制创新的新阶段

依据中共十六大以及其十六届三中全会关于文化体制改革的重要精神，中央两办于 2003 年配套出台了两个重要文件。一个是《中共中央办公厅 国务院办公厅转发 < 中共中央宣传部、文化部、国家广电总局、新闻出版总署关于文化体制改革试点工作的意见 > 的通知》（中办发［2003］21 号），文件对试点工作作出了具体安排，并明确了“坚持和巩固党在意识形态领域的领导地位”的原则，确立了“因地制宜、分类指导、先点后面、统筹兼顾”的工作方针；另一个是《国务院办公厅关于印发文化体制改革试点中支持文化产业发展和经营性文化事业单位转制为企业的两个规定的通知》（国办发［2003］105号），对文化体制改革试点的转制企业在财政税收、投资融资、资产授权经营、社会保障等方面的一系列问题做出相应规定，为试点改革提供了良好的政策环境。与之相适应，新闻出版总署出台了《新闻出版体制改革试点工作实施方案》，从行业实际出发，对新闻出版改革试点工作的总体目标、基本要求、主要任务等做了详细的规定。此外，新闻出版总署还起草了《关于新闻出版体制改革试点单位融资的实施意见》和《关于体制改革试点中经营性新闻出版事业单位转制为企业的工作程序》。财政部、海关总署、国家税务总局也于2005年发出了《财政部 海关总署 国家税务总局关于文化体制改革中经营性文化事业单位转制为企业的若干税收政策问题的通知》和《财政部 海关总署 国家税务总局关于文化体制改革试点中支持文化产业发展若干税收政策问题的通知》两个文件，对文化企业在免征企业所得税、进口关税及土地房产税等方面给予扶持。

从2003年6月起，我国21家新闻出版企事业单位开始进行文化体制改革试点工作。其中，有7家出版单位：中国出版集团、上海世纪出版集团、辽宁出版集团、广东出版集团、吉林出版集团、中国科学出版集团和人民邮电出版社；有5家发行单位：新华发行集团总公司、四川发行集团公司、辽宁发行集团公司、江苏新华书店集团公司、浙江发行集团公司。

与以往各次新闻出版体制改革的单兵作战、投石问路不同，这次新闻出版体制改革具有战略性意义，是对新闻出版以至整个文化体制的总体设计，是总体启动。这次改革的总目标就是党的十六届三中全会作出的《中共中央关于完善社会主义市场经济体制若干问题的决定》中所提出的："逐步建立党委领导、政府管理、行业自律、企事业单位依法运营的文化管理体制。"这次改革的原则是"分类指导"，也就是，"公益性文化事业单位要深化劳动人事、收入分配和社会保障制度改革，加大国家投入，增强活力，改善服务；经营性文化产业单位要创新体制，转换机制，面向市场，壮大实力"。

通过改革，绝大多数出版单位要转变为现代企业。出版单位可以通过兼并、重组和股份化的方式来实现转制。转制后的出版企业要按照市场规则去运行，既要经营产品也要经营资产，力争在市场竞争中尽快做大做强。转制后的出版企业是一个独立的市场法人主体。国家像管所有的企业一样管理出版企业，出资部门管人管资产，税务部门管税务，工商部门管工商登记，出版行政管理机关管业务（管业务当然是依法管理，不是以前隶属关系下的管理）。

数年的改革试点取得了宝贵经验，有论者将其概括为：党在意识形态领域的领导地位得到巩固和加强；转制后的企业逐步建立了现代企业制度和法人治理结构；重塑了市场主体，试点单位效益增长显著；试点单位实现了跨行业、跨地区、跨媒体发展；高科技手段的运用，使生产力水平大幅度提高；新闻出版业“走出去”战略取得突破性进展。①

第三节　当前我国出版业存在的主要问题与对策

十一届三中全会以来，我国出版业发生了巨变，出版改革也取得了很大成就。但是，出版改革的任务还很艰巨。整体而言，出版业仍处在从适应计划经济体制向适应市场经济体制的转变当中；出版发行单位在完成改企转制试点工作之后尚待进行分类指导并全面展开；重塑市场主体的出版改革任务远未完成；打破地区分割和贸易壁垒以建立全国统一、开放、有序、竞争的出版物市场的任务仍很艰难。

一、当前我国出版业存在的主要问题

当前我国出版业主要存在以下 5 个问题：

（一）图书出版业出现“滞胀”现象

滞胀，是经济学名词，是“膨胀性衰退”的简称，表现为经济增长缓慢或停滞，物价上涨，退货率上升，信用体系趋于瓦解，利润下滑，等等。当代出版家巢峰认为，在我国国民经济高速发展的同时，图

① 戴云波．打破最后的坚冰——我国新闻出版体制改革试点历程述要［J］．中国出版，2006（4）．

书出版业却出现了“滞胀”现象，它有10个具体表现：（1）图书品种急剧上升，但每种年平均销售量急剧下降；（2）图书销售册（张）数增长率远远低于国内生产总值增长率，图书销售册（张）数从1999年开始呈下滑趋势；（3）人均购书册数二十几年如一日，且呈下滑趋势；（4）图书总定价增长远远高于总印张增长；（5）图书出版成本年年上涨，居高不下；（6）近期出版利润停滞不前，已呈下滑趋势；（7）图书发行折扣愈打愈大，图书退货率不断上升；（8）图书货款结算期愈来愈长，信用危机愈演愈烈；（9）图书销售设施（书店面积）大幅度增加，销售成本不断提高；（10）图书库存金额直线上升，资金周转奇慢。①

从1985年起，尤其是进入21世纪以来，我国图书出版业出现了日益严重的库存积压现象。与2003年相比，2004年全国出版图书，品种增长9.4%，总印数下降3.8%，总定价增长5.5%，销售数量下降1.32%，销售金额增长5.28%。在库存方面，2004年全国图书库存数量比2003年增长8.04%，库存金额增长11.9%。与2016年相比，2017年全国出版图书，品种增长2.5%，总印数增长2.3%，总定价增长9.5%，总印数虽有增长，但增长率不及品种增长率，尤其比总定价低了7.2个百分点。在库存方面，2017年，全国新华书店系统、出版社自办发行单位年末库存62.59亿册（张、份、盒）、1220.97亿元，与2016年相比，库存数量降低4.8%，库存金额增长6.8%。库存数量虽然降低，但库存金额仍然增长。这表明，30多年来，图书生产在不断上升，但消费能力整体在下降，出版业主要靠提价保持增长。

1985年我国人均购书6.3册，创下我国人均年购书最高记录。此后再没有超过6册，2006年为4.5册。② 30多年来，人均年购书量没有增加反而下降，每种图书的平均销量大大萎缩，而每年出版的图书的品种日益增加。退货率也呈上升势头。我国图书市场的平均退货率在30%～40%③。退货增加使库存急剧上升。2004年底全国库存41.64亿

---

① 巢峰．中国图书出版业的“滞胀”现象——兼论出版改革的症结所在［J］．编辑学刊，2005（1）．

② 2006年，日本人均消费图书10册，美国接近50册，以色列为60册。

③ 石剑峰．高库存将制约出版业健康发展［N］．东方早报，2013－03－06（B03）．

册、449.13 亿元。2004 年全国图书纯销量 67.06 亿册、486.02 亿元，库存数量是销售数量的 62.1%，库存金额是销售金额的 92.4%。还有相当一部分出版社的库存量超过年产值。2014 年，库存图书增至 66.39 亿册、1010.11 亿元，10 年时间分别增长了 59.4% 和 124.9%。大量滞销、积压的图书不得不打折销售，使出版社利润空间进一步缩小。在经济压力之下，出版社被迫广种薄收，然而新一轮退货潮又开始了，图书市场进入恶性循环。

（二）版权贸易逆差仍然严重

我国各类出版物直接出口的总量还很小，每年只有 1000 多万美元，出版物的出口与进口之间的贸易逆差大。1998 年至 2002 年间，我国引进版权和输出版权的品种之比约为 10∶1，引进远远大于输出，而且“输出”的地区主要为我国港台地区，输往香港和台湾的版权占版权“输往”总数的比例高达 73.32%，其余的加在一起不到 30%，而输往西方国家（不含日本）所占比例很小，不到 20%，总品种数才 100 余种。① 而且，在输往欧美国家的版权中，主要是中医药类和传统文化类，反映中国当今现实生活的作品很少。2005 年，全国共引进各类版权 10894 种，输出版权 1517 种，引进与输出之比为 7.2∶1；2017 年全国共引进各类版权 18120 种，输出版权 13816 种，引进与输出之比降为 1.31∶1，但版权贸易逆差的局面依然存在。

我国是出版大国，但还不是出版强国。我国出版产品的竞争力弱，中国出版“走出去”任重而道远。

（三）盲目跟风，图书同质化现象严重

图书同质化现象历经多年不衰并呈愈演愈烈之势，成为出版业做大做强的“瓶颈”之一。

导致我国图书出版同质化严重的基本原因有两个：一是以省级行政区划为单元形成的出版布局的同质化。在计划经济时代设立的出版机构，每一个省和直辖市都设有人民社、教育社、少儿社、文艺社等，同类出版社的性质、出书范畴、读者对象、运作模式、出版资源基本相

① 周蔚华．出版产业研究［M］．北京：中国人民大学出版社，2005：212.

同，出版社的同质化导致图书出版的大同小异；二是在市场经济条件下，受利益驱动或迫于生存压力，某些出版社闻市场之风而动，跟风造货，追求短、平、快。教辅书、励志书、少儿书的跟风现象尤为严重。例如，2004 年的少儿读物市场，跟风之作随处可见，仅《十万个为什么》就有 519 种，《感动中国孩子的 × × 个故事》《感动中国孩子的 × × 个童话》《感动中国孩子的 × × 个寓言》等图书竞相亮相。跟风书不仅内容相似，封面设计、版式设计、字体风格都差不多，而且营销手段、宣传语也惊人雷同。

众多出版社在跟风书的生产过程中，投入大量人力、物力和财力，进行低水平的复制，不仅是对出版资源的巨大浪费，而且严重制约了对选题的创新。选题盲目跟风，放弃打造品牌，使出版社缺乏竞争力，长久下去，必遭市场淘汰。

（四）出版物市场的环境十分严峻

经济利益的驱使、法制的不健全及信用体系的不完善，使出版物市场环境很不尽如人意。有统计数据表明，中国内地的音像制品 90% 以上是盗版，图书盗版也非常猖獗。2004 年，伪书“红红火火”。北京锡恩管理顾问公司开出的 94 种疑似“伪书”的名单中，2004 年出版发行的多达 70 种，平均每三天就有一种“伪书”上市。①伪书蒙骗了善良的读者，破坏了出版秩序，损害了我国出版业的诚信。与伪书紧密相连的是，侵犯知识产权特别是侵犯著作权，尤其是图书、音像和软件的侵权非常严重。“伪书”的流行，侵权的猖獗，表明出版物市场的环境十分严峻。

（五）政府对出版业的管理仍需改进、完善

进入 21 世纪，出版改革有一个非常明显的表征：纷纷成立集团。这似乎给人一个错觉：出版改革 = 集团化。但从实际效果来看，真正保持良性循环，成为市场主体的出版集团或发行集团只是少数。不可否认的是，我国出版业以至整个传媒业的集团化并不是出版机构、传媒机构的经济自然扩张的社会化过程，而是主要依靠政府运用行政手段来协

① 郝振省 . 2004—2005 中国出版业发展报告［M］. 北京：中国书籍出版社，2005：48 –50.

调、引导和推动，没有出现也不可能出现收购、兼并的市场行为。这样组建起来的出版集团、发行集团具有非常浓厚的地域色彩和行政色彩，“在数值上提升了市场集中度的同时，也加剧了中国图书体制过分均衡化发展的趋势，不利于良性市场竞争的形成”①。出版集团或发行集团在数量上应该是有限的，在分布上应该是不均衡的。而且，集团化虽然是出版改革的一个重要方面，但不是全部，更不是唯一，不能把出版改革等同于集团化。正如论者所说：“出版社内部的管理体制改革比规模扩张更重要。我们既需要一个有利于发挥经营主体作用的外壳，如集团或总社，更需要一个按现代企业模式构建的内在运行体制、结构及其机制。”②

在我国出版业集团化的过程中，政府扮演了一个极其重要的角色。国外政府对出版业实行的是政策性引导，利用法律、经济调控两大指挥棒对出版业进行管理和引导，从而使出版业的发展呈现相对稳定的状态。我国出版业虽然有其存在与发展的特殊环境，但政府对出版业的管理仍需完善。

二、促进我国出版业大发展大繁荣的举措

改革开放以来我国出版业的发展过程是不断改革的过程，出版改革和出版业发展是相互促进的，改革是发展的动力，发展是改革的目的。要解决当前出版业存在的问题，促进我国出版业大发展大繁荣，就必须进一步深化改革。应该采取以下举措：

（一）用产业的观点看待出版的改革和发展

对出版的功能，我国历来强调其意识形态性，把它看作思想、文化宣传的一个重要组成部分，这是正确的，也是今后仍要坚持的。但仅此不够，还必须重视出版的产业功能。出版已经成为现代文化产业特别是信息产业的核心部分。知识经济时代更凸显了出版的产业功能。在出版转制的过程中，不能过分夸大出版业的特殊性，而否定它的一般性。出版产品的特殊性在于，它是文化价值观的体现，具有意识形态的属性；

---

① 张芽芽. 出版集团化前后变化对比——中国图书市场集中度分析（1998—2003）[J]. 出版发行研究，2006（6）.

② 郭光华. 出版改制的四个认识问题 [J]. 出版发行研究，2006（8）.

它的一般性在于，它也是一种产品，它的生产、加工、制造、包装、上市都与其他产品没有什么两样。所以，必须解放思想、转变观念，从计划经济那一整套思想的束缚下摆脱出来。王建辉先生精辟地指出："过去我们是从意识形态的角度来认识出版工作是一种经济工作，现在则是从产业形态来认识它具有意识形态属性。这是一种新的统一观，是一种历史的进步。对这一点保持清醒的认识，可以帮助我们早一点从改企转制的'转型混沌期'中走出来。"①

（二）建立出版领域现代企业制度

既然出版业是产业，就应该按照企业的运行模式发展出版业。出版社走企业化、产权多元化之路，目的是为了解放出版生产力。企业作为市场中的主体，其资本运作、市场运行、效率机制都比事业单位有优势。从全国各地出版社来看，大凡企业化程度高的出版社，都能获得比较快的发展。

实践告诉我们，导致出版单位管理水平低下的根源是出版体制问题。从经营管理的角度来看，出版单位的体制性问题主要表现在"企事两非"和政企不分。"企事两非"就是所谓的"事业单位，企业管理"。原新闻出版总署署长柳斌杰曾一针见血地指出："所谓的事业性质、企业化管理，那是个非事非企的怪胎，其结果是人往事业靠（当干部）、钱往企业拿（多分配），越搞越糟，是单位没活力、事业难发展的根源。"② 政企不分主要表现在：一方面，一些党政管理部门习惯于把出版社当作行政部门，时不时用党政管理部门的政策制度、工作方式要求出版社；另一方面，出版社也习惯于依附党政管理部门而获得利益和保护，采用一些党政管理部门的工作方式，呈现出较为浓厚的机关化作风。

出版体制要从计划经济出版体制转变为市场经济出版体制，出版社就必须按照"产权清晰、权责明确、政企分开、管理科学"的总要求建立现代企业制度。要按照现代企业制度的组织框架和经营模式对出版产业进行改造，要建立规范的公司组织结构、法人治理结构以及市场运行机制。

---

① 王建辉．关于出版企业三个问题的思考［J］．出版发行研究，2006（7）．

② 柳斌杰．解放和发展文化生产力——兼谈深化新闻出版改革的几个问题［J］．中国出版，2006（3）．

必须深化出版单位内部的机制改革。在劳动制度方面，要实行全员竞争上岗制度，做到能进能出；在人事制度方面，要对管理人员实行公开招聘，竞争上岗，做到能上能下；在分配制度方面，要建立以岗位工资为主要形式的工资制度，实行以岗定薪，做到能增能减，并探索多种形式的分配制度；在考核制度方面，无论是主管部门对出版社的考核，还是出版社对出版人员的考核，都不能只有经济指标，对社会效益的考核不能只有抽象要求，而无考核指标。

（三）深化出版以及整个传媒体制改革，建立起与大出版、大传媒相适应的体制

传媒业发展到今天，各种媒体之间的关系正在发生深刻变革：互动性不断增强，日益融为一体，你中有我，我中有你，彼此勾连呼应，难以分割。出版业和其他媒体的关系也日益密切，逐渐成为一个牵一发而动全身的大传媒集合体。在一体化的大传媒时代、大出版时代，传统的图书出版业怎么办？只能主动去适应这种传播的革命。有句古希腊的箴言说：如果你愿意，就跟着走；如果你不愿意，就被拖着走。你想被拖着走吗？

出于经营集约化的考虑，我国传媒业、出版业已经组建报业集团、出版集团与发行集团等。这是我国发展大传媒、大出版，应对国际传媒集团、出版集团对我国传媒业、出版业严峻挑战的重要举措。关键在于：报业集团、出版集团、发行集团、广播影视集团不能是行政管理体制的翻版，而要真正按照自愿互利、优化组合的原则来组建，要能跨媒体、跨行业、跨地区，以至跨国经营。否则，换汤不换药，依旧条块分割，并不能对发展大传媒、大出版起到实质性作用。在 2003 年 6 月开始的文化体制改革试点工作中，新闻出版业在跨行业、跨地区、跨媒体发展方面迈出了坚实的步伐。2004 年，北京青年报社与上海文广新闻传媒集团、广州日报报业集团联合主办的《第一财经日报》创刊，首次实现了报业与广播、电视的联盟；辽宁发行集团与内蒙古新华发行集团达成合作意向，内蒙古决定将临近辽宁的东部四盟地区新华书店的出版物采购由辽宁发行集团通过联网配送实现；浙江省新华书店集团有限公司探索跨区域、跨所有制连锁经营形式，与浙江邮政的网络、投递资源相结合开通了浙江邮政 183 图书网购、浙江邮政 185 图书话购业务。成立于 2005 年 5 月的四川新华文轩连锁股份有限公司也是一家跨地域、

跨行业联合组建的大型出版发行企业，以四川新华发行集团有限公司为主发起人，股东包括成都市华盛（集团）实业有限公司、四川出版集团、四川日报报业集团、四川少年儿童出版社、辽宁出版集团有限公司。

（四）加大出版产业投资融资机制改革，积极鼓励社会资本向出版产业流动

没有资本，出版活动就不能启动。图书出版业要想向报刊、影视、电子音像、网络以及手机等媒体延伸、扩张，就更需要雄厚的资本。我国图书出版业长期处于简单再生产状态，基本上是挣多少钱就花多少钱，既没有投资融资的动力，也缺乏投资融资的渠道，这是出版产业集约化程度低的重要原因之一。我国实行出版权专有的政策，出版产业的利润要高于社会平均利润。故社会资本（包括国有资本、私人资本及境外资本）一直以各种方式（如协作出版、资助出版等），通过各种渠道向出版产业流动、渗透，然而，受意识形态、出版体制等因素的制约，这种资本流动、渗透仍然处于不便公开的状态。这已经成为制约出版社发展大出版、大产业的“瓶颈”之一。原新闻出版总署署长于友先在2003年就指出：“现在可以鼓励社会资本在一定的条件下，以一定的方式，通过一定的渠道向出版产业流动，使出版产业尽快地形成资本市场，利用多种金融工具增强投资和融资的能力。”①总之，要进一步解放思想，降低社会资本进入出版产业（包括出版物策划制作、市场分销和印刷复制等）领域的投资门槛，为出版产业的快速发展提供源头活水。

令人鼓舞的是，2005年4月13日，国务院颁布了《关于非公有资本进入文化产业的若干决定》，鼓励和支持非公有资本进入书报刊分销、音像制品分销，允许非公有资本进入出版物印刷、可录类光盘生产、只读类光盘复制行业，允许非公有资本投资参股出版物印刷、发行和新闻出版单位的广告、发行领域的国有文化企业（国有资本必须控股51%以上）。同年4月25日，新华出版物流通有限公司宣告成立，包括国资、民资、外资共11家股东，除了新华书店总店、中国地图出版社、接力出版社、人民出版社、人民文学出版社、商务印书馆、中国大百科

① 于友先．现代出版产业发展论［M］．苏州：苏州大学出版社，2003：243．

全书出版社和三联书店外，还有英国派可多投资有限公司（Pac-poly Investments Ltd.）和北京博恒投资有限公司、北京紫禁城投资有限公司两家民营公司，其中，新华书店总店占 40% 的股份，北京博恒投资有限公司占 30.6% 的股份，英国派可多投资有限公司占 27% 的股份。尤其令人振奋的是，2006 年我国出版发行企业启动了上市融资的步伐。2006 年 7 月，新闻出版总署出台《关于深化出版发行体制改革工作实施方案》，提出推动有条件的出版、发行集团上市融资。2006 年 10 月 17 日，上海新华传媒有限公司通过借壳华联超市，成为国内出版发行企业第一家 A 股上市公司。2007 年 5 月 30 日，四川新华文轩连锁股份有限公司在香港联合交易所主板挂牌上市，全球发售 3.694 亿股 H 股股份，这是我国出版发行业的一个里程碑式的事件。2007 年 12 月 21 日，辽宁出版传媒股份有限公司整体上市。目前，凤凰出版传媒集团、湖北长江出版传媒集团、安徽出版集团、中南出版传媒集团、新经典文化公司等 21 家国内出版发行公司已经上市。就政策而言，中国已经完全放开出版集团、新闻网站和地方报纸在国内外上市。出版发行企业通过上市，打开资金渠道，获得了做大做强的条件，对企业本身的发展壮大很有意义。当然，出版发行企业应该理性面对上市，诚如上海世纪出版股份有限公司原总裁陈昕所说："上市后企业要在如何适应上市公司的要求方面下工夫，不能盲目地认为上市就是圈钱。尽管上市有融资的功能，但更重要的是规范企业的经营，找到好的发展方向和发展模式，提高主业的管理水平和做强主业，更好地回报投资者。"①

（五）培育全国统一、开放、竞争、有序的出版物市场体系

必须运用现代的组织形式和营销方式，加快对出版物市场的整合，形成全国统一、开放、竞争、有序的出版物市场体系。中国人民大学出版社总编辑周蔚华先生认为，应该在以下 5 个方面同时进行出版物流通市场的培育：一是借鉴国外出版物以及其他流通领域连锁经营的经验，以新华书店和各地专业书店（如财经书店、法律书店等）为基础，积极探索适合我国出版业发展需要的连锁经营模式，形成覆盖全国的多层次、多形态的出版物连锁经营网络。二是借鉴日本日贩和东贩发行公司

① 陈昕．对书业企业上市鼓与呼［N］．出版商务周报，2007－05－20．

的经验，以现有的大型批发中心为基础，组建一批有较强辐射能力、物流顺畅、网络化信息化程度高的发行中盘，为中小独立书店提供全方位的服务。三是借鉴欧美的经验，以正在组建的跨区域、跨行业、跨媒体的大型出版集团的发行业务为基础，打破出版社之间的相互代理发行的限制，使这些大型出版机构在各地的分支机构和发行网络成为具有很强辐射能力的发行中盘或连锁发行机构，与上述两种方式相互补充。四是继续支持不同所有制形式的中小独立书店。国内外的图书发行实践表明，中小独立书店的存在对方便读者的多种购买需要，解决就业、活跃图书市场、打破垄断等起着不可忽视的作用。五是大力发展书业电子商务，以高新技术促进图书发行效率和服务水平的提高。①

同时，必须进一步加大打击盗版、侵犯著作权和非法出版活动的力度，健全出版业的法律法规，为出版业发展提供健康的市场环境。盗版、侵犯著作权是出版业的毒瘤，也是出版业的一大顽症，既影响了我国出版业的健康发展，也破坏了中国在知识产权保护方面的国际形象与声誉。打击各种非法出版活动，规范出版物市场秩序，才能为出版业的健康发展保驾护航。同时，要加强出版法制建设，健全出版诚信体系。

（六）政府切实转变职能，准确定位，科学而务实地管理出版业

出版体制改革固然需要强制（指运用行政与法律的管理手段），但更需要疏导。既强制又疏导，强制建立在疏导的基础上，这是管理艺术。政府对出版业的管理应从控制、命令型管理方式转向规范、引导型管理方式，应从具体的事务性管理中摆脱出来。政府的作用主要是为出版业的改革和发展营造良好的外部环境，为建立和完善全国统一、公平竞争、规范有序的出版物市场体系提供切实的法律保障，政府应该减少和规范行政审批。在对出版单位的管理上，政府可以通过建立健全出版单位的分级评价制度和量化的科学评价指标体系，实行对出版单位的等级管理制度。总之，出版行政管理机关应该切实转变职能。在市场经济条件下，政府的职能主要是统筹规划、掌握政策、信息引导、组织协调、提供服务和检查监督。

---

① 周蔚华．出版产业研究［M］．北京：中国人民大学出版社，2005：244.

参考文献

1. 张志强. 现代出版学［M］. 苏州：苏州大学出版社，2003.
2. 阙道隆，徐柏容，林穗芳. 书籍编辑学概论［M］. 沈阳：辽海出版社，2004.
3. 张志强. 20世纪中国的出版研究［M］. 南宁：广西教育出版社，2004.
4. 师曾志. 现代出版学［M］. 北京：北京大学出版社，2006.
5. 王建辉. 出版与近代文明［M］. 开封：河南大学出版社，2006.
6. 王建辉. 新出版观的探索［M］. 武汉：华中师范大学出版社，2002.
7. 罗紫初，吴赟，王秋林. 出版学基础［M］. 太原：山西人民出版社，2005.
8. 谢新洲. 数字出版技术［M］. 北京：北京大学出版社，2002.
9. 蒋广学. 编学原论［M］. 南京：南京大学出版社，2000.
10. 黄治正. 图书编辑学［M］. 长沙：湖南出版社，1997.
11. 余敏. 国外出版业宏观管理体系研究［M］. 北京：中国书籍出版社，2004.
12. 郝振省. 2004—2005国际出版业状况及预测［M］. 北京：中国书籍出版社，2005.
13. 郝振省，魏玉山. 2005中国民营书业发展研究报告［M］. 北京：中国书籍出版社，2006.
14. 谢新洲. 电子出版技术［M］. 北京：北京大学出版社，2006.
15. 刘革学，刘芳. 中国民营书业调查——中国民营出版蓝皮书

［M］. 北京：中国水利水电出版社，2005.
16. 周蔚华. 出版产业研究［M］. 北京：中国人民大学出版社，2005.
17. 全国出版专业职业资格考试办公室. 出版法律法规选编（初级、中级）［M］. 北京：中国大百科全书出版社，2002.
18. 向新阳. 编辑学概论［M］. 武汉：武汉大学出版社，1995.
19. 袁亮. 出版学概论［M］. 沈阳：辽海出版社，2005 年.
20. 余敏. 出版学［M］. 北京：中国书籍出版社，2002.
21. 李海崑，刘光裕. 现代编辑学［M］. 济南：山东教育出版社，1996.
22. 王振铎，赵运通. 编辑学原理论（修订版）［M］. 北京：中国书籍出版社，2004.
23. 邵益文. 20 世纪中国的编辑学研究［M］. 石家庄：河北教育出版社，2000.
24. 肖东发. 中国图书出版印刷史论［M］. 北京：北京大学出版社，2001.
25. 王国安. 把创新当成习惯［M］. 北京：中央编译出版社，2003.
26. 周玉波. 资源建设与出版竞争力［M］. 长沙：湖南师范大学出版社，2005.
27. 匡文波. 手机媒体概论［M］. 北京：中国人民大学出版社，2006.
28. 赵劲. 中国出版理论与实务［M］. 北京：中国书籍出版社，2001.
29. 于友先. 现代出版产业发展论［M］. 苏州：苏州大学出版社，2003.
30. 刘春田. 知识产权法［M］. 北京：中国人民大学出版社，2000.
31. 吴寿林. 书刊装帧大辞典［M］. 上海：东华大学出版社，2003.
32. 邓普君. 现代印刷技术概论［M］. 苏州：苏州大学出版社，2003.

33. 邱承德．书籍装帧设计［M］．北京：中国美术学院出版社，1988.
34. 中国编辑学会．第十一届国际出版学研讨会论文集［M］．武汉：湖北人民出版社，2005.
35. 胡真．我的出版观·增补本［M］．长沙：湖南出版社，1997.
36. 《当代中国的出版事业》编委会．当代中国的出版事业（中）［M］．北京：当代中国出版社，1993.
37. 邹振环．影响中国近代社会的一百种译作［M］．北京：中国对外翻译出版公司，1996.
38. 叶再生．出版史研究（第五辑）［M］．北京：中国书籍出版社，1997.
39. 陈原．总编辑断想［M］．沈阳：辽宁教育出版社，2001.
40. 雷群明．编辑修养十日谈［M］．上海：上海科技教育出版社，2002.
41. 何新波．书香梦［M］．长沙：湖南人民出版社，2001.
42. 何启治．文学编辑四十年［M］．北京：人民文学出版社，2001.
43. 刘拥军．现代图书营销学［M］．苏州：苏州大学出版社，2003.
44. 田胜立．出版转制与编辑工作——中国编辑学会第九届年会论文集［M］．北京：中国大百科全书出版社，2005.
45. 文硕，吴兴文．图书营销传播［M］．北京：中国广播电视出版社，2000.
46. 黄理彪．图书出版美学［M］．北京：首都师范大学出版社，1998.
47. 罗紫初．出版学原理［M］．武汉：武汉大学出版社，1999.
48. 叶再生．编辑出版学概论［M］．武汉：湖北人民出版社，1988.
49. 中国出版工作者协会校对研究委员会．校对的学问：全国校对论文选集［M］．北京：金盾出版社，1998.
50. 陈原．陈原出版文集［M］．北京：中国书籍出版社，1995.
51. 宋木文．宋木文出版文集［M］．北京：中国书籍出版社，

1996.
52. 黄伊. 编辑的故事 [M]. 北京：金城出版社，2003.
53. 商务印书馆. 商务印书馆九十年 [M]. 北京：商务印书馆，1987.
54. 李家驹. 商务印书馆与近代知识文化的传播 [M]. 北京：商务印书馆，2005.
55. 彭建炎. 出版学概论 [M]. 长春：吉林大学出版社，1992.
56. 张天定. 图书出版学 [M]. 开封：河南大学出版社，2006.
57. 余敏. 出版集团研究 [M]. 北京：中国书籍出版社，2001.
58. 新闻出版署图书管理司. 图书出版管理手册 [M]. 沈阳：辽宁大学出版社，1991.
59. 玛丽莲·罗斯，汤姆·罗斯. 售书攻略 [M]. 张静，译. 石家庄：河北教育出版社，2005.
60. 杰罗德·R·杰肯斯，马丁·林克. 畅销书内幕 [M]. 冯利，译. 天津：天津人民出版社，1998.
61. 麦高文，迈考尔. 国际出版原则与实践 [M]. 徐明强，译. 北京：中国书籍出版社，1999.
62. G. 昂温，P. S. 昂温. 外国出版史 [M]. 陈生铮，译. 北京：中国书籍出版社，1988.
63. 罗伯特·唐斯. 影响世界历史的 16 本书 [M]. 缨军，编译. 上海：上海文化出版社，1986.
64. J·P·德索尔. 出版学概说 [M]. 姜乐英，杨杰，译. 北京：中国书籍出版社，1988.
65. A·斯科特·伯格. 天才的编辑 [M]. 孙致礼，尹礼荣，郑启五，冯文铨，译. 西安：陕西人民出版社，1987.
66. 霍尔·贝姆，加布里尔·哈特，赫尔曼·舒尔茨，约亨·韦尔纳. 未来的出版家——出版社的管理与营销 [M]. 邓西录，译. 邢爱华，校. 北京：商务印书馆，1998.
67. 清水英夫. 现代出版学 [M]. 沈洵澧，乐惟清，译. 北京：中国书籍出版社，1991.
68. 罗紫初. 出版学理论研究述评 [J]. 出版科学（增刊），2002.

后 记

我大学读的是历史专业，研究生读的是中国古代史专业，毕业后又教了7年历史。可我现在从事的是编辑出版学专业的教学与研究工作，吾友王小林戏称我从最古老的专业跳到最时髦的专业。但我绝对不是为了赶时髦而改了专业的。早在20世纪80年代末90年代初读研究生期间，我就对编辑出版工作产生了浓厚兴趣。研究生毕业前，我打算从事编辑出版工作，遂联系了岳麓书社，并与潘运告社长达成了就业意向，但后来情况突然有变，新领导说“社里今年不进毕业生了”。情急之下，我只好联系到湖南教育学院政史系从事历史教研工作。但我对编辑出版工作的热情与日俱增，故一边做好历史专业的本职工作，一边关注图书市场，并自学编辑出版专业知识。

历史教研工作干了7年之后，终于有了机会。2000年5月，湖南教育学院与湖南师范大学合并，湖南师范大学文学院设置了新专业——编辑出版学。我毫不犹豫地转到这个新专业。19年来，我给本科生讲授了编辑学、图书选题策划、编辑出版学导论、出版经营管理与校对实务等，给研究生讲授了出版专题研究、畅销书研究。这部著作主要是在讲稿的基础上修改、扩充而成。

拙著主要有以下三个特点：

1. 取广义“出版”之视角。中华人民共和国成立以来，我国出版界长期在狭义的层面上界定“出版”的涵义，即把“出版”理解为装帧设计、制作、印刷等工作。我国还实行出书与卖书分离的体制，把发行从整个出版活动中割裂开来。于是，整个出版过程就被人为地分成了编辑、出版、发行三个独立的环节。与之相适应，我国的出版教育与出版研究也形成了编辑学、出版学与发行学三大领域。狭义“出版”的说法虽然是我国的习惯说法，然而并不是科学的概念。出版学的学科框架应该涵盖编辑学、发行学的基本内容。拙著即以广义“出版”为视角，来构建出版学的学科体系（已出著作中师曾志的《现代出版学》取广义“出版”之视角）。

2. 以“大出版”“大传媒”为视野。我国传统的出版是指图书的出版。然而，当今出版业、传媒业已进入“大出版”时代、“大传媒”时代，图书出版和其他各种媒体之间的关系日益密切。考虑到约定俗成和篇幅的限制，拙著仍以图书出版为主，但兼顾期刊、电子网络出版，并涉及影视、手机等媒介。第五章谈出版物的分类，第六章谈出版资源的开发与利用，第八章谈出版业与大众媒体的关系，第十四章谈出版媒介与出版形态的变化，都反映了“大出版”“大传媒”的视野。

3. 体现与时俱进的精神。2002 年，我听过一场原新闻出版总署政策法规司王司长的报告，他讲的一句话——出版是真正需要与时俱进的行业——经常萦绕在我的脑海中。根据自己长期对出版业的观察，多年来对编辑出版学的教研，对图书选题策划活动的一些实践，我深刻认识到这句话的正确性。出版实践需要与时俱进，出版研究同样需要与时俱进。然而，许多出版研究滞后于实践，许多材料显得陈旧，有些观点需要修正。拙著既充分吸取他人成果，又大胆发表个人见解。关于少年儿童作者，中年读者，读者的新需求，读者群体的变化，五种动物的本领，编辑人员与作者的关系，选题论证时如何对待专家、学者的意见，如何充分利用出版资源，手机出版，等等，我都基于出版实践的发展和自己的观察思考发表了个人之见。专列三章分别探讨出版关系、出版媒介与出版形态的变化、我国出版业属性的变化与出版改革，这不见于现行出版学教材、著作之中。我希望及时反映日新月异的出版实践。

由于水平有限，拙著不足之处肯定存在，恳请诸位行家、专家批评指正！

本书第十四章由王舜撰写。以下各章初稿的写作者分别是：第三章，董娟娟；第六章，周燕；第十章，周瑛丽；第十一章，邬四娟；第十二章，钟可；第十三章，蒋秀芝；第十五章，彭霞。我在她们所写初稿的基础上，作了实质性修改，以便统一、规范全书体例、风格与内容，并融入我的研究成果与心得。我要感谢她们的合作与支持！周瑛丽是我悉心栽培的弟子，在北京师范大学读研后就职于开明出版社，事业有成，家庭幸福，却在34岁那年罹车祸而故。永远怀念她！

拙著得以完成，离不开许多人的支持、帮助与鼓励，我要衷心感谢他们！一是感谢研究编辑出版学的专家学者和编辑出版实践工作者，特别是肖东发、周蔚华、张志强、阙道隆、徐柏容、林穗芳、邵益文、王建辉、罗紫初、谢新洲、师曾志、金丽红、赵航、黄治正、王振铎、余敏、郝振省、朱胜龙、聂震宁等诸位先生，他们的研究成果被不同程度地引用到拙著之中；二是感谢湖南师范大学新闻与传播学院第一任院长、本丛书主编田中阳教授；三是感谢内人、岳父、岳母，他们精心照顾小女，使我能够专心于研究工作；四是感谢湖南师范大学出版社的领导和编校人员，没有他们的支持与辛勤劳动，拙著不能出版。

最后，要指出的是，2012级编辑出版学专业的8位本科生在上我的“校对实务”课时，挑选拙著做课程作业。尤其是刘雨点同学，阅读十分仔细，查证十分细致，归纳总结十分详细，将校改情况整理成一份非常翔实的长达1万字的文字材料。她的同班同学蒋达理、刘慧、文小霞、闻逸、谢潇潇、王一琳和孙化婷，也都提出了修改意见。这次修订，我吸取了她们的合理意见。衷心感谢我的学生们！

易图强

2007年12月20日 初稿

2019年8月21日 修订